Der Kaufhaus-König und die Schöne im Tessin

Francesco Welti

Der Kaufhaus-König und die Schöne im Tessin

Max Emden und die Brissago-Inseln

Verlag Huber
Frauenfeld Stuttgart Wien

© 2010 Verlag Huber Frauenfeld
an Imprint of Orell Füssli Verlag AG, Zürich, Switzerland
Alle Rechte vorbehalten
www.verlaghuber.ch

Dieses Werk ist urheberrechtlich geschützt. Dadurch begründete Rechte, insbesondere der Übersetzung, des Nachdrucks, des Vortrags, der Entnahme von Abbildungen und Tabellen, der Funksendung, der Mikroverfilmung oder der Vervielfältigung auf andern Wegen und der Speicherung in Datenverarbeitungsanlagen, bleiben, auch bei nur auszugsweiser Verwertung, vorbehalten. Vervielfältigungen des Werkes oder von Teilen des Werkes sind auch im Einzelfall nur in den Grenzen der gesetzlichen Bestimmungen des Urheberrechtsgesetzes in der jeweils geltenden Fassung zulässig. Sie sind grundsätzlich vergütungspflichtig.

Alle Fotos dieses Buches: Archiv

Umschlag: Barbara Ziltener, Frauenfeld
Druck: fgb • freiburger graphische betriebe, Freiburg

ISBN 978-3-7193-1551-1

Bibliografische Information der Deutschen Nationalbibliothek
Die Deutsche Nationalbibliothek verzeichnet diese Publikation in der Deutschen Nationalbibliografie; detaillierte bibliografische Daten sind im Internet über http://dnb.d-nb.de abrufbar.

Inhalt

9 **Vorwort**

11 Prolog **Der Jahrhundertraub**
11 *11. Feb. 2008, Zürich. Montag*

17 Kapitel 1 **Millionärskrankheit**
17 *19. Dez. 1938, Porto Ronco. Montag*

27 Kapitel 2 **Gang nach Bern**
30 *8. Dezember 1938, Bern. Donnerstag*

36 Kapitel 3 **Remarque und Dietrich**
37 *21.Nov. 1947, New York. Freitag*

43 Kapitel 4 **Hamburger Ursprünge**

52 Kapitel 5 **Verkauf des Imperiums**

62 Kapitel 6 **«Arisierung»**
62 *23. November 1937, Danzig. Dienstag*
70 *29. Juni 1939, Potsdam. Donnerstag*

75 Kapitel 7 **Bilder für den Führer**
75 *25. November 1937, München. Donnerstag*

85 Kapitel 8 **Ein Inselherr**
89 *9. November 1927, Lugano. Mittwoch*

97 Kapitel 9 **Inselmädchen**
97 *19. August 1928, Ascona. Sonntag*

108	Kapitel 10	**Golfplätze und «Würstchen»**
123	Kapitel 11	**Weber kocht**
129	*10. Februar 2008, Zürich. Sonntag*	
136	Kapitel 12	**Die Kunstsammlung**
138	*9. Juni 1931, Berlin. Dienstag.*	
147	Kapitel 13	**Auf Reisen**
156	Kapitel 14	**Einbürgerung**
156	*5. März 1933, Berlin. Sonntag*	
178	Kapitel 15	**Emden als Nazi**
178	*22. September 1935, Brissago-Inseln. Sonntag*	
192	Kapitel 16	**Eine Scheinehe**
193	*31. Oktober 1939, Ascona. Dienstag*	
200	Kapitel 17	**Diplomatie statt Hoffnung**
206	*30. November 1939, Porto Ronco. Donnerstag*	
212	Kapitel 18	**«Man braucht ein starkes Herz»**
216	*24. August 1940. Westwood, Los Angeles*	
221	Kapitel 19	**Die Geliebte und der Erbe**
232	Kapitel 20	**Kunsthändler im Krieg**
235	*13. Oktober 1940, Brissago-Inseln. Sonntag*	
248	Kapitel 21	**Eine Insel für alle**
250	*25. Januar 1949, Locarno. Dienstag*	
263	Kapitel 22	**Zurück in die Vergangenheit**
263	*3. November 1970, Santiago de Chile. Dienstag*	

276 Kapitel 23 **Raubkunst oder Webers Epilog**
282 *31. August 2005, Berlin. Mittwoch*

293 **Anhang**
293 *Register*
300 *Personen*
302 *Schlussnoten*
306 *Quellen*
311 *Bildnachweise*

312 **Dank**

Vorwort

Noch immer thront Max Emdens prächtige Villa auf der größeren der beiden Brissago-Inseln praktisch so, wie der Hamburger Kaufhaus-König sie 1940 kurz vor seinem Tod verlassen hat. 70 Jahre ist das jetzt her, seit 60 Jahren ist seine Insel mit dem botanischen Garten öffentlich zugänglich und eine beliebte Touristenattraktion. Nur sehr bruchstückhaft ist bekannt, was geschah, bevor er ins Tessin zog: Zumeist wird Emden bis heute als Lebemann beschrieben, der sich in seinem kleinen Paradies mit jungen Frauen amüsierte, die bevorzugt nackt waren. Auch wenn darin ein Körnchen Wahrheit stecken mag, gibt das ein völlig falsches Bild von diesem Menschen wieder. Dieses Buch versucht daher, sich auf historisches Material stützend seine wahre Lebensgeschichte nachzuzeichnen; was nicht ganz einfach war, denn vieles ist nach dem Tod des Inselherrn und der Flucht seines einzigen Sohnes im Krieg verschwunden. Erfunden ist nur jener bedauernswerte Protagonist, der sich mit Max Emden, Brissago und einem Jahrhunderttraub beschäftigt, wenn es die Gänse zulassen. Weber, sein Name.

Prolog

Der Jahrhundertraub

11. Feb. 2008, Zürich. Montag

Weber schmeißt den Bettel hin: So geht das einfach nicht.

Mit einem lang gezogenen «Maaaaaann!», dem er einige derbe Flüche hinterher schickt und die hier besser nicht wiedergegeben werden, kommentiert er das nervige Geschnatter draußen beim Schopf auf dem Nachbargrundstück. Diese Gänse. Diese doofen, blöden Gänse mit ihrem aufgeregten Gelärme. Ein Ruck, und er ist aus dem Stuhl. Noch beim Aufstehen greift er sich die Zeitung neben dem Computer und lässt sich in den weichen Sessel neben dem Olivenbäumchen fallen, den Blick gehässig zum Ort des Geschehens gerichtet.

«Gaack, gack-gack-gaack, gaaaack ...», ahmt er, das Gesicht zu einer passenden Grimasse verziehend, das Federvieh nach.

Um sich zu beruhigen, beginnt er den Sportteil durchzublättern, was wenig bringt, weil er die Zeitung ohnehin schon angeschaut hat. Vorher, als es stockte. Beim Schreiben. Einmal mehr. Schnell sieht er daher ein, dass das sinnlos ist mit der Zeitung. Bevor er sich ein weiteres Mal – diesmal über sich – aufregt, wechselt er daher auf den Platz am Computer zurück und verlegt sich darauf, die aktuellsten Meldungen im Internet anzuschauen. Wider Erwarten elektrisiert ihn gleich die erste davon: »Jahrhundertraub!«

Ah, was für eine Schlagzeile. Was wäre das für ein toller Stoff, ein solcher Kunstraub. Spektakulär! Nicht dieses Zeug, mit dem sich Weber schon die ganze Zeit über abplagt. Obwohl. Sein Krimi geht ja eigentlich in gewisser Weise in eine ähnliche Richtung. Nur hätte er es seiner Phantasie nie erlaubt, einen solchen 180-Millionen-Bilderraub aus einem Museum zu erfinden. Mitten am Tag obendrein.

Die Sonne scheint durch die Scheiben des Wintergartens, verbreitet angenehme Wärme, obwohl es erst Februar ist. Schon gegen 9 Uhr trifft hier der erste Strahl schräg von der Seite auf seine Tastatur. Um die Zeit hat er normalerweise gefrühstückt, den Hund Gassi geführt und sich gerade an den Arbeitstisch gesetzt. Es ist Webers Lieblingsplatz, wenn er schreibt. Das heißt: Er hat sich das so vorgestellt, dass er hier gerne schreiben würde. Hat sich dann alles entsprechend eingerichtet, als er sein bisheriges Hobby zu seiner Hauptbeschäftigung zu machen gedachte. Ein südlicher Touch durfte natürlich nicht fehlen, daher die Palme und das Olivenbäumchen neben dem kleinen Schreibtisch mit dem Computer. Auf der anderen Seite fein säuberlich alle benötigen Unterlagen; von zusammengesuchten Akten über Bücher bis zu jenen Zeitungsartikeln, mit denen alles anfing. Das ist die Arbeitsecke im Wintergarten, leicht abgetrennt vom größeren Teil mit dem langen Tisch, an dem sie gerne ihre Gäste bewirten, daneben das Stehtischchen mit den Barhockern für den Apero; auf so etwas steht er halt ...

In der erwähnten Artikelserie war es um einen reichen Kunstsammler mit dunkler Vergangenheit gegangen. Das ist der richtige Stoff für mich, hatte Weber sogleich gewusst, um endlich den Kriminalroman zu schreiben, von dem es ihm schon lange träumt. Die besten Ingredienzien aus dem historischen Hintergrund herausgepickt, gemischt mit seiner Phantasie und gewürzt mit einem Schuss Inspiration von seinen Lieblingsschriftstellern. So hatte er sich das vorgestellt. Er würde ein Pseudonym verwenden. Der Name war ihm schnell eingefallen, Lucius Tisserand, also Weber auf Französisch. Er fand, der klinge interessant und passe irgendwie zum Inhalt des geplanten Buches, zur dunklen Seite der Kunst. Aber im Moment ist mit Tisserand nichts zu wollen. Er kommt nicht vom Fleck. Dabei ist Weber extra für die Schreiberei in Frühpension gegangen, hätte endlich viel, viel Zeit. Viel mehr als vorher, als es ihm nur für einige Kurzgeschichten – die er mit wenigen Ausnahmen höchstens seiner Frau zu lesen gegeben hat – oder zum einen oder anderen Vortrag in der Gemeindebibliothek beim Arbeitskreis Ortsgeschichte reichte.

«Ein historischer Kunstkrimi oder jedenfalls so etwas in der Art», hatte er seiner Frau ganz am Anfang leicht verlegen beschrieben, was ihm vorschwebte.

Der Jahrhundertraub

Nach all den Jahren nicht mehr der Beamte im banalen Trott der Amtsgeschäfte sein, ein anderes Leben anfangen. Dieser Gedanke hatte ihn mit der Zeit geradezu euphorisiert, was so weit ging, dass er in seinen letzten Monaten in der Gemeindekanzlei sogar den Kollegen davon erzählte. Die hat das überrascht. Nicht so sehr wegen seiner Absichten, sondern vielmehr, dass er das ihnen mitteilte. Er war zwar ein bis zu einem gewissen Grad durchaus umgänglicher Typ. Trotzdem hatte er kaum Persönliches von sich preisgegeben und eine gewisse emotionale Distanz bewahrt. Dadurch war er eine Art geschätzter Außenseiter geworden. Man hatte akzeptiert, dass er Privatleben und Arbeit aus irgendwelchen, nicht ergründbaren Prinzipien strikt getrennt hält.

Das neue, freie Leben hat seine Tücken. Die Inspiration fliegt ihm nicht zu, wie sie sollte. Einmal mehr droht ihn eine Blockade schier in den Wahnsinn zu treiben. Angesichts seines hilflosen Geschreibsels wäre es nichts als vernünftig, wenn er kapitulieren würde. Und was passiert ausgerechnet in diesem Moment, am Tiefpunkt, in dem er an der Buchidee ernsthaft zu zweifeln begann? Er stößt auf diese Schlagzeile, die Nachricht vom Jahrhundertraub in Zürich: Vier Meisterwerke aus dem Museum der berühmten Sammlung Bührle geklaut. Van Gogh. Degas. Cézanne. Monet. Wie in einem jener Kinofilme aus Hollywood, bei denen sie richtig dick auftragen, denkt er. Mit dem Unterschied, dass auf der Leinwand spätestens ein paar Minuten nach dem Raub eine spektakuläre Verfolgungsjagd losgeht und in der zweiten Hälfte des Filmes wild herumgeballert wird, wenn die Polizei die Bande trotz ihres raffinierten Fluchtplanes aufgespürt hat. Einen nach dem anderen erwischt es, doch der ganz Böse der Bösen kommt trotz eines Riesenaufgebots an Uniformierten inklusive Spezialeinheiten irgendwie davon, am besten in einem Geländewagen quer über das Gelände zwischen Bäumen und Büschen hindurch. Die Bullen hinterher, auf rasanter Jagd nach dem Fiesling mit dem erbeuteten Schatz; eine wahre Orgie mit Ordnungskräften zu Luft, zu Wasser und auf der Erde.

In der Zürcher Realität spazieren die vier Banditen ungeachtet der Besucher und Aufseher, die sich an diesem Sonntagnachmittag drinnen aufhalten, in dieses Museum herein, das sich mitten in einem gehobenen Wohnquartier befindet. Sie reißen ohne Federlesens die unglaublich wertvollen Bilder von den Wänden, als ob niemand auf der Welt ihnen etwas anhaben könnte, und marschieren umgehend mit 180 Millionen unter dem Arm aus der Epochenvilla. Dann geht der Alarm los. Allein diese Szene würde, entsprechend eingebaut, reichen, um Webers fade Geschichte über den Kunstsammler mit dunkler Vergangenheit entscheidend aufzupeppen. Action, Action! Das war es, was gefehlt hat, auch ohne wilde Ballerei. Kein Wunder, dass Weber sich nun durchs Internet wühlt. Jedes Detail will er wissen vom Krimi aus dem wahren Leben der nahen Stadt. Ob er doch noch den richtigen Dreh für seine Geschichte findet?

Es ist Abend geworden. Weber schaut aus dem Küchenfenster und streift sich die Hände an der Hose ab. Ein kurzes Zucken ist auf seinem Gesicht zu sehen, während er sich anschließend mit dem Handrücken Schweißperlen von der Stirn wischt. Auf einen Schlag hat sich seine Miene verfinstert. Kopfschütteln. Was ist los? Kann es sein, dass er jetzt weint? Doch, doch, da kullert eine Träne über die Wange, das ist im Licht der Halogen-Lampe ganz deutlich zu sehen. Trotzdem ist das kein Gefühlsschub des Möchtegern-Schriftstellers, der sich schmerzhaft sein Scheitern eingestehen musste. Es liegt alles nur am Finger. Am bösen, bösen Zeigefinger, mit dem er sich wegen dem Schweiß über das Lid gefahren ist und dabei das linke Auge berührt hat. Ausgerechnet mit dem Peperoncino-Finger! Auweia.

Den Peperoncino hatte er gerade für den «Risotto mit scharf» gehackt, wie er die Spezialität nennt. Weber verdreht die Augen und macht weiter. Die Bouillon ist aufgekocht. Die Mise en place ist fast fertig: fein gehackte Zwiebeln, Steinpilze, Petersilie. Hinter ihm auf der Ablage steht die bereits entkorkte Flasche Merlot, ein Tessiner, wie es sich gehört. Es kann losgehen. Das Tessin, das muss man wissen, ist für ihn ein spezieller Ort, für sie beide, auch wenn sie derzeit weniger häufig in der Ferienwohnung in Brissago sind als er gedacht hatte. Ursprünglich wollte er sogar ganz in den Süden ziehen, aber sie ...

Die Zwiebeln zischen in der Bratpfanne, während von nebenan die Tagesschau zu hören ist. «Der Jahrhundertraub kommt jetzt», trällert Bea, seine Frau in ihrem Singsang aus dem Wohnzimmer.

Weber löscht schnell die Zwiebeln und den Reis mit einem Schuss Wein ab, nicht vom guten Merlot, ein bisschen Bouillon dazu, umrühren. Schon eilt er zu ihr hinüber. «Vier Männer drangen ...», hört er den Sprecher sagen. Die Bilder vom Tatort sind zu sehen. Ein Mikrofon für den Polizeisprecher. Schnitt und nächste Szene, bei der es der Museumsdirektor unter die Nase gehalten bekommt.

«Ach du Sch ...!»

Weber stürmt in die Küche: Er hat die Herdplatte nicht zurückgeschaltet. Die Bouillon ist schon fast vollständig eingekocht, da muss schleunigst neue hinzu. Fast wäre es zu spät gewesen und der Reis angebrannt.

Zu spät ist es nachher für den Jahrhundertraub im Fernsehen: Der Bericht ist zu Ende. Halb so schlimm. Am nächsten Morgen kann er aus dem Vollen schöpfen. Der dreiste Raub ist überall ein Top-Thema. Immer mehr Details über den Hergang, die seine Neugierde nur noch mehr wachsen lassen. Eine Meldung besagt – aus Webers Sicht ist das besonders brisant, weil das perfekt zu seinem Thema passen würde –, bei einem der erbeuteten Gemälden handle es sich um Raubkunst aus dem Zweiten Weltkrieg. Die Rede ist vom Cezanne. Allerdings wird dies anderswo bereits als unbestätigte Behauptung und Falschmeldung dargestellt. Ein zweites Bild hat anscheinend wirklich einen dubiosen Hintergrund, davon ist in verschiedensten Quellen zu lesen. Der Monet sei umstrittener Provenienz, habe einem gewissen Max Emden aus Hamburg gehört, der ein in Deutschland und Europa führendes Kaufhausimperium besessen habe und bis zum Krieg auf den Brissago-Inseln im Tessin lebte. Vor allem die Medien in Deutschland haben im Zusammenhang mit dessen Kunstsammlung auch schon über den Aspekt Raubkunst sowie Restitutionsforderungen berichtet.

«Ja, was! Wenn das kein Wink ist», denkt Weber, «Brissago ...»

Seiner Frau hat er dort vor vielen Jahren bei einem vermeintlichen Wochenendausflug einen Heiratsantrag gemacht. Natürlich war das keine spontane Eingebung. Heimlich hatte er alles minutiös geplant und organisiert, inklusive Zimmer im Grand Hotel und Tisch im Restaurant. Er war nervös, unsicher, angespannt, bis es geschafft war und ihr Ja ihn aufatmen ließ. Selbstredend ist das seitdem für die beiden ein spezieller Ort. Die nostalgischen Gefühle spielten später eine nicht unerhebliche Rolle dabei, dass sie genau in diesem Dorf eine Ferienwohnung erstanden. Und jetzt dieser Wink, wie es Weber empfindet, der spektakuläre Kunstraub mit dem Bild von den Brissago-Inseln.

Es wird wohl einiges über den Haufen werfen, aber Weber ist sich ganz sicher, dass er diese Geschichte in seinen Krimi einbauen muss. Kurzum: Es brennt wieder, das Feuer der Leidenschaft des angehenden Schriftstellers. Bea ist erleichtert. Ob spektakulär oder nicht. Hauptsache, ihr Mann ist endlich wieder zufrieden. Denn zuletzt hatte er ganz schön genervt mit seinem Gejammer von wegen Schreibstau. Fragt sich nur, wie er den Jahrhundertraub und die träge Kunstsammler-Geschichte unter einen Hut bringt.

Aber das ist ja nun wirklich sein Problem.

Kapitel 1

Millionärskrankheit

19. Dez. 1938, Porto Ronco. Montag

«*Am 16. abends zu Emden essen auf die Insel. Olly Vautier. Anneliese Oppenheim. Dr. Melek. Emden nervös. Die Millionärskrankheit. Angst vor Verarmen, Krieg etc. Wie Albert Hahn, der schon verrückt ist, weil er glaubt, mit seinen 2 – 3 Millionen nicht mehr satt essen zu können; seiner Frau das Baden verbietet, weil zu teuer etc. Emden will seine Bilder verkaufen. Zu teuer. 20000 Pfd. Ich soff mir einen an aus Unbehagen u. andern Gründen mit. Guten 21er Wein. Er wollte schon keinen mehr rausrücken. Klinisches Bild. Hat vielleicht noch 15 – 25 Millionen, ist über 60, u. nur weil er in Deutschland u. Danzig, bezw. in Budapest seine Einnahmen verliert, verliert er den Kopf dazu. Ist Schweizer dazu. Als wenn man nicht vom Kapital leben könnte. Später noch eine Flasche bei mir getrunken ...*»[1]

Millionärskrankheit. Irgendwie klingt das paradox. Millionäre sind reich, nicht krank.

Aber egal. Remarque säuft sich darauf jedenfalls einen an, wie er im Tagebuch notiert. Bleibt anzumerken, dass er in diesem Moment leicht spotten hat über die angeblichen oder auch echten Millionärskranken. Man betrachte nur sein glamouröses Leben, die Karriere. Ist doch wahr: ein kometenhafter Aufstieg, Hollywood liegt ihm zu Füßen, die große Marlene Dietrich ist seine Geliebte. Der «Blaue Engel» ist für ihn eine Raubkatze und heißt auf wild getauft Puma. Er überschüttet die Diva mit Briefen. Ist allerdings viel Liebesgesülze dabei, für einen weltberühmten Schriftsteller.

«...17. Sodbrennen. Nachmittags Feilchen abgeholt», geht es im Tagebuch weiter. «Abends Olly Vautier, Wolf Schleber, Yvonne. Bis ½ 12. Bramarbasiert, zugehört, gelacht. Nachher noch mit Feilchen geschwätzt.
    Sonntag Brief vom Puma. Schön. Mit Feilchen den ganzen Tag gesessen u. gesprochen vom Puma, von Bildern, von Politik, von Jeanne, von Schwierigkeiten, von Päßen, Welt usw.»

Wenig mehr als ein Jahr ist seit dem magischen Augenblick vergangen, an dem Remarque die Dietrich in jenem Restaurant auf dem Lido in Venedig angesprochen und näher kennen gelernt hat.
    Galant, mit einem Handkuss, macht er sich zunächst an sie heran. Sie zieht sich eine ihrer dünnen Zigaretten aus der Schachtel. Kaum hat sie die zwischen ihre Lippen geklemmt, klickt sein Feuerzeug. Möglicherweise funkt es schon in diesem Moment. Noch in der gleichen Nacht landet er mit ihr im Bett. «Ich bin hoffnungslos impotent»: Mit diesem vermeintlichen Bekenntnis hat er die Diva schlussendlich herumgekriegt. Das soll ihm einer erst einmal nachmachen. Selbst wenn es wohl in Wahrheit sie gewesen ist, die ihn sich ausgesucht hat und Remarque nur im Glauben ließ, von ihm erobert worden zu sein – weil es während des gemeinsamen Abends so schön geprickelt hat.
    Und Emden, der Multimillionär? Obwohl für Außenstehende wenig bis nichts darauf hindeutet, durchlebt er einen Absturz sondergleichen. Das empfindet er zumindest. Er, der sich alles leisten konnte, muss jetzt um die letzten Überreste seines einstigen Imperiums zittern. Er kämpft gegen einen übermächtigen Feind einen aussichtslosen Kampf. Die Wirtschaftskrise ging ja noch. Aber er ist Jude, ursprünglich zumindest, von der Herkunft her. Das reicht vollends. Deshalb gehen ihm die Nazis jetzt an den verbliebenen Besitz in Deutschland. Auch wenn er sich für die Rettung jedes einzelnen Grundstücks aufreibt, über Anwälte bis zur Schweizer Diplomatie alle denkbaren Kanäle mobilisiert, jagen sie ihm Stück für Stück ab. «Arisierung», «Grundstücksentjudung». Das sind die Begriffe, die ihm von Hitlers Komplizen in den Amtsstuben in Hamburg, Danzig, Potsdam und wo auch immer um die Ohren geschlagen werden. Seine Zeit läuft ab, unaufhaltsam, endgültig.

Millionärskrankheit

Vor gut zehn Jahren da war er ganz oben, als er gerade sein Kaufhaus-Imperium versilbert hatte und noch Deutscher war. Die Freiheit, der Süden riefen und danach diese zwei Inseln im Tessin, die Brissago-Inseln. Irgendwie hat Remarque Recht. Denn es ist doch so, mit diesen Superreichen. Von Reichtum überschwemmt, der ins Unendliche zu steigen scheint, gelangen sie an einen Punkt, an dem sie eine Art Allmachtsgefühl überkommt. Das Gefühl, alles zu erreichen, unangreifbar zu sein. Das Leben wird zu einem Rausch. Unaufhaltsam wächst und wächst ihr Imperium, alles liegt ihnen zu Füssen. Taschen voller Geld ausgeben. Hemmungslos. Gedankenlos. Etwas gefällt? Gekauft. Die Yacht, eine luxuriöse Villa? Geschenkt. Zusätzlich die frenetische Ambiance der Goldenen Zwanziger Jahre. Das pulsierende Stadtleben, die unglaubliche Euphorie der boomenden Börse, der explodierenden Umsätze. Man zeigt sich auf dem Golfplatz, im Poloclub. St. Moritz, Cannes, New York. Tanzt, feiert. Überall nur die schönsten Suiten, die bewundernden Blicke. Der polierte Chrysler mit dem Chauffeur. Die Frauen.

Plötzlich zerreißt eine schwere Krise die Leinwand dieses Lebens in einer anderen Dimension, die Fratze der Realität tritt hinter der Hochglanz-Kulisse der Grand Hotels, des Marmors und der Diener im Livrée hervor, die bis vor einem Augenblick die Champagnerkorken knallen ließen. Die Geschäfte kannten nur aufwärts, alles war Erfolg. Undenkbar bis dahin, einen Gedanken daran verschwenden zu müssen, ob man sich dies oder jenes leisten kann. Dann kippt es, ein unerträglicher Umsturz. Es heißt nicht mehr: haben, haben, haben. Nun sieht der Kopf überall Kosten. All diese Löhne zu bezahlen, was der Palazzo an Unkosten verschlingt, wie der Geldberg schwindet. Abwärts im Sog. Da brechen Einnahmen weg, dort fährt ein Geschäft gegen die Wand. Die Liquidität fehlt? Abrupt stoppen die Maschinen. Eben noch der große Unternehmer und gefeierte-feiernde Millionär, fühlt man sich jäh als Verlierer, Versager. Niemand kann genug Millionen besitzen, um davor gefeit zu sein. Die Niederlage ist es, die sie nicht verkraften, Grenzen vorgesetzt zu bekommen. Für die anderen, das Personal, die Menschen draußen, ist so etwas völlig normal. Den Überflieger macht das geradezu hilflos. An sich selber zu zweifeln, an den eigenen Fähigkeiten. Nicht mehr bestimmen, sondern ein Spielball anderer zu sein. Unerträglich.

19

Millionärskrankheit

Wer schon in einem gewissen Alter steht wie Max, Max Emden, und sich für die verbleibende Zeit alles schön zurechtgelegt zu haben glaubte, ist doppelt schlecht dran. Er hat alle Möglichkeiten gehabt, aber sein Lebenswerk wird ihm genommen. Um ein neues aufzubauen, ist es zu spät: Dafür braucht es ein ganzes Leben.

Aber lassen wir die Millionärskrankheit beiseite, sprechen wir lieber über die schöne Zeit, von den Anfängen auf seiner Insel. Ein Mann auf dem Zenit. Nachdem Emden das alte Herrschaftshaus der verarmten Baronin mit angeblichen Wurzeln im russischen Zarengeschlecht vollständig entfernt und mit seiner bis ins kleinste Detail sorgfältig gestalteten Prachtvilla in einem südlichen, neoklassizistischen Stil ersetzt hatte, waren die Schönen gekommen. Deswegen runzelten Moralisten die Stirn, lästerten die Neider. Speziell zu erwähnen ist von den jungen Damen natürlich «Würstchen», die 18-jährige Brasilianerin aus Hamburg. Sie hatte nur ihren nächsten Geburtstag abgewartet, um dann aus dem Elternhaus in die Arme ihres Max zu fliehen, der in seinem Mahagoni-Flitzer den See durchpflügte; mit ihr und einer Reihe anderer junger Schönen mit athletischen Körpern.

Inselmädchen[2] nannten sie einige und natürlich sorgte das noch und noch für Klatsch im Dorf. Dabei war es nur eine Art Fortsetzung einer Tradition: Hatten oben auf Asconas Monte Verità die langhaarigen, aus dem Norden gekommenen Lebensreformer nicht schon kurz nach 1900 alles Beengende abwerfen wollen und daher der Nacktkultur gefrönt? Ihrer Verrücktheit, auf einem unwirtlichen Gelände die Keimzelle für eine neue, bessere Welt schaffen zu wollen, ist es zu verdanken, dass Ascona nun so berühmt ist. Sonst wäre es wohl noch immer das unscheinbare Fischerdorf von damals und nicht ein Treffpunkt der Bohème, der Schriftsteller, der Schauspieler, der Erholung und Vergnügungen suchenden Industriellen, Kaufleute, Politiker, Städter. Die Berliner zerreißen sich das Maul über die Abenteuer, die andere hier fern der heimischen Metropole erleben. Euphorisch tobt sich in dieser zauberhaften Gegend zwischen Nord und Süd die Festgemeinde der Goldenen Zwanziger aus. Es sind wilde Jahre. Weshalb soll es ausgerechnet auf Emdens Insel zugehen wie in einem Nonnenkloster?

Vorerst logiert der künftige – und künftig verrufene – Inselherr, es könnte nicht besser passen, auf dem Monte Verità und das für gut ein Jahr. Seinen Palazzo mit den 30 Zimmern zu errichten, ist eine Herkulesarbeit. Der steht nicht im Handumdrehen. Hin und her gehen die Boote. Zeitweise schaufeln und hämmern auf dem Inselchen über 100 Arbeiter. Abseits vom Hauptgebäude, an einem zweiten leicht erhöhten Punkt des Eilandes, ist ein ganz spezielles Element des Gesamtprojekts bereits fertig gebaut, das schnell eine gewisse Berühmtheit erlangen wird: das römische Bad. Das marmorne Bassin befindet sich in der Mitte der Anlage, die eine hohe Steinmauer umgibt, welche den Einblick verhindert. Sei es von der in einiger Entfernung auf dem Fels wachsenden Villa, sei es aus Richtung Ascona, das durch eine Öffnung in der Mauer zwar zu sehen, aber in einiger Entfernung liegt. Ja, die Mauer drum herum ähnelt der eines Nonnenklosters, von dem die Rede war. Nur steht den Frauen dahinter der Sinn nicht nach stiller Einkehr und frommem Beten. Nackt sind sie dort in diesem ersten Sommer oder so gut wie. Max, der Doktor der Chemie und Mineralogie mit Kaufmannsblut, ist zurückhaltender als man vermuten würde und ohnehin nicht ständig da. Von wildem Treiben träumen die anderen, die gerne einen Blick über die Mauern werfen würden, wie einst auf dem Monte Verità, wo ein Nachbar auf dem Dach seines Hauses Schaulustige gegen Eintritt auf die Lebensreformer und ihre Gäste blicken ließ, die sich dem Sonnenbaden und Wasserkuren hingaben. Nackt. Unvorstellbar damals, aber umso anregender für die Phantasie.

Was sich tagsüber auf Emdens Insel abspielt, entfaltet eine ähnliche Wirkung. Natürlich wird keiner und keine der dort Gewesenen behaupten, dass das Zusammensein von jungen Gästen nie zu innigeren Szenen geführt habe als zu harmlosem Herumtollen auf der Wiese. Die ersten Inselmädchen, nur wenig älter als «Würstchen» und überwiegend in der Unterhaltungsbranche tätig, sind einem Flirt nicht abgeneigt, wie das halt so ist – und manchmal funkt es. Aber das beschränkt sich nicht auf die Insel. Selbst für sie ist es zudem kein Dauerzustand, völlig ungewandet umherzugehen. Sobald sich Besuch nähert, ziehen sie sich an. Andere Gäste können berühmte Leute wie Remarque sein oder weitgehend unbekannte, mit denen Max lange Runden Bridge spielt, eine Passion, der er rege nachgeht. Selbst an Turnieren nimmt er ab und an teil: «Würstchen» hat sogar dokumentiert, wie er einmal das Weihnachtsturnier im St. Moritzer Hotel Palace gewann. Geben sich gesetzte Herren und Damen dem strategischen Kartenspiel hin, beflügelt das niemandes Phantasie, ganz im Gegensatz zum Gedanken an die Inselmädchen.

Von «Würstchen» abgesehen, sind die ausgelassenen jungen Frauen ein Phänomen dieser magischen Sommertage, in denen auch Emden fasziniert eine für ihn neue Welt entdeckt. Das vor neugierigen Blicken abgeschirmte römische Bad ist das kleine Paradies auf einer Insel der Seligen.

Ist die Bande ganz unter sich, geht es gerne hoch zu. Da, eines der Mädchen schnellt aus dem Wasser, nackt und schön, die Luft der unbegrenzten Möglichkeiten dieser frenetischen Zeit tief einsaugend, bevor sie wieder abtaucht. Zwei andere ringen auf der Wiese zum Spaß miteinander. Die blonde Kleine, sie trägt ein luftiges weißes Kleidchen, wirbelt in einem wilden Ausdruckstanz über den Rasen, wie sie ihn auf dem Monte Verità lernten. Schnell bilden die anderen, in Badekostümen oder ohne, eine Art Reigen um das Becken, mit anmutigen Sprüngen ihre ganze Lebenslust ausdrückend. Schlank sind sie, sportlich. Amüsieren sich. Spielerei. Da legt sich eine ermattet auf das Badetuch, eine andere setzt sich auf ihren Rücken und cremt sie ein. Emden mit der obligaten Zigarette im Mundwinkel platziert ein Blumenbouquet auf dem Steintisch. Unter einer Art Veranda sitzend hat der für seine 53 Jahre unverschämt gut aussehende, braungebrannte Hausherr belustigt das Treiben beobachtet. Zwischendurch schweifte sein Blick auf die vergitterte Öffnung in der Mauer gegenüber, durch die er die Seepromenade von Ascona im Blick hat. Sie ist weit genug entfernt, um sie nur erahnen zu können. Etwas weiter rechts, von der Mauer verdeckt, befindet sich der Golfplatz. Eigentlich sein Golfplatz. Er wird ihn zu einer Anlage mit mehr als ansprechendem Niveau ausbauen. Für eine Partie braucht er nur das kurze Stück über den See zu preschen.

Golf, das ist eine fast tägliche Beschäftigung. Hingegen musste er das Polo-Spielen aufgeben, nachdem er Hamburgs Schmuddelwetter verlassen hatte, was praktische Gründe hat: Es gibt hier schlicht keinen Poloclub. Zuhause, in Deutschlands Tor zur Welt, war er verwöhnt.

Millionärskrankheit

Dort lag der größte Platz des Landes direkt vor seinem Anwesen. Emden wäre nicht Emden, wenn er ihn nicht früher oder später gekauft hätte, einfach so. Trotzdem lässt sich der Nachteil seines neuen Wohnorts verschmerzen: Hier hat er die Sonne und die Schönen. Ist auch nicht schlecht, oder? In Wahrheit kommt das Fehlen eines Poloclubs nicht wirklich ungelegen, weil er ohnehin langsam zu alt dafür ist, um auf einem Pferd Gegnern nachzujagen, sie abzudrängen und dann mit dem Mallet, dem hölzernen Schläger in der rechten Hand, den kleinen Ball wuchtig in Richtung Tor zu treiben.

Nicht nur den Polosport, sein ganzes altes Leben – inklusive die inzwischen von ihm geschiedene Ehefrau – hat er im Norden zurückgelassen. Die Hamburger Firma, das Mutterhaus, hat er allerdings behalten, als er die meisten seiner Kaufhäuser in einem äußerst günstigen Moment der wirtschaftlichen Entwicklung veräußert hat. Mit dem Verkauf hat er das frenetische Leben als einer der führenden Unternehmer der Branche beendet. In die Fremde gezogen, versteigerte er nach einer Weile auch einen Großteil seiner umfangreichen Kunstsammlung in Hamburg. Nicht, dass die Wände in der Tessiner Villa deswegen völlig leer wären. Den van Gogh hat er selbstverständlich mitgenommen, der war ihm zu wichtig. Monet, Sisley, das sind weitere klingende Namen von Künstlern. Von dieser Sorte hat er noch manchen mehr zu bieten. Bilder, über die er mit Remarque diskutiert, dem Nachbarn am nahen Seeufer, der ähnliche Meister sammelt. Wobei Nachbar eigentlich falsch ist. Für einen Inselbesitzer wie Emden gibt es genau genommen keine Nachbarn: Jede Insel ist eine Welt für sich, ein Mikrokosmos. Alles andere liegt außerhalb.

Ein Jahrzehnt später, wie Remarque Ende 1938 in seinem Tagebuch erwähnt, möchte sich Emden offenbar vom verbliebenen Rest der Kunstsammlung trennen. Aber was ist schon Kunst? Für die einen sind moderne Gemälde wie ein van Gogh «entartet» und sie reißen sie von den Wänden. Ankömmlinge, die bei Emdens Insel anlegen, lesen hingegen über der Einfahrt in die Bootsgarage den unübersehbaren Leitspruch: «Auch Leben ist eine Kunst.» Die Millionen, die er besitzt oder besaß, lassen sich für alles Mögliche ausgeben. Er kann alle Bilder der Welt kaufen. Die Kunst des Lebens jedoch gibt es nirgends zu kaufen. Ob es das war, was er damit ausdrücken wollte?

Kaum zu glauben wie Remarque bechert. Irgendwann wird es bei diesem Lebenswandel böse mit ihm enden. Kein Wunder, dass Emden ihm nicht ständig so auserlesene Tropfen wie den 21er auftischen mag. Gleich flaschenweise putzt der den Wein weg, wenn sie eine Weile zusammensitzen. Es ist wie immer. Kommen sie auf die Kunst zu sprechen, geht es am Ende um ihre van Goghs und sei die Zunge noch so schwer geworden.

«Wie gewöhnlich deiner ist: Blümchenwiesen gibt es dutzendfach. Ein müder Abklatsch eines Meisterwerks ist das höchstens, wenn nicht gar eine Fälschung ...»

«Du kommst mir richtig, mit deiner Bahnunterführung mit Pferdekarren. Das ist nichts als grobschlächtig, ein unfertiger Entwurf eines Stadtplanes, nachträglich koloriert», kontert Emden.

Es kann auch gut anders gewesen sein. Mag sein, dass sie trotz vorgerückter Stunde und anderer erschwerender Umstände niveauvoll diskutiert, gefachsimpelt haben. Denkbar ebenso, dass Emden gerne einen lockeren Spruch auf der Lippe gehabt hätte wie eben, stattdessen aber vergeblich in der Leere seines Kopfes nach einer treffenden Antwort stocherte. Denn eigentlich steht ihm der Sinn überhaupt nicht nach diesen Wortgefechten über van Gogh, die sie schon viele Male geführt haben, weil er sich ernsthaft überlegt, seinen «Blumengarten in Arles» zu verkaufen. Sogar den. Wenigstens würde er damit einen anständigen Preis erzielen, vermutet er, schließlich war der andere van Gogh, «Stadtrand von Paris», bei seiner großen Auktion in Berlin das Zugpferd gewesen. Ist allerdings eine Weile her. Um es auf einen Nenner zu bringen: Während Emden sich zu Verkäufen gedrängt fühlt und dessen Sammlung somit ständig schrumpft, hat Remarque die Kunst erst richtig entdeckt und auch das nötige Kleingeld. Daher hat er in den letzten Jahren fleißig zugekauft. Unglaublich, was man sich mit den Tantiemen eines einzigen Erfolgsbuches alles leisten kann. Zudem sieht es überhaupt nicht danach aus, dass der Geldstrom abreißen würde.

Nebenbei gesagt. Die von Remarque als zu teuer bezeichneten Bilder fanden doch Käufer. Dass Remarque nicht selber zugegriffen hat, dürfte mit seinem Freund Walter Feilchenfeldt zusammenhängen, der vom Tagebucheintrag «nachmittags Feilchen abgeholt». Dieser aus Berlin nach Amsterdam emigrierte Kunsthändler hat Remarque die Augen für die Kunst geöffnet und ist ihm anschließend beim Aufbau der Sammlung zur Seite gestanden. Abgesehen davon verband die beiden eine echte Männer- und Geistesfreundschaft[3]. «Feilchen» war einer, mit dem der Star nicht nur die Nächte durchdiskutierte oder durchzechte, sondern bei dem er sein Misstrauen überwand und sich öffnete. Dieser fachkundige Freund wird den von Großkaufmann Emden geforderten Preis schon richtig einzuschätzen gewusst haben. Derselbe «Feilchen» wird es in seiner bald beginnenden Zeit als Emigrant in der Schweiz übrigens sein, der sich um solche Verkäufe aus der Emden-Sammlung kümmert. Mehr als ein Dutzend von Emdens hochkarätigsten Bildern gelangen über ihn auf den Kunstmarkt. Weitere Gemälde werden über andere Kanäle neue Besitzer finden. Einer davon, das sei verraten, wird Adolf Hitler heißen. Von der Führersammlung, um dies ebenfalls gleich loszuwerden, wechselt ein Emden-Bild nach 1945 an den Amtssitz des deutschen Bundespräsidenten, wo es lange im Speisesaal der Villa Hammerschmidt hängt. Auch nicht schlecht. Ein anderes, von dem ausgiebig die Rede sein wird, findet während des Krieges Platz in der Kollektion von Emil G. Bührle, damals ein großer Waffenlieferant mit schnell wachsender Kunstsammlung: Es ist das erwähnte «Mohnfeld in Vétheuil» von Monet, das Bild aus dem Jahrhundertraub in Zürich.

Als Emdens Bootsmann den Motor startet, liegt das alles in weiter Ferne. Nichts lässt an diesem strahlenden Tag erahnen, was die nahe Zukunft bringen wird. Ein gemütliches Tuckern ist zu hören, auf einem der Sitze im Boot, das wegen dem Wellengang leicht schwankt, liegt die Golftasche. Fehlt nur der Chef. Der steigt soeben an Bord, die Badehose mit passender Bekleidung vertauscht, «Würstchen» im Schlepptau. Sie begleitet ihn, wie oft und neckt ihn vorlaut, dass sie ihn spätestens an Loch sieben überholen werde, ganz sicher, weil er dort beim Putten garantiert patzt, wogegen sie mit einem Birdie auftrumpfen werde. Beim Ablegen gibt Emden nur wenig Gas. Es wummert die unbändige Kraft von 120 PS, die seine Chris Craft antreiben. Als er richtig aufdreht, heult der Motor auf und der Bug hebt sich – ab geht es. Die hohen Wellen, die das abdrehende Sportboot wirft, breiten sich über den See schnell von der Hauptinsel mit der Villa bis zur kleineren Isola dei conigli daneben aus, der Kanincheninsel.

Glückliche, vergangene Zeiten.

Kapitel 2

Gang nach Bern

Könnte es sein, dass Remarque das Spotten über die Millionärskrankheit anderer langsam vergeht? Die Liebesgeschichte mit Marlene Dietrich erweist sich als aufreibend; zu aufreibend. In diesem Sommer hat ihm das Reich die deutsche Staatsbürgerschaft entzogen. Gut, es könnte die Frage gestellt werden, wie sehr ihm die Heimat überhaupt am Herzen liegt. Immerhin lebt er seit Jahren fast ausschließlich im Ausland. Und möchte er draußen in der Welt wirklich lieber als Nazideutscher unterwegs sein, verleiht ihm der Bannstrahl des NS-Staates nicht sogar etwas Heroisches? Der Antikriegsautor im Exil, das kommt in den USA an. Er feiert lukrative Erfolge in Hollywood, reist in der Welt umher, fast wie es ihm passt, gönnt sich ein flottes Millionärsleben.

Andere erleben es völlig anders, wenn sie ihre deutsche Heimat verlassen müssen. Für sie ist es ein Trauma, weil solche Menschen oft genug praktisch mit nichts dastehen. Sehen sie dann einen Max Emden auf seiner Insel, lesen sie von einem Remarque in Hollywood, löst das ein so-gut-wie-die-möchte-ich-es-auch-einmal-haben aus. Dennoch kann es bei Emden nicht einfach als ein gewissermaßen künstliches Leiden eines Millionärskranken abgetan werden, wenn ihn belastet, was er gerade durchmacht. Zum einen führt er längst nicht mehr das unbeschwerte Leben von einst. Zum anderen ist er ebenfalls ein Ausgestoßener und wird massiv bedrängt. Denn die Lage in Deutschland hat sich zugespitzt. Wenige Tage vor dem spöttischen Tagebucheintrag Remarques vom Dezember 1938 über ihn war er in Bern gewesen. Seit vielen Monaten kämpft er um die letzten Grundstücke und Immobilien mit den dazugehörigen Kaufhäusern, die ihm die Mieteinnahmen und somit ein Einkommen sichern sollten, es aber nicht mehr tun. Es wurde ihm übel mitgespielt: Verkäufe, die in Wahrheit Enteignungen sind, sein privater

Besitz in Hamburg von der Villa über den Poloclub bis zu gewährten Darlehen – alles wird ihm genommen. Seine Firmen sind, gelinde gesagt, am Gängelband der Nationalsozialisten.

Die Schweizer Diplomatie soll verhindern helfen, dass ihm auch noch das Verbliebene entrissen wird. Das fordert er mit vollem Recht, keine Frage, er ist seit mehreren Jahren Staatsbürger dieses Landes. Und Jude, Jude ist er seit seiner Jugend, seit er 19 wurde nicht mehr. Über vierzig Jahre ist es her, als er zu St. Nikolai in Hamburg evangelisch-lutherisch getauft worden ist. Ändert das etwas an seiner Situation in Hitlers Deutschland? Nein, gar nichts nützt ihm das. Die nationalsozialistische Brut an den lokalen Schaltstellen gebärdet sich selbstherrlich, hält sich im Zweifelsfall nicht einmal an die im Reich geltenden Bestimmungen, wenn die der Bereicherung im Wege stehen. Emden ist ein Nicht-Arier, den man aus dem deutschen Geschäftsleben drängen kann, soll und will.

Die seit längerem betriebenen Judenboykotte haben seinen Kaufhäusern arg zugesetzt, vor Monatsfrist kam es mit den Novemberpogromen zu einer Eskalation sondergleichen; in der «Reichskristallnacht» zerstörte der durch einen von der Parteipropaganda gelenkte Nazi-Mob symbolhaft Synagogen. Es kam zu Morden, Geschäfte wurden geplündert. Zehntausende Juden sind verhaftet und zum Teil in Konzentrationslager gesteckt worden. Die Spirale dreht sich in immer kürzeren Abständen. Unmittelbar danach folgte der nächste Akt, die «Judenbusse»: Nur weil jemand Jude ist, muss er innerhalb eines Jahres 20 Prozent seines Vermögens abliefern. Und soeben, am 3. Dezember, hat Hitlers Regime eine Verordnung verabschiedet, die endgültig die faktische Enteignung der Juden bedeutet. Sie verpflichtet Juden, ohne Wenn und Aber Grundbesitz abzugeben, ihre Geschäfte aufzugeben und zu verkaufen. Ganz ähnlich wurde das von Emden schon vor dieser Verordnung verlangt, ohne rechtliche Basis. Wie sehr dürfte sich folglich der Druck verstärken, der von nun an auf ihn ausgeübt wird!

Zu verkaufen versucht er eigentlich schon eine ganze Weile. Aber das ist alles andere als einfach. Selbst wenn ein solventer Interessent vorhanden ist und man sich auf einen Preis geeinigt hat, reichte das bisher nicht für einen Abschluss. Es braucht dafür eine Bewilligung von den Behörden und die bekommt er einfach nicht.

Den amtlichen Segen gibt es erst, wenn der «richtige» Käufer den Zuschlag erhalten hat. Überdies setzen die Beamten lächerlich tiefe Verkaufspreise fest. «Arisierung», «Grundstücksentjudung» nennt das die Nazi-Bürokratie, was er immer ohnmächtiger miterleben muss. Es bedeutet Willkür. Wo trotz aller Schikanen ein Geschäft noch Einnahmen erwirtschaftet, lassen sie obendrein nicht zu, dass Geld zu ihm in die Schweiz transferiert wird. Immer wieder, immer wieder hat Emden über seine Firmen, selber, über seine Anwälte vor Ort oder in der Schweiz seine Rechte geltend gemacht. Monatelang haben sie mit dem Senat in Danzig verhandelt. Was hat er nicht alles versucht, um die eidgenössischen Beamten und Diplomaten zu bewegen, in Deutschland zu intervenieren: Beim Eidgenössischen Politischen Departement von Bundesrat Motta, das zuständig wäre, hat man sich bisher taub gestellt. So zumindest empfindet es Emden, der als Schweizer Bürger einfach nicht hinnehmen mag, dass sein zweites Heimatland ihn dermaßen im Stich lässt. Keinen Finger rühren die für ihn. Das gibt es doch nicht, das geht doch nicht! Also hat er vor einigen Tagen beschlossen, sich Gehör zu verschaffen, indem er direkt zu den Verantwortlichen nach Bern fährt. Die Herren müssen ihn anhören und endlich ernst nehmen.

Danzig hat er verloren gegeben, zwangsläufig. Da sind bereits vollendete Tatsachen geschaffen worden, das ist arisiert. Jetzt hofft er darauf, wenigstens Budapest halten zu können, das ist schließlich ungarisches Territorium, und überdies in Stettin retten, was noch zu retten ist. Deshalb hat er auf diesen Termin in Bern gedrängt. Er besteht auf einer Gelegenheit, persönlich bei der Abteilung für Auswärtiges vorzusprechen[4]. Hofer heißt der Mann vom Rechtsbüro, den er treffen wird. Wenn er ihm darlegen kann, wie es in Deutschland wirklich zugeht, müsste er von der Eidgenossenschaft tatkräftige Hilfe bekommen. Denn das Land kann doch nicht billigend zuschauen, während seine Staatsbürger auf diese Weise drangsaliert werden. Das lässt sich ein Rechtsstaat wie die Schweiz nicht bieten, möchte Emden jedenfalls glauben.

8. Dezember 1938, Bern. Donnerstag

Um Viertel vor 10 Uhr verlässt Max Emden sein Hotelzimmer. Im Lift nach unten fahrend, wirkt er nachdenklich. Es ist nicht lange her, da ließ er Bern links liegen. Kein Grund, dorthin zu reisen. Im Tessin lebt er, in St. Moritz pflegt er in den besten Häusern auszuspannen, auf dem Eis seine Pirouetten zu drehen und Bridge zu spielen. Dazu Genf und Zürich, das sind die anderen Orte, die er in der Schweiz regelmäßig aufsucht. Vergangenheit. Nun steht die geruhsame Beamtenstadt im Mittelpunkt, mehr als jeder andere Ort, seine Insel vielleicht ausgenommen. In der Bundeshauptstadt sitzt der Staatsapparat, und auf den ist er angewiesen.

Nachdenklich geht er an der Reception seines Hotels vorbei. Die freundliche Verabschiedung ignoriert er. Der Blick drückt Skepsis aus. Obwohl es Dezember ist und kalt, glänzt seine Glatze noch immer dunkelbraun, als würde für ihn der Sommer nie aufhören. Die Inselsonne vermag er in Brissago jedoch nicht mehr zu genießen, schon gar nicht unbeschwert. Die Millionärskrankheit? So einfach ist das nicht, wie es Remarque sieht.

Kaum ist Emden durch die Tür und steht vor dem Bellevue, seinem Hotel, zieht er reflexartig den unbedeckten Kopf ein, er, der Tessiner Milde gewohnt ist. Die Kälte dieses Morgens lässt ihn erschauern. Das erinnert ihn einen Moment lang an Hamburg, aber dann fehlt ihm der Wind. Zum Glück liegt sein Ziel gleich um die Ecke.

Schließlich steht er vor dem gesuchten Zimmer 148a: «Eidgenössisches Politisches Departement, Abt. f. Auswärtiges, Rechtsbureau» steht auf dem Schild.

«Guten Tag, Dr. Emden», überrascht ihn im reichlich überheizten Flur von hinten eine sonore Stimme. Sie gehört dem Juristen von Zimmer 148a, der gerade zu seinem Büro zurückschlurft. Hofer heißt er.

«Treten sie ein», sagt dieser und öffnet die Tür.

Emden braucht eine Sekunde, um sich vom Schreck des unerwarteten Zusammentreffens im Flur zu erholen.

«Danke, danke», antwortet er nur.

Hofer, die Türklinke in der einen Hand, winkt mit der anderen seinen Gast hinein. Emden schreitet ins Büro, den Mantel trägt er über dem Arm. Er hat zu schwitzen begonnen. Vielleicht hat er sich doch ein bisschen übertrieben warm angezogen. Seine Bekleidung ist wohl eher auf Engadiner Eiseskälte ausgelegt; ganz so frostig empfängt ihn Bern heute nicht. Schon nimmt ihm die herbeigeeilte Sekretärin den abgelegten Mantel ab. Bevor sie sich damit entfernt, greift Emden fix in die rechte Tasche und fischt sein silbernes Zigarettenetui heraus.

Dann setzt er sich auf den Stuhl, den ihm Hofer schweigend zuweist, greift sich eine der Zigaretten. Zündet sie an. Zieht daran. Seine Augen gehen unruhig hin und her, er wirkt leicht nervös, etwas mitgenommen auch: das Herz und anderes mehr. Auf ein «also, wo drückt der Schuh» und ein kurzes Zeichen des Juristen hin, den er im Vorfeld schriftlich über das Thema des Gesprächs informiert hatte, beginnt er seine Schilderung. Max Emden hat viel zu erzählen.

«Sie wissen sicherlich von den Vorgängen in Deutschland und Danzig. Ich meine, die Kristallnacht, die Verfolgung von Juden, die Boykotte...

Ich bin davon betroffen. Obwohl, wie sie wohl wissen: Ich bin ja nicht Jude. Unter anderem deshalb bin ich hier. Auch nicht mehr Deutscher, wie ihnen natürlich bekannt ist. Nur zählt das anscheinend nichts.»

Max Emden, mosaischer Abstammung, notiert Hofer.

Geschäftsinhaber «mosaischer Abstammung» wie er haben nichts mehr zu lachen. Sie werden systematisch ausgenommen. Kaufhäuser haben die Antisemiten, die nun das sagen haben, speziell im Visier. Es ist bitter, mitzuerleben, wie draußen in den Städten Gauleiter und Reichsstatthalter bestimmen, was auf dem Papier stehende Rechte wert sind. Die neuen Verordnungen verschlimmern alles noch, ja sie rufen dazu auf, jüdische Betriebe zu verschachern. Es gilt als durchaus legitim, Besitzer dabei nach Strich und Faden auszunehmen. Pure Willkür nennt das, wer Jude und deshalb direkt davon betroffen ist.

Was haben sie ihm bisher in Bern geantwortet, als er als Schweizer Bürger, der er seit 1934 nun einmal ist, wegen solcher Zustände die Unterstützung der Schweiz angefordert hat? Hilf dir selbst. Er solle erst sämtliche Rechtsmittel ausschöpfen. Sollte dies nichts bewirken, ja dann, vielleicht, würden sie sich in Bern dazu erweichen lassen, sich der Sache anzunehmen. Wenn er diesen Weg wirklich ginge, ist alles zu spät, bevor sie auch nur einen Finger für ihn krümmen: Weshalb wollen die das nicht begreifen?

«Es wird immer nur schlimmer. Angefangen hat es in Danzig. Dort besaß ich bis vor kurzem ein Grundstück mit einem Kaufhaus. Ich wollte es verkaufen, den Käufer hatte ich. Kann ich einen Vertrag abschließen? Ja natürlich kann ich, nur sind die Unterschriften nicht das Papier wert, auf dem sie stehen. Ohne Bewilligung vom Amt geht nichts. Ich meine, das sind eigentlich ganz normale private Verträge, Geschäfte. Trotzdem wird man da bevormundet.»

Welches Geschäft gilt, das bestimmt weitgehend die Politik, versucht Emden zu erklären.

«Für die bin ich Jude, Nicht-Arier, weil meine Familie jüdisch gewesen ist. Also bewilligen die das nicht, wenn ich einen Kaufinteressenten habe. So ist das in Danzig gewesen.

Mein Geschäftsführer drängte schon 1937 darauf, das Geschäft abzustoßen. Die Ölgesellschaft gab es, die wollte die Liegenschaft. Der Senat hat das blockiert. Bot mir danach eine Million für alles.

Eine Million, das ist absolut unhaltbar, das ist wenig mehr als nichts für dieses Objekt. Allein schon das Grundstück hatte mich 1,75 Millionen gekostet. Dazu kommen meine Investitionen! Ausserdem gehörte mir auch die Firma Freymann, die das Kaufhaus betrieb. Jetzt ist alles arisiert. Wissen Sie, was das heißt, «arisiert»? Die haben dafür eigens Gesetze geschaffen. Aber was erzähle ich Ihnen das. Als Jurist wissen Sie das sicher alles schon.

Und wenn das nicht reicht, wenn sich jemand wehrt gegen den Verkauf, erfinden sie irgendeine Verfehlung. Ich könnte Ihnen Beispiele erzählen aus Hamburg, wo ich herkomme ...»

Emden kann sich wahrlich glücklich schätzen, in der Schweiz zu leben und nicht mehr in seiner Heimatstadt. Trotz allem. Denn hier wird er in Ruhe gelassen. Zuhause in Hamburg fällt es Beamten offensichtlich leicht, einen Vorwand zu finden, um wohlhabende Juden bis aufs Hemd auszunehmen – und nicht nur das. Man denke nur an den Fall des Fabrikanten Salomon Rothschild, der wegen angeblicher «Rassenschande» denunziert wurde5, nur um ihn auf diese Weise unter Druck zu setzen und das Geschäft abzujagen. Dabei war mit seiner arischen Firmenangestellten überhaupt nichts gewesen, sexuelles. Die Gestapo steckte ihn kurzerhand ins Gefängnis. Einzig weil sich die Frau schließlich einer demütigenden Prüfung unterziehen ließ, bei der ihre Jungfräulichkeit festgestellt wurde, kam er wieder frei. Sein Geschäft war er trotzdem los. Das musste er einem Angestellten abtreten, der ein Freund des NSDAP-Gauleiters war. Bald darauf verlangte dieser dreiste Käufer obendrein von seinem Ex-Chef Rothschild, dass er ihm einen Teil des ohnehin lächerlich tiefen Kaufpreises zurückerstatte. Rothschild hat gezahlt, nachdem der Ex-Angestellte ihm kurz vor der geplanten Auswanderung in die USA den Pass sperren ließ.

Ein anderes Beispiel. Ferdinand Isenburg plünderten sie mit ähnlicher Vorgehensweise alle 18 Filialen seines «Korsetthaus Gazelle» aus, zerstörten sein Lebenswerk und trieben ihn mit dem Vorwurf der «Rassenschande» im Gefängnis zum Selbstmord. Selbst nach dem Tod haben sie ihn nicht in Ruhe gelassen, sondern publizierten verunglimpfende Artikel über ihn. Oder der Bankier Warburg, mit dem Emden befreundet ist und mit dem er beim Hamburger Golfclub viel zu tun hatte. Zu Max Warburg, Mitbesitzer einer der größten Privatbanken Deutschlands, hat er vor Jahren auch seinen Sohn in die Ausbildung geschickt. Zahlreichen auswanderungswilligen Juden hat dieser Warburg nach 1933 mittels der Bank geholfen, ihr Vermögen so gut es ging ins Ausland zu transferieren. Das heißt, ohne dass sie vom Regime restlos ausgenommen werden konnten. Die überragende Bedeutung seiner Bank für die vielen, im internationalen Handelsgeschäft tätigen Firmen in der Hansestadt, machten das eine zeitlang möglich. Zusätzlich sorgte seine Bekanntschaft mit Reichsbankpräsident Hjalmar Schacht für einen gewissen Schutz für sein Finanzinstitut. Außerdem hielt Warburg Kontakt mit wichtigen Repräsentanten des NS-Regimes, um so Einfluss nehmen zu können und die Judenpolitik abzuschwächen. Er scheiterte. Was folgte als Konsequenz für sein Engagement? Vor einem halben Jahr ist seine Bank «arisiert» worden! Zum Glück für ihn ist er danach ausgereist. Anders sein Bruder Fritz. Den haben sie während der «Reichskristallnacht» prompt verhaftet. Ohne Grund. Seitdem sitzt er in irgendei-

nem Gefängnis und man weiß nicht, was mit ihm passiert. Schlimm. Schlimmer ist es allerdings jenen Juden ergangen, die von den Nazis nach der Hetzjagd ins KZ gesteckt wurden. Morde hat es gegeben.
So läuft das, in deutschen Landen!
Verkauft ein Jude, kommt das Geld auf ein Sperrkonto. Ob er sein Geld dann ins Ausland transferieren kann, wie das Emden bei einem Verkauf müsste, ist fraglich. Das geht nicht ohne Bewilligung. Es kann gut sein, dass wie aus dem Nichts eine Steuerschuld auftaucht, dank der sie jemanden wie ihn fröhlich weiter ausnehmen können. Emden, der sein Auskommen im Wesentlichen mit Mieteinnahmen von Kaufhäusern und anderen Liegenschaften bestreitet, muss froh sein, wenn fällige Mieten bis in die Schweiz gelangen, sofern wegen der Repressalien überhaupt genug Geld erwirtschaftet wird, um diese zu bezahlen. Zuletzt wurden selbst derartige Überweisungen aber nicht mehr bewilligt.

«Wie gesagt, Knall auf Fall wurde arisiert. Erst hängen sie mir angebliche Steuerschulden von horrenden 700 000 Gulden an. Dadurch war jede Verhandlung mit anderen Interessenten blockiert. Gleichzeitig schicken sie mir wegen der Steuerschulden, von denen ich nicht weiß, woher die stammen sollen, einen Pfändungsbeschluss. Als nächstes jagen sie meinen Geschäftsführer Lewin davon und setzen eine andere Person ein, ohne mir, dem Eigentümer, auch nur etwas zu sagen. Damit nicht genug, wird mein Besitz überdies beschlagnahmt. Einfach so, wegen einer inexistenten Steuerschuld.
Verstehen sie? Es ist mein Geschäft. Sie machen damit, was sie wollen. Mein Geschäft!»
Emden hat sich warm geredet. Er ist nicht zu bremsen, was Hofer auch gar nicht erst versucht, zumal sein Gast nicht den Eindruck erweckt, eine Unterbrechung seines Redeschwalls zuzulassen, obwohl er zwischendurch mit der Fassung ringt.
Die Sache geht dem Geschäftsmann offensichtlich an die Nieren.
«Jetzt flattert dort eine Hakenkreuzflagge im Wind, und sie machen Werbung als «arisches Geschäft». Vorher haben sie es boykottieren lassen, die Kunden angepöbelt.
Die Zahlen sprechen für sich. Schauen sie, 1926 hatten wir einen Umsatz von 6 Millionen. Letztes Jahr kamen wir auf gerade ein-

mal 2,5 Millionen. Stellen sie sich das vor! Das Geld reicht nicht einmal für die Zinsen. Ich muss froh sein, wenn mir vom Verkauf des Kaufhauses am Ende unter dem Strich 200 000 Gulden bleiben.

Selbst an die komme ich in der Schweiz nur heran, sofern sie mir den Auslandstransfer bewilligen! Sie können sich sicher vorstellen, dass ich angesichts meiner bisherigen Erfahrungen daran zweifle, dass dies erfolgt.

Eine andere Möglichkeit als der vorgelegten Lösung zuzustimmen, hatte ich ohnehin nicht mehr. Es sieht auf dem Papier aus wie ein Verkauf zwischen zwei Privaten, aber so würde ich das auf keinen Fall nennen. Das wurde mir von A bis Z aufgezwungen.

Aber lassen wir das, ich kann nicht rückgängig machen, was in Danzig geschehen ist. Vorbei. In Potsdam und Stettin, da kommen jetzt die gleichen Probleme auf mich zu. Und ich bin alles andere als optimistisch: Längerfristig sind die «Arisierungen» kaum aufzuhalten. Wenn sich die Schweiz, Sie, Doktor Hofer, und ihre Diplomaten, für mich, einen Schweizer Bürger, indes ins Zeug legen, müsste wenigstens eine halbwegs anständige Entschädigung herausschauen.

In Budapest ist noch Hoffnung. Ungarn, wie sie wissen, rückt immer näher zu Deutschland. Deshalb muss man da unbedingt vorkehren. Die Gesellschaft ist mein Eigentum, sie ist also ein schweizerisches Unternehmen. Daher wäre dringend die Schweizer Gesandtschaft zu instruieren, damit sie es schützen kann und rechtzeitig bei den dortigen Behörden vorstellig wird. Mein Sohn hat bereits vorgesprochen, doch ohne Anweisungen aus Bern passiert nichts.

Ich will einfach nicht ein weiteres Mal miterleben, dass es wieder zu spät ist, verstehen Sie? Rückgängig machen lassen sich solche Beschlüsse nicht mehr, das können Sie mir glauben …»

Emden denkt kopfschüttelnd an die nüchterne Empfehlung, die er während seines Kampfes um Danzig aus Bern bekam, zunächst alle Rechtsmittel auszuschöpfen, dann sehe man weiter. Rechtsmittel. Als ob das etwas mit Recht zu tun hätte, wie die mit Juden umspringen oder einem wie ihn. Ungarn, das hat er zu erwähnen vergessen, hat kürzlich ebenfalls Judengesetze beschlossen, durch die Menschen dieses Glaubens aus zahlreichen Bereichen gedrängt werden. Kein gutes Zeichen. Die antijüdische Politik beginnt auch da überhand zu nehmen.

Kapitel 3

Remarque und Dietrich

Die Zeiten des unbeschwerten Golfplausches sind schon lange vorbei. Sie sind der angeblichen Millionärskrankheit und einigen ernsthafteren Sorgen gewichen, wie zu sehen war.

Ah, außerdem: «Würstchen» hat geheiratet.

Dreimal dürfen sie raten, wen. Emden? Falsch. Emden war dabei. Aber geheiratet hat sie irgendeinen anderen. Es ist eine Scheinheirat, damit die geborene Frau Jacobi nach bald zehn Jahren des Zusammenlebens mit dem Inselbesitzer nicht aus der Schweiz ausgewiesen wird. Das ist jedenfalls die im Vertrauen geschilderte Version der beiden. Tatsächlich bleibt sie auch brav bei Emden.

Warum nur hat er seine Langzeitgeliebte nicht selber geheiratet?

Nun ja, wer blickt da durch ...

Nach einer langen wilden Ehe wäre das doch der richtige Moment für eine Hochzeit zwischen dem in der Schweiz eingebürgerten Emden und «Würstchen» gewesen. Nein, lieber sucht er ihr einen unbekannten Schweizer, der sie gegen Bezahlung auf die Schnelle ehelicht, damit sie im Land bleiben kann. Demgegenüber gibt der intensiv um Marlene Dietrich werbende Remarque seiner von ihm geschiedenen Frau in St. Moritz nur wenig später ein zweites Mal das Ja-Wort, um der in Deutschland Ausgebürgerten die Emigration nach Übersee zu ermöglichen. Anschließend verlässt er die Schweiz in Richtung Hollywood. Damit trennen sich die Wege der Nachbarn, Remarque und Emden. Eigentlich für immer, aber nicht für ewig. Nie mehr werden sie sich wiedersehen und ganz am Ende trotzdem zusammenfinden, hoch über dem See, im Friedhof des Dorfes Ronco sopra Ascona. Dort liegen sie beide begraben, mit Aussicht auf die Insel, im Tod erneut so etwas wie Nachbarn geworden.

Bis dahin dauert es allerdings eine ganze Weile, was allein an Erich Maria liegt. Das rastlose Leben des Starautors in der weiten Welt wird einiges länger dauern als das beschauliche Dasein von Max auf der kleinen Insel im Lago Maggiore. Irgendwann beginnt sich Remarque aber alt zu fühlen, weshalb er über das näher rückende Ende nachdenkt. Als ihm die Vergänglichkeit, der schleichende Niedergang bewusst werden, gerade bei den Menschen um ihn herum, erinnert er sich prompt an den Tod von Max Emden.

21.Nov. 1947, New York. Freitag

«*Soeben Marlene hier, sich zu verabschieden. Rührung, trotz allem. Diese Abschiede sind mehr als früher; jedesmal stärker, weil auch der Abschied von der Schönheit u. der Jugend dabei ist u. es endgültig macht. Jedes Jahr schwindet mehr davon. Für immer. Der langsame Untergang. Man kommt plötzlich in das Alter, wo das, was schön mit einem aufgewachsen ist, alt wird, – u. man sich erschrokken fragt: Bist du bereit dazu, es zu überstehen, daß sie um dich herum sterben werden? Da waren schon so manche, – die Tyrannen vom Lago, Lupe, u. so viele andere. Bist du bereit? Es wird kahl werden u. trostlos u. es wird wenig nachwachsen, u. was noch kommt, kann nicht das gleiche mehr sein. Laßt uns zusammenstehen, solange es noch geht. (...)*»

Die Zeit bleibt selbst für eine Diva wie die Dietrich nicht stehen, seinen «Puma» von früher. Sie ist nicht mehr der unnahbare blaue Engel, mittlerweile spielt sie in Filmen, in denen sie schon einmal die Barfrau gibt. Und sie singt jetzt viel: Showstar ist sie geworden, eine Alternative zur stockenden Filmkarriere. Mit ihren 46 Jahren hat sie als Frau ein kritisches Alter für Hollywoods Starmaschinerie erreicht. Emden? Ihm war der Niedergang nicht anzusehen, trotzdem ist er schon lange tot. Rätselhaft, was Remarque damit meint, wenn er ihn einen Tyrannen vom Lago nennt, wo er an den eigenen Tod zu denken beginnt. Weshalb nur einen Tyrannen?

Gleichzeitig bedauert er den Verlust, denn Emden war Teil jener schönen Zeit, in der er und Marlene frisch verliebt waren – oder vielmehr er, Erich Maria, verliebt war und sie mit seinen zuckersüssen Briefen überschüttete, sobald sie nicht mehr um ihn herum war. All sein schriftstellerisches Talent steckte er hinein, um sie für sich zu gewinnen, sie zurückzuerobern, sie endlich halten zu können und nicht mit Nebenbuhlern oder Nebenbuhlerinnen teilen zu müssen, auf die er so eifersüchtig war. Alles vergeblich.

Sein Besäufnis mit dem 21er Bordeaux von Max Emden – einem exzellenten Jahrgang übrigens – lernen wir rückblickend, hatte keineswegs nur mit Emdens angeblicher Millionärskrankheit zu tun, von der er im Tagebuch schrieb. Liebesfrust, der ihn chronisch zu befallen pflegte, war damals ebenso mit im Spiel. Mancher spottete hinter vorgehaltener Hand, der strahlende Playboy, den Remarque gerne zu geben pflegte, laufe der Dietrich hinterher wie ein Hund der Herrin – oder was für jene Zeit zutreffender wäre, wie ein Schosshündchen.

Der weltberühmte Remarque, Autor von «Im Westen nichts Neues», das Buch, das ihn zu einer richtig großen Nummer machte, international. Er ist einer der ganz wenigen deutschen Schriftsteller seiner Zeit, die auch in den USA mit enormem Erfolg verlegt wurden, was manchen berühmten und von der Kritik hoch gelobten Schriftstellerkollegen rasend neidisch machte: Ein Blick auf die von ihm verkauften, gigantischen Auflagen, und ihnen blieb unweigerlich die Luft weg. Erich Maria Remarque. Mit seinem Antikriegsbuch traf er den Nerv der Zeit, ein Welterfolg, dieses «Im Westen nichts Neues», aber schon eine Weile her. Es katapultierte ihn vom kleinen Redakteur zum Protagonisten der Literaturgeschichte hinauf. Hollywood riss sich um den Stoff und verfilmte sein Buch. Ein Kassenschlager. Weniger in Deutschland, wo Nazis die Filmvorführungen massiv störten. Im selben Stil ging es weiter: 1933 verbannten und verbrannten die neuen braunen Machthaber das Buch, das dem Autor Ruhm und Millionen eingebracht hatte. Da wohnte Remarque bereits in Porto Ronco, Tessin, direkt am See, gegenüber den Brissago-Inseln, Emdens Inseln, und in der Nachbarschaft eines ähnlich berühmten Berufskollegen, Emil Ludwig, der nach schwierigem Karrierebeginn ebenfalls zum Bestsellerautor aufgestiegen war. Ein Abend bei Ludwig, und Remarque trank «vor Schreck fast eine Pulle Kirsch leer». Einfach war das Beisammensein nicht auszuhalten, wie es scheint, warum auch immer.

Mit der Dietrich wurde sein ausschweifendes Leben richtig schlimm. Anstatt über Millionärskranke zu räsonieren, wie er das machte, und die eigene Verzweiflung herunterzuspülen, hätte er sich besser mit seiner Beziehung zu dieser Frau befasst. Ein lebender Mythos, eine Diva, die von Frau zu Mann pendelte und zurück. Die Last dieser Liebesbeziehung drohte ihn zu erdrücken. Nicht, dass es Remarque mit anderen Frauen nicht gekonnt hätte. Im Gegenteil. Er war ein Frauenschwarm, wie er im Buch steht. Unglaublich gut aussehend, unterhaltend, einfühlsam, elegant. Er stand seinen Mann, sei es als Liebhaber, als Partygast, Begleiter im edlen Restaurant oder als Trost suchender Freund. Die «göttliche» Greta Garbo eroberte er, Natascha Paley, die berühmte Zaren-Nichte und Schauspielerin, Paulette Godard, Charlie Chaplins Ex-Frau, mit der er nach den zwei Ehen mit der Tänzerin Jutta Zambona zusammenlebte. Daneben unzählige weitere Schönheiten ohne berühmten Namen. Im Jahr 1938 aber, in dem wir bald Max Emden auf einem wichtigen Gang wiederfinden werden, zählte nur die eine, der «Puma», Marlene Dietrich, seine alles überragende Liebe.

Remarque verbringt den Sommer des besagten Jahres mit ihr in Antibes. Nicht allein. Sie reist mit ihrer Familie, dem Clan: dazu zählen die halbwüchsige Tochter, Ehemann Rudi sowie «Gouvernante» Tami, die in Wahrheit seine Geliebte ist. Außerdem treffen sie an der Côte d'Azur auf einen Amerikaner, einen gewissen Joseph P. Kennedy mit einigen seiner Kinder. John F., damals Student und später US-Präsident, war nicht dabei. Vielleicht hätte sich die Dietrich sonst auch mit ihm beschäftigt, statt sich mit dem Vater zu vergnügen. Spätestens in dieser Phase beginnt die zerstörerische Liebesbeziehung Remarque zu zerfressen, ohne dass er von ihr losgekommen wäre. Marlene verfällt während der Ferien einer reichen Frau. Der allein gelassene Remarque zieht nächtens durch die Bars. Er kämpft, bangt, winselt. Es ist der Sommer, in dem ihn das Deutsche Reich ausbürgert.

In der Stadt der Liebe versucht er anschließend zu verhindern, dass die Glut seiner Beziehung mit der Schauspielerin erlischt, erlebt mit «Puma» ein wildes Paris. Hin und her gerissen, für drei Monate. Da bleibt keine Luft für seinen neuen Roman, an dem er arbeitet. Das wäre im Tessin anders gewesen, da hätte er zwischendurch geschrieben. Er hätte sich mit den Nachmittagen im Café «Verbano» und im «Schiff» begnügt, zwischendurch in der Bar auf dem «Monte Verità» gefeiert oder sich bei Emden auf der Insel parlierend durch die Nacht getrunken, um sich zum Abschluss vielleicht, wenn die ersten Sonnenstrahlen das Morgengrauen verjagen, auf der Piazza in Ascona rasieren zu lassen. Für derlei Extravaganzen ist es im Dezember, Remarque ist jetzt endlich zu Hause, entschieden zu kalt. Er schreibt wieder, recht fleißig. «Liebe Deinen Nächsten» lautet der Titel. Seinem Vater geht es schlecht. Als das Buch niedergeschrieben ist, reist er per Schiff in die USA, zunächst nach New York, dann Beverly Hills, Kalifornien. Dorthin, wo auch Marlene ist.

Sie ist jetzt nicht mehr der geschmeidige «Puma», sondern ein «Biest», mit dem er im Krieg steht. Hollywood ist nicht sein Ding, das Getue der Filmstars, das Scheinwerferlicht, weshalb es ihn zurück nach Paris treibt, allerdings mit ihr. Auf einen Sprung nach Porto Ronco, daraufhin erneut an die Côte d'Azur, wo es einmal mehr fast nicht zum Aushalten ist, weil sein «Puma» wieder derart umschwärmt ist. Trotzdem ist es eine ganz besondere Zeit: Es ist der letzte friedliche Sommer in Europa, dramatische Entwicklungen in der Weltpolitik stehen bevor. Wenn Remarque also Ende August die «Queen Mary» in Richtung New York besteigt, wird es ein Abschied für lange. Genau während der Überfahrt zettelt sein altes Heimatland jenen Krieg an, den er schon lange erwartet hatte. So werden die USA für den Starautor zu einem Exil, in dem der Krieg weit weg ist.

Was für Remarque im Moment zählt, ist ohnehin praktisch nur der «Puma». Damit ist klar, dass ihn eine weitere turbulente Phase erwartet. Auf der einen Seite verfilmt Hollywood sein neues Buch, noch bevor es in die Läden kommt. Der Tiefschlag folgt auf den Fuß: Sie verliebt sich in einen Schauspieler. Darum herum Filmpremieren mit der Prominenz, Begegnungen mit deutschen Emigranten, Bekanntschaften, Freundschaften auch. Josef von Sternberg, der aus Österreich stammende Hollywood-Regisseur, Cary Grant, Thomas Mann, Igor Strawinsky, Lion Feuchtwanger und wie sie alle heißen. Seine Frau, die schöne Jutta Zambona, die er erneut geheiratet hatte, um ihre Ausweisung aus der Schweiz zu verhindern, folgt ihm in die USA nach, was wiederum die Dietrich überhaupt nicht zu goutieren scheint. Remarque droht vollends abzustürzen. Sein Körper rebelliert gegen den Raubbau, den er mit der ständigen Aufregung, seiner exzessiven Sauferei, den unendlich verrauchten Nächten betreibt. Sein Herz vermag das alles nicht mehr zu verkraften.

Erst in diesem kritischen Moment trennt er sich von ihr. Nach dem Absprung lenkt er sich in New Yorks Bars ab, tröstet er sich mit vielen kurzen Beziehungen über den «Puma» hinweg. Bis er schließlich die stürmische Liebe beerdigt. Was bleibt, ist eine tiefe Beziehung.

Das Herz; auch bei Emden ist es das Herz. Remarque wird ihm die Zeile widmen, «es braucht ein starkes Herz, um ohne Wurzeln zu leben». Seines schwächelt.

Am Lago Maggiore, den der Schriftsteller verlassen hat, sitzen viele fest und können nicht weg wie er es gemacht hat, selbst wenn sie wollten. Andere sind froh, es wenigstens bis hierher geschafft zu haben. Alle müssen sie das Beste aus der Situation machen, sich irgendwie über Wasser halten. Eine bekannte Dichterin wie Else Lasker-Schüler, mit der Remarque vor seiner Abreise aus dem Tessin eine zeitlang in Kontakt stand, nimmt in ihrer Verzweiflung jede Arbeit an, obwohl sie das nicht darf. Sie müsste sonst hungern. Vor dem Machtwechsel eine preisgekrönte Dichterin, griff man sie danach auf der Straße tätlich an. Sie ist Jüdin. 1938 hat das Reich sie ausgebürgert, eine Erfahrung, die viele mit ihr teilen werden. Von Remarque erfuhren wir es schon, aber es trifft auch Emdens Sohn. Aus Deutschland geflohen, reiste sie via Zürich an diesen Ort, den sie früher schätzen gelernt hatte. Zur Belohnung hat die Schweiz sie mit einem Schreibverbot belegt. Einen Paradiesvogel wie sie sieht man eben nicht gerne; hier wie dort.

Glücklich kann sich schätzen, wer in der Gegend schon früher ein Häuschen, eine Wohnung gekauft hat, in der man jetzt leben kann. Es ist ein bunt gemischter Haufen, der vor Hitler in den Süden geflohen ist, beileibe nicht nur Künstler. Die meisten übten in der Heimat bürgerliche Berufe aus, manche waren vermögend. Um davon zu profitieren, müssten sie an das in Deutschland verbliebene Geld herankommen, aber da hält das Reich die Hand drauf, insbesondere wenn es sich um Juden handelt. Wobei der Begriff Jude bei

Bedarf weit gefasst wird. Obschon mit 19 Jahren protestantisch getauft, gilt Max Emden selbstverständlich als Jude.

Nicht einmal am Monte Verità gehen die Zeichen der Zeit spurlos vorbei, dem Treffpunkt und «Speisesaal» der besseren Gesellschaft, in deren Bar Remarque manchen Absturz erlebte. Viele ehemalige Gäste können nicht mehr reisen wie sie möchten, weil das Geld fehlt oder weil es ihnen nicht erlaubt wird, wenn sie aus Deutschland stammen. Seit Jahren gelten Reisebeschränkungen. Obwohl das Hotel geöffnet ist und der Betrieb momentan einigermaßen läuft, wird es bald seine Türen schließen müssen und für die nächsten Jahre in einem Tiefschlaf verharren. Der Besitzer selber, Eduard von der Heydt, wird vom Leben in Deutschland nicht ganz abgeschnitten. Sogar in der schwierigen Kriegszeit wird er mehrfach in den Norden reisen, er hat da so seine Beziehungen. Ganz anders Max Emden, der seine ersten Monate im Tessin bei ihm auf dem Monte Verità verbrachte. Die alte Heimat inklusive Hamburg ist für ihn seit Jahren ein Ort schwerer Kämpfe geworden, den er nie mehr besucht.

Kapitel 4

Hamburger Ursprünge

Vieles hat Emden verkauft. Für gutes Geld und rechtzeitig, müsste mittlerweile gesagt werden, wenn die weitere Entwicklung in den 30er Jahren betrachtet wird. Das Herzstück der Unternehmensgruppe hat er jedoch behalten: Die M. J. Emden Söhne.

Obschon die Initialen mit den seinen übereinstimmen – M. J. wie Max James Emden – trägt die Firma diesen Namen nicht wegen ihm. Er hat sie auch nicht gegründet, sondern von seinem Vater und Onkel übernommen, die wiederum unter ihrem Vater in den Betrieb eingeführt wurden. Kurzum, die M. J. Emden Söhne hat Geschichte. An Max liegt es, zu verhindern, dass diese lange Geschichte jetzt endet. Darum bemüht er sich, so gut es eben geht. Seit die Weimarer Republik Hitlers Regime weichen musste, ist dies allerdings zu einem alles andere als leichten Unterfangen geworden. Fast möchte er seinem Vater böse sein, dass er ihn auf Max James taufen ließ, weil die Initialen jetzt wie einer zusätzlichen Verpflichtung gleichkommen. Schließt sich, kurz vor dem Ausbruch des Zweiten Weltkrieges, mit ihm ein Kreis?

Wenn man es recht betrachtet, hat eine kriegerische Auseinandersetzung schon am Ursprung des Unternehmens gestanden, wurde es doch im Anschluss an die französische Okkupation Hamburgs gegründet, die weit über hundert Jahre zurücklag. Für die Familie bedeutete die Okkupation einen schwerwiegenden Einschnitt. Begütert waren die Emdens bis dahin gewesen, nun war auf einen Schlag das ganze Vermögen verloren. Das kam so: Nachdem die Franzosen unter Napoleon I. 1806 das Heilige Römische Reich Deutscher Nation besiegt hatten, besetzte die napoleonische Armee Teile des heutigen Deutschlands, darunter auch Küstenregionen im Norden. Hamburg mit seinem wichtigen Hafen war davon ebenfalls betroffen. Der Freien Hansestadt kam eine erhebliche strategische Bedeutung zu, weil über sie der besonders rege Handel mit den Engländern betrieben wurde, also mit den Gegnern Napoleons. Der zum Kaiser aufgestiegene Korse bereitete eine Invasion vor und zog deshalb eine Wirtschaftsblockade gegen die Briten auf. Da war es unverzichtbar, die Geschäfte der Hamburger mit dem Gegner zu unterbinden, auch wenn er damit zahlreiche Handelsfirmen der Hansestadt in den Ruin trieb. Den französischen Kaiser kümmerte das nicht. Hamburg litt doppelt: Zusätzlich zu diesen Einschränkungen musste die Stadt unter großen Opfern jahrelang ihre Besatzer versorgen. Derweil blieb das vom Königreich Dänemark kontrollierte nördliche Umland unbehelligt, sodass der Schmuggel florierte. Bis 1814 dauerte der Spuk. Er endete nach einer Belagerung der von den Franzosen kontrollierten Stadt, die schließlich weichen mussten.

Das ausgezehrte Hamburg braucht eine gewisse Zeit, um sich davon zu erholen, um sich wieder aufzurappeln. Bei der Familie Emden nimmt Meyer Jacob – M. J. – Emden mit 19 Jahren die Geschicke in die Hand. Er ist es, der die Sippe jetzt über die Runden zu bringen versucht, indem er das tut, was er wohl im Blut hat: Er gründet 1823 mit einem Partner eine Firma, die im Handel tätig ist, die Nathan & Emden. Schon bald kommt sein unternehmerisches Talent zum Vorschein, das in dieser Familie vielen zu eigen zu sein scheint. Natürlich gehören Fleiß und das nötige Glück dazu. Aber erst das richtige Geschick ermöglicht Erfolgsgeschichten wie die seiner Firma, wird sie doch schnell zur wichtigsten Großhändlerin für Textil-Kurzwaren – Knöpfe, Garne, Nadeln – im Raum Hamburg. Noch bleibt ihre Tätigkeit auf ein relativ eng begrenztes Gebiet beschränkt. Zu aufwändig wäre es, sich in andere Länder Deutschlands auszubreiten, weil jedes eigene Zölle erhebt. Andererseits verfügt die Hansestadt mit ihrem Hafen über einen großen Standortvorteil. Dank der kurzen Distanz zur Insel ist sie wieder zur wichtigsten Anlaufstelle für englische Waren geworden, die wegen der im britischen Königreich weit vorangeschrittenen Industrialisierung sehr konkurrenzfähig sind. Es versteht sich von selbst, dass sich auch Emdens Firma dort eindeckt, wodurch sie mehr und mehr Kunden von außerhalb des städtischen Umfelds gewinnt. Meyer Jacobs Geschäftspartner stirbt früh, 1838. Wenig später folgt schon das nächste einschneidende Ereignis. 1842 brennt Hamburg. Weite Teile der Stadt werden vernichtet, darunter die Lager etlicher Konkurrenten in der Altstadt. Emdens Firmensitz liegt jedoch im neuen Teil, der vom Feuer verschont geblieben ist. Das ist ein doppeltes Glück, denn eben erst hatte er das große Geschäftshaus bezogen.

Die Firma ist so für den nächsten kräftigen Entwicklungsschub bereit: Bald ist die Eisenbahn als schnelles Transportmittel verfügbar. Auf dem Landweg lassen sich nun im Nu weite Distanzen mit großen Ladungen zurücklegen, nach Berlin, Lübeck, Kiel. Beginnt eine neue Epoche, ist das der passende Augenblick, um im Geschäft die nächste Generation nachzuziehen, zumal auch für den Firmengründer die Jahre vergehen. Seine drei ältesten Söhne sind für die Aufgabe vorbereitet, er hat sie ins Ausland geschickt und ihnen eine kaufmännische Ausbildung ermöglicht. In seinem 60. Lebensjahr ist für den Vater genug geführt. Er übergibt das Unternehmen. Gleichzeitig bekommt der Firmennamen nun seinen Zusatz und die endgültige Form, M. J. Emden Söhne.

Die Familie ist wieder zu Vermögen gekommen, besitzt neben der Firma Grundstücke. Eine tüchtige Generation hat ausgereicht, um es zu schaffen, nach oben zu kommen. Für die Söhne ist es zunächst nicht einfach, die gute Ausgangslage zu nutzen, weil die Politik nicht mitspielt. Hamburg bleibt dem Norddeutschen Zollverein fern, über den sich Mitgliederstaaten einen nahezu ungehinderten Zugang zu weiten Wirtschaftsräumen verschaffen; eine riesige Freihandelszone entsteht. Hamburger Unternehmen müssen hingegen weiterhin die vielen Zölle bezahlen, die Lieferungen in entfernte Gebiete des Deutschen Reiches erheblich verteuern und somit behindern. Den Emdens droht dadurch das eben aufgebaute nationale Geschäft bereits wieder verloren zu gehen. Dem Überseehandel räumt die städtische Politik gegenüber dem Binnenmarkt Priorität ein, was dazu führt, dass Berlin Hamburg als Zentrum der Grossisten im deutschen Raum den Rang abläuft. Um die bisherigen Absatzmärkte trotzdem halten zu können, muss ein Zweiggeschäft innerhalb des Gebietes des Zollvereins her. Als Standort wählt die M.J. Emden das nahe gelegene Ottensen, alles andere als ein wirtschaftliches Zentrum, wo es bis dahin keinerlei Geschäftshäuser gibt. Ein Speicher muss daher vorerst genügen, um die Tätigkeit aufzunehmen.

Der nächste Krieg bricht aus und lähmt die Wirtschaft erneut. Kaum hat sich die Lage normalisiert, brennt mitten im tiefen Winter das Hamburger Geschäftshaus der Emdens und wird nach dem Löschen zu einer Eiswüste. Sie haben Glück im Pech, weil sie über den provisorischen Standort Ottensen – wenn auch mit zusätzlichen Umtrieben – den Handel weiter betreiben können. Das wirtschaftliche Umfeld bleibt jedoch für ein weiteres Jahrzehnt schwierig. Erst als Hamburg 1887 dem Zollverein beitritt, ist der Weg frei für den wirtschaftlichen Boom der Stadt und ihrer Unternehmen. Kurz zuvor erlebt Max Emden als Jugendlicher mit, wie am Rödingsmarkt, nahe der nun an der Elbe entstehenden Speicherstadt, das moderne Geschäftshaus der Firma Emden eingeweiht wird. Der imposante Bau mit elektrischem Licht und Fahrstühlen ist eines der ersten Kontorhäuser, wie sie für die Stadt typisch werden und welche die bis dahin üblichen Bürgerhäuser verdrängen, in denen sich der Wohn-, Geschäfts- und der Verwaltungsteil unter einem Dach befanden[6]. Der Vorteil der riesigen Gebäude besteht neben dem neuartigen Paternoster-Fahrstuhl darin, dass die Raumeinteilung völlig flexibel ist, daher an wechselnde Bedürfnisse der Mieter angepasst werden kann, alles gut zugänglich ist und überall gute Beleuchtung herrscht. Kontors – also Büros – und Lagerräume lassen sich frei einteilen.

150 Personen arbeiten im modernen Hauptsitz. Zwei Emden-Brüder führen weiterhin die Geschäfte, Hermann, ein Kunstsammler, und Jacob. Ihr Geschäftsmodell ist derart interessant, dass es die Hamburger Bürgerschaft analysiert, als darum gerungen wird, ob sich die kleineren und mittleren Detaillisten allenfalls durch progressive Steuern vor der Konkurrenz großer Handelsunternehmen wie dem der Emden schützen ließen. Genau solche bedrohten Detaillisten beliefern die Emdens über ihre Zentrale in Hamburg und über weitere Einkaufshäuser in Berlin, Paris und im sächsischen Annaberg, dem weltweiten Zentrum der Posamentherstellung – worunter Kordeln, Fransen, verzierte Bänder zu verstehen sind – sowie über Auslandagenturen in Nottingham, Calais oder der nordfranzösischen Hochburg, der Spitzenmanufaktur Caudry. Dank ihrem weit verzweigten Netz an Kundschaft bestellt die M. J. Emden Söhne bei den Lieferanten selber derart große Mengen, dass sie äußerst interessante Einkaufspreise auszuhandeln vermag.

Ihre Kunden verpflichten sich, sämtliche Produkte bei der Firma Emdens zu beziehen[7]. Dafür erhalten sie ein Exklusivrecht zugesichert: Kein Konkurrent bekommt am gleichen Ort diese Waren. Weil viele Detailhändler kaufmännische Laien sind, ist für Lieferanten wie die Emdens das Risiko erheblich, dass ihre Kunden die Übersicht verlieren und wegen mangelhafter Kalkulation in der Folge große Verluste entstehen. Dem begegnen die Emdens, indem sie Kunden zwar auf Kredit einkaufen lassen, aber monatlich mit den Geschäften abrechnen. Sie verfügen dadurch über ein effizientes Kontrollsystem und sehr aktuelle Zahlen, dank denen sie ständig über die genaue finanzielle Lage im Bild sind. Oft erstellen sie für die Kunden sogar die Bilanzen, bieten ihnen generell Unterstützung in der Buchhaltung und in der Geschäftsführung an. Außerdem veranstalten sie zweimal jährlich eine Messe, an der Fabrikanten Muster neuer Waren vorstellen. Das ist bei den Kunden äußerst beliebt, hunderte reisen jeweils an. Wer dazu nicht in der Lage ist oder weitergehende Bedürfnisse hat, wartet auf die Emden-Vertreter mit Mustersendungen, die in dem sich ständig ausweitenden Einzugsgebiet auf Tour geschickt werden. Um das Angebot zu vervollständigen, können Detaillisten bei ihnen ebenfalls Werbeartikel, Einrichtungsgegenstände oder Drucksachen beziehen.

Zum Konzept gehört überdies eine Art Nachwuchsförderung. Macht die Firma Emden in einer Ortschaft ein ausreichendes Absatzpotenzial für ihre Waren aus, investiert sie in fähige junge Leute, die neue Läden eröffnen. Immer mehr Geschäfte nennen sich nach dem Namen des Lieferanten, der in diesem Bereich mit «Hamburger Engros-Lager» firmiert; es sind erste Ansätze einer Ladenkette mit einer Art Franchising-System. Um die Jahrhundertwende hat die Firma in 200 deutschen Städten Kunden mit gegenseitigem Exklusivvertrag. Je nachdem wie leistungsfähig diese Kunden sind und wie ihr geschäftliches Umfeld ist, passen die Emdens die Marge an, die sie in Prozenten an den jeweiligen Lieferungen kassieren. Bei größeren Firmen beteiligt sich das Handelshaus auch direkt als Partner. Entscheidend an der Organisation ist, dass der Zwischenhandel ausgeschaltet wird. So ist das Unternehmen aufgestellt, als die Zeit von Max anbricht: 1904 tritt er in die Firma ein. In den Städten wächst gerade der Bedarf an Geschäften mit großen Flächen.

Daher kaufen die Emdens entsprechende Grundstücke in passender Lage in ganz Deutschland zusammen und bauen im nächsten Schritt die Gebäude dafür, Kaufhäuser, die sie dann vermieten. Dieser Zweig des Unternehmens gewinnt rasch an Bedeutung. Überall besitzt die Firma nun Land, die Zeiten des reinen Warenhandels gehören längst der Vergangenheit an. Emden Söhne bietet einen Rundum-Service für ihre Geschäftskunden, der immer mehr Bereiche umfasst. Inzwischen vermitteln die Emdens auch Versicherungen und Transporte; finanzielle und juristische Beratung ist zu haben. Kredite werden beschafft. Die M. J. Emden Söhne bekommt den Charakter einer organisatorischen, administrativen und logistischen Zentrale. Der nächste Schritt und Entwicklungssprung ist damit vorgezeichnet. Er ist dem Junior, Max, vorbehalten. Unter seiner Leitung wird aus der M. J. Emden Söhne ein regelrechtes Kaufhaus-Imperium.

Unter den viel versprechenden Kräften, in die das Unternehmen investiert, sticht ein gewisser Adolf Jandorf heraus. Als junger Mann beginnt er für die Firma zu arbeiten und bekommt noch unter der Führung von Vater Jacob Emden die Möglichkeit, ein erstes Geschäft in Berlin zu eröffnen. Jandorf ist gerade einmal 22 Jahre alt, talentiert, nimmt sich allerdings gleich heraus, das von der Firma Emden finanzierte Geschäft mit dem Namen «A. Jandorf & Co., Hamburger Engros Lager» als eigenen Besitz darzustellen. Das gibt Ärger mit Vater Emden. Gleichzeitig erweist sich dieser Jandorf jedoch als ein Mann, der mit Visionen und Gespür ans Werk geht. Er baut den Berliner Laden zu einem Warenhaus aus, bald folgt ein nächstes. Die Nachfrage scheint nahezu unbegrenzt, denn dank der langen Friedenszeit geht es der Mittel- und Oberschicht richtig gut: Sie scheinen geradezu nach Konsum zu gieren. Weitere Filialen entstehen in der Metropole des Reiches nach der Jahrhundertwende Schlag auf Schlag. Dann packen die Emdens mit Jandorf ein richtig kühnes Unterfangen an: In einem ruhigen Vorort Berlins soll ein riesiges Warenhaus entstehen, das größte Deutschlands. Wie üblich gründen sie dafür eine eigene Gesellschaft. Den Architekten für das Bauwerk bringen sie gewissermaßen aus Hamburg mit. Er heißt Johann Emil Schaudt und hat in der Hansestadt gerade das gigantische Bismarck-Denkmal mitgestaltet.

Hamburger Ursprünge

Für ihr ehrgeiziges Projekt lassen die Geschäftspartner Ende 1905 eine Reihe fast neuer Wohnblöcke an der Tauentzienstrasse niederreißen. Den Einkaufs-Koloss, der fernab bestehender Geschäftsstraßen auf dem Land der Firma Emden steht, passt der Architekt sorgfältig in die Umgebung ein, damit dieser in der Wohngegend nicht als Fremdkörper wirkt. 1907 öffnet das KaDeWe, das Kaufhaus des Westens, seine Pforten. Kein anderes in Deutschland wird es je übertreffen. Es ist eine große Herausforderung, den riesigen Kasten zum geschäftlichen Erfolg zu führen. Mit einer innovativen Inseratenkampagne wird der Start lanciert. Die Kundschaft nimmt außer der unendlich scheinenden Warenauswahl in den zahlreichen Abteilungen staunend zu Kenntnis, auch völlig Ungewohntes vorzufinden wie einen Teesalon, eine Bibliothek oder ein Reisebüro. Die Haare zu lang? Kein Problem. Im KaDeWe können Mann und Frau zum Friseur gehen.

Besser als jede Kampagne wirkt indes die Werbung, für die der sommerliche Besuch des Königs von Siam, Rama V., sorgt, der auf seiner Europareise einen für das KaDeWe gleichsam äußerst Aufsehen erregenden wie lukrativen Halt einlegt. Für 250 000 Mark sollen er und seine Entourage eingekauft haben. Dieser spektakuläre Kunde aus Thailand lässt nicht nur während den zwei Tagen seines Besuchs die Kassen klingeln, sondern weckt in allen Schichten die Neugier für das KaDeWe. Bald sind es 3000, 4000, die hier tagtäglich bei den Warentischen stehen; Angestellte, nicht Kunden, von denen kommen weit mehr. Wobei sich repräsentative Kaufhäuser dieser Art in der Pionierzeit hauptsächlich an eine Luxus-Kundschaft wenden und von Bessergestellten frequentiert werden. 16 Millionen Mark Umsatz schafft das KaDeWe schon im ersten Jahr. Das ist beachtlich. Der König von Siam kehrt mit seinem Hofstaat mehrmals nach Europa zurück und wird auf späteren Reisen auch die Brissago-Inseln beehren, wo er selbstredend zu den besonders illustren Gästen zählt, die Hausherr Max Emden dort empfangen durfte.

Außer der edlen Einrichtung, einer bisher ungekannten Größe und Auswahl weisen die modernen Kauf- oder Warenhäuser in Deutschland auch einige wesentliche Neuerungen für die Art des Einkaufens auf. Neu, ja geradezu revolutionär ist für die Kundinnen und Kunden jener Zeit, dass die Preise fest und für alle gleich sind.

Das ewige Feilschen mit den Verkäufern ist vorbei. Freier Eintritt. Schauen, statt nur kaufen und gleich wieder gehen. All dies gab es zuvor nicht. Dafür ist umgehend zu bezahlen, was erstanden wird; Ware anschreiben ist in diesen Häusern passé. Das haben die Franzosen vorgemacht, deren Grand Magasins allerdings überwiegend Konfektionsware führen und daher über eine weit schmalere Angebotspalette verfügen. Hamburg, Berlin, München sind gerade zu Großstädten herangewachsen, was sie zu idealen Standorten für die neuartigen Kathedralen des Konsums macht, in denen das Einkaufserlebnis zelebriert wird. Schnell holen die einschlägigen Unternehmen in Deutschland den Rückstand auf, den sie gegenüber den französischen, englischen und amerikanischen Vorreitern aufwiesen. Insbesondere Berlin entwickelt sich zum Kaufhausmekka.

Bevor dort das KaDeWe neue Maßstäbe setzte, stand das größte Kaufhaus der Nation allerdings in München. Es handelt sich, wie könnte es anders sein, um einen Luxustempel der Emden-Gruppe. Im März 1905, als auf der Großbaustelle in Berlin noch nicht einmal der Abbruch der bestehenden Liegenschaften auf dem ausgesuchten Areal begonnen hatte, war der Oberpollinger schon eröffnet worden. Segelschiffchen auf den Dachzinnen sind das extravagante Markenzeichen. Sie wirken, als wollte der Besitzer aus der Hafenstadt des Nordens zur Schau stellen, woher die Pracht in der südlichen Binnenmetropole Deutschlands stammt. Schon der Oberpollinger war mit Teezimmer, Reisebüro ausgestattet. Es gab öffentliche Telefonkabinen, damals eine Rarität und Attraktion, denn das Telefonnetz war noch in der Phase seines Entstehens. In dieses Warenhaus ging das bessere München, um zu flanieren. Schauen, sehen und gesehen werden. Aber dann wird das überwältigende Angebot vielleicht doch zu verlockend und schon ist ein Stück in der Hand, die Brieftasche gezückt. Die lokale Presse zeigt sich begeistert vom Konsumtempel. Sie prägt die Zeile vom Ort, durch den «der Atem der weiten Welt weht».

Nicht alle teilen die Begeisterung, zumal Hermann Tietz gleichzeitig zum Oberpollinger an der Neuhauserstraße am Bahnhofsplatz ebenfalls ein Kaufhaus eröffnet, wenn auch ein bescheideneres. Für den Gewerbeverein bedeutet die neue Konkurrenz eine ernsthafte

Gefahr und so warnt er die bisherigen Kunden seiner Mitglieder, sich nicht von der «prunkvollen Ausstellung» blenden zu lassen – die Einrichtung hat übrigens der gleiche Innenarchitekt gestaltet wie später beim KaDeWe. Gleichzeitig bitten die Ladenbesitzer um so etwas wie Artenschutz, darum, dass ihnen die Kundschaft treu bleibt, weil ansonsten ihre Existenz gefährdet sei. Besonders muß ihnen Emdens raffinierte Strategie sauer aufgestoßen sein, der an unzählige Haushalte der Stadt nicht nur Einladungen für die Eröffnung, sondern darüber hinaus auch Rabattkarten für erste Einkäufe verschicken ließ.

Eine Besonderheit unterscheidet das Emden-Imperium von der Konkurrenz. Im Gegensatz zu ihr – inklusive den anderen ganz Großen wie Rudolph Karstadt oder Tietz, mit denen die Firma auf Augenhöhe um zahlungskräftige Kundschaft buhlt – vermeidet Max Emden bei seinen Kaufhäusern tunlichst, irgendeinen Bezug zu seinem Namen oder dem seiner Firma herzustellen. Er steckt nur im ursprünglichen Unternehmen, das zu einem Firmendach geworden ist, unter dem eine Vielzahl von Aktivitäten zusammengefasst sind. Für die Kundinnen und Kunden, die in den Städten Deutschlands wie auch in Ungarn oder Schweden in Emden-Kaufhäuser strömen, ist dieser Name hingegen kaum ein Begriff, er existiert nicht als Marke. Dadurch erscheint jedes dieser Geschäfte als eine kleine, eigenständige Welt, zumindest nach außen, während hinter der Fassade, unsichtbar, alles in seinen Händen zusammenläuft. Im Vordergrund stehen, im Rampenlicht, und sei es nur durch den Namen, das mag Max Emden offensichtlich nicht.

Kapitel 5

Verkauf des Imperiums

Der Emden-Konzern wächst mit der stark expandierenden Branche mit. Die wichtigsten Konkurrenten heißen Karstadt, Tietz, Althoff, Wertheim und mit der Zeit auch Jandorf in Berlin, die Kaufhausgruppe des ehemaligen Angestellten, oder die der Gebrüder Schocken, deren «Revier» zunächst östlich der Reichshauptstadt liegt. Es braucht einen Krieg, um den Vormarsch der neuen Einkaufswelten zu stoppen. Der Erste Weltkrieg wird natürlich nicht für sie allein eine schwierige Zeit, alle leiden. Kaufleute und Händler, insbesondere die international tätigen, trifft es direkt, schnell und besonders hart. Wie einst zu Zeiten Napoleons bringt wieder eine Seeblockade den Handel in Hamburg, dem Tor zur Welt für das Deutsche Reich, zum Erliegen. Diesmal kommt sie von den Engländern, deren Flotte das Kaiserreich nichts Ebenbürtiges entgegenzusetzen hat. Der Krieg zieht sich in die Länge, die Krise wächst, die Gewerkschaften erstarken. 1917 gibt es erste Streiks in der Heimat, Warnsignale, für das, was folgen wird. Derweil liefern die jungen Männer in den Schützengräben in der Ferne zähe Verteidigungsschlachten. Die Führung will England und seine Verbündeten niederringen, erreicht stattdessen nur, dass auch die USA in den Krieg ziehen. Ein weiterer Gegner. Einer zuviel.

Alle sind am Ende, zuhause, an den Fronten. Ein sinnloser Krieg, den nur die wenigen nicht verloren geben mögen, die weiterhin am Kaiser hängen. Wie die Sozialisten und Kommunisten als das eine Extrem, bekommen rechtsnationale Strömungen als das andere Aufwind. In Hamburg hat der antisemitisch eingestellte Deutschvölkische Schutz- und Trutzbund seinen Sitz[8], der, kaum gegründet, schnell wächst. Bis anhin regierten die Elite, Begüterte, Sprosse aus den «richtigen» Familien die Stadt. Jetzt wollen plötzlich alle mitbestimmen und fühlen sich dazu befugt. Mit dem Kriegsende strömen zudem die geschlagenen Soldaten zurück, in unendlich langen Kolonnen. Sie brauchen Normalität und Arbeit. Doch ihre Stellen, sofern es sie überhaupt noch gibt, haben daheim Gebliebene übernommen, viele Frauen, die vorher nur im Haushalt tätig sein durften. Hamburg ist eine Handelsmetropole, atmet Handel, daraus hat sie immer ihre wirtschaftliche Kraft geschöpft. Was aber geschieht nach dem Waffenstillstand? Die Schiffe, fast die ganze Flotte, müssen an die Sieger abgegeben werden. Eine Katastrophe, die weite Kreise zieht. Den Hamburgern gehen dadurch ihre Überseefirmen verloren, der Industrie fehlen die Rohstoffe, die Versorgung ist desolat. Wer ohnehin nur wenig hatte, muß umso größere Not erdulden. Es brodelt, es wird geplündert. Schließlich kommt es zu gewaltsamen Auseinandersetzungen. Die verzweifelte Arbeiterschaft revoltiert.

Die Lage in Max Emdens Heimatstadt eskaliert wegen eines Lebensmittelskandals mit verdorbener Ware. Die Verantwortlichen sollen nicht so glimpflich davonkommen, wie das die allzu gnädigen Richter beschlossen haben. Die Massen sammeln sich, marschieren gegen die Sicherheitskräfte der Staatsmacht auf. Es ist ein Juni der Revolten, in Hamburg wird geschossen, das Rathaus angegriffen. Nach zwei Tagen bringt die Armee die Situation wieder unter Kontrolle. Trotzdem bleibt die Stimmung aufgeheizt. Dessen ungeachtet können sich Gewerkschaften und Arbeiter in diesem so schwierigen Jahr 1919 eines großen Sieges erfreuen: Jetzt endlich gilt der Achtstundentag. Sie haben das nach heftigen Auseinandersetzungen im Vorjahr erkämpft, während denen Emden, nicht zum ersten Mal übrigens, den Augenblick gekommen sieht, sich in die öffentliche Diskussion einzumischen. «Der natürliche Arbeitstag»[9] lautet der Titel seiner Schrift, in der er ein bisschen als Philosoph, ein bisschen als Wirtschaftsexperte mit praktischem Hintergrund auftritt und seine eigene Theorie zum Thema Arbeit zum Besten gibt. «Das Leben des Industriearbeiters der großen Städte ist und bleibt menschenunwürdig», stellt er im Traktat trocken fest. Schuld daran ist die Industrie: «Sie hat aus lachenden Landschaften hässliche Küsten, aus schöngebauten Städten schmutzige Steinhaufen gemacht, in denen das Leben auch dann nicht menschenwürdig ist, wenn man wenig arbeitet und viel verdient. Sie hat Menschen gezwungen, in Massen eng beisammen zu wohnen, in einer Atmosphäre von Kohlenstaub und schlechten Gerüchen. Sie hat alle Wege mit Schienen und den Himmel mit Drähten überzogen, eine Umgebung, in der auch der nicht glücklich sein kann, der sich über diese Missstände nicht klar ist.» Dieser Gedanke enthält womöglich den Kern der Beweggründe, weshalb er eine Insel ganz für sich alleine kaufen wird, wenn sich ihm in einer späteren Phase seines Lebens unverhofft die Gelegenheit dazu bietet. Um die Insel herum gibt es nichts als Wasser und auf dem gibt es keine Drähte, keine Schienen, keine schmutzigen Steinhaufen. Er kann sie gestalten, wie es ihm gefällt. Kurzum, im Vergleich zur hässlichen Welt, die er beschreibt, muß das der ideale Ort sein, um sich sein persönliches Paradies zu schaffen. An ein Paradies mag er in dieser auch für seine Karriere als Unternehmer in Hamburg schwierigen Phase gar nicht denken. Der Weisheit letzter Schluss ist ein anderer: «Die Erde hat nicht Glück genug für alle», beendet er seinen Aufsatz.

Die Lebensumstände zu analysieren dient nur dazu, den Boden für seine Theorie zu bereiten. Sein vordringliches Anliegen ist es, darzulegen, für wen welche Arbeitszeit angemessen oder notwendig ist. Ebenso lapidar wie der Schluss war, führt er in das Thema ein: «In der Tat arbeitet der Mensch im Durchschnitt nur, wenn er muss.» In nördlichen Breitengraden pflegen sie dieser meist eher anstrengenden Form der Betätigung aus Gewohnheit intensiver nachzugehen, lautet seine Überzeugung. In warmer, freundlicher Umgebung wie sie bereits in Süditalien herrscht, nimmt der Drang massiv ab und «existiert in den Tropen im Grunde genommen überhaupt nicht». Folglich teilt Emden die Menschheit geografisch und arbeitstechnisch in drei Gruppen ein, wobei die Grenzen durchaus fließend sind. Dann beginnt er vorzurechnen. Er nutzt dafür eigene Parameter, setzt gewisse Werte für die Bedürfnisse der Menschen der jeweiligen Gruppen ein und vergleicht diese mit deren Potenzial an täglichen Arbeitsstunden. Die Rechnerei lassen wir beiseite, um gleich seine Resultate zu betrachten. Um 1800 reichte die Arbeitskraft überall, um die Bedürfnisse zu decken, lautet seine Erkenntnis. Danach änderte sich das. In den nördlichen Industrienationen, wo man bis zu 12 Stunden zu arbeiten vermag, stiegen die Bedürfnisse zu sehr an. Ihre Defizite deckte die Gesellschaft in erheblichem Maße über die Kolonialisierung, bei der sie sich ohne Skrupel Mitteln wie

Raub und Mord bedient. Kurzsichtig gingen die Europäer vor. Man nahm den Eingeborenen «die leicht erreichbaren Werte wie Edelmetalle, Gewürze, Hölzer einfach weg» und schlug überdies die Menschen tot, sodass nachher die Arbeitskräfte fehlten, um die überbordenden eigenen Ansprüche decken zu können.

Epoche für Epoche entwickelt Emden sein Modell weiter. Frauenarbeit kommt als neuer Faktor hinzu, Maschinen erhöhen die Effizienz. Emden rechnet und rechnet. Das Defizit bleibt. Gingen die Menschen zunächst mit ihresgleichen unmöglich um, wüten sie in der Folge «in ebenso unverantwortlicher Weise gegen die Erde», deren Produkte sie benötigten und ihr ohne jede Rücksicht entreißen. Allem liegt der Mechanismus zugrunde, dass die Arbeitszeit ohne größere Auswirkungen nur in einem sehr kleinen Kreis gesenkt werden kann, weil die übrigen Arbeitenden in der Welt diese Reduktion ausgleichen müssen. Ein Achtstundentag in Deutschland, in Europa ist die unterste Grenze, die global betrachtet zu verkraften ist. Selbst diese lässt sich jedoch einzig dadurch erreichen, dass die Menschen der anderen beiden Ländergruppen ausgebeutet werden. Die so genannt zivilisierteste Gruppe produziert weit weniger als sie konsumiert, das ist das wahre Problem. Entweder sie stirbt aus oder setzt ihre Ansprüche herab, sonst kommt die Welt nie ins Lot.

Einen Weg dazwischen, eine Alternative, deutet Emden ebenfalls an: Es wäre die Rückkehr zum einfachen Leben. Menschen aus den Industrieländern wandern aus, passen sich dabei den Leuten und dem Leben in den übrigen Gebieten an, mit Lebensgewohnheiten wie in der Zeit bis 1800: «Einfachheit, Sparsamkeit, Genuss der Natur und Verzicht auf die nervenaufreizenden Vergnügungen der Großstadt». Das ist natürlich eine Illusion, wie er weiß. Aber er gibt zu bedenken, dass ein einschneidendes Ereignis wie der eben geendete Krieg, der so viel Tod und Elend, Kummer und Verzweiflung über Europa gebracht hat, vielleicht nicht völlig zufällig entstanden ist.

Melancholisch nennt er es, aber er wirkt richtig deprimiert, wenn er Sätze schreibt wie «Zu helfen ist der Menschheit auf die Dauer nicht» oder dass die «Menschheit immer unglücklich war und immer unglücklich sein wird». Entleert die Großstädte, zügelt die Gier nach Besitz und lasst die Lebenslust erwachen, gibt er als Losung aus. Der Weg soll weg von einer immer stärkeren Industrialisierung, von dieser immer größeren Intensität. Selbst die Religion bringt keine Abhilfe, auch nicht die «heutige», die in seinen Augen der Sozialismus ist.

«Die Erde hat nicht Glück genug für alle.»

Für ihn, Max Emden, scheint das Glück indes zu reichen. Ein Privileg sondergleichen, das Leben, das er zu führen imstande ist, bei all diesem Elend, das nach dem Krieg herrscht. Erstaunlich auch, dass er, ein Kaufhaus-König eigentlich gegen die Konsumlust anschreibt und ein einfaches, beschauliches Leben im Einklang mit der Natur, fern des pulsierenden und aufwändig inszenierten Städte predigt. Ein klein wenig wird er mit dem Rückzug auf die Insel im Lago Maggiore seiner Idee nachleben. Er klinkt sich aus dem nervenaufreibenden Großstadtleben aus, wendet sich vom Streben nach immer neuen wirtschaftlichen Erfolgen ab und wendet sich der Natur zu, sei es nur, indem er sich einen botanischen Garten mit exotischen Pflanzen hält.

Bis dahin dauert es nur noch wenige Jahre. Im Moment fordert aber der mit einer desaströsen Niederlage geendete Krieg seinen Tribut. Die alte Ordnung und damit das Kaiserreich haben ausgedient. Wilhelm II., der Kriegskaiser, musste aufgrund des Drucks von der Straße abdanken. Wobei 1920 mit einer gewissen Verzögerung eine Art Konterrevolution gegen die eben entstandene Weimarer Republik erfolgt, mit der sich Teile des Heeres und rechte Nationalisten sowie die Anhänger der Deutschnationalen Volkspartei an die Macht zu putschen versuchen. Die Umstürzler setzen einen eigenen Kanzler ein, Wolfgang Kapp. Erste Hakenkreuze sind zu sehen.

Auch im Großraum Hamburg möchten Verbände der Armee mitziehen und die neue Ordnung umstoßen, doch sie treffen auf entschiedene Gegenwehr, nachdem die Linke zum Generalstreik aufgerufen hat. Die aufgebrachten Einwohner Altonas – der grünen Stadt bei Hamburg, in der Emden in einem noblen Außenquartier wohnt – blockieren das dortige Kommando mit Waffengewalt in der Garnison. Südlich der Hansestadt, in Harburg, werden 20 Putschisten getötet. Es sind nur gewalttätige Episoden, aber die Lage bleibt in den Monaten danach im wahrsten Sinne des Wortes explosiv, denn es folgen Anschläge auf Linke, auf Juden. Als ob das nicht schon genug wäre, setzt nun die Hyperinflation ein. Bei Brotpreisen von über 400 Milliarden Mark für einen Laib bleibt der Konsumrausch vor dem Krieg höchstens eine ferne Erinnerung. Die Reparationszahlungen lasten schwer auf der Wirtschaft. Die Lage ist bedrohlich. Es wird 1924, bis der Trend kräftig ins Positive dreht. Dass weit herum wieder der zwischenzeitlich aufgehobene Achtstundentag in Kraft ist, mag ein Indiz dafür sein, die Talsohle endgültig durchschritten zu haben. Andere können täglich in der Kasse nachzählen, wie rasant es aufwärts geht. Max Emden gehört selbstverständlich zu ihnen, nur braucht er den Kassenstand nicht persönlich zu überprüfen. Das machen seine Leute. Es muss eine unglaublich lukrative Phase gewesen sein, sodass Emden schon Ende 1926 für das Geschäft seines Lebens bereit ist: Er verkauft die Waren- und Kaufhäuser seines Konzerns an die aufstrebende Rudolph Karstadt A.G., die sich zuvor schon die Althoff-Gruppe einverleibt hatte. Auf einen Schlag kommt Karstadt dank Emden zu 19 zusätzlichen Kaufhaus-Filialen[10], inklusive dem Oberpollinger und der Hamburger Engros-Lager G.m.b.H in Neumünster, die weiteren Geschäften ihren Namen gab. Wenn Emden von insgesamt 150 Geschäften spricht, die er 1926 verkaufte, jedes davon als AG oder GmbH aufgezogen war, die sich vollständig in seinem Besitz befanden, ist das Schwindel erregend. Wie schaffte er es, den Überblick zu behalten? Zumal die verkauften Geschäfte nur einen Teil seiner Aktivitäten ausmachten. Beispielsweise hat er die ausländischen Firmen des Konzerns behalten, über die er Grundstücke und Kaufhäuser in Schweden sowie Ungarn kontrolliert. Im Inland behält er den ganzen Immobilienbereich. Der ist ebenfalls aufgestückelt, besteht aus Firmen für jeden einzelnen Standort, die teilweise Wohnbauten halten, vor allem aber Gebäude mit Läden vermieten, in denen unzählige Menschen einkaufen. Dazu kommt für einige Zeit die weltweit tätige M. J. Emden Export AG mit Niederlassungen von Johannesburg über Buenos Aires bis Bombay und von London über Paris bis Mailand.

Schön synchron zu Emden stößt Ex-Mitarbeiter Jandorf – er ist am hart umkämpften Standort Berlin mittlerweile ebenfalls zu einem wichtigen Akteur in der Branche geworden – seine Kaufhäuser ab. Nur verkauft er an den Gegenspieler von Karstadt, an Tietz, dessen Imperium später zu Hertie umbenannt wird und den manche nach dem Zukauf als größten Warenhauskonzern auf dem europäischen Festland bezeichnen. Alles Zufall? Dass die beiden Verkaufswilligen ausgerechnet zum gleichen Zeitpunkt zwei Konkurrenten die Möglichkeit zu einem strategischen Wachstumssprung bieten, wirkt wie abgesprochen. Denn mit einer entsprechenden Strategie lassen sich bei dieser Ausgangslage vortrefflich die Preise hochtreiben: Willst du ins Hintertreffen geraten und deinen Konkurrenten das Feld überlassen? Bietest du mehr oder willst du riskieren, dass ich einem Angebot deines Gegenspielers nachgebe?

Dass sich Emden und Jandorf auf ein solches Spielchen verständigt hätten, um bei Karstadt der eine, bei Tietz der andere mehr Geld herauszuschlagen, wäre ihnen durchaus zuzutrauen. Wie auch immer es in Wirklichkeit gewesen ist - allein schon dank der Konstellation mit zwei potenten Kaufwilligen und der allgemeinen Wachstumseuphorie dürfte ihnen problemlos gelungen sein, einen deutlich besseren Preis herauszuholen, als sie wenige Jahre vorher auch nur zu träumen gewagt hätten. Übers Ohr gehauen brauchen sich die Käufer keineswegs zu fühlen. Tietz wie Karstadt steigen in der wirtschaftlich dominanten Hauptstadt zu harten Konkurrenten des dritten Großen am Platz auf: Sie sind nun in der Lage, sich mit Wertheim, dem ursprünglichen Platzhirschen, um die Vorherrschaft im hohen Segment zu balgen. Was Max Emden nach der Vorarbeit seines Vaters sowie des Onkels an Glanz und Größe aufgebaut hatte, verschmilzt in einem gewaltigen Konglomerat. Nur für Kenner der Branche war die Bedeutung seines Konzerns zuvor in seiner vollen Bedeutung zu erfassen, er operierte ja nicht mit dem Namen Emden. Danach verschwindet der Name ganz von der Bildfläche, wie der 1.69 Meter kleine Kaufhaus-Pionier selber. Nach dem Ausstieg aus dem Kampf um die Vormacht an den lukrativsten Standorten mit der solventesten Kundschaft und der hektischen Welt des Kaufrausches gönnt er sich eine zeitlang den Rausch eines unbeschwerten, genussvollen Lebens im Süden. Als sich am 1. Januar 1927 die völlig neue Kaufhaus-Landschaft Deutschlands präsentiert, ist er bereits weit weg.

Es ist ein ebenso hart umkämpfter wie enorm wachsender Markt. Zu dieser Zeit herrscht die pure Euphorie. Deutschland verdient, tanzt, genießt und konsumiert wie wild. Es sind die Goldenen Zwanziger. Leuchtreklamen erhellen die Nacht, aus den Klubs und edlen Hotels erklingt Musik. Das Leben pulsiert. Allerdings steht die nächste Krise, von der sämtliche Akteure der großen Deals von Ende 1926 und mit ihnen der Rest der Wirtschaftsführer wohl nicht das Geringste ahnen, schon vor der Tür. Davon zeugt die Wahnidee Karstadts, auf dem Höhepunkt des Erfolgs endlich das KaDeWe übertrumpfen zu wollen. Er plant in Berlin ein Hochhaus für das modernste und größte Warenhaus, es wird auch tatsächlich gebaut; 4000 Verkäuferinnen bedienen die Kundschaft. Kaum dass es eröffnet ist, beginnt jedoch die Krise. Karstadts Wunder-Warenhaus erweist sich schnell als völlig überdimensioniert und als äußerst kostspielige Fehlinvestition.

Zunächst stürzt im Oktober 1929 nur die Börse in New York ab. Die deutsche Wirtschaft scheint dies problemlos zu verkraften, alles bleibt wie in der Schwebe. Nur dreht sich das Rad der Wirtschaft im Kriegsverliererland schon zu lange weitgehend auf Pump. Die Amerikaner, von denen das meiste Geld kam, wollen es zurück, schnell, jetzt. Dazu gesellt sich der Wahlerfolg von Hitlers NSDAP, der Nationalsozialistischen Deutschen Arbeiterpartei, die 1930 zur zweitstärksten politischen Kraft im Land wird. Für die Besitzer der glitzernden Warenhauspracht wächst damit eine ernsthafte Bedrohung heran. Was hatte die NSDAP schon bei der Gründung im Parteiprogramm stehen? Großwarenhäuser sollten umgehend zerschlagen, die Gebäude billig an kleine Gewerbetreibende vermietet werden. Es kommt hinzu: Warenhäuser sind so jüdisch wie es nur geht, vier Fünftel davon sind in «deren» Besitz. Wo, wenn nicht da, sitzt das in den Augen der NS-Fanatiker «raffende jüdische Kapital»[11], das dem ehrbaren deutschen Kaufmann die Existenz raubt. Ja, Emden, der Jude aus Hamburg, hat gut daran getan, zu verkaufen. Denn ein bisschen zu früh ist unendlich besser als zu spät. Wäre er nicht rechtzeitig abgesprungen, würde er jetzt so schwer unter einer gewaltigen Last ächzen wie Karstadt oder Tietz. Noch vor kurzem war es undenkbar, dass diese Patrons, Pioniere, mit den goldenen Händchen einfach so vor die Tür ihrer Konzerne gestellt werden könnten. Und doch …

Zuerst fordert die Weltwirtschaftskrise ihren Tribut. Sie lässt die Umsätze einbrechen. Obwohl das unweigerlich einen gnadenlosen

Verdrängungskampf auslöst, ist das nicht einmal das größte Problem. Wer überleben will, braucht Liquidität. Liquidität bedeutet in der akuten Konsumkrise, über Kredit zu verfügen, um die Zeitspanne zwischen Ein- und Verkauf der Waren zu überbrücken. Das wäre auch gar nicht übermäßig schwierig, würden nun nicht die Nazis mehr und mehr die Macht im Land übernehmen. Sie bringen die Banken dazu, die vormals hervorragenden Kunden aus der Kaufhaus-Branche in der Not völlig im Stich zu lassen. Tietz, Karstadt, Wertheim: Aus den Überfliegern werden im Nu Sanierungsfälle[12]. Viel mehr als ein Vorgeschmack ist das nicht. Rudolph Karstadt ist in dem von ihm aufgebauten Konzern bereits weg vom Fenster. Bis der politische Machtwechsel 1933 vollständig besiegelt ist, hat er zudem sein gesamtes privates Vermögen verloren. Erst nachdem dies erfolgt ist, schiessen die Banken doch Geld nach und retten den Konzern. Oscar und Martin Tietz werden ebenfalls ausgebootet, Georg Wertheim kurz nach ihnen. Allesamt sind sie am Ende – alles Juden, Männer fast eine Generation vor Max Emden geboren. Es sieht danach aus, als ob die älteren Herren ihren Riecher, der sie zuvor ein Geschäftsleben lang zu grandiosen Erfolgen geführt hatte, im entscheidenden Moment verloren hätten. Nur Max Emden, der Aussteiger, bleibt von dieser Entwicklung – vermeintlich – sverschont.

Anders als es das Parteiprogramm predigte, lassen die neuen Machthaber die Kaufhauskonzerne der angeblich so «raffgierigen Juden» nicht untergehen. Ihre Gefolgschaft haben sie zwar zu Boykotten angehalten. Würde man etwa die kriselnde Tietz-Kaufhauskette nun aber einfach ihrem Schicksal überlassen, gingen Arbeitsplätze von 14 000 Mitarbeitern verloren und unzählige weitere bei Lieferanten, was bei der schweren Wirtschaftskrise schlicht nicht vertretbar ist. Davon überzeugt der Reichswirtschaftminister auch den Führer Adolf Hitler persönlich. Also wird gerettet. An den Namen des einstigen Gründers Hermann Tietz angelehnt, aber doch ausreichend verändert, um eine Abkehr zu signalisieren, wird der Konzern in Hertie umbenannt. Es bleibt kaum ein Stein auf dem anderen. Die Besitzerfamilie hat nichts mehr zu bestellen, ist eine zeitlang bestenfalls geduldet und schließlich ganz schnell aus der Firma geekelt. Sie wird mit einem Butterbrot abgespeist. Georg Wertheim hält sich in seinem Konzern dank einem geschickten Schachzug ein wenig länger. Er überträgt alles in Form einer Schenkung seiner Frau, die nicht jüdisch ist. Auch wenn das hieb- und stichfest nach geltendem Recht vollzogen wurde, kümmert das die nationalsozialistischen Herren über Deutschland wenig. 1937 wird die Firma als jüdisch enteignet – ohne gesetzliche Basis. Dies einen Einzelfall zu nennen, ginge indes völlig an der Realität vorbei. Schikanen dieser Art erleben jüdische Unternehmer in allen Varianten.

… «Arisierung»

Kapitel 6

«Arisierung»

23. November 1937, Danzig. Dienstag

Wie radikal sich alles geändert hat.
Krisen gehören zum Geschäftsleben, Juden sind immer schon angefeindet worden. Waren nicht gerade in Hamburg antisemitische Parteien lange vor den Nazis erfolgreich?
Aber das?
Es ist nicht so, dass er den Dingen seinen freien Lauf gelassen und sich auf seiner Insel im Lago Maggiore um nichts gekümmert hätte. Fürwahr. Schon das ganze Jahr über hat er vielmehr mit allen verfügbaren Mitteln versucht, gegenzusteuern. Begonnen hat es in der Freien Stadt Danzig. Freie Stadt bedeutet, dass sie eigenständig ist, dass dort Freiheit herrscht, was in der damaligen Zeit aber sicherlich nicht zutraf. Zumindest für die einen. Hier aber haben die Nazis das Sagen und deren Weisung lautet, systematisch jüdische Firmen zu boykottieren. Natürlich steht das nicht schwarz auf weiß geschrieben, in einer amtlichen Verfügung. Es ist einfach so. Das ist die Realität und die kennt auch der Schweizer Vizekonsul vor Ort bestens.
Emdens Kaufhaus in der Stadt an der Ostsee trägt den Namen Gebrüder Freymann. Es ist natürlich davon betroffen, obschon von 260 Angestellten gerade einmal ein Dutzend Juden sind. Das ist einerlei, denn Jude ist der Besitzer, Jude der Direktor. Das bedeutet Boykott gegen das Kaufhaus am Kohlenmarkt. Emden gehört, wie das bei den meisten dieser Geschäfte der Fall ist, das Gebäude und der Grund. Er hat diese an ein Unternehmen vermietet, welches wiederum das Kaufhaus betreibt. So funktioniert das System. Manchmal ist er an Betreiberfirmen beteiligt; in Danzig gehört ihm die Gebrüder Freymann GmbH sogar ganz. Lewin, Emdens Chef vor Ort ist natürlich klar, wer hinter den Schmierereien an Gebäuden und Schaufens-

«Arisierung»

tern steckt, hinter den Flugblättern, den Einschüchterungen von Kunden jüdischer Geschäfte wie diesem, und an wen er sich zu wenden hat. Zwecklos, hoffnungslos. Sei es bei der Danziger NSDAP, sei es bei der örtlichen Regierung, überall blitzt er ab. Das war nicht anders zu erwarten. Was bleibt? Emden, der Besitzer, ist vor einigen Jahren an seinem neuen Wohnort eingebürgert worden. Dadurch ist die Firma zu einem Schweizer Besitz geworden. Hat das Land nicht eine Vertretung vor Ort? Nur logisch, dass in dieser Situation – wie bereits erwähnt – das Konsulat eingeschaltet wird. Die Zeit drängt, denn es ist November. Das Weihnachtsgeschäft steht vor der Tür.

Der Schweizer Vizekonsul Sebastian Regli, ein junger Mann auf seinem ersten Posten im Ausland, zeigt Verständnis für das Anliegen. Es ist ihm nicht einmal vorzuwerfen, er sei in der Sache bisher völlig untätig geblieben. Nur kann sich ein Diplomat wie er natürlich nicht ohne Instruktionen aus der Heimat ernsthaft einer derartigen Angelegenheit annehmen, die politisch durchaus heikel ist. Es stellt sich überdies die Frage – und Vizekonsul Regli stellt sie seinem Abteilungschef in Bern –, ob es bei einem allgemeinen Boykott Sinn machen kann, auf eine Ausnahme für einen Schweizer Bürger zu pochen, der doch weit entfernt vom Ort des Geschehens lebt und wirkt. Der Vizekonsul selber hegt erhebliche Zweifel, der Chef der Abteilung für Auswärtiges würde eine vorsichtige Intervention des Vizekonsuls bei den maßgebenden Parteistellen gutheißen, die Fremdenpolizei bremst. Sie setzt die Prioritäten anders. Die Rechnung ist einfach: Gut 500 Schweizer leben in Danzig, die Zahl der Danziger, die sich in der Schweiz befinden, ist viel geringer. Folglich ist es angezeigt, sich mit den dortigen Machthabern gut zu stellen, was wohl bedeutet, der Angelegenheit Emden-Freymann ihren Lauf zu lassen. Besser, man mischt sich nicht ein. Die politischen Stellen der Freien Stadt sollen nicht durch Aktionen zugunsten eines jüdischen Unternehmers verärgert werden. Vizekonsul Regli spricht trotzdem mit Leuten aus der Partei über das Problem. Bei der NSDAP hält man sich jedoch bedeckt, kommuniziert lediglich die gewissermaßen offizielle Sicht der Dinge, wonach es sich lediglich um «spontane Abwehrmaßnahmen des Volkes» gegen jüdische Geschäfte handle. Regli will daraufhin versuchen, direkt an den Gauleiter heranzukommen.

«Arisierung»

Das Jahresende naht, Emden weilt wie üblich in St. Moritz, seiner Lieblingsdestination in den Bergen. Nur gibt es für ihn diesmal keine Ruhe, nicht einmal an Silvester, weil ihm der Direktor aus Danzig ausgerechnet zum Jahreswechsel ein alarmierendes Schreiben schickt. Er will dem Personal kündigen, so schlecht steht es. Die Einschüchterungen gegenüber der Kundschaft haben offensichtlich gewirkt. Praktisch gleichzeitig ist ein Angebot vom Senat der Stadt eingetroffen, das Grundstück mit Lager zu übernehmen. 1,8 Millionen Danziger Gulden sind geboten. Das sieht nach viel Geld aus. Ist es aber nicht. Im Gegenteil. Es ist entschieden zu wenig für ein Kaufhaus, das Land, das gesamte Inventar und weitere Liegenschaften, die ebenfalls zum Besitz gehören. Zumal effektiv lediglich 200 000 Gulden bezahlt würden. Auf den Rest müsste Emden einen Zwangskredit geben, für den ihm dann Zinsen überwiesen würden. Vielleicht.

Es folgen intensive Verhandlungen, die kein Ergebnis bringen. Beziehungsweise intensive Bemühungen der zu einem Verkauf verdonnerten Besitzer, um wenigstens halbwegs akzeptable Bedingungen herauszuholen. Mehr als den Schein eines Handels zu wahren, der auf dem Papier rechtens zustande gekommen ist, mag die Gegenpartei indes nicht. Zugeständnisse zu machen, interessiert sie nicht. Wozu auch? Man hält ja alle Trümpfe in der Hand. Auch in der Stadt Danzig, auf die Hitler Anspruch erhebt, regieren Nazis und haben die «Nicht-Arier» im Visier. Der Jude kann gar nicht anders, als verkaufen. Selbst wenn es schließlich einen Abschluss zu einem bestimmten Kaufpreis geben sollte, wartet auf Emden und seine Leute die nächste Herausforderung: Wie kommt er in Besitz des Geldes, wie schafft er es zu ihm in die Schweiz? Er muss damit rechnen, dass alles oder ein Großteil davon auf ein Sperrkonto gelangt, von wo es nur schwer ins Ausland transferiert werden kann. Um das zu umgehen, möchte Geschäftsführer Lewin Vorkehrungen treffen. Er fasst eine Möglichkeit ins Auge, die über ein Geschäft läuft, das für eine Liegenschaftsverwaltung scheinbar sinnlos ist. Denn das ist Emdens Firma im Wesentlichen. Das Unternehmen soll mit dem Erlös ein Schiff kaufen, einen kleinen Frachtdampfer etwa oder einen Schlepper, egal. In einer Werften- und Hafenstadt wie Danzig müsste es davon genügend auf dem Markt geben. Es handelt sich keineswegs um die absurde Idee eines realitätsfremden Direktors, wie man im ersten Moment denken mag, im Gegenteil. Wollen Juden ihr Vermögen in Sicherheit bringen, müssen sie sich zwangsweise mit derartigen Kniffen behelfen. Denn die Funktionäre des Naziregimes streben eifrig danach, alle gewohnten Kanäle für den Transfer von Vermögenswerten und etwaige Schlupflöcher zu stopfen. Der Gedanke hinter Lewins Vorschlag ist so simpel wie einleuchtend. Im Gegensatz zu einer Immobilie kann ein Schiff nämlich ins Ausland gebracht werden. Deshalb macht eine solche Investition unter Umständen selbst für eine Grundstücksfirma Sinn. Den durch den Zwangsverkauf erzielten Erlös könnte sie auf diese Weise sozusagen über die See zu Emden schippern.

Erfreulicherweise bessert sich die Situation plötzlich. Es wird auf diplomatische Interventionen zurückgeführt, wie zumindest der Schweizer Vizekonsul nach Bern meldet. Mag sein, dass das Kaufhaus in den ersten Monaten des Jahres 1938 – vorübergehend – wieder mehr Waren verkauft. Wenn es aber ums Geld geht, ist es sogleich vorbei mit der Herrlichkeit. So erweist es sich in der Folge als unmöglich, die überfällige Mietzahlung an Emden in die Schweiz zu überweisen. Die Bank von Danzig lehnt den Auftrag der Firma zweimal ab. Sie argumentiert mit den Verkaufsverhandlungen, die in der Schwebe seien. Anzeichen des neuen Sturms, der aufzieht – und was für einer das sein wird! Die Hiobsbotschaft steht im Staatsanzeiger der Freien Stadt Danzig vom 15. November[13]: Das «gesamte inländische Vermögen der Firma Gebr. Freymann G.m.b.H. und des Herrn Dr. Max Emden wurde vom zuständigen Steueramt beschlagnahmt». Begründet wird dies mit einer Steuernachforderung von 500000 Gulden. Ein Treuhänder übernimmt den Betrieb, feuert, wie es Emden bei seinem Bern-Besuch geschildert hat, Direktor Lewin und wird selber zum neuen Inhaber. Endlich ist das Ziel erreicht. Das Kaufhaus ist arisiert. Nebengebäude, die auf Emdens Hamburger Firma lauten, sind ebenfalls betroffen. Die Nazi-Behörden und die arischen Profiteure können sich einmal mehr über einen gelungenen Coup freuen. Erfolgreich hat man am Anfang anständige Käuferinteressenten verscheucht – dazu reichte es, den von Amtes wegen nötigen Segen für den Abschluss eines Vertrages zu verweigern. Es ist das übliche: In der nächsten Phase werden jüdische Besitzer unter Druck gesetzt, beispielsweise mit erfundenen Steuerforderungen, und am Ende kommt dann der rechte Arier zum Zuge, dem die Firma gewissermaßen wie vorgesehen als Schnäppchen in den Schoß fällt.

Wird mit derartigen Mechanismen operiert, hilft es wenig, wenn Emden seinen Vertrauensmann aus Hamburg, Richard Mentz, eiligst nach Danzig beordert. Was soll sein Generalbevollmächtigter in Deutschland auch ausrichten? Kaum mehr als ein hilfloser Versuch ist es dementsprechend, wenn er seinen Vertrauensbanker im Tessin anhält, Direktor Eichenberger, in Bern um den Schutz schweizerischer Interessen zu ersuchen. Oder, wenn er selber in die Bundeshauptstadt fährt, um bei der Abteilung für Auswärtiges vorzusprechen. Zu spät. Die Schweiz ist zu lange zu still geblieben.

Dass er vom kleinen Verkaufserlös, der, um die Form zu wahren, im Vertrag steht, wirklich etwas bekommt, mag Emden erst gar nicht hoffen. Das Geld wird auf ein Sperrkonto überwiesen werden. Ohne behördliche Bewilligung sieht er davon keinen Gulden. Überdies rechnet er damit und sagt deshalb in Bern auch, dass er jederzeit mit weiteren gewaltsamen Eingriffen von deutscher Seite rechnet. Saläre, Renten und Pensionen für jetzige und ehemalige Angestellte, die er zu bezahlen hat, wären dann nicht mehr gedeckt. Es kann nur darum gehen, den Rest zu retten. Das, was nach dem scheinbar legalen Raubzug übrig geblieben ist. Aber dafür benötigt er Hilfe. Das war der eigentliche Zweck seines Besuches im Rechtsbüro der Abteilung für Auswärtiges, Zimmer 148a, gewesen. Dort, in Bern, nimmt man zur Kenntnis, dass er «im Zusammenhang mit Arisierungsbestrebungen erhebliche Schwierigkeiten» hat.

Schwierigkeiten! In Stettin beginnt sich das Danziger Szenario bereits zu wiederholen. Für sein Grundstück wurde wegen einer «fraglichen Steuerschuld» von läppischen 8000 Mark die Zwangsversteigerung angedroht. Dabei liegt selbst der äußerst tief angesetzte Schätzwert der Behörde für die Immobilie bei 380 000 Mark; gekauft hatte er sie für sage und schreibe 1,25 Millionen. Zusätzlich muss er für das weitgehend leer stehende Gebäude des einstigen Warenhauses Aaronstein & Cohn monatlich eine Steuer von 2400 Mark bezahlen, die von anderen Grundbesitzern nicht verlangt würde. Es ist klar, welche Absicht dahinter steckt. Mit diesem rabiaten Vorge-

«Arisierung»

hen soll Emden erneut zum Verkauf genötigt werden. Von Pontius zu Pilatus sind sie, beziehungsweise ist sein Verwalter, wegen der ungerechten Steuer gerannt. Zwecklos. Alle Anträge werden abgeschmettert. Anschließend ergeht aus den Büros der Steuerverwaltung flugs ein Antrag an das Amtsgericht um Zwangsversteigerung des wertvollen Landes, weil die Steuerforderung angeblich gefährdet sei. Dabei lastete auf dem Grundstück noch nicht einmal eine Hypothek. Um den Verlust des nächsten Kaufhauses zu verhindern, bezahlt Emden die in seinen Augen unrechtmäßige Steuer schließlich. Die Versteigerung ist vorläufig aufgeschoben. Jetzt, im folgenschweren Dezember 1938, ist die Situation ruhig.

Für wie lange?

Es ist eine trügerische Ruhe.

Sie bestehlen schon wieder den «falschen» Juden, der seit der späten Jugend protestantisch getauft ist, was aber, wie in diesem Verfahren einmal mehr bestätigt wurde, nichts zählt. In Potsdam geht es im gleichen Stil weiter. Kein Zufall natürlich, in diesen Landen läuft das halt so. Emden hat das Pech, dass in seinem Fall zusätzlich personelle Verflechtungen zum Tragen kommen, die sich leider nicht eben zu seinem Vorteil auswirken. Möglich, dass er in Stettin vorübergehend gerade in Ruhe gelassen wird, weil ein neuer Regierungspräsident das Amt übernommen hat. Verhilft ihm der Wechsel hier zu einer Atempause, fällt die Antwort auf die Frage, auf welchem Posten der alte Regierungspräsident nun sitzt, für ihn weit weniger erfreulich aus. Denn der Mann, der ihm das Leben in Stettin schwer gemacht hat, leitet neu das Regierungspräsidium in Potsdam.

Potsdam, da besitzt Emden bekanntlich ein Kaufhaus. In dieselbe Stadt hat leider eine weitere Schlüsselfigur ihr Betätigungsfeld ausgeweitet, ein gewisser Mainka. Es ist einer jener typischen arischen Profiteure. Alois Mainka, Parteimitglied seit 1929, NSDAP-Ortsgruppenleiter in Neumünster. Neumünster, da schau her. In diesem Städtchen in Schleswig-Holstein hatte die Hamburger Engros-Lager GmbH von Max Emden ihren Sitz, unter deren Namen wurden zahlreiche Läden des Konzerns geführt. Zufälle gibt es!

Der ehemalige Handelsvertreter Mainka ist derzeit im «Arisierungsgeschäft» erfolgreich. Früh hat er darin Anschauungsunterricht bekommen. 1933 begann es, in Hamburg, als er in einer Scheingesellschaft der jüdischen Tuchfirma Adolph Frank & Co. Geschäftsführer wurde[14]. Mainka stieg vom Handelsvertreter zum arischen Chef der neuen Firma auf. Deutscher Tuchversand GmbH (Detuv) hiess sie und hatte zudem vorgeschobene arische Gesellschafter, Strohmänner. Dank der arischen Visitenkarte hoffte Frank das Geschäft unbehelligt weiterführen zu können. Das klappte nicht auf Anhieb. Jedenfalls versuchte das der Landesverband zu verhindern, der die Schneider vertrat. Der Berufsstand wurde durch den von der Firma so erfolgreich betriebenen Tuchversand an Private in Schwierigkeiten gebracht. Eine verbreitete Entwicklung, Stoffe zu verkaufen, aus denen Private selber Kleider nähen können, und eine Entwicklung, die der Branchenverband aufzuhalten versuchte. Dafür wählte er sich ein jüdisches Unternehmen als Zielscheibe aus. Der Verband machte öffentlich, dass die Detuv nur eine jüdische Tarnfirma sei. In Zeitungsartikeln zog man über den «schlimmsten Schädling» her, über den «raffenden Juden», der dem «ehrlichen deutschen Handwerk» den Garaus mache. Die Detuv schlug schließlich den Rechtsweg ein und versuchte vom Landesgericht zu erwirken, dass die Kampagne beendet würde. Doch der Richterspruch fiel gegen die Klägerin aus. Adolph Franks Glück war die Furcht, Arbeitsplätze zu verlieren. Denn die war unter dem Eindruck der Weltwirtschaftskrise noch größer als das Verlangen, an einem Juden ein Exempel zu statuieren. So trat erstaunlicherweise der Gauwirtschaftsberater der NSDAP auf den Plan und setzte sich für die Detuv ein, verhinderte die Veröffentlichung des Urteils; derselbe Gauwirtschaftsberater, der sich wenig später keinerlei Zurückhaltung mehr auferlegen wird, um Juden die wirtschaftliche Existenz abzujagen. Damals war es für die «Arisierung», die «Entjudung» allerdings noch zu früh. Trotz seines Einschreitens ließ sich die Kampagne der Schneider nur mit viel Mühe ersticken. Es gelang erst, nachdem sich auch die Hamburger Wirtschaftsbehörde eingeschaltet und die Detuv für «arisch» erklärt hatte.

Mainka, unser Nazi in der Firmenleitung, genoss im Zuge jener Angelegenheit eine Art intensive Fortbildung und weiß nun bestens Bescheid, auf welche Kunstgriffe und Kniffe jüdische Firmen kommen können, wenn sie um ihr Überleben kämpfen. Er hat den Feind sozusagen von innen studiert, ist somit bestens vorbereitet, als er zu seinem großen Coup ausholt. Nur das Arier-Aushängeschild bei einer Produktionsfirma spielen wie in Hamburg, reicht ihm in Potsdam nicht mehr. Er will nun der Schlange gleich den Kopf zertreten. Wo werden Umsätze erwirtschaftet, wo fließt das Geld in rauen Mengen hin? Zu den Kaufhäusern. Also gilt es, sich dieses besonders lukrative Glied der Kette jüdischer Unternehmen zu sichern. Er fängt beim Betreiber des Kaufhauses an, das ist die Firma M. Hirsch, reißt sie sich unter den Nagel. Danach knöpft er sich den Vermieter vor. Max Emden heißt der Besitzer der Gebäude und der Grundstücke an der Brandenburgerstraße in Potsdam. Neue Gesetze machen für Mainka natürlich alles leichter. Emden glaubt zwar am Anfang, hier nach dem Desaster in Danzig, der freien, eigenständigen Stadt auf polnischem Territorium, eine bessere Situation anzutreffen. Vielleicht hoffend, die außergewöhnliche Stellung Danzigs habe erst politischen Wildwuchs und eine gewisse Willkür begünstigt. Potsdam hingegen ist deutsch, gehört zum Reich. Hier müssten Gesetze doch wenigstens einigermaßen korrekt angewendet werden, redet sich der protestantische Schweizer Emden ein. Geht es um jüdischen Besitz, lauten die allerdings alles andere als günstig.

Das Angebot der A. Mainka KG ist gar nicht so übel. Doch, doch. Natürlich, vor ein paar Jahren hätte Emden keinen Gedanken daran verschwendet und selbst heute erreichen die 480 000 Reichsmark den Marktpreis für das Objekt keinesfalls; der liegt erheblich höher. Damit, dass das Wirtschaftsleben unter den Nazis anders läuft, hat sich Emden aber zwangsläufig ein Stück weit abgefunden. Einige Reparaturen sind am Gebäude fällig, geringfügige Sachen. Ein zugezogener Gutachter sprach von einem Bedarf in Höhe von 20 000 bis 30 000 Reichsmark. Der Chef selber, Alois Mainka, teilte nach einem Augenschein im Gebäude mit, es genüge wohl ein eher noch tieferer Betrag. Keine 10 000 Reichsmark seien nötig. Dafür sollte seiner Meinung nach ohnehin die bisherige – also mittlerweile die frühere – Betreiberin des Warenhauses gerade stehen, die Firma M. Hirsch, welche die adäquate Instandhaltung vernachlässigt habe, obschon sie dazu verpflichtet gewesen wäre.

«Arisierung»

Einem Umstand hat Emden zu wenig Beachtung geschenkt, als er das Kaufangebot beurteilte. Es wurde im November 1938 erstellt, kurz vor Verordnung über den Einsatz des jüdischen Vermögens. Was harmlos daherkommt, ist das keineswegs. Denn die Verordnung legt fest, dass Juden ihren Grundbesitz, ihre Betriebe veräußern müssen. Was ohne richtige Handhabe schon zuvor kräftig vorangetrieben worden war, bekommt dadurch erst eine rechtliche Basis. Dass dies die bereits schlechte Verhandlungsposition von Juden erheblich verschlechtert, versteht sich von selbst. Folglich bläst auch Max Emden in den ersten Wintermonaten von 1939 ein rauer Wind entgegen. Mainka zaubert einen neuen Kostenvoranschlag eines von ihm ausgewählten Architekten aus dem Hut. Die Reparaturkosten liegen nun plötzlich bei 51 300 Mark, die er überdies Emden berechnet, wovon weder bei den bisherigen Gesprächen, noch im ersten Vertragsentwurf die Rede war. Mentz, Emdens Bevollmächtigter aus Hamburg, hatte im Gegenteil stets und auch schriftlich betont, man werde keinerlei Reparatur- und Instandsetzungsarbeiten übernehmen.

29. Juni 1939, Potsdam. Donnerstag

Leider ist das erst der Auftakt zu einer Farce. Denn dem Regierungspräsidium, von dem das Geschäft bewilligt werden muss, hat Mainka anscheinend einen Vertrag ohne Kaufpreis eingereicht. Außerdem ist im Schreiben der Behörde nun sogar von Reparaturen für 200 000 Reichsmark die Rede. Damit nicht genug. Sofern der Kaufpreis auf die von Verkäuferseite verlangten 480 000 Reichsmark lauten, müsste die M. J. Emden Söhne die horrenden Reparaturkosten vollumfänglich übernehmen. Der Brief aus dem Büro des neuen Regierungspräsidenten Gottfried Graf von Bismarck-Schönhausen, vor kurzem noch in Stettin tätig, jetzt leider in Potsdam, werden die geforderten 480 000 Mark gleichzeitig als «völlig undiskutabel» zurückgewiesen[15]. «Forderung» steht im Schreiben, wohlgemerkt, nicht Preis, auf den sich die Parteien nach mühsamen Verhandlungen geeinigt haben, wie das in Wirklichkeit der Fall gewesen ist. Was soll an einem solchen Preis aber völlig undiskutabel sein, wo doch die Bank eine Hypothek von 450 000 Reichsmark auf das Grundstück mit Liegenschaft gewährt hat! Wäre der Preis wirklich jenseits von

«Arisierung»

Gut und Böse, hätte sie es niemals in dieser Höhe belehnt. In Wahrheit ist es wohl mehr als das Doppelte wert. Selbstverständlich rein zufällig kündigt die Bank ihren Kredit genau jetzt, während der stockenden Verkaufsverhandlungen, was natürlich in keiner Weise zum Ziel hat, den Besitzer weiter unter Druck zu setzen. Neeein, mit solchen Mitteln würde die Bank doch nie arbeiten! Sie ist schließlich ein Wirtschaftsunternehmen und keine Institution am Gängelband der Politik: schön wär's, das Gegenteil ist der Fall.

Daraufhin hat das Potsdamer Regierungspräsidium wieder etwas zu bieten. Es fordert ultimativ, innerhalb von 14 Tagen einen notariellen Verkauf vorzulegen. Und mit welch einer Begründung! Der Oberbürgermeister habe am 4. November 1938 genehmigt, dass der jüdische Warenhausbetrieb der Fa. M. Hirsch auf die Alois Mainka KG übergehe. Allerdings habe er die Bedingung gestellt, dass der Grundstückseigentümer seine Immobilie ebenfalls Mainka übereignet. Das wird einfach so verfügt, weil irgendjemand einem Dritten eine Firma abgekauft hat. Obwohl es beim Verkauf in keiner Weise um das Grundstück, sondern um eine Warenhausfirma ging, soll der Eigentümer nun sein Grundstück «übereignen», und zwar an Mainka. Er wird vorher nicht einmal gefragt, ob er überhaupt zu verkaufen gedenke oder anderes mit seiner Immobilie vorhat.

Willkür ist das. Reine Willkür. Der Regierungspräsident zwingt Emden nicht nur zum Verkauf, sondern halbiert faktisch überdies den Kaufpreis, indem er ihm angebliche Reparaturkosten aufbürdet. Was ihm an Verkaufserlös dann bleibt, ist nur gerade die Hälfte von dem, was er der Bank für die gekündigte Hypothek zurückzuzahlen hat. Emden müsste also zusätzlich noch einmal soviel an eigenen Mitteln einschiessen, wenn er das «Geschäft» abschließt.

Er verflucht diesen 3. Juli, an dem das amtliche Schreiben ihn erreicht hat und den 3. Dezember, an dem das Reich die Verordnung gegen jüdisches Eigentum beschlossen hat! Umgehend sind alle Hebel in Bewegung zu setzen, damit diese Katastrophe verhindert werden kann. Mentz rekurriert über die Hamburger Anwälte beim Reichswirtschaftsminister in Berlin. An Mainka, der ja die Reparaturkosten mit maximal 51 300 Reichsmark beziffert hatte, geht ein geharnischter Brief. Und Emden gelangt umgehend – ein weiteres Mal – an die Schweizer Behörden.

14 Tage. Das ist knapp. Das ist verdammt knapp, um den Kopf aus der Schlinge zu ziehen, so wie sich die Nazis in Deutschland gebärden. Liegt innerhalb der vorgegebenen Frist kein Abschluss vor, setzt das Regierungspräsidium einen Treuhänder ein, der das Grundstück veräußert, ohne dass der Besitzer dann irgendein Mitspracherecht hätte. Dies alles basiert auf dem Artikel 6 der verfluchten Verordnung über den Einsatz jüdischen Vermögens vom 3. Dezember 1938.

Unser Emden. Fast schon rührend, wie er aufzumucken versucht. Er sei überhaupt nicht Jude: «Ich bin Schweizer Bürger protestantischer Konfession», beharrt er gegenüber dem Reichswirtschaftsminister. Folglich unterstehe er nicht der Juden-Gesetzgebung. «Ich weiß mich in diesem Punkte einig mit den zuständigen schweizerischen Behörden», versucht er überdies auf politischer Ebene Druck zu machen. Leider ist hier wohl der Wunsch Vater des Gedankens. Selbst wenn die schweizerischen Behörden ihm bei einer Unterredung beigepflichtet haben sollten, ist es eine übertriebene Hoffnung, dass sie Emdens Standpunkt gegenüber dem Dritten Reich auch entschieden verteidigen würden. Frölicher, der Schweizer Botschafter in Berlin, verspürt jedenfalls keinen allzu großen Drang, sich des Problems anzunehmen. Unser Botschafter, so scheint es, macht seinem beschwingten Namen Ehre und widmet sich, anscheinend bevorzugt der mondänen Seite des Lebens. Die ist Max Emden, dem Inselherrn von Brissago, ebenfalls bestens bekannt. Allerdings hat für ihn der Wind gedreht, einen Nicht-Arier, als den ihn die deutschen Behörden beharrlich bezeichnen. Für diese so genannten Nicht-Arier hat auch der gute Hans Frölicher wenig übrig, wie gut informierte Personen dem Schweizer Gesandten nachsagen.

Der Abteilung für Auswärtiges in Bern antwortet seine Exzellenz, Botschafter Frölicher, im Brustton der Überzeugung, die deutschen Behörden würden keine materielle Entscheidung fällen, bevor sie auf Dr. Emdens Eingabe geantwortet hätten, die beim Reichswirtschaftsminister liegt. Unzählige Enteignungen dieser Art sind bereits durchgesetzt worden, Hitler hat wiederholt öffentlich mit der Vernichtung der Juden gedroht, seit über einem halben Jahr ist eine Verordnung «zur Ausschaltung der Juden aus dem Wirtschaftsleben» in Kraft; nicht einmal mehr ein Museum besuchen oder Autofahren dürfen Juden. Dennoch sieht Frölicher keinen Grund zur Aufregung, keine Gefahr für Emdens Besitz in Potsdam? Das kann ein bestens mit hochrangigen Exponenten des Regimes vernetzter Diplomat im Sommer 1939 doch nicht mehr im Ernst glauben. Dieser Überzeugung sind zumindest Emdens Anwälte in Hamburg wie in der Schweiz. Sie drängen darauf, dass die Schweiz die diplomatische Karte spielt und zwar unbedingt bevor irgendeine formelle Entscheidung des Ministeriums vorliegt, weil danach alles zu spät sei. Sie argumentieren, eine Entscheidung nachträglich umzubiegen sei ungleich schwieriger als sich jetzt für einen Schweizerbürger einzusetzen. Emden insistiert in Bern, aber vorsichtig, überraschend vorsichtig. Sein drängendes Anliegen hüllt er in schmeichelnde Worte, wohl im Bestreben, die zuständigen Beamten dadurch wohlwollend zu stimmen, sie ja nicht gegen sich aufzubringen. Dem Rechtsbüro der Abteilung für Auswärtiges will er die Ansicht seiner in Fällen dieser Art sehr versierten Anwälte «zugänglich machen». «Aber natürlich sehe ich wohl ein», fügt er an, «dass Ihre Vertretung in Berlin auch ihrerseits große Erfahrungen auf diesem Gebiet hat». Salbungsvoll versucht er so den Eindruck zu verhindern, man wolle den offiziellen Stellen vorgeben, was sie zu tun hätten. Seine Anwälte seien der Meinung, dass ein Hinweis des Berliner Gesandten auf Emdens Status als Schweizer ausreichen würde, um die Behörden in Deutschland umzustimmen. Jetzt ist der Zeitpunkt, um zu intervenieren, das betont er, denn wenn sie sich einmal festgelegt hätten, «wird eine Revision dieses Standpunktes die größten Schwierigkeiten bereiten». Eine Kopie des Schreibens geht an den Gesandten in Berlin. Die Wirkung? Der Chef der Abteilung für Auswärtiges befasst sich persönlich und zügig mit der Sache.

Jetzt nur nicht vorschnell frohlocken. Der Schluss, dass damit endlich Bewegung in die Sache kommt, könnte falsch sein. Obwohl. Es klingt alles gut, was Amtschef Bonna seinem Botschafter in Berlin mitteilt. Ja, er schätzt die Lage grundsätzlich sogar gleich ein wie Emdens Anwälte. Besser wäre es schon, sofort zu intervenieren, findet auch Bonna. «Gegen die Ansicht Dr. Emdens lässt sich kaum etwas einwenden.» Nur ist da ein Aber. Erst wenn sämtliche privaten Interventionsmöglichkeiten erschöpft sind, greifen schweizerische Vertretungen ein: So lautet das Prinzip, das sei nun einmal die herrschende Praxis. Und in der Causa Emden sieht der Amtschef noch einen gewissen Spielraum für private Initiativen. Ein Detail trägt jedoch entscheidend dazu bei, dass Bonna, der Freund von Minister Frölicher, erst zu dieser Einschätzung kommt. Es hat mit dem Stand der Dinge in Deutschland nichts zu tun. Weshalb er abwartet, entlarvt ein Satz, den er seiner schriftlichen Weisung anhängt. Ein böser Satz, achtlos hingeworfen: In der vorliegenden Sache handle es sich um die Interessen eines Nichtariers, demzufolge sei eine gewisse Zurückhaltung vorläufig gerechtfertigt. Nichtarier, demzufolge gerechtfertigt, was heißt das? Weil es um einen Nichtarier, einen Juden geht, muss man ihm nicht beistehen? So ist das also für den feinen Herrn Amtschef in Bern und was heißt hier vorläufig? Die Frist läuft doch ab, die Frist von 14 Tagen, innerhalb derer Emden einen unterschriebenen Vertrag vorlegen muss. Ansonsten, drohte ihm das Regierungspräsidium in Potsdam unmissverständlich, wird er faktisch enteignet. Ganz offensichtlich wenden Amtsstellen hier erpresserische Methoden an. Für die Abteilung für Auswärtiges kein ausreichender Anlass, sich zugunsten eines Staatsbürgers – pardon, eines «nichtarischen» Staatsbürgers – einzusetzen.

Kapitel 7

Bilder für den Führer

Keine schöne Sache, was sich zusammengebraut hat. Als er den ersten Alarmschrei von seinem Direktor in Danzig bekam, damals gegen Ende 1937, als das Weihnachtsgeschäft hätte beginnen sollen und die NS-Brut die Kundschaft vom Kaufhaus fernhielt, wurde es Max Emden auf seiner friedlichen Insel im fernen Tessin langsam mulmig. Was, wenn sich die Spirale immer weiter dreht? Die Mieteinnahmen von den Kaufhäusern auf seinen Grundstücken sah er bisher als sichere Einkünfte an. Jetzt wird der Hahn Stück für Stück abgedreht. Er muss sich nach Alternativen umsehen. Mit wertvollen Bildern an Flüssiges zu kommen, liegt als Alternative auf der Hand. Er besitzt auch gute Gemälde Alter Meister. Kunst, die im Reich nicht als «entartet» gilt, für die es durchaus einen Markt gibt. Einen Bellotto zum Beispiel, Bernardo Bellotto, besser bekannt als Canaletto. Entstanden um 1760, Öl auf Leinwand, kleinformatig, 48x80 Zentimeter, «Die Karlskirche in Wien». Bei Emden hängen noch mehr davon. Der «Marktplatz in Pirna», genau gleich groß, oder einen «Zwingergraben in Dresden».

25. November 1937, München. Donnerstag

«Von dem Besitzer habe ich bereits eine Antwort und wäre er wohl bereit, das Geschäft bei 60000 Fr. loco Spediteur in der Schweiz abzuschließen, allerdings schrieb er mir, dass er die Bilder ohne Verpackung liefern möchte, weil er Scherereien fürchtet, und lediglich gegen Aushändigung des Kaufpreises. Er will eben mit all diesen geschäftlichen Sachen nicht viel zu tun haben und ich finde, dass die Bilder mit diesem Preis wirklich nicht zu teuer wären. Wir haben, glaube ich, gerade einen psychologischen Moment erwischt, vermutlich hat er viel an der Börse verloren und würde daher diesen Preis acceptieren.»[16]

Einen «psychologischen Moment» haben sie erwischt. Vermutlich habe der Besitzer viel an der Börse verloren, steht da geschrieben. Gemeint ist Max Emden, gewesener Multimillionär, der im Moment nicht gerade den Duft des Geldes verströmt. Wie ihn die Kunsthändlerin einschätzt, hat er in wirtschaftlichen Angelegenheiten zuletzt kein besonders gutes Händchen gehabt, weshalb er in finanziellen Nöten steckt. So wirkt er jedenfalls auf die Vermittlerin des Geschäfts. Zwischen den Zeilen will sie das im Zuge der Verhandlungen aus der Korrespondenz herausgelesen haben. Anna «Annie» Caspari heißt die Dame, ist Kunsthändlerin in München, jüdisch, Volljüdin sogar, wie in ihrer Akte steht, weshalb es erstaunt, dass sie überhaupt bei einem derartigen Handel mitwirken kann. Eine Sondergenehmigung ermöglicht es ihr; sie gilt allerdings ausschließlich für Auslandsgeschäfte. Caspari hat obigen Text geschrieben, einen Brief an ihren Kunden. Sie ist Mutter, noch nicht lange verwitwet und führt jetzt die Galerie Caspari. Finanziell steht sie kaum weniger unter Druck als Emden, weshalb sie einen zügigen Abschluss herbeisehnt. Aus der Sicht von Emden zeichnet sich der Bilderverkauf genau in jenen Tagen ab, in denen in Danzig seine ernsthaften Schwierigkeiten mit dem Kaufhaus beginnen. 60 000 Franken für die Bilder sind beileibe kein Pappenstiel, auch wenn ein solcher Betrag heutzutage nicht die Welt ist. Damals war es ein kleines Vermögen. Für den Bankangestellten im Tessin, bei dem das Geld landet, entspricht das locker fünfzehn Jahreslöhnen.

Der voraussichtliche Canaletto-Käufer heißt Karl Haberstock von der gleichnamigen Kunsthandlung in Berlin. Ein prominenter Name, gerade jetzt, im «gesäuberten» Berlin. Von den bis vor kurzem dominierenden jüdischen Kunsthändlern wurden nahezu alle entfernt. Endlich, wie Gefolgsleute des NS-Regimes befriedigt feststellen. Und Haberstock kauft in gewisser Hinsicht für dieses Regime: Er kauft für den Führer. Nicht ausschließlich, aber immer öfter. Das ist von Belang, wenn es um Kunstgeschäfte in diesen dunklen Jahren geht und wird, das sei nebenbei erwähnt, im weiteren Verlauf Folgen haben.

Die Partei diktiert, was guter und was schlechter Geschmack sei. Was sie als schlecht betrachtet, ist zu eliminieren. Das schlägt sich direkt auf die Preise nieder, zudem ist der Kunstmarkt wohl für längere Zeit nicht eben frei. Denn moderne Gemälde, von den Nazis «entartete Kunst» genannt, sind wertlos geworden. Sich dafür einzusetzen oder solche Werke zu kaufen, kann einen schnell in Teufels Küche bringen. Demonstrativ wurde dem Volk soeben vor Augen gehalten, was keine Berechtigung als Kunst hat. Sozusagen vor der Haustüre von Galeristin Caspari geht in München die große Ausstellung «Entartete Kunst» zu Ende, die erste dieser Art, in der Künstler und Bilder systematisch verhöhnt werden. Ebenso wird gegen «verantwortungslose» Museumsdirektoren gehetzt, die für derartige «volksfeindliche» Kunst Millionenbeträge verschleudert hätten[17]. Die Ausstellung soll abschrecken, sie zeigt, was an den Wänden der Häuser und Museen im Land fortan nichts mehr zu suchen hat. Selbstverständlich wird umgehend zur Tat geschritten: Massenhaft beschlagnahmen die Behörden Werke der verpönten Art.

Analysiert der erfahrene Kaufmann und Händler Emden die Marktlage, muss er den Einfluss der steigenden Zahl von Juden beachten, die gezwungen sind, Bilder um fast jeden Preis zu verkaufen, selbst wenn ihre Sammlung keineswegs aus «entarteter» Kunst besteht. Die Erlöse benötigen sie dringend, um das Überleben oder ihre Emigration zu finanzieren, was zusätzlich teuer wird, weil der Staat dann den Großteil ihres Geldes einsackt; Reichsfluchtsteuer heißt das in der Beamtensprache. Zusätzlich ist die horrende Judenvermögensabgabe zu bezahlen, die eingeführt wurde, um sie finanziell auszubluten. Zwangsverkäufe, Zwangsversteigerungen noch und noch sind die Folge. Besteht auch nur der Verdacht von Kapitalflucht, kann die Devisenstelle Juden faktisch das Eigentum entziehen. Es ist eine fast ausweglose Situation für die Betroffenen, zumal sie von den Behörden mittlerweile pauschal als potenzielle Kapitalschmuggler betrachtet werden[18].

Das Warenangebot, so lautete das Fazit, ist außerordentlich groß, die Nachfrage limitiert. Der Käufer drückt die Preise, selbst wenn sie schon tief angesetzt sind. Keine leichte Sache, halbwegs anständige Preise zu erzielen. Auch für einen zweifellos gewieften Kaufmann. Abgesehen vom Preis stellt sich für den in der Schweiz ansässigen Emden das Clearingproblem. Wenn Akteure in den beiden Ländern einander Waren verkaufen, bezahlt der Empfänger aufgrund des deutsch-schweizerischen Verrechnungsabkommens, welches sich auf den gesamten wirtschaftlichen Verkehr auswirkt, diese nicht direkt dem Lieferanten. Vielmehr wird das über die nationalen Verrechnungsstellen abgewickelt. Weiter ist einzukalkulieren, dass es im Reich längst bewilligungspflichtig ist, ausländische Währungen zu tauschen, was ebenso für Zahlungen in Reichsmark ans Ausland gilt. Ist die Zahlung einmal genehmigt, hat sie zudem auf ein Sperrkonto zu erfolgen, über das der ausländische Empfänger nur eingeschränkt verfügen kann. Für Emden bedeutet das im geschäftlichen Alltag, dass er inzwischen froh sein muß, wenn eine Transfergenehmigung erteilt wird, damit ihm aus Danzig die Miete überwiesen werden kann.

Zurück zu Frau Casparis Angebot an Haberstock. Es besteht aus den eingangs erwähnten drei Bildern von Canaletto. Wer sie veräußert, weiß der Interessent vorerst nicht. In der Phase, in der man sich ein Bild über die angebotenen Werke und Preisvorstellungen macht, läuft alles anonym. Vermittlerin Caspari nennt den Verkäufer höchstens Dr. E, mehr gibt sie nicht preis, außer, dass er in der Schweiz residiert. Juden in der Rolle von Intermediären zu finden, ist typisch. Normalerweise handelt es sich bei den Partnern grenzüberschreitender Geschäfte um ehemalige Kunsthändler oder Sammler aus Deutschland, die sich vor den Schikanen und der zunehmenden Verfolgung des Naziregimes in die Schweiz geflüchtet haben. Schweizer Händler nutzen andererseits gerne die sich derzeit gehäuft bietenden Gelegenheiten, über diese Vermittler besonders günstig an wertvolle Kunstwerke zu kommen. Emden will in die andere Richtung verkaufen. Er setzt voll auf ein Dreierpaket: dreimal Canaletto oder nichts. Fast wie ein Sonderangebot im Warenhaus, doch Massenware ist das nicht, was er anzubieten hat. An seinen Gemälden des venezianischen Meisters haben herausragende Persönlichkeiten der Geschichte Gefallen gefunden. Emdens, pardon, Dr. E.'s Bild «Der Marktplatz von Pirna» soll einst ein persönliches Geschenk der Zarin Katharina II. von Russland an König Friedrich II. von Preussen gewesen sein. In der Mitte steht das Rathaus im vollen Sonnenlicht, im Hintergrund ist die Marienkirche zu sehen, zuhinterst die Festung Sonnenstein. Auf der Rückseite ist noch die Krone, das Signet des preussischen Königs zu sehen. Canaletto hat mehrere, zum Teil sehr ähnliche Ansichten von Pirna gemalt. Diese hier gilt indes als die historisch interessanteste. Gut für Emden. Auch der «Zwingergraben» soll durch die Hände der Zarin gegangen sein.

Niemand kauft die Katze im Sack. Kaum ist das neue Jahr eingeläutet, gehen die Bilder deshalb auf eine Reise nach Deutschland. Aber nicht direkt. Zuerst nehmen sie das Flugzeug nach London und von dort ein weiteres nach Berlin. Dann hat sie Haberstock endlich zur Ansicht. Eine solche Reise ist heikel. Sie kostet einiges, zudem ist das wertvolle Gut entsprechend zu versichern; man stelle sich vor, es geht verloren oder verschwindet. In diesem Fall war auch besonderes Augenmerk auf die Transportkiste zu richten, besser, man wählt einen gut gepolsterten Typ. Flugzeuge kommen zwar immer hinunter, ausgerechnet das mit Emdens kostbarer Fracht an Bord aber nicht plangemäß: Es musste unterwegs notlanden. Zum Glück ist alles gut gegangen. Als Haberstock die Kiste auspackt, ist nichts beschädigt. Mit dem Dresdner Bild, dem «Zwingergraben», ist er beim Betrachten hoch zufrieden. Weit weniger mit einer Bedingung für den Handel. Er bekommt es nicht allein, sondern müsste alle drei Canalettos zusammen übernehmen, obwohl ihn eigentlich nur der «Zwingergraben» interessiert.

«Hieran könnte das Geschäft evt. scheitern», telegraphiert er nach München.

Als nächstes Problem stellt sich die Frage der Devisen, die für den Kauf benötigt werden. Dafür ist im Rahmen des deutsch-schweizerischen Verrechnungsabkommens erst eine Genehmigung nötig. Caspari drängt, weil es Emden eilig hat und ihr Druck macht. Das Jahr endet, es wird Februar, ein weiterer Monat verstreicht ergebnislos. Emden ist deswegen aufgebracht. Es ist nicht einfach für Caspari, ihn weiter hinzuhalten, wie das Haberstock von ihr verlangt. Er will die Bilder offenbar wieder nach London schicken, um sie einem potenziellen Käufer zu zeigen, der eben von seinem Aufenthalt an der Riviera nach Hause gekommen ist. Dabei soll es sich um einen ausgesprochenen Canaletto-Liebhaber handeln. Fleißig gehen die Telefonate und die Telegramme hin und her. Der finanziell nicht gerade auf Rosen gebetteten Galeristin Caspari wird ob der aufgelaufenen Kosten und der mangelnden Aussicht auf einen schnellen Abschluss mulmig zumute. Sie wünscht daher eine Anzahlung für ihre Arbeit als Vermittlerin.

Weshalb sich das Geschäft aber weiter verzögert, ist nicht klar. Vielleicht zögert der deutsche Käufer von Haberstock, weil er statt einem Bild gleich deren drei kaufen soll. Vielleicht ist es eine Hinhaltetaktik, um den Preis weiter zu drücken. Die Schwierigkeit sei eben nach wie vor, dass die Ware aus dem Ausland kommt, meldet Kunsthändler Haberstock schließlich nach München. Der Besitzer solle Mark-Zahlungen akzeptieren, dann wäre die Sache im Handumdrehen erledigt. Ansonsten muss man sich weiter abmühen, um irgendwie einen Abschluss zustande zu bringen; wer weiß, ein Tauschgeschäft mit anderen Bildern, wie das häufig gemacht wird, um das leidige Devisenproblem aus dem Weg zu räumen. Bei Emden, der flüssige Mittel benötigt, wäre letztere Variante jedoch ebenso wenig Erfolg versprechend wie ihm mit Mark zu kommen. Keine gute Idee. Weil er im Ausland lebt, ginge das Geld auf ein Sperrkonto in Deutschland. Wie schwer es ist, dann an dieses Geld zu kommen, erlebt er mit seinen anderen Geschäften zur Genüge. Nein, dafür ist er nicht zu haben.

Alles droht zu scheitern. Die bedauerliche Caspari sieht sich der Chance beraubt, etwas Geld zu verdienen, denn Ende April hat Emden die Bilder wieder bei sich zu Hause: ein halbes Jahr für die Katz. Das erinnert ganz an jene fruchtlosen Verhandlungen wie er sie in Danzig um seine Grundstücke führt.

Welch ein Geschäft es auch ist, immer scheint ihm jemand Knüppel zwischen die Beine zu werfen. Und schaut doch einmal etwas heraus, muss er ein abenteuerliches Konstrukt erfinden, um an das ihm zustehende Geld heranzukommen. Man denke nur an seinen Gewährsmann in Danzig, der ihm riet, er solle den Kauf eines Frachtdampfers ins Auge fassen, um den zu erwartenden Erlös aus dem anstehenden Grundstücksverkauf ausser Landes schaffen zu können. Emden soll Reeder werden? Wenn er aufs Wasser will, setzt er sich in seine Chris Craft, das schnelle Motorboot. Was soll er mit einem Frachtschiff? Als ihm das durch den Kopf geht, zieht Emden erneut an seiner Zigarette. Gierig. Nimmt sie hastig von den Lippen.

Er sollte aufhören, wegen der Gesundheit. «Würstchen» wiederholt das ständig, sodass er sich darauf verlegt hat, heimlich Zigaretten zu kaufen. Kommt er in Ascona zum Beispiel im kleinen Laden vorbei, der auch Zigaretten führt, fragt er neuerdings flüsternd nach einer Schachtel. Pancaldi, der Besitzer, steckt sie ihm dann am Tresen vorbei in die Hosentasche. Als ob «Würstchen» das mit der Raucherei nicht merken würde. Pancaldi wiederum denkt sich dabei, schau her, ein Millionär, und kann sich nicht einmal stinknormale Zigaretten kaufen. Kopfschüttelnd schaut er dem Kunden nach. Emden stellt sich vor, das glimmende Ding zwischen den Fingern beruhige ihn. Oder er wünscht es sich. Was soll's. Er zieht noch einmal daran, schmeißt die Kippe auf den Boden und zertritt sie mit seinen glänzenden Lackschuhen.

Der Morgen ist wieder warm. Wenigstens das. Zwischenzeitlich hat es diese Woche geregnet, ja, was sag ich, geschüttet hat es. Das schadet nicht. Die Pflanzen und Bäume auf der Insel hatten Wasser nötig. Wenn er aber so richtig loslegt, der Tessiner Regen, dann hat das eine Intensität, die Emden aus Hamburg nicht kannte. Als Sturzbäche kommen die Juniregen nieder, häufig von einem Gewitter begleitet. Da knallt es durch die umliegenden Berge, richtige Detonationen. Manchmal lässt ein Donner sogar die Fensterscheiben erbeben. Üblicherweise mit einem Grollen in der Ferne beginnend, nähert sich das Gewitter, ohne dass man sicher sagen könnte, woher es kommt, denn nicht selten sind gleich mehrere unterwegs. Von links, von rechts, von hinten. Das eine bleibt vorübergehend im lang gezogenen Maggiatal hängen. Das andere drängt über den Monte Tamaro, der vom gegenüberliegenden Seeufer aufsteigt. Ein drittes zieht womöglich das Verzascatal herunter. Erst über dem See ist der Himmel frei, keine Berge stehen mehr als Hindernisse im Weg, sodass sie bisweilen heftig aneinander krachen. Blitze zischen grell leuchtend ins Wasser. Hier einer, zisch. Da, der nächste, dort schon ein weiterer. Rund um die Insel schlägt es ein. Zisch. Zack. Ein besonders heller spaltet sich und ähnelt einer Wurzel. Bumm, folgt auf das Lichterspiel unvermeidlich der Kanonenschlag des Donners. Hat sich die größte Spannung entladen, ist es für einen Moment fast still, weshalb das Rauschen des sich nähernden Starkregens erst hörbar wird. Immer lauter, kräftiger wird das Geräusch, der Wind wirbelt durch die

Baumkronen im Park hinter der mächtig aufragenden Villa Emdens in diesem Flecken mitten im Wasser. Jetzt erreicht der Vorhang von Wasser die Insel, es prasselt hernieder; fast muss man fürchten, der See könnte sie bald verschlucken. Unaufhörlich fallen Millionen von Tropfen vom Himmel, bilden einen Vorhang von Wasser. Das Rauschen verschluckt jedes andere Geräusch, kein Kreischen einer Möwe ist zu hören. Auch sie bleiben am Boden. Es wird dunkel, Nacht.

Plötzlich weckt einen die Stille: Vor der Morgendämmerung hat der Regen aufgehört. Erste Vögel zwitschern zaghaft auf dem Dach der Villa. Es beginnt hell zu werden. Die letzten Wolken verziehen sich. Emden schaut in Richtung See-Ende, wo über den Bergen hinter Bellinzona bald schon die Sonne aufsteigt. Wie friedlich könnte es an diesem Tag nach dem reinigenden Gewitter sein. Nichtsdestotrotz geht es in seinem Kopf eher zu wie im Gewitter, das am Abend über dem See getobt hat. Überall diese Probleme. In Hamburg ist es nun ebenfalls so weit, auch dort beginnen die Scherereien. Es geht um das Herzstück seines einstigen Imperiums, die M. J. Emden Söhne. Die Oberfinanzdirektion betrachtet sie als jüdisch und will sie anscheinend liquidieren, wie er erfahren hat. Auch das noch!

Wenigstens hat das Wetter ein Einsehen gehabt. Jetzt, wo das Leben in jeder Hinsicht schwierig geworden ist, schlägt es besonders aufs Gemüt, wenn es tagelang regnet und regnet. Auf seiner kleinen Insel fühlt er sich dann wie eingesperrt, gefangen. Wer mag durch den Vorhang von Regen mit dem Boot zum Festland fahren, und was soll er dort?

Froh ist er, sobald die Sonne wieder hervorlugt. Zum Glücklichsein reicht das nicht. Max Emden hat eine zweite Zigarette angezündet. Das Boot kommt. Vielleicht ist Post dabei. Leider weiß man heutzutage nie, ob man besser gar nicht erst öffnet, was da ankommt.

Haberstock ist verärgert. Er war kurz davor, den Handel platzen zu lassen. Richtig bedrängt hat er sich gefühlt von diesem ominösen Dr. E., der ihm nur die drei Bilder zusammen überlassen und eigene Bedingungen durchsetzen wollte. Außerdem brachte Dr. E. am Ende des langwierigen Hin und Her diesen Luzerner Kunsthändler ins Spiel; es ist nahe liegend, zu vermuten, es habe sich um die Galerie

Fischer gehandelt, die im Deutschlandgeschäft eine immer stärkere Stellung einzunehmen beginnt und auch vor höchst fragwürdigen Verwertungen nicht zurückschreckt. Dieser Händler soll angeblich einen höheren Preis geboten haben, die Canaletto-Bilder seien sogar bereits für eine Auktion in dessen Luzerner Galerie vorgesehen gewesen, weswegen jener Händler Emden angeblich mit Regressansprüchen droht. Das erfährt Haberstock über seine Intermediärin Caspari. Ihn nervt dieses Gerede. Schließlich hat ihn der fragliche Händler direkt kontaktiert und sich dahingehend geäußert, er wäre über ihn billiger zu den Bildern gekommen. Dadurch fühlt sich wiederum Caspari angegriffen; sie erwidert darauf, Emden um 20 Prozent heruntergehandelt zu haben, mehr sei auf keinen Fall möglich gewesen. Überdies musste sie ihn davon abbringen, die Bilder nur per Nachnahme aus der Hand zu geben, worauf er lange beharrte; Haberstock hätte sie also erst bekommen, nachdem Emden die gesamten 60 000 Franken in Händen hielt. Zuletzt jammert Galeristin Caspari wegen ihrer niedrigen Provision, sie hätte sich mehr als zehn Prozent des Kaufpreises erhofft: Es sei ihr nur möglich, Auslandgeschäfte zu tätigen und die seien doch besonders aufwändig. Von Bedeutung ist das alles nicht mehr, der Handel um das Dreierpaket Canaletto steht.

Umgehend versucht Dr. E. seinem Käufer via Caspari daraufhin eine «Ladung» Gobelins anzudrehen. Ladung klingt despektierlich, aber Haberstock empfindet das so und hält es für gelinde gesagt frech, dass ihm Emden mit diesem Angebot kommt, nachdem er sich so sehr gegen die Bedingungen beim Canaletto-Geschäft gesträubt hat. Zuhause in Berlin werde ihm die schönste Auswahl an Tapisserien zu wirklich günstigen Preisen angeboten, kann er sich einen Seitenhieb nicht verkneifen. Vergeblich versucht Caspari, ihm das Geschäft mit dem Argument schmackhaft zu machen, dass die Serie Gobelins direkt von Katharina der Großen stammen. Man könnte meinen, dieser Dr. E. habe den halben Besitz der Zarin aufgekauft. Haberstock schüttelt den Kopf. Der Gipfel ist, dass dieser Kerl schon wieder alles en bloc verkaufen will. Sieben Stück. Nein, ein Dreierpaket Bilder reicht zur Genüge.

Ohne darauf detailliert einzugehen, ist damit nicht das letzte Kapitel dieses Handels geschrieben. Wie sich in einer späteren Epoche zeigen wird, sind die wahren Protagonisten des Geschäfts verschleiert worden. Offiziell kaufte nicht Haberstock von Emden, sondern Haberstock von Tooth & Son, London. Der ursprüngliche Besitzer Dr. E. taucht bei diesem Geschäft gar nicht auf, wofür zunächst kein richtiger Grund ersichtlich ist. Wer sich die Mühe macht, die Geschäftbücher der Beteiligten zu durchforsten, entdeckt in Haberstocks Aufzeichnungen aber, dass die Sache einen interessanten Hintergrund hat. Haberstock datiert den Ankauf darin auf den 30.6.1938. Am selben Datum, am 30.6.1938, will er die Bilder gleich weiterverkauft haben. Kann er soviel Geschäftsglück gehabt haben, dass er noch am Tag, an dem er sie bekommt, schon einen neuen Käufer findet? Logisch ist nur eine Erklärung. Haberstock hat sie nicht für sich angeschafft, sondern im Auftrag gehandelt. Der ‚falsche' Jude – Emden ist ja getauft – brauchte Geld, zappelte und drängte, dass seine Bilder endlich gekauft werden, weil es ihm im Reich praktisch unmöglich gemacht wurde, geschäftlich tätig zu sein. Und wer hat sie sich über den Kunsthändler Haberstock gesichert? Sie gehen an die Reichskanzlei, die für den wahren Interessenten in Deutschland agiert. Es ist der Führer persönlich: Emdens Bilder landen in der Sammlung von Adolf Hitler.

Kapitel 8

Ein Inselherr

1059 Schritte sind es – ungefähr. 1059 Schritte, um einmal die Insel zu umrunden. Größer ist das langgezogene Eiland im Lago Maggiore nicht. Das soll Emdens Reich sein, noch bevor der Winter anbricht. Den Ballast seines Lebens im Norden hat er abgeworfen, der Herbst im Tessin ist zum Genießen: bereit für ein neues Leben im Süden? Alles ist möglich, 1927 ist alles möglich.

Still ist es auf der Insel. Einzig die Wellen schlagen gelegentlich schlapp und zaghaft an die Felsen, als ob sie diese nur streicheln wollten, um die Ruhe nicht zu stören. Kein Wind. Jetzt sind kurz Vögel zu hören, von irgendetwas aufgescheucht. Ein Schwan schwimmt davon, vorbei am kleinen, schilfbewachsenen Sandstrand. Langsam wird es dunkel. Das ist es, was Max J. Emden, 53, frisch geschieden – das Urteil des Hamburger Landgerichts ist erst kürzlich rechtskräftig geworden –, Multi-Multimillionär, gegen ein Leben in der betriebsamen Großstadt Hamburg einzutauschen gewillt ist. Segelboote wie Spielzeugmodelle auf dem See statt bis in den Himmel ragende Kamine anlegender Kreuzfahrt-Dampfer nach einer Reise auf den Ozeanen. Eine Insel mit den Bergen des Südens als Kulisse statt Häuserfluchten mit eleganten Cafés.

Aber Vorsicht, die Idylle trügt. Schenkt man den Gerüchten Glauben, ist es ein verwunschenes Stückchen Erde, von einer Art Hexe bewohnt, die zwar einen noblen Titel trägt, Baronin irgendetwas, aber reichlich verschroben sein muss.

Ein gelöstes Lachen tönt über die beleuchtete Terrasse. Nach einem letzten Zug nimmt Max die Zigarette aus dem Mund und zerdrückt sie beinahe liebevoll im Aschenbecher, nachdenklich in die Leere der Dunkelheit schauend. Eine Sorgenfalte bildet sich auf seinem Gesicht: Er muss an diese Frau aus Hamburg gedacht haben, die er heiraten und der er ein ganz besonderes Zuhause bieten wollte. Sie ist nicht allzu jung, stammt aus einer sehr reichen Reederfamilie, hat zu seinem großen Bedauern aber abgelehnt. Es dauert nur einen Augenblick, dann ist er mit seinen Gedanken zurück in Ascona, mitten im Geschehen. Den eleganten Stiel des Weinglases mit Daumen und Zeigefinger seiner rechten Hand haltend, hebt er es, prostet jemandem zu, der aus der Ferne nicht zu erkennen ist, weil der Fallwind immer wieder die Äste der Palmen im Garten bewegt, was die Sicht nimmt. Hier am Hang oberhalb von Ascona weht der Wind nach dem Eindunkeln in Böen zum See, wo er schnell erstirbt.

Max scheint wieder ebenso guter Dinge zu sein wie Bronislaw – Hubermann – auf dem Stuhl neben ihm. Sie haben etwas zu feiern. Mit am Tisch sitzt der Hausherr, Eduard von der Heydt. Der Privatbankier hat kürzlich das legendäre Hotel auf dem Monte Verità wiedereröffnet. Er ist dabei, im großen Stil zu investieren. Fast alles wird neu. In der einstigen Hochburg der Aussteiger und Weltverbesserer errichtet er ein hochmodernes Hotel für Reiche wie Emden einer ist, der zu den ersten Dauergästen unter dem neuen Besitzer gehört.

Ein bisschen Aussteiger ist auch Emden. Hamburgs Schmuddelwetter hat er verlassen, ein Imperium verkauft. Ein radikaler Schnitt. Allerdings ist er drauf und dran, sich ein neues kleines Reich zu kaufen. Statt Kaufhäuser, wie er sie abgestoßen hat, soll es diesmal eine Insel im See sein. Die kleine Insel für den kleinen Emden, die große Insel für den großen Geiger aus Polen, seinen guten Freund Hubermann. Das Geschäft ist noch endgültig zu besiegeln: Bis jetzt haben sie erst einen Vorvertrag mit der «Hexe» unterzeichnet[19]. Feiern kann man trotzdem schon. Demnächst werden sie auch den Rest der Formalitäten erledigen, denn das internationale Publikum, das Geigenvirtuose Hubermann mit seiner Stradivari jeweils verzaubert, lechzt nach dessen Beethoven-Interpretationen. Gefeiert wird heute ohne die Musik des Maestro, der während seines Aufenthalts schon verschiedentlich für den exklusiven Kreis der Leute auf dem Monte Verità gespielt hat.

Richtig warm ist der Tag dank dem Nordföhn gewesen, bis die abendliche Sonne verschwand. Dieses Wetterhoch der letzten Tage hat die Stimmung zusätzlich gehoben. Mittlerweile wärmt der bei diesem speziellen Dinner in der Herrenrunde reichlich geflossene Alkohol weiter.

Emden schüttelt amüsiert den Kopf: «Hamburg um diese Jahreszeit ...»

Er hält seine beiden Hände über den Tisch, die einzelnen Finger wellenförmig schnell auf und ab bewegend, womit er das aus seiner Heimat gewohnte Wetter nachahmt.

«...Niesel, Niesel, Niesel», untermalt er das verbal.

Nun hebt Hubermann das Glas.

«Wiir ... äh ..., Inselhäären ...», spricht es aus seinem Mund, womit schon alles gesagt zu sein scheint, denn er verstummt sogleich wieder. Er wirkt ziemlich gezeichnet vom kräftigen Roten, den sie trinken. Emden stösst mit Hubermanns Glas an, das offenbar zu schwer geworden ist und daher schon wieder auf dem Tisch steht. Hubermann, der Geiger mit der leichten Hand, scheint sich daran festzuhalten. Brummt irgendetwas in sich hinein. Von der Heydt schmunzelt.

Vielleicht war es Vorsehung, vielleicht Zufall, dass die Insel San Pancrazio und die kleinere, angeblich der Venus geweihte Insel Sant'Apollinare – zusammen besser bekannt unter dem Namen Brissago-Inseln – zum Verkauf standen. Dadurch kommt Emden in seinem neuen Leben zu einem neuen Zuhause. Geschieden von seiner Frau, die das Leben in der Society über alles liebt, hat er die betriebsame Welt der Hamburger Kontorhäuser, der Großbürger, der Kunstsammler, seines Poloclubs hinter sich gelassen, um in Hotels zwischen Lugano, Ascona und St. Moritz herumzuhängen: Das kann es auf Dauer wohl nicht sein. Hausherr von der Heydt ist mit dem Beispiel vorangegangen, er steckte in einer verblüffend ähnlichen Lebenssituation. Er hat die operative Führung seiner Geschäfte abgegeben – bei ihm war es eine Privatbank –, dann kam die Scheidung von der Frau, und ab ging es in den Süden. Ein bisschen jünger ist der Baron mit seinen 45 Jahren zwar. Aber was macht das schon für einen Unterschied. 45 oder 53; mit dem nötigen Kapital und der richtigen Ausstrahlung ist das einerlei. Die kesse Tochter des Konsuls hat Emdens Alter im Luganeser Nobelhotel beim Tanzen jedenfalls kein bisschen gestört und die ist erst knackige 17 Jahre alt. Baron von der Heydt hat, wie gesagt, dieses ehemalige Sanatorium mit der verrückten Geschichte übernommen. Ebenso zufällig, wie Emden jetzt an die Inseln geraten ist. Er hatte noch nicht einmal vorgehabt, den Monte Verità zu kaufen. Seine Vorgänger, drei der Kunst und ausgefallenen Festen zugeneigte Bohèmiens, waren in Geldnot geraten und an ihn herangetreten. Er hatte spaßeshalber ein Angebot gemacht. Schon wurde er der neue Besitzer und ein Hotelier.

«Nackt, ja natürlich nackt», bekräftigt von der Heydt nun in der kleinen Männerrunde.

« Die haben alles ausgerissen, mit Schaufel und Spaten ihre Felder für die Gemüse und Salate angelegt. Hier, wo der Rasen ist, dahinter im Park mit den vielen Bäumen, das war vorher wild verwachsen. Anschließend bauten sie zwischen den Bäumen Holzhütten, so ähnlich wie das Buben gerne machen, nannten sie aber hochtrabend Licht-Luft-Hütten und vermieteten sie an Gäste.»

Freie Liebe, lange Haare, viel Sonne, wenig Kleidung. Eine neue, bessere Gesellschaft wollten sie schaffen.

«Und alles vegetarisch. Noch nicht einmal Brot war ganz am Anfang erlaubt.»

«Oh. Und Wein auch nicht?»

«Natürlich nicht», antwortet der Baron und lächelt.

Einiges von früher hat er für seinen Hotelbetrieb übernommen, das verleiht dem Haus einen Hauch des ausgefallenen, wie die Kunst, die er überall aufstellt. Nackt sonnenbaden – auch in gemischter Gesellschaft – ist so ein Element von früher und einer der Gründe, weshalb der Monte Verità seit jeher verrufen ist. Das mag die Einheimischen stören und gewisse Freunde strenger Sitten fernhalten. Deutsche, holländische Städter zieht es dafür magisch an, denn die suchen geradezu die erotische Atmosphäre dieses Ortes[20] und erwarten dementsprechend, das eine oder andere Abenteuer zu erleben. Das beschränkt sich nicht nur auf die Männer. Die Frauen spielen das Spiel anscheinend eifrig mit, was dem allgemeinen Wohlbefinden der Gäste entschieden zuträglich ist.

«Bronislaw, mein Guter. Ich glaube, Sie sind fällig».

Die beiden Deutschen grinsen einander an. Tatsächlich hängt der Kopf ihres Tischgenossen bedrohlich vornüber. Demnächst könnte der ganze Oberkörper der Schwerkraft folgen und der halbe

Bronislaw dann ungebremst auf die Tischplatte kippen, auf dem noch die Teller stehen. Kurzum. Der Pole ist bedient.

«Tss, Musiker; vertragen nichts.»

Auf ein Zeichen des Chefs eilt Hotelpersonal herbei, um ihn ins Zimmer zu geleiten oder eher zu tragen. Auch Emden verabschiedet sich, nicht ohne einen letzten Blick auf den See zu werfen, um vielleicht ein Licht auf der Insel zu erhaschen, die bald ihm gehören wird. Aber die Sicht ist ihm versperrt. Zu viele Bäume.

9. November 1927, Lugano. Mittwoch

Ein Wink des Schicksals, also. Vorsehung. Das war es, als Emden erfuhr, dass die alte Hexe von der Insel endgültig unter der Schuldenlast zusammenzukrachen droht und das Eiland mit dem botanischen Garten verkauft. Verkaufen muss. Definitiv.

Das mit der «Hexe» ist fahrlässig dahergesagt und wird dieser eigenwilligen Persönlichkeit gewiss nicht gerecht. Im fernen 1885 hat diese Frau die völlig verwahrlosten Felsen im See gekauft, mit denen niemand etwas anzufangen wusste, hat ein Herrschaftshaus bauen lassen und einen wunderbaren botanischen Garten angelegt, mit einer exotischen Pflanzenwelt wie sie in diesen Breitengraden nirgends sonst zu finden ist. Dann hat sie die Männer gewechselt, ein verrücktes Projekt nach dem anderen angerissen und fast ihr ganzes Geld in den Sand gesetzt, das ihr die verschiedenen Partner über- oder hinterlassen haben. Den kümmerlichen Rest verlor die Baronin de Saint-Léger wegen ihrer Prozessierwut. Nun kann sie nicht mehr anders, als ihr Anwesen zähneknirschend abzutreten, und würde doch nichts lieber tun, als das, was sie schon so oft mit ungebetenen Gästen getan hat: diese Herren Eindringlinge umgehend von ihrer Insel zu jagen, auf der sie annähernd ein halbes Jahrhundert verbracht hat. Es war einfach nichts und niemand mehr da, um an weitere Kredite zu kommen. Oder wüsste jemand etwas mit abertausenden von Puppenköpfen anzufangen, der Hinterlassenschaft irgendeines ihrer Fabelprojekte, die im Keller lagern?

Kampflos trennt sich die Dame allerdings nicht von ihrem Besitz. Verbissen nutzt sie jede Möglichkeit, um den Käufern noch etwas mehr zu entlocken, wohl wissend, dass es fast sicher die letzte

Chance ihres Lebens ist, zu Geld zu kommen. Das bekommt Emden, der erprobte Händler auf der Gegenseite zu spüren, denn er muss am Ende kräftig draufzahlen. Kaum lagt der Vorvertrag auf dem Tisch, gelang es ihr, neue Kredite auf das Grundstück aufzunehmen. Eine böse Überraschung für die Käufer. Als im November der notarielle Vertrag im Luganeser Hotel Palace unterzeichnet wurde[21], war das Objekt bedeutend teurer als ursprünglich vorgesehen. 356 000 Franken betrug der Preis. Allerdings musste die Baronin fast alles ihren zahlreichen Gläubigern überlassen.

Der gute Bronislaw, längst in der Ferne auf Tournee, war wegen des Aufschlags außer sich. Man kann sich lebhaft vorstellen, wie er ob dieser Nachricht den Geigenbogen derart heftig geführt hat, dass eine Saite riss. Seinem Freund Max unterstellte er, ein böses Spiel getrieben zu haben und sprach von da an nicht mehr mit ihm. Der Insel-Deal war damit geplatzt. Der alte Insel-Deal. Der neue lautete ganz einfach, dass Emden alles zu dem deutlich höheren Preis ersteht und Hubermann aussteigt. Ein Fluch der Baronin hänge über dem Geschäft, die den Verlust nicht verwinden konnte, erzählen die Leute im Ort. Wer weiß, ob es wirklich dieser Fluch war, der Emdens weiteres Leben bestimmte, das bisher nur die Sonnenseite kannte. Vielleicht musste selbst Hubermann für seine ursprüngliche Kaufabsicht büßen: Bei einem seiner nächsten Konzerte in New York wurde ihm die Stradivari gestohlen.

Bald legt sich die Aufregung. Emden will keine Zeit verlieren, lässt prominente Architekten aus Hamburg kommen. Eine Insel ist ein spezielles Objekt, ein magischer Ort. Nun bietet sich ihm die einmalige Gelegenheit, eine solche Insel völlig neu zu gestalten. Um die Villa für sein Paradies zu bauen, überlässt er daher nichts dem Zufall. Das ist er seinem anspruchsvollen ästhetischen Empfinden und Ruf schuldig. Schon sein deutsches Anwesen, die Villa Sechslinden im Altonaer Stadtteil Klein Flottbek, war weit mehr als nur ein großzügiger Gebäudekomplex eines sehr reich gewordenen Kaufmanns. Es war ein modellhafter Bau in einem neuartigen Landhausstil. Emden gehörte im Großraum Hamburg zu den frühen Verfechtern der Reformarchitektur und profilierte sich zudem als engagierter Architekturkritiker, der sich nicht zurückhielt, krasse Fehler und Unbedachtheiten anderer öffentlich anzuprangern. «Hamburger Baukunst - Kritische Betrachtungen von Dr. Max Emden», diesen Titel trägt eine Artikelserie, die in den Hamburger Nachrichten vom 12. September 1909 beginnt. Mit deren Inhalt wird er nicht wenige Persönlichkeiten brüskieren.

Anders als der Titel erwarten lässt, referiert der Autor zuerst aber über Konzerte. Schildert, wie seinesgleichen im Sommer nach Bayreuth fährt, Caruso hört oder was auch immer. Wichtig ist ihm, dass auf musikalische Ereignisse von Bedeutung ganz selbstverständlich Kritiken in den Zeitungen folgen. Die Kunst: In Hamburg mangelt es an internationalen Ausstellungen wie es sie in Berlin, München oder Dresden gibt. «Haben wir nicht», ist des Autors knapper Kommentar. Immerhin gibt es private Kunstsalons, in denen Eingeweihte einander gegenseitig vorführen, was «heute auf dem Gebiete der Malerei geleistet wird». Bei außergewöhnlichen Anlässen und Sonderausstellungen sind bisweilen kurze Kritiken zu lesen, wenigstens das. «Mit Ausnahme des Bismarckdenkmals besitzt Hamburg kein Bildwerk von künstlerischem Wert, und von hundert Personen, die man fragt, wissen neunundneunzig nicht die Namen der Schöpfer», klagt er. Mit dieser Zahl übertreibt der gute Dr. Emden wohl ein bisschen, einige Bürger mehr kannten damals wohl den Namen des Schöpfers jenes monumentalen Werks. Schließlich war das gigantische Standbild erst 1906 enthüllt worden, nach jahrelangen und heftigen Debatten obendrein, sodass ein Kunsthistoriker sogar die gesammelten Leserbriefe zum Thema veröffentlichen wollte, bei denen es sich, so ein Kommentar, um eine «Kollektion von Hamburger Blödsinns-Eruptionen» handelte. Der Professor sah das Werk als Meilenstein. Gegner des imposanten Denkmals für den verehrten Reichskanzler wurden schlichtweg als «kaufmännische Spiesser» abqualifiziert.

Emden gehörte offensichtlich nicht zu jener Sorte der spießigen Kaufmänner. Aber es geht ihm auch nicht um das Bismarck-Denkmal. Er breitet das Beispiel vielmehr aus, weil der Ausgang der Debatte um das Denkmal eine leise Hoffnung auf bessere Zeiten in ihm weckt, die er sich so sehr herbeiwünscht. Denn mag es um die Kunst in der Stadt nicht zum Besten stehen, so ist das Bauen ein vollends trauriges Kapitel. Umso schlimmer, dass sich damit niemand öffentlich auseinandersetzt. Dabei ist ein missglücktes Bild an der Wand nur ein vergleichbar kleines Übel. Auch allzu schräger Gesang richtet keinen anhaltenden Schaden an, denn er ist schnell verhallt. Aber ein Neubau, ein Haus wie jenes an der Binnenalster, dem künstlichen See in der Stadt, das er als Beispiel nimmt: Das steht groß und mächtig da, ohne dass man sich ihm entziehen könnte, weshalb die Auswirkungen eines derartigen Objekts von ganz anderer Dimension sind! Wenn ein Herr X. ein Haus für alle sichtbar hinstellt, das, wie er schreibt, «in seiner Scheusslichkeit noch unseren Urenkeln ein Ärgernis sein wird, so schadet er dauernd der Gesamtheit, ohne dass irgend jemand ihn dieserhalb zur Rede stellt oder auch nur kritisiert». Damit kommt er langsam zum Kern der Sache: Emden fordert eine kontinuierliche, kritische Auseinandersetzung mit dem Bauen in seiner Heimatstadt, zumal diese gerade in einem gewaltigen Entwicklungsschub zur Metropole heranwächst, dabei zentrale Verkehrsachsen neu angelegt werden und somit das gesamte Stadtbild verändert wird.

So viele, für Jahrzehnte das urbane Leben bestimmende Orte sind bedauerlicherweise bereits entstanden: Bahnhof, Stadtbahn, Durchbruchstrasse, Landungsbrücken. Verkehr! Was regt er sich über die lärmige neue Hochbahn auf, die ganze Quartiere zerschneidet, wo man doch in anderen Großstädten längst unterirdisch baut. Gebäude: «Eine gräuliche Sammlung verschiedener Ideen liegt zu Stein geworden vor den Augen des entsetzten Beschauers. Campaniles, ganze, halbe, Viertelbogen, rätselhafte Inschriften, dazwischen ein Dach mit einer kleinen Sandwüste und zum Schluss ein kleiner, boshafter, direkt unmoralischer Turm. Wer hätte gedacht, dass der Jungfernstieg noch zu übertreffen wäre ...»

Emden gehört selbst zur bürgerlichen Oberschicht, aus der die Mitglieder des politisch für die Stadtentwicklung zuständigen und verantwortlichen Gremiums rekrutiert werden; die Bürgerschaft. Aus seiner Schicht stammen auch die bestimmenden Baufachleute. Trotzdem fährt er ihnen ohne jede Zurückhaltung an den Karren, nennt die Namen der Herren Verantwortlichen und listet schonungslos ihre Fehler auf. Das geschieht wohlgemerkt nicht im kleinen Kreis, im stillen Kämmerlein. Nein, jeder in der Stadt soll lesen können, was er ihnen entgegenschleudert. Gesittet, mit detaillierter Begründung zwar. Aber schonungslos. Was für eine Provokation für den mächtigen Architekten Haller, den ehemaligen Präsidenten des Architektenvereins, Bürgermeistersohn, Mitglied der Bürgerschaft. Oder für Oberingenieur Andreas Meyer und seine Nachfolger, verantwortlich für die Verkehrsbauten, für den führenden Landschaftsarchitekten Rudolph Jürgens. Den Verein für Heimatschutz, von dem gemäß Emden niemand hört, wenn es darauf ankäme, und den niemand kennt. Die Kunstkommission der Stadt. Den Architektenverein.

So vehement er sich äußert, geht es ihm stets um die Sache, geht es ihm darum, um eine schönere, besser gebaute, lebenswerte Stadt zu schaffen. Er nennt durchaus auch positive Beispiele. Um einige nicht ganz zufällig ausgewählte Namen herauszupicken: Da sind die jungen Gerson-Brüder, einen davon wird er später für den Villenbau im Tessin verpflichten, oder Architekt Wilhelm Fränkel, von ihm stammt Emdens Landhaus «Sechslinden». Der Kritiker will das Interesse für Fragen der Baukunst wecken, wie er betont. «Ja, wenn es sich um Bierpreise und Haltestellen der Elektrischen handelt, da werden die Zeitungen mit Zuschriften überschwemmt». Geht es hingegen «um die Schändung des Stadtbildes», dann bleibt das Echo aus.

Vorübergehend ändert sich das. Emden löst tatsächlich eine Debatte aus. Nur sehr beschränkt kommt es allerdings zu einer inhaltlichen Auseinandersetzung über die zahlreichen von ihm aufgeführten Beispiele. Vielmehr wird er heftig angefeindet. Einige der Angegriffenen kanzeln ihn als völlig inkompetent ab. Plaudereien, mehr seien die Artikel nicht. Kunst und Musik besprechen, das mag ja angehen, aber Architektur: Das sei viel anspruchsvoller. Kritiken in diesem Feld dürfen höchstens Berufene schreiben, «hervorragende Künstler oder Kunstschriftsteller». Emdens Gegner legen die Messlatte für potenzielle Kritiker derart hoch an, dass ihre Haltung an Arroganz grenzt. Dementsprechend kontert er süffisant: «Kann denn das Baumeisterexamen plötzlich guten Geschmack verleihen oder das Oberlehrerpatent Intelligenz?», und wird danach grundsätzlich: «Jeder Mensch hat das Recht, sich ein Urteil über die ihn umgebenden Dinge selbst zu bilden und soll sich durch Worte wie «Autorität» und «bewährt» nicht verblüffen lassen». Er veranschaulicht das mit einem Beispiel: »Soll ich, wenn ich Magenschmerzen habe, erst den Arzt fragen, ob nach Lage der Dinge die Möglichkeit vorliegt, dass mir etwas weh tut?»

Max Emden ist eine gewisse Schlagfertigkeit nicht abzusprechen. Zum Schluss der von ihm ausgelösten Debatte meldet sich der noch junge Bund Deutscher Architekten zu Wort, der den Hamburgern vorhält, sich lieber ein fertiges Haus zu kaufen, statt sich ein neues bauen zu lassen. Die ganze Schuld an den geschmacklichen Verirrungen mögen sich die Architekten jedenfalls nicht aufbürden lassen.

Emdens Stimme ist nicht die einzige kritische Stimme. Alfred Lichtwark, hauptberuflich Direktor der Kunsthalle Hamburg, begnügt sich nicht allein mit Kunstdebatten. Er, eine einflussreiche Leitfigur des engagierten Großbürgertums, hat ebenfalls einiges daran auszusetzen, wie in der boomenden Stadt in den letzten Jahren gebaut wird. Lichtwark spottete beispielsweise über protzige Neubauten voller Schmuckfiguren und Zierstuck, deretwegen Hamburg in zwanzig Jahren die gefährlichste Stadt Deutschlands sein werde, weil dann jene «Stuckherrschaften dort oben» anfingen, ihre Gliedmassen den harmlosen Spaziergängern auf den Kopf zu werfen».[22] Seine Kampfschrift trägt den Titel «Palastfenster und Flügeltür». Emden lobt sie als vorbildlich zur «Bildung des guten Geschmacks».

An die bevorstehende Bauerei auf Emdens neuen Inselparadies denkend, ist es ein erwähnenswertes Detail, mit welchen Argumenten er den renommierten Architekten Martin Haller – unter anderem Erbauer des berühmten Hamburger Rathauses – kritisiert. Er schätzt ihn grundsätzlich als sehr kompetent, setzt Hallers Arbeit «turmhoch» über die Leistung aller anderen. Dessen typischen Stil bezeichnet Emden als eine Art solide italienische Renaissance. In Ausstattung und Ausführung der Grundrisse sei alles stets hervorragend. Die Vereinsbank nennt er als Beispiel dafür. In seinen Augen macht Haller eigentlich nur einen, dafür gravierenden Fehler: Sein Stil passe nicht nach Hamburg. Unser Herr Architekturkritiker wird als Bauherr seine Villa auf den Brissago-Inseln, das letzte Haus seines Lebens, interessanterweise ziemlich nach der Art Hallers entwerfen lassen. Das ist kein Widerspruch. Dorthin, in den Süden, würde Emden argumentieren, passt der Stil eben. Er muss sich gewiss nicht vorwerfen lassen, die Umgebung nicht einzubeziehen, wenn er baut.

Seine Wohnhäuser belegen den differenzierten Umgang mit der Architektur. Das Hamburger Haus «Sechslinden» von 1906 hat mit dem italienisch angehauchten Palazzo im Tessin nichts gemein und gilt als Beitrag zur damaligen Reformarchitektur. Landhausstil ließe sich die Bauweise nennen, wobei Emdens Anwesen aus mehreren Gebäuden besteht. Wichtiges Element ist zudem der Garten. Garten, als ob es so wichtig wäre, wie der gestaltet ist: Falsch gedacht! Erstens handelt es sich in besagtem Fall um einen Garten und kein Gärtchen. Zweitens war Hamburg zu jener Zeit ein zentraler Ort der Gartenkunst in Deutschland, mit Betonung auf Kunst wohlgemerkt. Emdens Garten galt nicht von ungefähr als beispielhaft. Um ihn anzulegen, hatte er eine Koryphäe des Fachs geholt[23], Leberecht Migge. Die Anlage grenzte übrigens direkt an das Gelände des Poloclubs, bei dem unser sportlicher Großkaufmann fleißig mit ritt. Nicht nur das. Als das Grundstück 1906 endgültig als Spielgeländer hergerichtet und vom Baron von Rücker-Jenisch gepachtet wurde, war Max Emden einer der wichtigsten Geldgeber. Der schlichte, elegante Flachdachbau, den er später für das neue Clubhaus wählte, war ein frühes Beispiel für die architektonische Moderne, eine Art hamburgischer Bauhausstil. Erbaut wurde er, nachdem Emden sich kurzerhand die gesamte Anlage gekauft hatte, weil ihn der Ausblick von seinem Zuhause auf die Hindernisse der Springreiter störte: Polo ja, Springreiter nein[24]. Ebenso modern wirkt das wenige Kilometer weiter gelegene Clubhaus des exklusiven Golfclubs, das ebenfalls dank eines wesentlichen Beitrages Emdens entstanden ist. Beides erfolgte lange nach der Architekturdebatte.

Was er im Zuge der Debatte gefordete hatte, wurde in gewisser Weise obsolet, kaum hatte er seine Texte geschrieben. Denn just in den Tagen, in denen die Hamburger Nachrichten Emdens Artikel veröffentlichte, trat der neue Baudirektor der Stadt sein Amt an. Sein Name war Fritz Schumacher. Dieser Mann prägte mit seinem Wirken das Gesicht der Hansestadt nachhaltig. Schumachers Kompetenz, sein Weitblick waren überall anerkannt. Emden erlebt diese Entwicklung aus der Ferne mit. Er ist Besitzer einer Insel im Süden geworden, die er herrichten kann, wie es ihm gefällt. Rundherum ist nur Wasser: Der Blick auf sein Werk wird immer frei sein, nichts und niemand kann die Ästhetik stören. Geld genug hat er, um jede Vorstellung zu verwirklichen, die er als Bauherr von einem genialen Architekten umgesetzt sehen möchte. Sein Zuhause wird für einen neuen Lebensabschnitt in einem neuem Umfeld stehen, lichtdurchflutet, warm, ausgelassen. Seine Besucher wird er mit der Inschrift «Auch Leben ist eine Kunst» empfangen.

Kapitel 9

Inselmädchen

19. August 1928, Ascona. Sonntag

«Am Sonntag konnte man in unserem Seebecken ein Rennboot von überraschender Geschwindigkeit sehen. Tatsächlich erreicht das erwähnte Boot stolze 75 Stundenkilometer. Der Motor hat die Kraft von 75 Pferdestärken. Besitzer ist Herr Dr. Emden, der vor nicht langer Zeit die Brissago-Inseln, zuvor in Besitz von St. Léger, gekauft hat.»

Das ungewöhnliche Motorboot wie es noch nie eines auf dem See gegeben hat und dazu die Baronin Saint-Léger – Schreck lass nach –, die alte Insel-Besitzerin: Darüber berichtet eine Tessiner Tageszeitung im August der Jahres, in dem sich Max Emden, der Mann mit dem Schnellboot, endlich seines Paradieses erfreuen. Aber wie lange das gedauert hat! Zuerst die Warterei, bis die Baronin endlich das Eiland zu verlassen geruhte. Längst war auf den Plänen die ganze Pracht gezeichnet, alles auf Meter und Zentimeter errechnet gewesen. Trotzdem lief nichts. Als die Arbeiter schließlich loslegen können, kommt das Bauwerk wieder nicht recht vom Fleck.

Emdens Glatze glänzt im Sonnenlicht. Leicht missmutig zieht er an der Zigarette. Wieder einmal ist ein Zeitungsartikel erschienen.

«Die wichtigste Arbeit des Jahres im Bau- und Kunstwesen war zweifellos die vollständige Veränderung der Brissago-Inseln ...»

So, hat der Herr Redaktor auch schon bemerkt, dass hier gebaut wird. Es war ja wohl kaum zu übersehen mit dem ganzen Bootsverkehr auf dem See. Emden betrachtend, wie er durchaus düster dreinblickend in seinem eher gewagt gemusterten Morgenmantel auf dem wackligen Holzsteg zwischen der kleinen und der großen Insel steht, traut man heute einen solchen sarkastischen Kommentar zum Zeitungsartikel zu. Ebenso, dass er bei der Baustellenbesichtigung, sollte es in diesem doch eher merkwürdigen Aufzug dazu kommen, einige Arbeiter schroff zurechtweist. Dieses Projekt verlangt ihm einfach ein bisschen zu viel Geduld ab. Aber eine Insel ist eine Insel und ein Inselchen wie dieses ist noch schlimmer. 800 Meter sind es nur bis zum Ufer, was nichts daran ändert, dass jeder Nagel, jeder Stein über den See geschafft werden muss. Und Steine braucht es für die Villa viele, Granit aus Osogna außen, Ware aus den hiesigen Bergen. Weißen Marmor innen. Emden zupft sich den Bademantel zurecht, steht wieder auf dem provisorischen Steg, den er eigens für die Arbeiten errichten ließ.

«Kuckuck», hört er heiter hinter sich. «Würstchen» ist offensichtlich besserer Stimmung als er. Mal sehen, ob das ansteckend ist.

Am Anfang ging es ja richtig schnell. Auch mit «Würstchen», dem jungen Ding, sicher; nur ist jetzt die Baustelle gemeint. Der Abbruch des Palazzo der alten Besitzerin war ein Klacks. Puff... und weg war er. Irgendwie war das wie von der Geschichte vorausbestimmt. Nachdem die Insel lange sich selbst überlassen worden war, wollte dort eine Firma kurz vor der Ankunft der Baronin eine Sprengstofffabrik betreiben, weil die bestehende an Land in die Luft geflogen war. Hier auf dem See, so der Gedanke, bestünde bei einer neuerlichen Explosion keine Gefahr für die Umgebung. Erste Arbeiten waren bereits ausgeführt. Dann merkten sie anscheinend, dass das mit einer Fabrik, Sicherheit hin oder her, mit all den nötig werdenden Transporten, eine allzu mühsame Sache wird. Folglich zog sich die Firma von der Insel zurück, wodurch der Weg für die Baronin, die sich in den Fels im Wasser verguckt hatte, frei war. Emden knüpft gewissermaßen an diese Vorgeschichte an. Was macht er mit dem Haus? Minen drunter und sprengen. Pufff ...

Irritierend waren nur die Puppenköpfe. Tausende davon hatte die Baronin im Keller deponiert. Da bereitet der Sprengmeister alles minutiös vor, um Dächer und Mauern in die Luft zu jagen, plötzlich fliegen Puppenköpfe durch die Gegend: Was das für ein Anblick gewesen sein muss! Sprengen ist gut, das bringt die Arbeit schnell voran. Zusätzliche Ladungen sind nötig, um Platz für einen Teil der künftigen privaten Hafenanlage sowie deren Fortsetzung freizusprengen. Der Inselherr begnügt sich natürlich nicht mit einem simplen Holzsteg, wie dem provisorisch errichteten. Er wollte einen richtigen kleinen Hafen haben, außerdem mit dem Boot direkt in eine Garage einfahren und bis zur Haustür nicht wieder hinaus ins Freie müssen. Um den direkten Zugang vom See zur Villa zu verwirklichen, mussten etliche Kubikmeter Fels entfernt werden, zum einen für die Bootsgarage, zum anderen für den gedeckten Durchgang, über den man ins Untergeschoss des Hauses gelangt. Von dort führt ein Lift direkt in die oberen Etagen. Ein Lift, auf der Insel; man stelle sich das vor. Am Festland werden private Haushalte erst richtig an das öffentliche Stromnetz angeschlossen. Zusätzlich ließ sich Emden ein Telegrafen-Kabel durch den See verlegen und auch eine Trinkwasserleitung. Solche Annehmlichkeiten hatte die Baronin nicht gehabt.

Das krachende Spektakel machte den Weg frei für die Zukunft. Es beschloss gleichzeitig die turbulente Epoche dieser Frau, die bis zuletzt an ihrer Poststelle auf der Insel festgehalten hatte. So war es tatsächlich: Es gab kein Trinkwasser, aber eine Poststelle, mit einem eigenen, offiziellen Stempel obendrein. Wirklich! Ein kleines Beispiel aus dem Fundus an Kuriositäten, die über die Baronin überliefert sind.

1885 war die Baronin Antoinette de Saint-Léger aufgetaucht, mit ihrem irischen Mann; es dürfte ihr dritter gewesen sein, der irgendwann zu diesem alles andere als irisch klingenden Namen und dem Adelstitel gekommen ist. Mysteriös war schon die Herkunft der Frau. Man sprach stets davon, Antoinette sei Frucht einer flüchtigen Beziehung von Zar Alexander II. mit einer Tänzerin oder Malerin gewesen. Was gesichert scheint: Sie wurde 1856 in St. Petersburg geboren[25]. Ihren ersten Mann heiratete sie, als sie in «Würstchens» Alter war, also sehr jung. Sie weilte damals in Neapel, wohin sie von der Familie aus gesundheitlichen Gründen mit einer Gouvernante geschickt worden war. Die Ehe hielt nicht lange. Daraufhin heiratete sie den bereits älteren Konsul Jaeger, bei dem sie während ihres Aufenthalts in Süditalien anfänglich gewohnt hatte. Drei Kinder bekam sie mit den beiden ersten Männern, von denen zwei früh starben. Zwischenzeitlich wurde die begabte Musikerin Klavierschülerin von Franz Liszt.

In Mailand begegnet sie schließlich ihrem irischen Baron, Richard Fleming de Saint-Léger. Vorübergehend zieht das Paar nach Irland, kehrt jedoch in den Süden zurück, an das vom britischen Adel bevorzugt frequentierte italienische Ufer des Lago Maggiore. Von dort ziehen sie nach Minusio und Locarno auf die Schweizer Seite des Sees. Die eher unstete Phase ihres Lebens mit dem Offizier findet hier ein Ende, was mit einer überaus ansehnlichen Erbschaft zusammenhängt, die er macht. Das viele Geld dient – unter anderem – dazu, die Inseln San Pancrazio und Sant'Apollinare zu kaufen.

Das Paar baut sich auf den Brissago-Inseln ein Haus und widmet sich intensiv der Aufgabe, die größere der beiden mit einem botanischen Park zu verschönern. Es dauert jedoch nicht allzu lange, dann wird dem irischen Baron das Leben auf der Insel zu viel, er sucht das Weite. Damit bleibt die energische, nun in den Vierzigern stehende Inselherrin allein. Schon früher hatte sie herausragende Künstler aus der Region wie die Maler Filippo Franzoni oder Daniele Ranzoni und den Musiker Leoncavallo beherbergt. Nun gesellen sich andere hinzu. Musiker, Schriftsteller wie Rainer Maria Rilke oder, flüchtig offenbar, James Joyce. Ein buntes Treiben setzt ein: Ihr Salon wird zum Begegnungsort der Kultur, wie es bald auch der Monte Verità im nahen Ascona ist. Sie feiert Feste und hält Gesellschaften ab. Dafür verfügt sie über eine kleine Armee von Bediensteten, wobei die umfangreiche Gartenpflege einen großen Teil der personellen Ressourcen beansprucht.

Neben der künstlerisch-gesellschaftlichen Ader tritt zunehmend ihre Passion für gewagte Investitionen und Innovationen hervor. Schwierig abzuschätzen, was am Überlieferten Legenden, was Fakten sind. Fabriken und Grundstücke kaufte sie, das Tram von Belgrad soll sie mitfinanziert haben sowie eine andere Bahn in Italien, ein Kohlewerk hätte sie irgendwann besessen, Geld in Schwefelminen, in Ölfelder gesteckt und im türkisch-griechischen Krieg Waffen geliefert. Die Forellenzucht versuchte sie eine zeitlang auf der Insel weiterzuentwickeln; lange tüftelte sie zudem an einer Erfindung, wie aus Torf Alkohol gewonnen werden könnte. Überreste ihrer Experimentierfreude und der bisweilen bizarren Projekte werden gewiss bei ihrem Umzug zum Vorschein gekommen sein: Sie pflegte alles zu sammeln, wie das andere auch tun, allerdings keine

Kunstgegenstände. Bis in weit entfernte Länder war sie tätig, manchmal – oder eher wohl oft – lief dabei einiges schief. Das hatte eine Unzahl von Prozessen zur Folge, wobei es in der Regel sie war, die sie anzettelte, hartnäckig auf ihrem Standpunkt beharrend, um am Ende horrende Anwaltskosten berappen zu müssen.

Einen für ihre Verhältnisse kuriosen, weil ungewöhnlich bieder klingenden Plan setzte sie hingegen erfolgreich in die Praxis um. Postbeamtin wollte die Baronin sein, ein Drang, der bei ihrem Werdegang doch einigermaßen erstaunt. Selbstverständlich war sie nicht eine Posthalterin unter vielen an einem beliebigen Ort. Nein, dafür kam nur das einzigartige Postamt in Frage, das nirgendwo anders eingerichtet werden konnte als auf ihrer privaten Insel. Obschon sie dort bekanntlich die einzige Einwohnerin war, schaffte sie es, eine amtliche Bewilligung für die gewünschte Tätigkeit zu erlangen: Ab 1890 durfte sie sich offiziell Posthalterin nennen, Post annehmen, diese mit dem eigenen Stempel versehen und verschicken. Tatsächlich gab es Leute, die Post bei ihr aufgaben und sei es auch nur, um an den seltenen Stempel zu kommen. Exemplarisch für ihr Wirken war ebenso die schon erwähnte Geschichte mit den Puppen. Ein emigrierter japanischer Bildhauer, der im Ersten Weltkrieg anscheinend an den Gestaden des Lago Maggiore hängen blieb, brachte sie auf die Idee, Puppen aus Pappmaché zu fertigen. Handbemalt, mit aufwändigen Kleidchen und Spitzen angezogen. Ein Geschäft im großen Stil schwebte der Baronin vor, eine industrielle Produktion. Kollektionen der teuren, aufwändig gefertigten Spielzeuge sollten in die ganze Welt geliefert werden. Entsprechend zog sie das Unternehmen auf, mit Angestellten, Warenlager und allem drum und dran. Als schließlich der Verkauf via London und Zürich richtig lanciert werden sollte, erwies sich das teure Produkt als mangelhaft und unverkäuflich. Statt zu dem erträumten Verkaufsschlager für die Kinderstuben der Oberschicht zu werden, wanderte sämtliches Material für die Puppen – bereits gefertigte Köpfe, Körperteile, Werkstoffe – in den Keller, von wo sie erst wieder ans Tageslicht gelangten, als Emden das Wohnhaus sprengen ließ.

Wer sich verspekuliert, besonders wer das öfter tut, dem geht unweigerlich das Geld aus. Bei der Baronin stiegen die Schulden mit der Zeit ins Unermessliche. Das geeignete Alter, um sich neue Männer mit Vermögen zu angeln, hatte sie überschritten. Der Industrielle Perikles Tzikos, gebürtiger Albaner, dessen Name griechische Wurzeln verraten, war der letzte Gemahl gewesen, aber frühzeitig von ihr gegangen. Irgendwann half alles Taktieren mit den Geldgebern nicht mehr, sie verloren die Geduld. Der schrulligen 70-Jährigen blieb als einziger Ausweg, ihre Inseln zu Geld zu machen, beziehungsweise mit dem Erlös die sie mehr und mehr bedrängenden Gläubiger zu befriedigen. Es war der letzte hartnäckige Kampf, den sie im Wesentlichen mit Max Emden ausfocht, da dessen anfänglicher Partner Bronislaw Hubermann beim Inselkauf schnell abwinkte und dankend verzichtete. Wer sich mit der alten Dame anlegte, hatte wenig zu lachen. Die Erzählungen über ihre Verwünschungen, die sich auf ihre Opfer entsprechend auswirkten, sind ebenso legendär wie jene Szenen, in denen sie mit dem Gewehr in der Hand von ihr als unliebsame Eindringlinge eingestufte Besucher verscheucht haben soll.

Mochte sie sich auch in einer ausweglosen finanziellen Situation befunden haben, so gelang es ihr dank jahrzehntelanger Erfahrung im zähen Ringen mit nicht selten erbosten Gläubigern, mehr herauszuholen, als sie erwarten konnte. Das ändert nichts daran, dass sie mit dem am 9. November 1927 unterschriebenen Vertrag auf ihren geliebten Besitz verzichtet. Der Ort, an dem dies erfolgte, hat für Emden und seine junge Begleiterin, «Würstchen», eine ausserordentliche Bedeutung. Denn für die Vertragsunterzeichnung trafen sich die Parteien im Hotel Palace in Lugano im kleinen Saal in der zweiten Etage. In diesem noblen Etablissement war sich das ungleiche Paar tanzend erstmals näher gekommen, jetzt wurde dort der Kauf ihres künftigen Zuhauses besiegelt. 356 000 Franken kostete der Handwechsel, davon blieben der Baronin nicht einmal Brosamen, weil die aufgelaufenen Schulden alles wegfraßen. Sie hielt sich jedoch am neuen Besitzer schadlos. Max Emden nötigte sie zunächst ein Entgegenkommen ab, sodass er ihr drei Monate Zeit gewährte, bis sie ihr Haus geräumt zu haben und die Insel zu verlassen hatte. Darüber hinaus musste er ihr schließlich eine neue Bleibe auf dem Festland besorgen, um sie loszuwerden – die Dame einfach ihrem Schicksal zu überlassen, die sich offenbar keine neue Wohngelegenheit gesucht hatte, mochte Emden nicht. Verschaffte er ihr auch keinen Palast, so handelte es sich bei dem Objekt doch um ein Anwesen direkt am See, das aus mehreren Gebäuden bestand und gegenüber den Brissago-Inseln im Gebiet Moscia lag. Vielleicht war gerade das ungeschickt. Denn von diesem Wohnort aus hatte sie ständig die geliebte Insel und damit ihr Versagen im Blickfeld.

Wie nachtragend die Dame sein konnte, erlebte mehr als einer. Emden ist am Ende derjenige, der ihr das Paradies abjagt, was nun einmal ungerecht ist, zumindest in ihren Augen. Damit verlor sie die Aura der Unnahbaren, wurde sie zu einem dieser gewöhnlichen Festland-Menschen. Die Legende besagt, sie habe deshalb Nadeln in eine Puppe gesteckt, um auf diese Weise den neuen Inselherrn zu verwünschen. Voodoo-Zauber, schwarze Magie. Keine Legende ist indes, dass sie hochbetagt und völlig verarmt im Pflegeheim von Intragna sterben wird. Sie hatte nicht aufgehört, herumzutüfteln, Schulden zu machen. Selbst den letzten Besitz verlor sie, den ihr Max Emden verschafft hatte.

Zurück zur Bautätigkeit auf der Insel. Die Zeitungen berichten darüber, so etwas gibt es nicht alle Tage! Dorfgespräch ist Neu-Insulaner Emden allerdings beileibe nicht nur deswegen. Als nächstes kommt die Sache mit den Frauen. Alle Welt kann sehen, wie sie an Land warten, bis der Chauffeur sie abholt. Gleich ein halbes Dutzend. Aufgekratzt-ausgelassen setzen sie sich ins Boot, ihr Lachen ist weit über den See zu hören, wenn es schwankend in Richtung Insel fährt. Für den Rest des Tages verschwinden sie, denn es geht zu Emdens ins römische Bad, das von einer Mauer umgeben und von außen daher nicht einzusehen ist. Was dahinter passiert …

Eine harmlose Begegnung im Dorf, im Café Verbano, wo sich in Ascona alle Welt trifft: Damit hat es angefangen[26]. Die bunte Gesellschaft lebenslustiger Urlauberinnen und Urlauber aus dem Norden, die tagsüber am Lido baden und abends bisweilen auf dem Monte Verità essen gehen, um den Hauch des mythischen Ortes einzuatmen, umgeben von diesen wertvollen Gemälden europäischer Meister, von exotischen Statuen: Buddhas, afrikanischen Figuren, chinesischer Kunst. Das gönnen sich auch Feriengäste, die nicht aus der privilegierten Schicht stammen, welche sich leisten kann, im mittlerweile noblen Hotel abzusteigen und sich auf dem Golfplatz zu vergnügen. Es kommen ja noch nicht die Massen, die Gäste hier sind ein buntes, ausgefallenes Völklein, das sich ansonsten amüsiert, wo es geht und wie es sich gerade ergibt. Sie finden zusammen, verlieben, trennen sich wieder – und kehren nach einigen Wochen nach Hause zurück, bei der Abreise am Bahnhof schon an den nächsten Sommer denkend, den sie hier auskosten wollen. Der Zug bringt sie nach Berlin und München zurück, oder, weniger großstädtisch, nach Marburg und Kassel.

Es war weder ein wildes Fest, noch ein Gezeche, an dem sich Max Emden an eines dieser jungen Früchtchen herangemacht hätte, was auch nicht zu diesem in der Regel eher ernsten Menschen passt. Er kam mit dem jungen Fräulein aus Deutschland, das in diesem Fall zur eher scheueren Sorte gehört, im Café einfach ins Gespräch und lud sie zu sich auf die Insel ein. Ein offensichtlich reicher Mann in den Fünfzigern, braungebrannt, der es sich im aufregenden Ascona dieser Zeit gut gehen lässt, anscheinend mit dem Besitzer des Monte Verità befreundet ist, dem Berg der Freizügigkeit: Natürlich befürchtet sie, hinter der Einladung könnten sich unmoralische Absichten verbergen. Zumindest ist eine derartige Variante ausreichend plausibel, um sich vorsehen zu müssen. Sie weicht deshalb einer direkten Antwort aus und versucht den keineswegs aufdringlichen Herrn ohne unhöflich zu wirken abzuwimmeln. Sie sei mit ihren Freundinnen da, fällt ihr spontan zu sagen ein. Ihr Einwand erzielt eine unerwartete Wirkung.

«Dann bringen Sie sie mit!», sagt der gutaussehende Herr ohne zu zögern.

«Alle?»

«Ja, sicher. Ich schicke morgen meinen Chauffeur vorbei – keine Angst, er ist auch ein ausgezeichneter Bootsführer. Er bringt euch auf die Insel.»

Die Verabredung gilt. Es folgen aufregende Tage. Nicht allein der Insel wegen, vielmehr weil es Sommer im Süden ist, weil Ursula, so der Name der Frau, zu einer aufgekratzten Bande gehört. Keine richtig bürgerlichen Existenzen, sie zählen eher zur Garde der Schauspielerinnen, manche angehend, andere bereits ein bisschen etabliert, der Künstlerinnen, und vielleicht lassen sich weitere ausgefallene Professionen für solche exaltierten jungen Leute finden, von denen es in Ascona nur so zu wimmelt. Sie schwärmen aus, machen die Gegend unsicher. Das gilt auch für die Gruppe, die sich auf dem Weg über den See befindet. Die trauen sich etwas, sonst würden sie nicht zu jenen berühmten nackten Inselmädchen werden, von denen später wiederholt Bilder auftauchen und über die immer wieder getuschelt wird. Wer sich vorstellt, sie lägen dem großen Millionär Max schmachtend zu Füßen, um ihn den ganzen Tag anzuhimmeln und zu Diensten zu sein, der irrt. Sie amüsieren sich auf seiner Insel. Aber das könnten sie ebenso gut auch anderswo auch tun. Dies sei gleich angemerkt, um falschen Vorstellungen entgegenzuwirken. Es mag vielleicht übertrieben klingen, aber wegen derartiger Vorstellungen wird Emden eine Menge Scherereien bekommen. Mehr noch, deswegen droht seine Existenz ein Stück weit in Gefahr zu geraten. Alles wegen einer Ferien-Episode.

Zweifellos sind es aufgrund der unbestreitbaren Exklusivität besondere Tage. Kommt hinzu, dass die jungen Frauen die ersten überhaupt sind, die dank des Neuankömmlings den Sommer auf diese Weise, auf der Insel, genießen dürfen. Der energischen Russin stand der Sinn in den Jahrzehnten davor nicht nach Badewiese und Nacktkultur. Das hält der frisch geschiedene Millionär aus Hamburg anders, der es liebt, mit dem schnellsten und schönsten Motorboot auf dem See herumzukurven, die Sonne zu genießen. Nacktbaden, wie man das vom Monte Verità her kennt und wie es die Jeunesse dorée dort zusammen mit anderen Privilegierten der Goldenen Zwanziger genießt, ist bei den Inselgästen ganz selbstverständlich, mehr als für den Hausherrn selber. Manche mögen sie für Flittchen halten, aber dass eines der so genannten Inselmädchen vom Ehemann begleitet dorthin fährt, wissen sie nicht oder würden sie nicht glauben wollen. Bezeichnenderweise ist von diesem «Inseljungen», wie er wohl zu nennen wäre, nie die Rede. Lieber stellt man sich Dr. Max als liebestollen Lebemann vor, wie er sich allein mit einem Harem voller Nackedeis vergnügt. Höchstens der verschwiegene Diener mit seinen weißen Handschuhen kommt – auf ein Glockenzeichen hin – gelegentlich vorbei, Nachschub an kühlem Champagner bringend.

Nein, so geht es bei Emden am römischen Bad definitiv nicht zu. Natürlich gibt es zu naschen und zu trinken, glücklicherweise, denn die Sonne macht Durst. Zudem entlastet die großzügige Verpflegung die Reisekasse, die nicht bei allen der sommerlichen Inselgäste allzu üppig gefüllt ist. Unter der Veranda mit der Tür zur Liegewiese und dem Bad, wo Emden meist im Schatten sitzt, steht der Tisch mit den guten Sachen, an denen man sich bedienen kann. Damit hat es sich. Und abends bringt Emdens Bediensteter die Gesellschaft wieder brav aufs Festland zurück.

Dass die männlichen Protagonisten hinter der schützenden Mauer über die Frauen herfallen, kaum haben sich die ausgezogen, ist pures Wunschdenken. Von orgiastischem Treiben träumen wohl vor allem die, welche die frivolen Gäste dieser Jahreszeit ausgelassen durch die Gassen ziehen hören und nicht mittun können. Man stelle sich vor, eine Einheimische aus anständiger Familie treibe sich mit diesen Leuten herum und entblöse sich, wie das etliche der auswärtigen Frauen am Lido tun. Die Liebste bekommt der hiesige Verlobte nur brav bedeckt zu Gesicht, wie es Sitte und Anstand entspricht, was das junge Paar nach dem Eindunkeln heimlich an gut versteckten Orten treibt, ist eine andere Geschichte. Wichtig ist, sich dabei nicht erwischen zu lassen. Derlei Dinge darf niemand sehen oder hören. Solche Spielregeln der Dorfgemeinschaft ignorieren viele jener Städter aus dem Norden, die sich in dieser reizvollen Gegend gerne austoben. Sie lieben das Klima, die spezielle Ambiance, den Charme der Dörfer; Einheimische gehören mit zur Staffage. Es darf aber nicht verwundern, wenn reiche Zuzügler, die Emdens, Remarques oder von der Heydts, weitgehend unter sich bleiben. Schließen sie auf dem Golfplatz Bekanntschaften mit Tessinern, treffen sie dort lediglich auf die wenigen Privilegierten der lokalen Oberschicht. Das Volk spricht nicht nur eine andere Sprache, es lebt auch ein völlig anderes Leben. Auch in harmlosen Details zeigt sich das. Staunend haben die Einheimischen zum Beispiel beobachtet, wie Emden eine Wasserleitung vom Ufer bis zu seinem künftigen Wohnhaus legen ließ, mitten durch den See, als ob es nicht genug Wasser gäbe. Das alles obendrein für einen horrenden Betrag, wie man sagt, den sich für ein solches Werk kaum eine ganze Gemeinde hätte leisten können. Sich wie die alte Baronin täglich das Trinkwasser mit einem Boot bringen zu lassen, ist für ihn undenkbar: Alles soll stimmen, dafür scheut Emden keinen Aufwand. Das Haus glänzt innen von weißem Marmor, die Salons schmücken kunstvoll verzierte Böden, wie die beim Bau beschäftigten Arbeiter erzählt haben. Das prächtigste ist ihnen entgangen, die meisten waren längst weg, als die Einrichtung herangeschafft wurde, um die Hülle des Palazzo mit all den vielen schönen Dingen zu füllen.

Gut sichtbar sind die Veränderungen draußen, am nun wieder ansehnlichen botanischen Garten. Lange hat an allen Ecken und Enden Geld gefehlt, weshalb die Baronin, wenn auch schweren Herzens, nicht mehr in der Lage war, den gewünschten und erforderlichen Aufwand für die exotische Pflanzenwelt zu betreiben. Für Emdens Gärtner gab es daher viel zu stutzen, einiges neu anzupflanzen. Zwar übernahm Emden die alte Anlage weitgehend, gewisse Anpassungen hat er aber dennoch vorgenommen. Zudem ergänzt er die Ausstattung der Insel um eine Volière. Vögel mag es in den Bäumen wie am Boden genug haben, einige besondere Exemplare bekommen dennoch einen speziellen Platz, was nicht zuletzt davon herrühren könnte, dass er mit einer Papageien-Liebhaberin verheiratet gewesen ist. Keinesfalls fehlen darf zudem ein prächtiger Pfau. Der gehört in jeden anständigen Park.

Während der langwierigen Bauerei im vergangenen Jahr hatte Max Emden nicht die ganze Zeit über am See ausharren mögen. Im Juni spannte er seiner Gewohnheit entsprechend in St. Moritz aus, wobei er in den Genuss einer ungleich kürzeren Anreise gekommen ist. Wie anstrengend war es zuvor gewesen, von der Elbe durch ganz Deutschland zu fahren, anschließend die Berge Graubündens zu überqueren, bevor das Engadin erreicht war. Ebensowenig durfte ein Abstecher an die Côte d'Azur fehlen. Im Verlauf des Herbstes folgte zudem eine mehrwöchige Erkundungsreise nach England, ins Mutterland des Golfsports, um sich auf den Stand der Dinge bringen zu lassen, was nicht ausschließlich zum reinen Vergnügen geschah. Davon zeugt auch, dass er mit den führenden Experten, den Golfarchitekten Colt & Alison, wahre Meister des Fachs, eine Besprechung arrangiert hatte. Gleich zwei Anlagen sind zu konzipieren. Bei beiden mischt er mit; in Hamburg, wie in Ascona.

Kapitel 10

Golfplätze und «Würstchen»

«Würstchen» zupft Max, der mit einer Zigarette in der Hand über den See schaut, unverhofft am Ärmel, umarmt ihn zärtlich und küsst ihn, auf den Zehenspitzen stehend, von oben auf die Glatze, bevor sie lachend davonstiebt.

So ist sie eben. Mal ist sie das brave Mädchen im Matrosenanzug, mal blitzt ihr Schalk auf, mal ist sie der verführerische Wildfang. Ihr Trumpf ist diese Ungezwungenheit, ihre spontane Art. Insofern passt sie bestens zu den übrigen «Inselmädchen», die in diesem Sommer für Betrieb gesorgt haben. Der erste Tanz des ungleichen Paares in Lugano, wie lange ist das her? Bald ein Jahr? Groß und schlank, mit modischer Kurzhaarfrisur, entsprechend zurechtgemacht: An jenem Abend im Nobelhotel ging die halbwüchsige Tochter des Konsuls fraglos als attraktive junge Dame durch. Auf den ersten Blick hätte in ihr niemand ein 17-jähriges Ding gesehen, das ihren Papa besucht. Als anständige Dame sollte man es jedoch unterlassen, mit einem 53-jährigen Mann wie Max Emden gleich derart innig zu tanzen. Abgesehen davon, dass er vom Alter her fast ihr Großvater sein könnte, befindet er sich außerdem mitten in einem Scheidungsprozess. Könnte Sigrid Renata Jacobi, so heißt «Würstchen» richtig, diesen Einwand hören, sie würde das mit einem Lachen abtun.

Die besonderen Umstände an jenem Abend im Palace haben dem Schicksal in die Karten gespielt. Emden, der Herr im gesetzten Alter, war ganz automatisch als Kavalier auf der Tanzfläche zum Zug gekommen, weil «Würstchens» Vater kaum vom gemeinsamen Tisch aufzustehen in der Lage war, geschweige denn tanzen konnte; sie hatten ihm gerade die Beine operiert. Raucherbeine. 100 Zigaretten am Tag, von den starken. Keine schöne Sache für den Konsul, wirklich nicht. Eine Amputation wird ihm nicht erspart bleiben. Es ist nicht weiter verwunderlich, wenn der schwere Eingriff auch bei seiner lebenshungrigen Tochter einen bleibenden Eindruck hinterlässt. Eine Folge davon ist, dass Max, der Millionär, später im Versteckten nach Zigaretten verlangen muss, wenn sie in der Nähe ist, während er welche kaufen will. Wobei das sinnlos ist, weil ihr doch nicht verborgen bleibt, sobald er eine anzündet. Anderseits scheitert sie mit allen Versuchen, ihn von der Raucherei abzubringen.

Emden war ein Freund ihres Vaters, des starken Rauchers, und über den Daumen gepeilt sogar leicht älter als er. Die beiden Herren logierten eine zeitlang im Palace in Lugano, nachdem sie – jeder aus ganz unterschiedlichen Gründen – Hamburg in Richtung Süden verlassen hatten. Der Vater, um sich nach der erwähnten Operation im milden Klima wieder aufpäppeln zu lassen. Emden, um das Leben zu genießen. Er hat eine gewisse Vorliebe für die Schweiz, weil er in diesem Land schon von Kindesbeinen an die Sommer verbracht hatte, allerdings in den Bergen des Engadins. Mittlerweile steht ihm der Sinn eher nach südlicher Milde. Wenn er bei seiner Ankunft Lugano Destinationen am nahen italienischen Seeufer vorzog, lag das allein an einer Schweiz-Nostalgie. Vielmehr hatte es mit der Hotellerie zu tun, dass es hier Häuser von Rang mit entsprechender Gesellschaft gab – und zudem einen Golfplatz. Existiert weit und breit schon kein Poloclub, dann muss man sich wenigstens eine Runde Golf gönnen können: Das gehört für Emden einfach dazu. Für den bedauernswerten Konsul Jacobi ist es hingegen mit derlei Vergnügungen vorbei.

Irgendwann, Emden war inzwischen ins neue Hotel auf dem Monte Verità umgezogen, eröffnete sich die Möglichkeit, die Insel im See zu kaufen. Nach dem Rückzug von den Geschäften, von der Großstadt und der Gemahlin eine eigene Insel für sich allein zu besitzen, war unübertreffbar: ein magischer Ort für einen Neuanfang, exklusiv wie kein anderes Objekt. Die einmalige Kaufgelegenheit bot sich ihm just zum richtigen Zeitpunkt, er konnte sie sich schlicht nicht entgehen lassen. Einen Nachteil wies das künftige Domizil jedoch zumindest auf: Bis zu Luganos Golfplatz war eine mühsame Fahrerei über den Monte Ceneri zu bewältigen, jedes Mal eine Stunde für einen Weg. Da würde er fast länger für die Fahrt brauchen als für die Runde Golf. Um wieviel bequemer wäre es, einen Platz ganz in der Nähe zu haben, wie er das von Hamburg her gewohnt war. Und siehe da, in Ascona gab es konkrete Pläne, eine solche Anlage zu errichten. Ja, Einheimische versuchten sich sogar bereits auf einer Art Golfplatz mit vier Löchern. Alles sehr rudimentär, mehr Acker als gepflegtes Green und daher ein trauriger Anblick, bei dem einem Spieler, der die Fairways der berühmtesten Plätze Europas zu begehen gewohnt ist, die Lust auf einen Abschlag sogleich vergehen muss. Dafür war die Lage des provisorischen Golfplatzes natürlich geradezu wie für Emden bestimmt. Das Gelände befindet sich direkt am See, in Sichtweite seiner Insel, nur einen Katzensprung von ihr entfernt. Glänzende Aussichten für einen Mann mit Weitblick und dickem Portemonnaie.

«Ich will hier den schönsten 9-Loch-Golfplatz Europas sehen.» Mindestens. Darunter geht nichts. Und mittelfristig sollten es 18 Löcher werden.

Emden ist nicht der einzige, der davon träumt, das wünschen sich sämtliche Golfpioniere von Ascona. Das zu verwirklichen, braucht seine Zeit. Emden wird wesentlich dazu beitragen, dass wenigstens einmal der erste Teil des Wunsches Wirklichkeit wird, ein einzigartiger Platz mit 9 Löchern. Nur am Rande sei bei dieser Gelegenheit erwähnt, dass es passenderweise eine Partnerin Emdens sein wird, der auf dem wunderschönen neuen Golfplatz dereinst das erste Hole-in-one gelingt. Den Präzisions-Abschlag über die ganze Bahn bis ins Green, wo der kleine weiße Ball direkt ins Lock kullerte, vollbrachte nicht etwa «Würstchen», die junge Neue. Den Schlag setzte Concordia Gertrud Helene Anna, geborene Sternberg, genannt Anita, Tochter aus einer nach Chile ausgewanderten Hamburger Familie und in Valparaiso zur Welt gekommen: Kurzum Emdens Ex-Frau. Es darf nicht überraschen, wenn sie zusammen mit Max auf dem Golfplatz stand, kurz nachdem sie geschieden worden waren oder genauer, sie sich von ihm hatte scheiden lassen. Gemeinsame Aktivitäten gehörten ganz selbstverständlich zu ihrer eigenartigen nachehelichen Beziehung.

Zugegeben, es ist nicht leicht, bei Emdens Frauengeschichten in dieser Lebensphase durchzublicken. Denn neben der Ex und «Würstchen» gab es auch noch eine dritte. Nein, eigentlich ist es sogar die vierte Frau, über die an dieser Stelle etwas zu sagen wäre. Für diese

Frau, das glauben einige aus seinem Tessiner Bekanntenkreis ganz sicher zu wissen, wollte Max ursprünglich die Insel im See kaufen. Ihr Name tut nichts zur Sache, aber es handelte sich um eine Hamburger Reeder-Tochter aus einer der reichsten Familien der Stadt. Im Gegensatz zu «Würstchen» war sie nicht einmal besonders jung. In sie verliebte sich Max jedenfalls unsterblich. Er wünschte, sie zu heiraten. Nur wollte die mysteriöse Frau das nicht, was ihm schwer zu schaffen gemacht hat. Es ist eine undurchsichtige Geschichte. Ehefrau Anita pocht auf eine Scheidung. Dies erfolgt, weil Max sie erwiesenermaßen – das sei hier klargestellt – mit einer anderen hintergangen hatte. Vor dem Scheidungsgericht gab er die Verfehlung zu, wie im Urteil schwarz auf weiß nachzulesen ist, mitsamt dem Namen der Dame[27]. Bei der betreffenden Frau handelt es sich nicht um die mysteriöse Reeders-Tochter und ebenso wenig um «Würstchen», die er ja erst anschließend kennenlernte. Es ist eine Unbekannte, eine Affäre wohl ohne besondere Bedeutung, aber mit weit reichenden Folgen.

Im Vertrauen gesagt, gibt es Leute, die eben diese Trennungsgeschichte des Ehepaars Emden-Sternberg um eine nicht unerhebliche Nuance anders erzählen, als sie aus den Akten zweifelsfrei hervorzugehen scheint. Demnach kam es zum Bruch, weil in Wahrheit Anita Max verlassen habe. Immer ausgefallenere und neue Wünsche hatte die verwöhnte Prinzessin. Schließlich genügte der vermögende Kaufmann, der ihr alles zu bieten können glaubte, nicht mehr. Vielleicht flüchtete er sich deshalb in die Affäre, die ihm dann prompt vorgehalten wurde. Übereinstimmend wird jedenfalls geschildert, dass er die Sache mit der Scheidung nur schlecht verkraftet habe. Dadurch sei ihm die Freude an allem vergangen; melancholisch, geradezu ernst habe ihn das gemacht. Völlig abwegig ist diese Version nicht. Dazu würde durchaus passen, dass er nach der großen Enttäuschung mit dem folgendem Trauerspiel auf dieses blutjunge Ding ansprach, auf «Würstchen», das so viel Unfug im Kopf hatte, ihm dadurch die dunklen Gedanken vertrieb. Außerdem sagt man seiner Ex-Frau Anita nach, ein Schmetterling gewesen zu sein, der von einer Blüte zur anderen flattert. Wie weit das wirklich zutraf, ist nicht mehr zu klären. Sicher ist eines: «Würstchen» war nicht die besagte Affäre aus dem Scheidungsurteil gewesen. Das wiederum war eine wesentliche Voraussetzung dafür, dass es schon in naher Zukunft dazu kommt, Max Emden mit ihr sowie der Ex-Frau an seiner Seite zu sehen.

Von Anita ist in Ascona und Umgebung das Bild einer eleganten Dame haften geblieben, die viel auf Äußerliches gibt, einer Frau, die verwöhnt zu werden erwartet. Das illustriert die Episode, wonach sie mit unzähligen Schrankkoffern aus Deutschland anreiste, im Gepäck allein weit über ein Dutzend Hüte hatte – und das waren nur die braunen. Interessant ist an dieser Episode zudem allein schon der Umstand, dass sie überhaupt im Tessin weilt. Vor der Scheidung war das keine Reisedestination gewesen, jetzt kommt sie her, sucht also den Umgang mit ihrem Ex-Mann, obwohl sie umgehend einen adäquaten Ersatz für ihn gefunden hat. Er ist ein Adliger und verhilft ihr somit zu einem gewissen Aufstieg, was die gesellschaftliche Stellung anbelangt. Dieser Nachfolger ist nach der Scheidung dermaßen schnell zur Stelle, dass sich Anita sogar dem Verdacht aussetzt, die ganze Angelegenheit orchestriert zu haben. Denn wenige Monate, was sage ich, kaum mehr als einen Monat nach der Scheidung ist sie bereits wieder verheiratet. In München nimmt sie sich einen Grafen zum Mann, der zum gemeinsamen Bekanntenkreis des vormaligen Ehepaars gehört hatte. Allerdings ist dieser Graf mit dem ungemein seltenen wie hoffnungslos altmodischen Vornamen Adolkar nicht annähernd so liquid wie ihr Ex. Ist nicht weiter tragisch. Emden spendiert der nunmehrigen Gräfin Anita von Einsiedel eine angemessene Villa im noblen Feldafing am Starnbergersee. Die Villa in der bayerischen Ortschaft löst das Anwesen «Sechslinden» neben dem Hamburger Poloclub als offiziellen Wohnsitz ab, wo das Ehepaar Emden den gemeinsame Sohn, Hans Erich, aufgezogen hatte.

Für ihn, den pubertierenden Jüngling, der nur ein einziges Jährchen älter ist als «Würstchen», muss es unfassbar, ja irreal gewesen sein, zu erfahren, dass sein Vater plötzlich mit einer praktisch Gleichaltrigen zusammenlebt. Das dürfte zum nicht eben harmonischen Verhältnis zwischen Vater und Sohn beigetragen haben, vielleicht provozierte es sogar jene überstürzte Heirat des Jünglings, die noch bevorsteht. Es handelt sich nicht nur um atmosphärische Störungen vorübergehender Natur, die Beziehung zwischen Vater und Sohn ist schwierig und bleibt es für immer. Daher darf es nicht weiter verwundern, wenn der Sohn sich auf Max' Insel im Tessin weitaus seltener blicken lässt als seine längst mit einem anderen Mann verheiratete Mutter. Es ist ein Ort, den der Junior nie als ein Zuhause empfinden wird.

Man wäre ja versucht zu denken, die zwei Frauen in Max' Nähe würden sich als Rivalinnen gebärden, einander argwöhnisch beäugend, eifersüchtig über das Treiben der anderen wachend. Doch sie kommen miteinander recht gut klar, sei es, wenn beide auf der Insel sind, sei es bei gemeinsamen Ferienaufenthalten. Irgendwie scheint jede ihren Platz zu haben. Möglich, dass dies gerade deshalb ganz passabel klappt, weil die Gegensätze zwischen ihnen so groß sind. Es trennt nicht nur der Altersunterschied – sie liegen mehr als eine Generation auseinander – sie sind auch völlig unterschiedliche Persönlichkeiten und verstehen wohl auch ihre Rolle in der Beziehung mit Max auf unterschiedliche Weise. «Würstchen» ist eine, die gerne erzählt, mit einem südamerikanischen Indianer auf dem großelterlichen Landwirtschaftsgut in Pommern aufgewachsen zu sein, während ihre Eltern bald wieder nach Brasilien zurückkehrten. Ein wildes Ding, etwas chaotisch, das kein Blatt vor den Mund nimmt, vom Gymnasium fliegt, kurz darauf alles stehen und liegen lässt, um einem über dreissig Jahre älteren Mann zu folgen – bis zu seinem Tod.

Würstchen ...

«Würstchen» ist witzig. Nur ein Beispiel: die Fotoalben. Bilder von der Insel, Cannes, von St. Moritz, von Reisen sonst wo hin. Es sind nicht nur Bilder, es sind Zeugnisse ihres gemeinsamen Lebens mit Max, das mit der Insel anfängt und endet. Hans Erich hält sich davon fern, er lässt sich ja kaum blicken, denn er kann dieses Treiben auf der Insel nicht ausstehen. Es mag jetzt übertrieben klingen, aber es wird so weit kommen, dass es die Fotos braucht, um die mit Max verbrachten Jahre zu bezeugen. Zu bezeugen, dass dieses ungleiche Paar lange über die erste euphorische Phase im neuen südlichen und bisweilen sündigen Paradies Emdens hinaus zusammengeblieben ist. Für Außenstehende, die nicht näher mit den Protagonisten bekannt waren, verschwindet «Würstchen» aus der Erinnerung, aus ihr wird allenfalls eines jener Inselmädchen, die kamen und im

Sommer für ein paar Tage die Wiese um das römische Bad mit ihrem Lachen erfüllten. In Wahrheit hat sie hat das Leben des Barons bis zu dessen letztem Atemzug geteilt, auch ohne Trauschein, gemeinsamen Kindern oder einer Scheidung.

Zuviel Ernst wäre das für «Würstchen», das frisch verliebte «Würstchen». Kehren wir also zu den Alben zurück, in denen sie die Fotos oft mit Bildunterschriften versieht, die mehr über ihre Art preisgeben, als man annehmen könnte. Max, Baron sowieso, Olly, steht da zum Beispiel und dazwischen ihr Name, aber eben nicht in Buchstaben geschrieben wie alle anderen, sondern gezeichnet. Eine Wurst. Sich selbst als Wurst dargestellt: So ist «Würstchen». Oder das mit den Hündchen. Bemerkenswert ist, dass sie die Hundeliebe mit der Gräfin von Einsiedel, gewesenen Emden, geborenen Sternberg teilt, was die beiden ein Stück weit verbindet. Die Fox-Terrier wären ein Kapitel für sich. Sie sind fast immer dabei, sei es auf der Insel, in St. Moritz oder in Cannes. Da gab es diesen Wurf von «Slice», vier kleine Terrierchen, die sie ihrem Max sofort stolz vorführte, als er vom Büro zurückkam. Ein solcher Wurf ist natürlich ein Fall für das Fotoalbum. Ein Bild zeigt die Welpen in einer Holzkiste, dazu die Eltern, «Tussy» und «Slice». Die Unterschrift lautet «Das Wochenbett». Daneben klebt sie eine weiße Karte, auf der geschrieben steht: «Die glückliche Geburt von 4 süssen, dicken, gesunden Hundebabys, 2 Jungens und 2 Mädels, am 11. September von 7–11 Uhr nachts, zeigen hocherfreut an». Unterschrieben ist die ungewöhnliche Geburtsanzeige mit «Tussy und Slice geb. von Bunker». Ein anderes Müsterchen, eine Collage mit je einem Foto von «Würstchen», «Tussy» und «Slice» sowie dem Text: «Wir gratulieren und bitten um Nachsicht für Pinkeleien, Beissereien, Bellereien – und Gehirnschwund».

So ist sie. «Würstchen» hat Humor, Selbstironie. Sie bringt ihre Umgebung zum Lachen. Bei «Würstchen» ist immer etwas los. Das passt zur Geschichte, wie sie zu ihrem Namen gekommen ist. Vielleicht ist sie wahr, vielleicht auch nicht, aber an dieser Stelle gehört sie wohl erzählt. Der merkwürdige Spitzname – wie ein Kosename klingt «Würstchen» nicht wirklich – hat nicht, wie spekuliert werden könnte, mit Vorlieben für gewisse Speisen zu tun. Vielmehr handelt es sich schlicht um eine Abwandlung von Hanswurst, jener Figur im Volkstheater vergangener Jahrhunderte, die den Narren gibt,

Golfplätze und «Würstchen»

entstanden aus der Kombination eines der am weitesten verbreiteten Vornamen mit einer beliebten, einfachen Speise. Ein Hanswurst sorgt für Heiterkeit, das verlangt seine Rolle. Emden ernannte die auf Sigrid Renata getaufte junge Dame an seiner Seite gewissermassen zu seinem persönlichen Hanswurst und verniedlichte daraufhin den Namen. Dies erfolgte, als sich die Beziehung des ungleichen Paares so weit entwickelt hatte, dass sich annehmen ließ, ein Zusammenleben könnte auf Dauer möglich sein. Der Name ist Programm, ihm liegt eine von Emden diktierte Abmachung zugrunde: «Wenn du es fertig bringst, mich täglich einmal zum Lachen zu bringen, dann ist alles gut!» Darum bemüht sich Würstchen unermüdlich.

Soviel zu Emdens Frauen.

Zurück in den Süden. Auch dort hält der Sommer nicht ewig an, die Scharen vergnügungssüchtiger Gäste verschwinden, zerstieben in alle Richtungen. Plötzlich ist die Piazza fast leer, im «Verbano» sitzen nur Stammkunden. Lange Monate der relativen Ruhe stehen bevor. So gesehen, hat die lange Bauerei auf der Insel den Vorteil, Emden einigermaßen beschäftigt zu halten. Denn nach einer gewissen Zeit des Nichtstuns kann es einem Unternehmer, der in schwindelerregendem Tempo eine gestandene Hamburger Handelsfirma mit unzähligen assoziierten Detailhändlern zu einem der führenden Kaufhauskonzerne mit ausländischen Ablegern in Ungarn, Polen, Schweden und England ausgebaut hat, leicht langweilig werden. Wenn er früher Zeit fand, um in guter Gesellschaft auszuspannen, war der Golfclub nicht weit entfernt, und den Poloclub hatte er direkt vor seinem Garten. Mit dem sportlichen Zeitvertreib zu Pferd ist es endgültig vorbei. Es wäre illusorisch, eine derart aufwändige Sportart im Tessin populär machen zu wollen: in einem Gebiet ohne städtischen Ballungsraum und dem entsprechenden Potenzial an gutbetuchten Mitgliedern, die es brauchte, die gleichzeitig auch noch erfahrene Reiter zu sein hätten. Demzufolge hat er es von vornherein unterlassen, irgendwelche Bemühungen in diese Richtung anzustellen, zumal er mit seinen 54 Jahren ein Alter erreicht hat, in dem die Laufbahn als Aktiver vernünftigerweise zu beenden ist.

Anders seine zweite sportliche Passion, die in jeder Hinsicht weit bessere Perspektiven bietet. Wie geschildert existiert in Ascona so etwas Ähnliches wie ein Golfplatz. Allein schon wie Emden beim Gedanken daran das Gesicht verzieht, sagt alles über dessen Zustand aus. Auf dem besseren Acker mit kläglichen vier Löchern, weidet häufig das Vieh. Zum Schutz das Grundstück einzuzäunen, erlaubt der Besitzer, das Patriziat, nicht, sodass ausgerechnet im schönen Sommerhalbjahr die Landwirtschaft gegenüber dem edlen Spiel Überhand bekommt. Kuhfladen auf dem Golfplatz, man stelle sich das vor! Unter diesem Gesichtspunkt wirkt der Ehrgeiz der einheimischen Initianten geradezu rührig, die von Beginn dieses golferischen Experimentes an die Absicht hatten, auf dem ebenen Gelände beim Flussdelta einen Platz mit 18 Löchern zu bauen, wie es in der Schweiz erst ganz wenige gab. Dies nicht allein zu ihrem persönlichen Gefallen und Nutzen als Golfliebhaber. Vielmehr steckte der Wunsch dahinter, auf diese Weise betuchte Gäste speziell aus der führenden Reisenation England in die Gegend zu locken. Die Sirs und Lords schätzen es sehr, während ihrer langen Aufenthalte im Süden diesem in ihren Kreisen beliebten Spiel zu frönen. Hatte der Villa d'Este am nahen Comersee nicht ein solcher Platz dazu verholfen, ein Treffpunkt der Society zu werden?

Die zwei reichen Neuankömmlinge aus Deutschland sind gerade rechtzeitig für dieses Projekt im Tessin eingetroffen. Emden ist der eine, der Privatbankier, Kunstsammler und frischgebackene Hotelbesitzer Eduard von der Heydt der andere. Baron von der Heydts Hotel ist die erste Adresse am Ort. Es ist wie geschaffen, um für den nötigen Nachschub an Gästen der gewünschten Art zu sorgen. Er hat den Monte Verità auf dem Hügel oberhalb Asconas mit einen modernen Hotel-Neubau wiedereröffnet, setzt auf dessen frühere Reputation als Ort der Ideen, der Erneuerung und später der Ausschweifungen, alimentiert den legendären Ruf als Treffpunkt der Bohème – indem er in der Regel Platz für den einen oder anderen Künstler und Literaten lässt – und hält ebenso die Erinnerung an die freizügige Seite der Lebensreformer wach, die den Ort begründeten, indem er deren so genanntes Lufthemd trägt und als lockere Kluft für seine Gäste vorsieht, die sonst die steifen Benimmregeln anderer Nobelhotels gewohnt sind. Ein Golfplatz im Dorf, das wäre eine geradezu ideale Attraktion, um das Angebot für betuchte Urlauber abzurunden.

Als den ursprünglichen Initianten nach kurzer Zeit das Geld ausgeht, übernimmt Emden. Mit ihm ist alles kein Problem: Er schließt persönlich mit dem Patriziat einen neuen Pachtvertrag ab, zahlt fortan die Miete, deckt die Verluste und finanziert gleichzeitig ein anständiges Clubhaus, das bisher fehlte, aber unverzichtbar ist. Derweil bringt von der Heydt über sein Hotel zahlende Spieler aus den richtigen Kreisen und mit klingenden Namen. Kein Wunder, hat das Duo bald das Sagen. Im neuen Vertrag hat Emden durchgesetzt, dass zumindest die Greens um das Loch eingezäunt werden dürfen, damit die zweibeinigen Sportsleute nicht mehr von vierbeiniger Äsern in ihrer Lieblingsbetätigung gestört werden. Die lose Vereinigung wandelt sich zum eleganten Club mit dem anscheinend obligaten englischen Profi als Golflehrer. Das «Clubhouse» verfügt über fließend kaltes und warmes Wasser sowie ein für die Gäste aus der gehobenen Gesellschaftsschicht adäquates Interieur.

Vom Financier wird Emden zum Präsidenten, von der Heydt sitzt mit ihm im Vorstand; später wird er die Führung übernehmen und an Emdens Stelle die jährlichen Defizite decken. Es gibt jetzt regelmäßige Turniere. Beim allerersten schwingt in der Kategorie Anfänger ein früherer Fussballer obenaus, Ermanno Eichenberger aus Locarno, Emdens Vertrauensbankier. Zum harten Kern des Clublebens gehören weitere Personen, die bei wichtigen Ereignissen in Emdens Leben im Tessin eine Rolle spielen oder spielten. Der Anwalt und Notar Attilio Zanolini war beim Kauf der Inseln dabei, Vertrauensanwalt Pietro Marcionni setzte den Pachtvertrag für den Golfclub auf und wird Emden nicht ohne Mühe zum Schweizer machen. Von der Heydt nannten wir schon.

Emden und von der Heydt sind bereits nach kurzer Zeit legendäre Figuren geworden, ganz besonders natürlich innerhalb der wachsenden deutschsprachigen Kolonie in der Gegend, in der er es wahrlich nicht an Berühmtheiten mangelt. Ein Musiker wird über die beiden die berühmt gewordenen und wieder vergessenen Zeilen kalauern:

«Während sie in den Von-der-Heydt-Klausen
noch in einem Anflug von Kleidern hausen,
ziehen sie im Emden-Haus
noch die letzten Hemden aus.»

Dieses Frivole, das in den Zeilen im Vordergrund steht, bleibt an Emden haften. Auf immer und ewig ist das Bild eines Lebemannes zementiert, der auf seiner privaten Insel von jungen Schönen umgeben ist und im Geld schwimmt. Er wird es verfluchen, wird sich winden und wehren. Umsonst. Das ist es, was in der kollektiven Erinnerung der Nachwelt bedauerlicherweise überlebt, egal, was er sonst geleistet, erlebt, erduldet hat. Im Moment verschwendet er keinen Gedanken daran, wozu auch. Richtig große Sorgen hat dieser Mann gewiss nicht, unser Präsident fühlt sich im Element. Der neue Golfplatz wird selbst von angereisten Experten und Passionierten als einmalig gelobt; direkt am See gelegen, umgeben vom prächtigen Bergpanorama ziehen Asconas Fairways Golffreunde von überallher an, besonders aber aus der Deutschschweiz und Deutschland. Emden profitiert von der speziellen Lage. Der Platz verfügt über eine eigene Mole, wo er mit seinem Motorboot von der Insel kommend anlegen kann und schon mitten im Geschehen ist. Wo gibt es so etwas? Ist das nicht der Traum?

Finanzkräftige und spendable Golfliebhaber sind nicht nur in Ascona gefragt. Obwohl er seiner Geburtsstadt Hamburg endgültig den Rücken gekehrt hat, erreichen ihn von dort drängende Hilferufe aus Golfkreisen[28] – nicht zum ersten Mal. Wie in Ascona hatte er sich früh zu einer treibenden Kraft aufgeschwungen, wenn es um das aufwändige Hobby der oberen Zehntausend ging. Als es nach dem ersten Weltkrieg auf dem Golfgelände in Flottbek in etwa aussah wie in der Pionierzeit auf dem Asconeser Platz, sprang Emden als Mäzen ein und berappte die nötige Pflege. Nach dem Spiel in seine Villa Sechslinden eingeladen zu werden, galt etwas. Kurz bevor er ins Tessin umsiedelt, macht sich die Hamburger Golf-Gemeinde daran, endlich einen 18-Loch-Platz zu errichten, was nicht so einfach ist, weil dafür ein riesiges Gelände benötigt wird, es eine geeignete Topographie aufweisen muss und sich möglichst in einer schönen Gegend befinden soll. Die Gelegenheit bietet sich, und in welch prachtvoller Lage obendrein: Die bedeutende Familie von Jenisch beabsichtigt ihre herrschaftliche Villa mitsamt dem wunderbaren Park mit Sicht auf die Elbe zu veräußern. Emden ist es, der sich persönlich anschickt, das auf Altonaer Stadtgebiet liegende Gelände zu sichern, um darauf den neuen Golfplatz der Extra-Klasse mit 18 Löchern zu errichten.

Golfplätze und «Würstchen»

Die Übernahme ist eingeleitet und scheint eine beschlossene Sache zu sein. Bereits liegt ein Pachtvertrag vor, der Club wirbt in Prospekten um Investoren für das neue Golfgelände mit der zugehörigen Herrschaftsvilla, zahlreiche Persönlichkeiten bis hin zum Hamburger Bürgermeister zeichnen brav Anteilscheine. Sie alle haben die Rechnung ohne Bruno Becker, den Vorsteher des betroffenen Stadtteils Klein Flottbek, gemacht. Hinter den Kulissen versucht Becker beim preussischen Innenminister heimlich zu erwirken, dass die Gemeinde den öffentlich zugänglichen Park pachten darf, statt dass er den Golfern zur exklusiven Nutzung überlassen wird. In das Seilziehen mischt sich in der Folge auch der Oberbürgermeister von Altona ein. Max Brauer, der die rote Stadt bei Hamburg zu einer grünen Musterstadt mit lebenswerten Wohngelegenheiten für die einfachen Arbeiter und ihre Familien zu machen versucht, hilft einer Entscheidung aus Berlin nach, indem er darlegt, wie für den Golfplatz ein grosser Teil der Baumpracht gefällt würde. Das stimmt zwar in groben Zügen. Aber um gegen Max Emdens finanzielle Potenz anzukommen, der nun das Gelände sogar kaufen würde und die Ränder des Parks überbauen möchte, betreibt er in erheblichem Ausmass Zahlenkosmetik: Seine Angaben zu der Zahl der verschwindenden Bäume ist stark übertrieben. Sollte das nicht reichen, hat Brauer als Ausweg aus der verfahrenen Situation einen Kompromiss in der Hinterhand. Damit Altona den gepflegten Park kampflos übernehmen kann, bietet er Emden und seinen Golf-Freunden vom Club als Alternative ein anderes grosses Gelände an, ein ehemaliges Jagdrevier, das mittlerweile der Stadt gehört. Dieses Stück Land in Rissen mit dem Namen Falkenstein, so zeigt sich bald, eignet sich weit besser für einen Golfplatz als der sandige Boden des Jenisch-Parks. Damit ist eine für beide Seiten gute Lösung gefunden. Allerdings hat das langwierige Ringen viel Zeit gekostet. Als die Arbeiten für den Golfplatz Falkenstein endlich beginnen, ist das Jahr 1928 weit vorangeschritten, Max Emden hat den kühlen Norden verlassen und sich eine neue Villa weit weg, im Tessin bauen lassen.

In seinem prächtigen Anwesen auf den Brissago-Inseln hat er sich bereits eingelebt, als ihn der besagte dringende Ruf aus Hamburg erreicht. Er stammt von Max Warburg, dem einflussreichen Privatbankier. Es ist das Jahr 1930. Die Weltwirtschaftskrise beginnt ihrem Namen gerecht zu werden, sie erfasst nach den USA mehr und mehr auch Deutschland. «Nur unter grössten Schwierigkeiten» ist es dem Bankier gelungen, wie er schreibt, Darlehen für die Bauarbeiten zu bekommen, «natürlich Ihren Namen an der Spitze» nennend. Demnach ist Emden eine Art Visitenkarte und Türöffner für den Club. Warburg reicht dies bei der aktuellen Ausgangslage bei weitem nicht, denn er braucht Flüssiges. Daher erinnert er Emden daran, einst zugesagt zu haben, sich an der Finanzierung des neuen Platzes zu beteiligen. Das löst einen äußerst munteren Briefwechsel zwischen zwei starken, befreundeten Persönlichkeiten aus. Oft in neckendem Tonfall gehalten und gleichzeitig mit spitzer Feder um jeden Millimeter des Nachgebens ringend, versuchen beide, dem anderen ständig argumentativ einen Standpunkt aufzuzwingen, das Äußerste zu erlangen, Finten setzend, taktierend, provozierend, ohne jedoch den Respekt für das Gegenüber missen zu lassen. Ein Duell auf Briefpapier.

Noch nie sei es ihm gelungen, Warburg etwas abzuschlagen, doch habe ihn die «große Entfernung und die gute Luft so weit gekräftigt», es nun zum ersten Mal zu schaffen, dessen Lockungen zu widerstehen, legt Emden ironisch los. Dem schickt er die spitze Bemerkung hinterher, «ich möchte nicht immer der Dumme sein.» Unmissverständlich macht er klar, schon genug den Mäzen gespielt zu haben, indem er für den Club das Gelände in Rissen gekauft hat. Zumal er, wie wir wissen, im Augenblick parallel dazu in Ascona engagiert ist, wo er «mehr oder weniger die ganzen Kosten für die Anlage tragen muss».

In Ascona ist es, wo Emden regelmäßig abschlagen und putten wird. Was soll er da in Hamburg gutes Geld für ein Clubhaus auslegen. In der Großstadt hat es gewiss genug andere Vermögende, die sich auch einmal engagieren könnten. Diese letzte Spitze verpackt er in eine Einladung an Warburg. «Selbst auf die Gefahr hin, dass es Sie nicht sehr interessiert, muss ich Ihnen sagen, dass es hier wunderschön ist.» Der Besuch im Tessin soll eine Vergnügungs- und nicht eine Geschäftsreise sein, wie er betont. Golfen ja, über Geld diskutieren nein.

«Ich will sie sehr gern dort aufsuchen und will mich auch von Ihnen im Golf schlagen lassen, wenn Sie Wert darauf legen», erwi-

Golfplätze und «Würstchen»

dert der Bankier süffisant und versucht ihn bei der Ehre zu packen, weil er die bisherigen Zusagen für die Finanzierung nur unter der Voraussetzung bekommen habe, dass «wir die von Ihnen zugesagten Summen auch erhalten».

Warburg ringt hartnäckig um Emdens Zusage. Dabei schreckt er vor nichts zurück, provoziert Emden, indem er die Familie ins Spiel bringt.

«Ihr Sohn lernt jetzt so viel bei uns, dass er das Geld Ihnen mit Leichtigkeit wieder einbringen wird.»

Hans Erich Emden ist also bei Warburgs Bank in Ausbildung. Das soll Vater Max einen weiteren Batzen entlocken; aus Dankbarkeit, dass sein Sohn in der Finanzbranche lernen darf. Weshalb soll der Kaufhaus-König im Tessiner Ruhestand aber überhaupt irgendetwas an den Platz in Hamburg bezahlen? Er kann neuerdings in Sichtweite seines Zuhauses eine der schönsten Runden Europas spielen. Cannes oder Monte Carlo sind nicht weit, Lugano und Como nah; überall kann er innerhalb weniger Stunden den Schläger schwingen, wenn es ihm danach ist. Ohne Schmuddelwetter. Nein, es ist an den Leuten vor Ort, sich zu beteiligen, denn «wenn tatsächlich in Hamburg keine reichen Leute mehr sind, so wird die Aufrechterhaltung des großen Platzes ohnehin nicht möglich sein.»

Warburg ringt ihm trotzdem eine Zusage für 30 000 Reichsmark ab. Emden knüpft jedoch eine Bedingung daran. Er zahlt nicht, bevor der gesamte Rest des benötigten Betrages von 120 000 Mark gedeckt ist und zwar ohne dass der Club dafür Schulden machen muss. Im Klartext, nur wenn weitere Mäzene wie er gewonnen werden, ist er dabei. In diesem Sinne endet das zähe Ringen.

Danach freut sich Emden «auf eine Fortsetzung unseres ersten Matches» – diesmal auf dem Golfplatz. Ob es je zu diesem Spiel kam, bevor Bankier Warburg, ein Jude, von Deutschland in die USA emigrieren musste, ist nicht bekannt. Der Platz und das Clubhaus werden indes zügig fertiggestellt.

Emden hat den Vorteil, in Ascona schon lange nach Lust und Laune seine Schläge trainieren zu können. Er genießt es, in der Tessiner Sonne zu spielen, oder auch nur am Tisch draußen vor dem Clubhaus zu sitzen. Scilla, die Seele des Golfclubs, kocht ihre legendären

Spaghetti, bringt das Essen, zu trinken, kassiert überdies die Green Fee, die Spielgebühr. Erfreulich schnell ist der Club zum mondänen Treffpunkt aufgestiegen, den auch die betuchten Gäste der ersten Häuser der Gegend schätzen. Zu diesen werden wiederholt der sagenhaft reiche Aga Khan, das beleibte Oberhaupt der Ismaeliten, sowie Leopold III., der König von Belgien, gehören[29]; ihre Verbundenheit zur Gegend wird noch von Bedeutung sein. Das milde Klima am Lago Maggiore hat überdies den Vorzug, in der Regel selbst im Winter einen Spielbetrieb zuzulassen. Praktisch jeden Tag ist Präsident Emden da. Es ist ein Ort, an dem sich das Leben genießen lässt. Emden tut es ausgiebig. Trotzdem zeigen sich ausgerechnet im Rahmen seines Engagements für den Golfclub die ersten Anzeichen dafür, dass es mit ihm abwärts geht. Im Juli 1937 meldet die Lokalzeitung, Max Emden habe das Präsidium des Clubs abgegeben. Gesundheitliche Probleme hätten ihn dazu gezwungen.

Nachdem er sich ein Jahrzehnt im Jungbrunnen des Südens gesonnt hat, holt ihn wohl das Alter ein – und das eine oder andere Problem dazu.

Kapitel 11

Weber kocht

Es klingelt ungeduldig. Nicht ein Mal. Sturm. Gleichzeitig Gelächter, fröhliches Gerufe.

Weber öffnet lächelnd die Tür, Bea steht leicht versetzt hinter ihm.

«Ah, schön seid ihr da. Gut gereist?»

«Klar.»

Die Freundinnen umarmen sich. Küsschen links, Küsschen rechts und ein drittes. Die beiden Männer begrüßen sich mit einem kräftigen Händedruck, dann gibt es die obligate Küsserei mit den Damen.

«Kommt herein», sagt Weber und weist mit dem Arm zum Wintergarten.

«Ich habe gedacht, draußen, im Wintergarten... Die Frühlingssonne scheint direkt herein, das heizt schön. Macht ein bisschen Sommer, oder. Und bis die Sonne untergeht, haben wir auch so warm genug ...»

Schmunzelnd deutet er mit dem Ellenbogen einen leichten, freundschaftlichen Stoß in Theos Flanke an.

«Apero?»

Freudiges nicken der Gäste.

«Und? Schön gewesen im Tessin?», fragt Hausherrin Beatrice nicht ohne einen Hauch Wehmut, denn mit ihrem Brummel ist derzeit nichts zu wollen. Gut dotiert in Frühpension gehen, heißt viel herumreisen, das Leben genießen. So hatte sie sich das vorgestellt. Aber stattdessen setzt sich ihr Mann, der mit der guten Pension, an seinen Schreibtisch und müht sich ab. Leider bringt der Herr Schriftsteller in spe oft genug kaum eine Zeile zuwege und ist anschließend von leicht missmutig bis höchst grantig. Jedenfalls für nicht zu gebrauchen außer für einen Fernsehabend. Das Resultat: Sie kommen kaum aus Zürich heraus. Wobei sich die Laune in jüngster Zeit etwas gebessert hat, genauer seit dem großen Kunstraub in der Stadt. Das hat ihm einen neuen Kick gegeben. Was es damit genau auf sich hat, weiß sie allerdings nicht. Erzählt hat er ihr zum Inhalt kaum etwas.

Theo, der Anwalt, dreht freudig und kennerisch das Glas an dessen Boden haltend, schaut, wie die feinen Bläschen aufsteigen, die Perlage, nippt noch einmal daran.

«Ah, Franciacorta.»

Den Inhalt zu erraten, war in diesem Fall nicht allzu schwierig, weil er die Etikette auf der Flasche auf dem Tisch selbst aus der Distanz sofort erkannt hat. Von diesem Schaumwein hat er selber auch den einen oder anderen Karton zu Hause lagern, sie stammen vom gemeinsamen Kellereibesuch in Italien im letzten Jahr.

«Schön war's, in eurem Tessin. Toll gegessen haben wir übrigens in diesem neuen Restaurant in Brissago», geht Theo zum Reisebericht über. Als der Name des Dorfes fällt, blitzt es in Webers Augen kurz auf, er sucht den Blickkontakt zu Bea, die aber nicht reagiert, weil sie in ein Gespräch vertieft ist.

«Fischspezialitäten, ganz fein. Schön gelegen.»

«Das war längst fällig, dass es da wieder einmal etwas Neues und Gescheites gibt. Übrigens, heute Abend sind wir auch ganz auf Fisch eingestellt ...»

«Brissago ist ja eigentlich hässlich», böser Blick von Weber zu Theo, der sich aber nicht beirren lässt.

«Ist doch so. Natürlich. Du siehst das immer verklärt, wegen früher und weil du dort deine tolle Frau kennengelernt hast. Aber mal ehrlich. Schau dir das Dorf an: Entlang der Hauptstraße ist es doch so etwas von verschandelt. Deshalb hat es mich auch nie gereizt, runter an den See zu gehen. Aber dieses Restaurant ...»

Weber hält ihm eine Platte mit kleinen Brötchen hin, die ihm Bea gereicht hat, Aperohäppchen.

«Beige mit grünem Punkt – also einer Kaper – ist eine Paste von geräuchertem Forellenfilet auf Pariserbrot. Beige mit eher gelblichem Einschlag ist Hummus, Kichererbsenpaste.»

«Ah», Theo nimmt sich je eins.

«Eben. Diesmal sind wir nun doch einmal unten am See gelandet. Man sieht von der Straße aus ja nichts. Aber unten ist das richtig schön; so haben wir das Lokal entdeckt.»

Vergangenes Wochenende sind sie im Süden gewesen. Traumwetter. Hier im Norden: grau in grau.

Die beiden Frauen mit dem Rücken zu ihnen haben offensichtlich ihr eigenes Gesprächsthema, man hört sie herzhaft lachen, wie das bei ihnen meistens ist.

«Erzähl ihm das vom Pfau», wirft Theos Frau ein, die mit einem Ohr wohl etwas vom Männergespräch mitbekommen hat.

«Ha, der Pfau. Am Morgen sind wir schnell auf die Brissago-Inseln, wegen dem botanischen Garten. Da war ich eine Ewigkeit nicht mehr. Warte ... Das letzte Mal muss wohl bei einer Schulreise gewesen sein.

Ja, und auf der Rückfahrt haben wir nicht das Schiff nach Porto Ronco genommen, sondern das nach Brissago, deshalb sind wir überhaupt zur Seepromenade gekommen und dort hängengeblieben, weil wir das Restaurant entdeckt haben. Waren so um halb eins da, gerade richtig für ein Mittagessen.

Denn: Das Lokal auf der Insel hat uns nicht gerade inspiriert. Obwohl es da schon schön wäre, in der alten Villa. Aber nach einem Blick auf die Karte habe ich gesagt, Schatz, habe ich gesagt, probieren wir es doch lieber in Brissago-Festland. Die Inselküche haut mich nicht aus den Socken. Schließlich wollte ich sie mit einem richtig guten Essen verwöhnen – und mich natürlich auch ...»

Webers Lachen erstirbt schnell.

«Ui, apropos verwöhnen: Ich muss unbedingt den Grill anwerfen, sonst ...

Bea ... kann ich dich mal?», mit einer Geste seines Kopfes deutet er etwas an. Seine Frau nickt ihm zu, hat verstanden.

«Weißt du, das macht bei uns die Frau. Bea: Sie ist die Spezialistin. Der Pfau, was war mit dem Pfau auf der Insel?»

Er schenkt Theo ein.

«Auch ein Schlückchen?», fragt er die Frauen. Gleich bekommt er zwei Gläser unter die Flasche gestreckt.

«Ich war dabei, die Speisekarte auf einem der Tische auf der Veranda zu studieren, im Stehen. Er war mir vorher gar nicht aufgefallen, aber zwischen den beiden Tischreihen war dieser Pfau, ein prächtiger Bursche. Der blaue Hals, die wie marmorierte Federn auf dem Rücken und dann die unendlich langen, grünen Schwanzfedern mit den blauen Augen ...»

«Blauen Augen?»

«Das habe ich immer als Kind gedacht. Auf den Schwanzfedern hat es an einer Stelle immer so ein rundes blaues Ding, das ein bisschen aussieht wie Augen. Deshalb habe ich mir vorgestellt, das seien Augen ....

Ist ja egal. Also da waren einige schon am Essen, viele mit Kindern. Vielleicht hat irgendeiner der Buben etwas gemacht, an ihm gezupft, was weiß ich. Jedenfalls beginnt der Pfau plötzlich ohrenbetäubende Laute von sich zu geben, wie Schreie, die immer lauter werden, dann plustert er sein Gefieder auf und macht das Rad. Ist richtig groß. Und schön, mit diesen Farben. Aber dabei muss er einen Teller erwischt haben, der fliegt runter und klirr... Was war auf dem Teller, Käthi? Bratwurst mit Zwiebelsauce?»

Sie schüttelt den Kopf: «Es waren dunkle Scheiben Fleisch drauf, an einer dunklen Sauce. Eher Brasato», spricht es und wendet sich wieder Bea zu.

«Dann war es Brasato», nimmt Theo den Faden auf.

«Blöd nur, kroch ein Knirps genau dort unter dem Tisch herum und bekommt eine Ladung heißer Sauce ins Gesicht und den Teller auch ein bisschen. Da rennt der natürlich schreiend los, was wiederum den Pfau dermaßen erschreckt, dass er wild herumflattert zwischen den Leuten, die ebenfalls aufgeschreckt sind. Ein Aufruhr sag ich dir, alle natürlich aufgeregt herumschreiend. Da sag ich nur: Schatz, hab ich dann gesagt, gehen wir. Ich glaube, wir probieren es doch lieber in Brissago-Festland. Die Inselküche; du weißt schon...»

Weber lacht herzlich.

«Brissago-Inseln, gutes Stichwort. Da hab ich dir auch etwas zu erzählen. Nachher. Jetzt muss ich nämlich in die Küche, für die Vorspeise und so.»

«Was gibt es Schönes?»

«Ü-ber-ra-schung!»

Skeptischer Blick.

«Ist ja gut, ich sag's dir, sonst bis du nur beleidigt: Jakobsmuscheln auf Safranlauch. Zufrieden? Und zur Hauptspeise anschließend etwas vom Grill ...» Vor dem Wintergarten kontrolliert Bea die rauchende Kohle.

«Darauf wäre ich selber nun wirklich nie gekommen ...», erwidert Theo

Für die Vorspeise ist in der Küche alles bereit. Weber muss nur die Jakobsmuscheln zum Anbraten aus dem Kühlschrank nehmen. Auch die Mise en place für die Hauptspeise ist fast fertig. Triglie gibt es zur Hauptspeise. Immer fällt ihm zuerst der italienische Name ein für Rotbarben, wohl weil er die bis vor kurzem nur in Restaurants im italienschsprachigen Süden gegessen hat. Dann ist er auf dieses schmackhafte Rezept gestoßen. Getrocknete Tomaten, Kräuter, etwas Knoblauch, Pinienkerne. Das verteilt er gehackt über die ganzen Fische, sobald er sie in der Schale auf dem Grill gewendet hat.

«Vorspeise fertig, alles an den Ti-isch.»

Die Gäste sind hungrig, lassen sich nicht bitten.

«Soave», zeigt er Theo die Flasche, die er zur Vorspeise ausgesucht hat. Zustimmendes Nicken.

«Von Coffele. Schön ...»

«Was ich vorhin sagen wollte. Dieser Emden, das ist der Millionär, der die Villa auf den Brissago-Inseln gebaut hat. Über den habe ich eine richtig interessante Geschichte gelesen.»

Dann beginnt er vom den Jahrhundertraub bei Bührle zu reden, bei dem eine bewaffnete Bande das Museum überfallen und vier unglaublich wertvolle Bilder gestohlen hat, einfach so, während der Öffnungszeiten. Es gibt da in seinen Augen einige merkwürdige Aspekte. Nach einer Art Kurz-Zusammenfassung des Raubes kommt er schließlich zum Punkt, um den es ihm geht.

«Ein Monet war darunter, Mohnfeld bei Vétheuil, teures Bild. Weißt du, wem der früher gehört hat?»

«Keine Ahnung ...»

«Max Emden! Das Bild hing in der Villa mit dem Pfau ...»

«Ach, sag ...»

«Da wäre etwas, was mich interessiert und ich dich als Anwalt fragen muss. Weil, ich hab da so eine Idee ... Moment. Die Fische. Ich muss die Fische auf den Grill legen.»

Die Sonne ist weg, deshalb hat er die Tür vom Wintergarten geschlossen, sonst kühlt es zu stark ab. Er hebt den Deckel des Kugelgrills, verteilt die fünf Fische, den Deckel wieder drauf.

«Erledigt. Emden. Es gibt auch ein Bild von ihm, also aus seiner Sammlung, das ist im Führermuseum von Hitler gelandet ...»

«Echt? ...»

«... und dann jahrzehntelang im Speisezimmer des deutschen Bundespräsidenten hing, in der Residenz, Villa Hammerschmidt. Offenbar ist nicht alles mit rechten Dingen zugegangen, damals mit Hitler. Da läuft jetzt ein Restitutionsverfahren. Nicht nur wegen diesem einen Bild von Canaletto. Emden war ein Jude und musste kurz vor oder sogar im Krieg seine Sammlung verkaufen. Kennst du dich aus mit Raubkunst?»

Theo zögert kurz, als ihm unvermittelt die Frage gestellt wird.

«Ist eigentlich nicht wirklich mein Thema... Aber man liest so einiges, Fachartikel. Ist mir auch schon untergekommen, klar. Grundsätzlich könnte ich schon was dazu sagen, je nach dem. Um was geht es konkret?»

«Ok. Da ist folgendes ...»

Die vier am Tisch sind in ihre jeweiligen Gespräche vertieft. Um die armen Triglie auf dem Grill kümmert sich leider niemand. Die brutzeln unter dem Deckel heftig. Bevor ein beißender Geruch bis in den Wintergarten dringt, steigt dicker Rauch auf, der auf der Seite des Deckels entweicht.

«Du, der Grill ...», unterbricht ihn Theo ruhig.

«Au, verdammt!», Weber stürmt heraus, hebt den Deckel – und sieht die Bescherung. «Scheeeeisse!»

Theo ist ebenfalls aufgestanden, steht nun neben Weber.

«Hm, Schwarzfisch. Originell das Menu, das du mir nicht verraten wolltest!»

Weber lächelt tapfer, aber verkrampft. Bea schaut ihn von ihrem Platz aus fragend an, er hebt die Augen beschwörend-vorwurfsvoll zum Himmel. Schwarzfisch, statt Rotbarbe. Wortlos stapft er mit dem verkohlten Debakel auf einer Platte am Tisch vorbei in Richtung Küche, macht eine Handbewegung, als er bereits in Richtung Küche abbiegt, die soviel bedeuten dürfte wie: abwarten.

Drei Minuten später ist er zurück.

«Hauptspeise, wie angekündigt, fischartiges», doziert er im Stehen wichtig. «Spaghetti alla bottarga con pomodori secchi, prezzemolo e pinoli. Ecco.»

Ein kurzer Applaus. Er verneigt sich und setzt sich. Auf dem Herd steht eine Pfanne mit Wasser für die Spaghetti. Bottarga, den getrockneten Meeräschenrogen, hat er meist auf Lager, eine Spezialität, die wie weißer Trüffel über die Pasta gehobelt wird. Der Rest seiner italienischen Litanei sind die ursprünglich für die Rotbarben vorgesehenen und bereits gehackten Zutaten. Das Essen ist gerettet. Alles ist wieder gut. Die interessanten Gespräche können weitergehen.

Ja, der Jahrhundertraub.

«Das ging irgendwie alles viel zu leicht.»

Weber hat wahrscheinlich sämtliche Artikel gelesen, die darüber in den letzten Wochen erschienen sind, muss man annehmen. Trotzdem blieben Fragen offen.

10. Februar 2008, Zürich. Sonntag

Es ist Sonntag. Das Bührle-Museum, in der Villa des einstigen Begründers im Wohnquartier für Gutbetuchte untergebracht, ist geöffnet, das ist normal. «Eine der großen Sammlungen der Welt», heißt es in der Eigenwerbung. Auf der gegenüberliegenden Straßenseite befinden sich die Rothschild-Bank und die Russische Kommerzial Bank; beide nichts für Laufkundschaft. Auf dieser Straßenseite stehen Herrschaftshäuser mit großzügigem Umschwung. Ein weiterer prächtiger Wintertag ist vorbei, ein Wetter eher für Skipisten als für Museumsbesuche, denn vom Morgen an hat die Sonne geschienen. Vor kurzem ist sie untergegangen, aber dunkel ist es noch nicht.

Um 16.30 Uhr oder, genauer, rund eine Minute vorher, fährt ein weißer Opel Omega mit Zürcher Kennzeichen vor. Er hält in der Nähe. Nichts Außergewöhnliches, aber der helle Wagen fällt auf. Drei Männer entsteigen ihm, begeben sich durch das Tor auf den gekiesten Vorplatz und gehen zügigen Schrittes weiter zum Haupteingang der Villa.

Jetzt sind sie maskiert, bewaffnet – zumindest einer von ihnen – und eilen in das Gebäude mit der wertvollen Sammlung E.G. Bührle. Einer hat eine schwarze Strickmütze mit ausgeschnittenen Sehschlitzen über das Gesicht gezogen, an der weiße Streifen auffallen. Blaue Streifen hat diejenige eines zweiten Räubers; Sturmhauben heißen diese Maskierungen im Polizeijargon.

Viel Zeit bleibt den wenigen Anwesenden in den Ausstellungsräumen nicht, die Räuber zu mustern, denn einer aus dem Trio zückt eine Waffe und richtet sie auf Museumsbesucher wie Personal. Alle müssen sie sich auf den Boden werfen. Die entsprechende Anweisung des Mannes mit der Pistole erfolgt angeblich in einem slawisch geprägten Deutsch, aber sicher ist das nicht. Er kontrolliert die Situation vom Eingangsbereich aus, so gut es geht: Alles ist hier eng, und natürlich lassen sich von seinem Standort aus nicht alle Räume einsehen. Die beiden anderen Vermummten sind bereits in einem der Ausstellungsräume im Hochparterre und reißen, ohne viel Federlesens zu machen, die ersten vier Bilder von den beiden Wänden, die ihnen in die Hände kommen. Praktisch der Reihe nach, zufällig und ohne viel Sachverstand, heißt es später.

Ein Volltreffer befindet sich dennoch darunter, Cézannes «Knabe mit der roten Weste», 100 Millionen Franken wert. Allzu schwierig ist es allerdings nicht, Bilder im Millionenwert zu erwischen, praktisch jede Wand ist damit reich bestückt. Unmittelbar neben dem «Knaben» wäre ein anderer Cézanne griffbereit gewesen, ein weiteres Prachtstück der Sammlung. Sie lassen es hängen, wie alle anderen Gemälde von Weltrang. Nur vier Bilder schnappen sie sich. Mehr geht nicht, denn mit dem Glas und dem Rahmen wiegt jedes davon je nach Größe zehn bis fünfzehn Kilogramm und sie müssen mit der Beute so schnell weg sein wie sie gekommen sind.

Das schaffen sie. Gerade einmal drei Minuten sind vergangen, da ist der Spuk schon vorbei. Drei Minuten für 180 Millionen Franken Beute. Die Alarmanlage geht los. Zu spät. Die Räuber brausen schon davon. Stadtauswärts, in Richtung Zollikon, heißt es, aber Genaues erfährt man nicht.

Erstaunlich eigentlich, was man über den spektakulären Raub alles zu lesen bekommt. Sie hätten die Bilder mehr oder weniger zufällig abgehängt, steht vielerorts. Den Cézanne. Den Monet mit Ursprüngen in der Emden-Sammlung. «Ludovic Lepic und seine Töchter» von Edgar Degas, mit 10 Millionen quasi das Schnäppchen. Vincent van Goghs «Blühende Kastanienzweige». Gesamtwert 180 Millionen. Ist doch nicht übel als Ausbeute!

«Weshalb heißt es immer, die drei Männer hätten wahllos zugegriffen?»

Weber zweifelt. Der Polizeisprecher bezeichnete es als Europas größten Kunstraub. Voilà. Wenn es vor ihnen nicht einmal die raffinierteste Bande geschafft hat, wertvollere Beute zu machen, dann waren das doch keine Deppen, die wahllos Zeug von der Wand reißen!

Weber ist zwar leicht benebelt, aber nach der intensiven Diskussion zu Tisch ist es ihm jetzt nicht nach schlafen. Also liegt er mit geschlossenen Augen im Bett und legt sich im Gedanken die Dinge zurecht, wie er das öfter tut, wenn ihn eine Sache besonders beschäftigt.

Wahllos? Zufällig? Wie leicht ist es gerade bei diesem Museum, sich einen genauen Überblick über die möglichen Beutestücke zu verschaffen; im Internet kann man sich im Handumdrehen über die Sammlung in der Villa kundig machen. Weber hat sich das natürlich sofort angeschaut, nach dem Überfall. Auf der Homepage des Museums steht «virtuelle Tour». Die Tour zeigt alle Gemälde, man sieht sogar, wo sie im verwinkelten Bau hängen. Vom Eingang führt eine schmale Treppe hoch, zu einer Art Flur. Von dem wiederum gelangt man in die Zimmer und Zimmerchen. In jedem Raum lässt sich nach Belieben hin und her navigieren. Eine Etage höher gibt es dann ein Sisley-Zimmer, Renoir-Zimmer, Courbet-Zimmer, van Gogh-Zimmer... Überall Bilder großer Meister und alles schön angeschrieben, man braucht nur auf ein Gemälde zu klicken, um alles zu erfahren, sogar die Größe des Bildes. Alle vier Gemälde haben sie aus dem größten Raum entwendet, dem Saal. Der ist schnell zu erreichen.

Gangster seien der Polizei stets einen Schritt voraus, liest man immer wieder. Aber ausgerechnet die Jahrhunderträuber sollen nicht einmal einen Computer bedienen können?

«Vielleicht», sinniert Weber, «ist in diesen Kreisen Internet so etwas von out ...» Natürlich glaubt er keine Sekunde daran.

Fragen kommen viele auf, Antworten hat er wenige gefunden, obschon er jeden Bericht zum Fall aufmerksam studiert. Wobei es der Hobby-Detektiv nicht allzu leicht hat, wenn die Polizei ausgerechnet zu den interessanten Details nichts sagen mag, weil «eine Information an die Presse, eine Information an die Täter ist». Wobei das auch widersprüchlich ist. Man traut denen nicht zu, im Internet Angaben zu den Bildern zu suchen, aber Zeitungen lesen, das schon?

Eine Videoüberwachung muss es in der Museumsvilla geben, ausgeschlossen, dass die fehlt! Da müßte alles genau zu sehen sein. Dass die über keine Sicherheitsvorkehrungen bei der Eingangstür verfügen und jeder einfach mit einem Bild unter dem Arm davon spazieren kann, ist doch unglaublich! Wobei sich Weber im selben Augenblick an jenen anderen Zürcher Sammler erinnert, bei dem immer wieder eingebrochen wurde. Der hatte scheint' s seine Prachtgemälde auch kaum gesichert in der Galerie herumliegen.

Wenn wegen dem Alarm alles so schnell gehen musste, dann saß im Auto bestimmt ein vierter Mann, startbereit und gleichzeitig aufpassend, dass die Luft rein ist. Ein Opel Omega mit mindestens drei, aber sehr wahrscheinlich vier Männern, die schleunigst verschwinden müssen: Wo verstauen sie die vier Bilder auf die Schnelle? 80 auf 64,5 Zentimeter misst der Cézanne, es ist das kleinste von allen, dazu sperrige, dicke Rahmen. Passen vier davon übereinander in den Kofferraum des Omega?

Es folgen weitere Rätsel. Von einem weißen Auto war praktisch sofort die Rede. Die Nummernschilder seien geklaut gewesen, verriet die Polizei, aber woher der hundskommune Wagen stammt, daraus macht sie ein Riesengeheimnis. Dann gab es diesen Taxifahrer, Abdel-irgendetwas, der das Tatfahrzeug auf dem Parkplatz einer Klinik stehen gesehen hat. Alle Welt rennt diesem Auto mit den wertvollen Bildern hinterher und am Tag nach dem Jahrhundertraub sieht dieser Taxifahrer ein unverschlossenes Auto mit zwei Bildern auf dem Rücksitz und meldet sich bei der Zürcher Polizei. Das gesuchte Gefährt steht mit der Hälfte der Beute drin nur wenige hundert Meter vom Tatort entfernt. Potzblitz, welch ein Glück! Natürlich fährt sogleich eine Polizeipatrouille los – aber findet den Wagen nicht. Blöderweise hat der Mann anscheinend eine falsche Farbe angegeben sowie die Namen von zwei unmittelbar nebeneinander liegenden Kliniken verwechselt. Dafür hatte er als zusätzliche Information die Nummer des Parkfeldes angegeben, auf dem der Wagen mit der wertvollen Ladung steht. Bei der Klinik, zu der die Polizisten aufgrund seiner Angaben gefahren sind, der falschen also, gibt es aber gar keine Nummern. Die hat es nur bei der Klinik daneben, dem «Burghölzli», das jeder als Klapsmühle kennt. Dort schauen sie nicht nach. Genau dort wird das Auto schließlich gefunden, nur halt eine Woche später, mit Max Emdens Monet und dem van Gogh tatsächlich auf dem Rücksitz, die Tür unverschlossen.

Kann das sein? Eine Woche lang steht der Wagen da, bis der Parkplatzwächter vom «Burghölzli» ihn sich anschaut, he, schau an, da hat es ja Bilder drin. Nach einer Woche! Niemandem fällt vorher etwas auf? Außer dem Taxifahrer natürlich, aber aus dessen Angaben wurde die Polizei auch nicht ganz schlau.

Weber hat sich eine eigene Theorie zurechtgelegt. Die Polizei wußte vom Auto, ließ es aber aus taktischen Gründen stehen und observierte es. Immerhin ist das eine direkte Spur zu den Tätern, möglicherweise die einzige. Wer derart dreist zuschlägt, lässt sich räsonieren, wird nicht ohne gute Gründe die Hälfte der Beute liegenlassen. Und heißt es nicht, dass der Täter immer zurückkommt, wieso also nicht zum Auto mit der Beute? Wo steht überhaupt geschrieben, dass die Räuber nur ein Auto, dieses weiße, benutzten?

Was würde ich mich ärgern als Taxifahrer. Dem ging es wie beim Sechser im Lotto und du hast den Zettel verloren. Er hat natürlich die Belohnung gewollt, die ausgeschrieben war, 100 000 Franken für Hinweise. Er hat sie nicht bekommen, obwohl er dafür sogar vor Gericht gegangen ist. Die Angaben seien zu wenig genau gewesen, hat es im Urteil geheißen. Demnach also keine Schlamperei der Polizei, die das Auto nicht gefunden hat.

Gut. Das wird seine Richtigkeit haben. Nur wäre es bitte schön – Hinweis hin oder her – nicht normal gewesen, dass die Polizei, wenn sie eigens für diesen Fall schon eine tolle Taskforce einsetzt, die beim Museum um die Ecke herumliegende Beute selber findet? Er hat die Fernsehkrimi erfahrene Bea noch in den Ohren, wie sie ihn deswegen getadelt hat: «Was weißt du, was die bei der Polizei alles anstellen, um die richtigen Spuren zu den Tätern zu finden? Davon hast du doch gar keine Ahnung.»

Recht hat sie! Waren ja auch nur so ein paar Überlegungen.

Für die Täter stellt sich das nächste Problem. Ein weltberühmter Cézanne ist ihnen geblieben und der wertmässig ein bisschen weniger bedeutende Degas. Wie können sie diese Gemälde loswerden, wo jeder weiß, dass sie gestohlen sind? An Theorien mangelt es nicht. Artnapping hat es schnell geheißen. Ich klau dir was und du, Herr Besitzer, bezahlst mich dafür, dass ich dir dein Eigentum zurückgebe. Klingt absurd, funktioniert aber ganz gut. Weber erinnert sich, in Italien einmal mit einer Tochter aus gutem Hause gesprochen zu haben, deren Familie einen jener prächtigen Palazzi besitzt, die früher der venezianischen Aristokratie als Sommerfrische dienten. Ihnen sind mindestens schon zwei, drei Mal die Stilmöbel, das antike Silber und was weiß ich aus dem Palazzo gestohlen worden. Richtig ausgeräumt haben ihn die Diebe. Postwendend bot die Bande ihnen alles zum Rückkauf an und sie sind darauf eingegangen. Ganz selbstverständlich. Beim Bührle-Raub wäre das wohl eine ziemlich teure Variante, und wer weiß, ob die Stiftung überhaupt über das nötige Kapital verfügt.

Dem Besitzer eines Cézanne könnte man gut damit drohen, das wertvolle Gemälde zu zerstören. Einem Kunstsammler mit Leib und Seele würde dies – um beim Bild zu bleiben – das Herz brechen. Eine banale Erpressung. Die Räuber könnten sich stattdessen ebenso an die Versicherung wenden und von ihr eine saftige Prämie verlangen. Die käme immer noch billiger weg, wenn sie ein Meisterwerk, das hoch versichert ist, mit einem Abschlag zurückkauft, statt dass es verschwunden bleibt und sie den vollen, in der Police festgelegten Betrag auszahlen muß.

Ein skrupelloser Milliardär oder ein Mafiaboss mit Kunstsinn, der einen solchen Diebstahl in Auftrag gibt, weil er ein Gemälde unbedingt besitzen will, ist schon eher die Variante für einen Film. Spekuliert wurde auch, es handle sich um eine Tat von Macho-Verbrechern, die irgendwem demonstrieren wollten, was sie alles draufhaben. Um es auf die Spitze zu treiben: Die ausgefallenste aller Varianten wäre es, das Museums-Umfeld hätte alles orchestriert und inszeniert, um in die Schlagzeilen zu kommen. Sozusagen eine besonders spektakuläre Werbekampagne.

Die Wirkung des Dessertweins hat Weber nun offenbar richtig erfasst: Vernünftig hört sich das nicht mehr an; Zeit, dass er schläft. Im wachen Zustand beschäftigt er sich mit dem unaufgeklärten Raub eigentlich gar nicht so sehr, sondern eher mit der unaufgeklärten Vergangenheit. Theo gegenüber hat er es angetönt: die Brissago-Inseln, Max Emden, die Vorgänge um das Verschwinden von dessen Kunstsammlung, die Restitutionsansprüche seiner Nachkommen.

Es ist nur ein nebensächliches Detail, aber irgendwie ist es schon witzig, dass der Begründer der Bührle-Sammlung, der Industrielle Emil G. Bührle, fast zur gleichen Zeit wie Emden aus Deutschland in die Schweiz zog. Während Emden zu jenem Zeitpunkt schon ein Imperium geschaffen, wieder verkauft und dazu eine Sammlung aufgebaut hatte, begann für Bührle damals erst der Aufstieg vom Angestellten zum Firmenbesitzer, der ihn bis zum Großindustriellen und bedeutenden Kunstsammler führte. Bührle wurde auch erst nach Emden zum Schweizer Staatsbürger. Dafür machte der Krieg ihn, den Waffenproduzenten, reich, während der «Jude» von den Brissago-Inseln wirtschaftlich an den Nazis zerbrach und bald nach Kriegsbeginn starb. Sein einziger, nie eingebürgerter Sohn, der Alleinerbe, musste in Südamerika das Kriegsende abwarten. Als er zurückkam, war praktisch nichts mehr vom einst großen Vermögen übrig. Nicht einmal Monets «Mohnfeld bei Vétheuil» aus der väterlichen Villa. Jener Monet, der während des Krieges bei Bührle landete und nun aus dem Museum geraubt wurde.

Kapitel 12

Die Kunstsammlung

Mütterlicherseits war Emden zweifellos erheblich vorbelastet, um sich mit Kunst zu umgeben. Zwei Bankiers aus der Verwandtschaft von Mathilde Emden, geborene Kann, besaßen phänomenale Sammlungen von internationalem Ruf. Als die Erben sie nach deren Tod in spektakulären Auktionen zu Rekordpreisen abstießen, sorgte das über den Atlantik hinweg für Schlagzeilen. Von Frankfurt nach Frankreich emigriert, hatten die erfolgreichen Bankiersbrüder unzählige Bilder alter Meister zusammengetragen. Rodolphe oder Rudolf Kann, der zuerst starb, nur 61-jährig, hinterließ Werke, um die sich europäische wie amerikanische Kunstfreunde rissen. Die Sammlung, bestehend aus rund 800 Werken, ging 1907 in einer Auktion für damals horrende fünf Millionen Dollar komplett an die Kunsthandlung Duveen Brothers, die dann die Stücke einzeln zu Geld machte. Der mit dem Bruder zusammenlebende Maurice oder Moritz starb völlig überraschend kurz nach seinem schon länger mit gesundheitlichen Problemen kämpfenden Bruder[30]. Es besaß eine etwas weniger umfangreiche, aber dessen ungeachtet höchst bedeutende Sammlung, aus der vier Rembrandts – darunter zwei Meisterwerke – und drei Franz Hals hervorragten. Für 2,5 Mio. Dollar ging im September 1909 erneut die ganze Pracht in die USA, was unter europäischen Sammlern für beträchtlichen Unmut sorgte. Fast könnte man meinen, die Emden-Verwandtschaft habe nicht zurückstehen wollen, denn von ihr ist aus diesen Jahren ähnliches zu melden, wenn es an den Auktionen auch weniger spektakulär zugeht und etwas bescheidenere Erlöse erzielt werden.

Der Verkauf der Schätze von Hermann Emden zieht sich in einer nicht enden wollenden Serie von Auktionstagen hin, die Sammlung ist sehr umfangreich. Onkel Hermann, der lange Jahre mit Max' Vater das Familienunternehmen führte, ist ein bekannter Sammler

Die Kunstsammlung

in Hamburg. Er hat in seinem Leben Kunstwerke aus einer Vielzahl von Sparten zusammengetragen. Nach einzelnen Gebieten geordnet kommen sie ab 1908 beim Auktionshaus Lepke in Berlin unter den Hammer; als erstes Majolika, Porzellan und Fayencen. Fünf Tage dauern die Versteigerungen. Die berühmte keramische Sammlung macht den Auftakt. Bereits eine Urbinoschale mit lüstrierter Malerei, «Paulus tauft die Korinther», provoziert einen heftigen Kampf der Gebote unter Kunsthändlern. Das Stück aus dem 16. Jahrhundert erzielt den höchsten aller Preise und geht am Ende für 19 000 Mark an Seeligmann in Paris. 130 000 Mark erzielt Hermann Emden an diesem einen Tag, an dem fast ausschließlich Majolika italienischer Provenienz versteigert werden.

Auch nicht schlecht, was am folgenden Porzellan-Tag zu haben ist. Besonderen Anklang finden Stücke wie eine herzförmige Dose mit Golddekor oder figürliche Flacons von unübertrefflicher Modellierung aus herrlichem englischen Porzellan, wie eine gerade einmal neun Zentimeter hohe Putte mit Esel, die zu einem Höchstgebot von 2730 Mark weggeht. Hochgeschätzt sind des Weiteren Wiener Stücke aus dem 18. Jahrhundert wie zwei Krinolinengruppen mit Kavalier und Dame. Aus der Glassammlung sind Humpen und Stangengläser mit farbigen Emailen äußerst gefragt, was allerdings so zu erwarten war. Mit den glatten, klobigen Trinkgefäßen vom Biergarten haben sie nur noch entfernt zu tun. Das wird sofort klar, wenn man sich beispielsweise jenes Glas von 1782 mit doppelten Wänden anschaut, in deren Zwischenraum die Auffahrt der ersten Montgolfière dargestellt ist. Enttäuschend hingegen, was die Bergkristall-Prunkgefässe bringen.

Eine zweite Auktions-Serie mit der Sammlung Hermann Emden ist im Herbst darauf ostasiatischer Kunst aus Japan und China, eine dritte im Mai 1910 schließlich den Gemälden gewidmet. Die Zahl der Nummern ist diesmal weit bescheidener als bei den vorherigen Auktionen. 114 Bilder alter Meister sind aufgelistet. Holländer des 17. Jahrhundert gehören zu den interessantesten Werken, darunter zwei Gemälde von Peter Paul Rubens. Ein vermeintlicher Rembrandt entpuppt sich als Schlachtengemälde von Jacob Cuyp, was alles in allem jedoch problemlos zu verschmerzen ist. Zumal die Presse besonders die Werke aus dem 16. Jahrhundert wie zwei Madonnen

Die Kunstsammlung

von Bernard van Orley hervorhebt. Am längsten wartet Onkel Hermann mit den Wandteppichen und neueren Miniaturbildnissen zu, mit denen die lange Serie von Versteigerungen ausklingt. Trotzdem sind nach seinem Tode, der wenig später erfolgt, so viele weitere Stück vorhanden, dass der Nachlass in zwei weiteren Auktionstagen bei Lepke versteigert wird. Niederländische Meister dominieren erneut, zumal sich unter den italienischen Gemälden etliche von unsicherer Urheberschaft befinden. Rubens' «Johannes der Täufer» gehört zu den besten Stücken.

Hermann hat nicht zu den Pfeffersäcken unter den Hamburger Kaufleuten gehört, die sich allein um Geschäfte und Profite kümmern. Er hatte Sinn für Kunst, Kultur und das Schöne überhaupt. Er unterscheidet sich darin von seinem Bruder Jacob, dem Vater von Max, recht stark. Zu Jacob mögen prächtige Gemälde und Kunstgegenstände, wie sie in Hermanns Haus allgegenwärtig gewesen waren, nicht recht passen. Schlichtheit prägt sein Leben. Sein Platz ist im Kontor, nicht in einer reich geschmückten Villa. Die Eltern von Max engagierten sich eher für wohltätige Zwecke. Der Vater als führendes Mitglied des Vereins für Ferienkolonien. Ein Vermächtnis der Mutter wiederum ermöglichte dem Seehospital für Kinder bei Cuxhaven – viele Menschen erkrankten in der schnell wachsenden Großstadt Hamburg wegen der schlechten hygienischen Verhältnisse an Tuberkulose – den Bau eines dringend benötigten neuen Gebäudes.

9. Juni 1931, Berlin. Dienstag.

Max, so muss aufgrund dieser Konstellation angenommen werden, schlug wohl eher dem Onkel nach. Abgesehen davon, dass er sich eine ganz ähnlich aufgestellte Sammlung wie die von Hermann anlegte – außer in der Malerei neuere Epochen und moderne Stilrichtungen zu bevorzugen –, erreicht er eine gewisse Position innerhalb der exklusiven Gesellschaft der Hamburger Kunstfreunde und Sammler: 1922 beruft ihn die Kunsthalle in ihre Verwaltungskommission, deren Mitglied er bis 1928 bleibt. Nachdem er seine Heimatstadt verlassen hat, gibt er, dem Beispiel der vorangegangenen Generation folgend, seine Schätze weg. Eine Auktion drängt sich mit

Die Kunstsammlung

dieser neuen Lebensphase auf, aber die Villa Sechslinden mit der Sammlung ist weiterhin in seinem Besitz, also wartet er zu. Erst 1931 schreitet er zur Tat, ausgerechnet mitten in der Depression. Das ist ein alles andere als günstiger Zeitpunkt. Schade, denn der Katalog ist gespickt mit Namen berühmter Meister. Deutsche wie Feuerbach, Böcklin, drei Bilder von Max Liebermann, ein Spitzweg. Aus Frankreich zwei Courbets, eine Landschaft von Degas. Alfred Sisley ist mehrfach vertreten; alles neuere Gemälde aus dem 19. Jahrhundert. Dazu gesellen sich etliche Bilder früherer Epochen aus den Niederlanden und England sowie einige italienische Meister. Wobei Emden, was ihn wieder seinem Onkel annähert, wohl als Spezialist für Fayencen und ähnliche Gegenstände zu bezeichnen ist, zudem attestiert man seinem Hamburger Barocksilber reihum eine hohe Bedeutung.

Man fragt sich, wo in aller Welt in der Villa Sechslinden überhaupt die Menschen ein Plätzchen haben finden können, die dort leben wollten. All diese Sammelstücke, die in diesem Junitag in den Verkauf gelangen, waren dort irgendwo auf Tischen, Kommoden und Vitrinen aufgestellt. Wie muss es das Hauspersonal verflucht, sich davor gefürchtet haben, wenn die kostbaren, zerbrechlichen Stücke wieder abzustauben waren. Ein Aufatmen, wenn die zerbrechlichen Vasen, Schalen und die Emailkunst geschafft waren, sodass mit den Statuetten weitergemacht werden konnte. Der Jason mit seinem Flammenbündel in der erhobenen Rechten ließ sich wenigstens angstfrei in die Hand nehmen, denn er bestand aus stabiler Bronze wie einige weitere Stücke dieser Art. Solid wirkte auch der geschnitzte Kokosnusspokal mit der reich verzierten und vergoldeten Fassung. Vollends gelassen zu bewältigen war zum Abschluss die Arbeit an den Deckelhumpen mit Hamburger Silber. Diese mit aufwändigen Reliefs von außerordentlicher Qualität verzierten Gegenstände mochten zwar ebenfalls überaus wertvoll sein. Dank der aus gewöhnlichen Kneipen wohlbekannten Form und der massiven Machart wirkten sie im Vergleich zu anderen Stücken aber geradezu beruhigend robust.

Die schlimmsten Zeiten des mühseligen Abstaubens in der Villa enden mit der Auktion, wobei nicht das gesamte Inventar unter den Hammer kommt. Ein sicheres Geschäft ist das im aktuellen wirtschaftlichen Umfeld nicht. Ganz im Gegenteil endete manch eine Auktion vor derjenigen mit Emdens Kostbarkeiten geradezu in einem finanziellen Debakel. Unter diesem Gesichtspunkt betrachtet, schlägt sich sein auserlesenes Steigerungsgut bei Ball und Graupe in Berlin wacker. Ein van Gogh erzielt unter all den Stücken den Höchstpreis, 16 600 Reichsmark. Er stammte, wie vom Titel «Aus der Umgebung von Paris» leicht abzuleiten ist, aus der Pariser Zeit des jung aus dem Leben geschiedenen Meisters. Sein zweites Bild des inzwischen weltbekannten Künstlers, den «Blumengarten in Arles» mag Emden indes nicht hergeben. Es schmückt seine Villa auf der Insel im Tessin und hat eine indirekt eher kuriose Funktion, denn es liefert den Anlass, um sich mit Remarque über die van Goghs in ihrem jeweiligen Besitz zu streiten – was beide offensichtlich gerne tun.

Emden hat zum exquisiten Kreis der Van Gogh-Käufer aus der Hamburger Sammlerszene gehört[31]. Sein «Blumengarten» war der erste überhaupt gewesen, der 1905 in die Elbestadt gelangte. Nicht durch ihn selber allerdings. Gustav Schiefler hatte das Bild erstanden. Von Beruf Richter, war er eine Autorität in der Kunst, ein Förderer von Malern und einer der richtungweisenden Sammler Hamburgs. Schiefler kann mit Fug und Recht als einer der van Gogh-Pioniere Deutschlands bezeichnet werden. Emdens Lieblingsbild war es auch für ihn gewesen, bis er es 1918 über eine Hamburger Galerie veräußerte.

Max Emden hat hohe ästhetische Ansprüche. Sein eigenes kleines Reich, wie anhand der Villa auf der Insel leicht festzustellen ist, vermag er perfekt zu gestalten. Was hingegen die künstlerische Qualität der von ihm gesammelten Gemälde angeht, erreicht diese nicht in jedem Fall dasselbe hervorragende Niveau. Selbst was den Namen van Gogh, Renoir, Degas oder Monet trägt, ist nicht immer ein Meisterwerk, unabhängig von persönlichen Vorlieben. Der mit ihm aus dem Tessin bekannte Maler Richard Seewald mag dem Inselherrn gegenüber eine eher kritische Grundhaltung haben, weil er ein eingefleischter Segler ist, während der hoch motorisiert daherpreschende Max Emden zur lärmigen Motorbootfraktion auf dem See gehörte, die sich mehr und mehr unangenehm bemerkbar zu machen beginnt. Sein Urteil darf aber durchaus als kompetent betrachtet werden. Seewald bewunderte die französischen Möbel in der Villa auf der Insel, den prachtvollen Monet – «Mohnfeld bei Vétheuil» –, ebenfalls in Ordnung war in den Augen des Künstlers der kleine Degas, eher weniger ein Reiterbild von Gauguin; es sollte sich später als Fälschung erweisen. Ansonsten war Seewald von den Gemälden alles andere als beeindruckt. Ähnlich erging es einem ganz auf Meisterwerke fokussierten Sammler wie Oscar Reinhart.

Nicht zu übersehen sind hierin erneut die Parallelen zum Onkel, aus dessen Sammlung, was die Gemälde anbelangte, ebenfalls nicht durchgehend aus hochklassigen Meisterwerken bestand. Vom Onkel übernahm er einige Bilder, vorstellbar, dass ihm Hermann beratend zur Seite stand, als er 1906 sein erstes großes Haus mit Kunst auszustatten hatte, das auch zu repräsentativen Zwecken dienen sollte, sein Anwesen neben dem Poloclub. Hier zieht er mit seiner Ehefrau ein. Das Haus «Sechslinden» ist ein angemessenes Heim für den gesellschaftlichen Ritterschlag, der die Heirat mit Anita – die spanische Verkleinerungsform von Anna – Sternberg für ihn bedeutet. Denn trotz des jüdisch klingenden Nachnamens stammt sie aus einer angesehenen protestantischen Familie aus Klein Flottbek. Nach der Taufe mit dem formellen Übertritt zum Protestantismus als 19-Jähriger, einem anschließenden Studienaufenthalt im zwinglianischen Zürich, jetzt also die Hochzeit: Stück für Stück entfernt sich Max von seinen jüdischen Wurzeln, die bis zum bedeutenden Gelehrten und Rabbiner Jacob Emden aus Altona zurückreichen sollen, welcher fast zwei Jahrhunderte zuvor Protagonist in einem heftigen Religionsstreit gewesen war. Trotz aller Nettigkeiten, die man austauschen mag: In der örtlichen Oberschicht wird jüdisches Blut durchaus als Makel empfunden und erschwert es, als vollends zur höchsten Sphäre der Gesellschaft gehörend anerkannt zu werden. In eine Familie protestantischer Patrizier hineinzuheiraten, mag solche Vorbehalte ausräumen helfen.

Max heiratet Anita just im Todesjahr seiner Mutter. Nicht einfach für den in jüngeren Jahren eher bieder wirkenden Max, die neuen Ansprüche zu erfüllen. Immerhin ist er bereits Mitglied im prestigeträchtigen Poloclub, aktiver Spieler zudem. Damit ist auf dem gesellschaftlichen Parkett schon einiges erreicht. Concordia Gertrud Hélène Anna, genannt Anita, wird das anerkennend zur Kenntnis genommen haben. Ihr voller Name scheint anzudeuten, dass sie sich nicht mit wenig zufrieden gibt, wozu auch? Anita ist eine Prinzessin, die das schöne Leben der besseren Gesellschaft überaus liebt, exzentrisch, charmant. Sie, die in Valparaiso, der malerischen Hafenstadt an der chilenischen Atlantikküste, aufgewachsen ist, will ihren Spaß haben im grauen Hamburg. Kurz bevor Anita das heiratsfähige Alter erreicht hatte, sind die Eltern mit ihren drei Töchtern von Südamerika in die alte Heimat Hamburg oder vielmehr nach Flottbek, in die Nachbarschaft von Max mit seinem großzügigen neuen Landhaus, zurückgekehrt. So ist es, als wäre alles vorgespurt gewesen für die Hochzeit. Im gleichen Stil geht es weiter. 1911, im Jahr danach, kommt bereits der Stammhalter auf die Welt.

Max arbeitet viel, zielstrebig und erfolgreich. Das gehört sich so, immerhin steht er mit seinen 36 Jahren in der Blüte seiner Schaffenskraft. Gleichzeitig vergnügt er sich gern und ausgiebig, ist in verschiedenen Zirkeln aktiv, überhäuft seine Anita mit Geschenken und Aufmerksamkeiten. Das gefällt der zehn Jahre jüngeren Ehefrau, die sich in der eleganten Gesellschaft weit wohler fühlt als in der Rolle einer Gebärenden und Mutter zu Hause. Aber im gemeinsamen Zuhause weht ständig ein Hauch großbürgerlicher Vergnügungen, selbst wenn sie im Garten vor dem Haus an edlen Rosen herumschneidet, mit ihrem Papagei in der nahen Volière und dem Hündchen auf der Wiese neben ihr: Der exklusive Poloclub liegt direkt vor ihren Augen.

Die berufliche Karriere des Gatten entwickelt sich ganz im Einklang mit den hohen Ansprüchen. War Vater Emden noch am liebsten im schlichten Kontor zuwege, ist nun die Zeit der prächtigen Auslagen angebrochen. Anita erlebt an der Seite von Kaufhaus-Pionier Max einen grandiosen Aufstieg mit. Das jüdische Handelshaus wandelt sich zu einem mächtigen Vehikel, das immer neue dieser riesigen und luxuriösen Kaufhäuser schafft und mit Waren versorgt. Der Wachstumshunger ist unstillbar, Max Emden auf dem direkten Weg zum Kaufhaus-König. Doch niemand kann sich die Zeit aussuchen, in der er lebt: Der große Krieg bricht aus, damit hat die Unbeschwertheit ein vorläufiges Ende.

Die Kunstsammlung

Für das junge Paar bedeutet der Erste Weltkrieg eine Zäsur, aber ihre privilegierte Position federt die Folgen des Konfliktes stark ab, der für unzählige Andere eine ungeheure Leidenszeit mit sich bringt. Es bleibt auch Zeit für schöngeistige Aktivitäten. Max engagiert sich als Kunstsammler, macht im Club der Bücherfreunde mit, der hoch interessante Vorträge organisiert. Ebenso setzt er sich mit aktuellen Problemen auseinander, über die Forderungen des Proletariats etwa, das in der schweren Krise der Nachkriegszeit bedrohlich an den Grundfesten der Gesellschaftsordnung rüttelt. Anita gibt derweil den Schmetterling; über allem schwebend, schön anzuschauen, amüsant, aber ohne Tiefgang. Für ein eigentliches Familienleben ist wenig Platz. Mutter und Vater zu spielen, ist nur eine Nebenrolle. Sohn Hans Erich wird als Heranwachsender in die Schweiz ins Internat geschickt, begleitet von der Gouvernante Christel, an der er sehr hängt und die früh eine Art Mutterersatz wird. Sie soll den Sohn auf Geheiß von Vater Max als 18-Jährigen zurückbringen, der bestens erzogen ist. Dann wird er ihn zu weiteren Ausbildung an den befreundeten Bankier Max Warburg weiterreichen. Schon während seiner Zeit im Internat gehen die Eltern getrennte Wege, Max verlässt das Landhaus «Sechslinden» sogar. Mit der Entscheidung, sein geschäftliches Imperium zu veräußern, geht auch die Absicht einher, sich in den Süden zu verabschieden. Beides setzt er um. Anita bleibt vorerst im Haus.

Das schnelle Ende des gemeinsamen Ehelebens ist kein Drama, für beide nicht. Sie gehen einer Fortsetzung ihrer Beziehung in Freundschaft entgegen. Max liefert mit einem Ehebruch den Scheidungsgrund, Anita hat dafür bereits den nächsten Mann an der Angel, sie ehelicht bekanntlich einen Freund aus Hamburg mit einem veritablen Adelstitel; vielleicht hat der Anita zu ihrem Glück gefehlt. Im Dezember 1927 wird Adolkar, Graf von Einsiedel, ihr Mann. Max nimmt es sportlich. Wer daran eher herummäkelt, ist Sohn Hans Erich. Einerseits ist die Mutter eine Art das Bindeglied zum Vater gewesen, mit dem er sich im Grunde schlecht versteht. Anderseits nervt ihn ihr Getue gewaltig, wie sie nun zum Katholizismus übertritt, sich plötzlich hyperreligiös gebärdet. Es ist, als ob sie ein neues Spiel entdecken würde. Die prunkvollen Kirchen, die Kerzen, die Prozessionen, der Weihrauch, das gefällt ihr. So ist sie eben. Für sie ist das einfach eine neue Etappe des Lebens an einem neuen Ort. Bei Max bedeutet der Abschied von «Sechslinden» einen größeren Einschnitt, weil er nicht nur seine produktivste Zeit, das Leben in der Hamburger Gesellschaft, beendet. Er verlässt die Region, in der er aufgewachsen ist und wo er stets tätig gewesen ist. Die Versteigerung ist ein weiterer Schritt, mit dem er sich von seiner Geburtsstadt löst.

Sich an das Hin und Her mit Bankier Warburg erinnernd, mag man einwenden, dass er trotz allem eine erhebliche Summe für den neuen Golfclub in Hamburg zugeschossen hat: Weshalb sollte er sich in dieser Sache engagieren, wenn er keinerlei Absichten hegen würde, in den Norden zu fahren, um den formidablen Platz auch zu bespielen, den er mitbezahlt? Gerade in der Korrespondenz mit Warburg gibt Emden klar und deutlich zu verstehen, dass er umgeblättert hat, das Kapitel Hamburg zu Ende ist. Sein Sohn, das stimmt, steckt bei Warburg in der Ausbildung. Nur arbeitet Hans Erich für den Banker nicht in Hamburg, sondern in New York.

Die Jahre um 1930 sind eine besonders lehrreiche Zeit für einen Sohn, der das Rüstzeug bekommen soll, um ein fähiger Kaufmann zu werden. Gerade einmal 18 Jahre alt geworden und erst kurz zuvor in New York angekommen, steht er schon mitten im verheerendsten wirtschaftlichen Sturm aller Zeiten. Von einem Tag auf den anderen wandelt sich im Oktober ein unglaublicher Höhenflug der Börse zu einer Katastrophe: Die Wallstreet stürzt ab. Freier Fall, kein Fallschirm. Auf den Schwarzen Donnerstag folgt der noch schwärzere Dienstag. Die Blase der Spekulation ist geplatzt.

Der Börsenboom hatte zuletzt abartige Züge angenommen. Mit Papieren dubiosester Art wurde gehandelt, zum größten Teil auf Pump. Einen Kredit zu Zinsen in zweistelliger Höhe aufzunehmen, um Aktien zu kaufen, war gängig. Die Kurse steigen ja immerfort, da zahlt sich der Zins von selbst. Immer höher, immer mehr! Auch Max besitzt ein Depot in den USA, in dem einige Positionen zu verwalten sind. Sein Junge soll ihn vor dem drohenden Absturz gewarnt haben, heißt es zumindest. Gut ist er insofern aufgestellt, als er einen großen Teil seines Vermögens in Immobilien und Grundstücken gehalten hat. Denn alles, was an der Börse zuvor mit fabelhaften Renditeaussichten zu kaufen war, ist nach diesem Oktober 1929 Hochrisikomaterial, das bald nicht mehr das Papier wert ist, auf dem es gedruckt

Die Kunstsammlung

ist. Wertpapiere: ein Wort bekommt einen geradezu spöttischen Unterton.

Alles nahm bei Hans Erich in den USA seinen Lauf, danach kippte eine Volkswirtschaft nach der anderen um, wie im Dominospiel. Dass Deutschland besonders stark betroffen sein würde, war klar. Wie gesagt, der rasante Aufschwung des Kriegesverliererlandes in den 20er Jahren basierte auf geliehenem Geld, riesigen Beträgen aus den USA, ohne die Deutschland an den Reparationszahlungen erstickt wäre. Nun ist das zu einer Spirale nach unten geworden. Der Gläubiger holt sich in der Krise sein Geld zurück, dass er in die deutsche Wirtschaft gepumpt hat. Niemand ist da, um die finanziellen Lücken zu schließen. Die Produktion bricht ein, die Industrie entlässt ihre Arbeiter, Angestellte stehen auf der Straße. Die große Krise führt zu so grotesken wie tragischen Auswüchsen: Bauern schütten die Milch weg, vernichten ihr Korn, weil niemand es ihnen abkaufen kann. Gleichzeitig hungern die Menschen in den Städten, vertrieben aus ihren Wohnungen, weil sie das Geld für die Miete nicht mehr aufbringen können. Sie frieren bei Wind und Wetter, während die Wohnungen leer bleiben.

Wer soll nun also all die schönen Sachen in den Warenhäusern kaufen, die eben noch wie Pilze aus dem Boden schossen? Die Umsätze kollabieren. Hätte Max Emden damit zugewartet, seine Kaufhäuser abzustoßen, hätte er weitere ein, vielleicht zwei Jahre fette Gewinne einfahren können. Dann aber wäre alles zusammengebrochen wie ein Kartenhaus, weil niemand mehr an seinen Kaufhäusern interessiert gewesen wäre. Die einstigen Konkurrenten sind schnell hoffnungslos illiquid und unfähig, zu überleben. Rudolf Karstadt hat noch 1929 in der allgemeinen Euphorie ein gigantisches Kaufhaus in Berlin eröffnet. Mittlerweile steht sein Konzern vor dem Aus, er selber wurde ausgebootet. Ihm hat Emden sein Imperium veräußert, als alle nach Kaufhäusern gierten. Wachsen, wachsen, neue Goldgruben voller Waren für die gutgelaunte Kundschaft, der das Geld locker in der Tasche sitzt. Die Konkurrenz überflügeln, sich die besten Standorte sichern, in die Emden seit jeher investiert hatte, und sonst eben die nächstbesten nehmen, um ja kein Geschäft zu verpassen. Ungeheure Beträge werden umgesetzt. Schwindelregend dreht sich das Karussell. Puff: Plötzlich steht es still.

145

Die Kunstsammlung

In der ruhig gewordenen Hochburg der Kaufhäuser, in Berlin, lässt Max Emden 1931 seine Sammlung versteigern. Selbst die, welche noch über das nötige Kleingeld verfügen, um über einen van Gogh an der Wand im Wohnzimmer, einen neuen Courbet über der Anrichte nachzudenken, überlegen sich eine Anschaffung nun zweimal. Die ganze Wirtschaft taumelt, nicht allein die Kaufhäuser. Profit aus der Situation ziehen einzig die politischen Extremisten: Die Katastrophe hat Hitler nach oben gespült und die Kommunisten. Wer heute in dieser feinen Gesellschaft im Auktionshaus Ball und Graupe zwischen einem Gebot und dem anderen abwägt, was für Deutschland wohl das größere Übel wäre, die Braunhemden oder die roten Wirtschaftsverhinderer an der Macht, wird eher an letztere denken.

Kapitel 13

Auf Reisen

Obwohl mit seinem Umzug ins Tessin Privatier geworden, verzichtet Max Emden dort nicht auf eine gewisse Geschäftstätigkeit; die kurze Bootsfahrt zum Büro in Porto Ronco gehört bald fest zu seinem Tagesablauf. An Muße mangelt es ihm deswegen nicht und er frönt manchem neuen Zeitvertreib. Legendär sind seine Bootsfahrten mit der schnellen Chris Craft, die es bereits in die Zeitung geschafft haben. Sichtbare Spuren hat auch das Fotografieren hinterlassen, zu dem er sich von einem örtlichen Fotografen anleiten ließ. Nicht, dass er ambitionierte Kunstfotos oder gar Bilder im Studio aufnehmen würde. Auf Schwarzweißfilme werden lediglich Szenen von der Insel oder von Reisen gebannt. Allerdings kommt es relativ häufig vor, dass für Bilder sorgfältig platzierte «Modelle» posieren oder, was sich beim jugendlichen Tatendrang des für seine Einfälle bekannten Würstchens unausweichlich ergibt, für Fotos speziell hergerichtet werden. Wobei Würstchen und Max selber die am häufigsten geknipsten «Modelle» sind. Wie selbstverständlich wurde es zu Würstchens Aufgabe, die entwickelten und vergrößerten Fotos in Alben einzukleben, was sie mit einem gewissen Aufwand macht, weil sie auch kleine Collagen, Zeitungsartikel und – bisweilen richtig witzige – Kommentare einfügt. Irgendetwas muss sie auf der Insel schließlich tun, denn eine richtige Beschäftigung hat sie nicht, hat sie überhaupt nie gehabt, seit sie mit 17 ihren Rausschmiss vom Gymnasium provoziert hat und im Jahr darauf bei Emden aufgetaucht ist. Zappelig, wie sie ist, nur auf Max zu warten, bis er vom Büro zurückkehrt, passt überhaupt nicht zu ihr. Zum Glück reisen sie viel; ihr Freiheitsdrang würde sie sonst womöglich von der kleinen Insel vertreiben, auf der sie ohne Boot festsitzt. Was gibt es weiter zu tun? Zum Golfen nach Ascona geht sie kaum allein. Besuche sind zwar häufig, aber es sind ebenfalls nicht ständig Leute da. Die

Hündchen, die sie sich zugelegt hat, sind niedlich, sie hat ihre Freude daran. Einige Zeit lässt sich mit ihnen durchaus verbringen, eine Aufgabe, die den Tag ausfüllt, ist das aber sicherlich nicht. In der Sonne liegen, gut. Besser, es sind ein paar Freundinnen oder Kinder von Bekannten da, mit denen sich Schabernack treiben lässt. Ein Nachmittag mit ihnen kann gutes Material für ein neues Album hervorbringen. Die Fotoalben erzählen ein bisschen aus ihrem Leben, das sie 13 Jahre lang an der Seite von Max geführt hat. Ohne die wäre diese für sie wichtige Zeitspanne wie ausgelöscht, weil niemand davon erzählen könnte.

Das Album von 1929 liegt aufgeschlagen da, ein eingeklebtes Foto aus einer Zeitung ist zu sehen. Über der Bildunterschrift «Eine bekannte Persönlichkeit von Ascona» ist Max in einem Straßencafé abgebildet, locker neben zwei Frauen sitzend, mit der obligaten Zigarette im Mund. «Dr. Emden, ein großer Kapitalist»: Seinetwegen hat die Zeitung das Foto gedruckt, wegen dem Mann, dem die «idyllischen Inseln vor Ronco gehören», wie der Journalist anfügt, um die drei Zeilen Text kopfschüttelnd mit einem «der sich stets in dieser seltsamen Kleidung bewegt» zu beenden. Die seltsame Kleidung besteht aus einer knielangen Hose, einem weißen Poloshirt, bis zu den Knöcheln heruntergrollten Socken und glanzpolierten Slippern. Direkt daneben platziert Würstchen ein zweites Zeitungsbild. Lilian Harvey, knapp bekleidet in einer Ballett-Pose, damals ein junger Filmstar auf dem Sprung zum ganz großen Durchbruch: Solche Menschen trifft Würstchen bei ihrem Max auf der Insel leibhaftig. Aufregend für das blutjunge Ding, das in diesem Jahr 19 wird.

Obligatorisch sind die Aufenthalte in St. Moritz. Zwei, drei Wochen zwischen Jahresende und den ersten Januar-Tagen. Ähnlich lange im Sommer, den Juli über. Das hat Max schon früher so gehalten, das bleibt auch in seinem neuen Leben im Tessin eine Konstante. Nach der gemeinsamen winterlichen Episode im Schnee hat er sie jedoch bald allein gelassen, eine Geschäftsreise nach Ungarn zu seinem Kaufhaus stand an. Da hat er sie nicht mitgenommen. Wenigstens dauerte sie nicht lange. Als er zurück war, sorgte der Frühling für erste warme Tage. Da sind sie gleich mit seinem Motorboot über den See nach Italien gefahren. Unvermeidlich, dass Würstchen dann und wann Spritzer treffen, während das offene Boot wie ein Pfeil über den See fliegt, bis zur nächsten kleinen Welle, die es auf der Wasseroberfläche aufschlagen und die Gischt über den Bug spülen lässt. Was hat Würstchen gekreischt wegen dem kalten Nass. Fahren sie genug nah am Ufer, können sie Einheimische oder einige der spärlichen Gäste erkennen, wie sie der Chris Craft staunend nachschauen. Das schnelle Holzboot macht gehörig Eindruck. Erneut fährt Max allein weg, nach Deutschland geht es: Die Zeit der gemeinsamen Reisen beginnt erst nach und nach.

Ist der Hausherr da, gibt es häufig Besuch. Ist ja auch einmalig. Keiner kann Vergleichbares bieten, eine eigene Insel für sich allein, mit einem prächtigen botanischen Garten, dazu die Villa. Nicht zu vergessen das mit einer Plastik des Künstlers Georg Wrba geschmückte römische Bad von zweifelhaftem Ruf, wo sich angeblich das abspielt, worüber sich die Leute das Maul zerreißen. Junge Frauen sonnen sich, tanzen bisweilen darum herum, kaum bekleidet, wenn überhaupt. Nun, davon bekommen die Leute normalerweise nichts zu Gesicht. Einige behaupten, sie hätten sogar Frauen beobachtet, die in diesem Aufzug Wasserski fuhren, also nackt. Das stimmt tatsächlich. So etwas ist schon vorgekommen. Amüsante Episoden für die einen, Grund zum Lästern für die anderen. Die Geschichten vom Inselherrn haben sich bis weit in den Norden herumgesprochen, verbreitet unter anderem durch jenes berühmte Berliner Zeitgeistmagazin. Da reizt es manche umso mehr, Emdens kleines Paradies zu besuchen.

Freunde und Persönlichkeiten von Rang belohnt der Hausherr gerne mit einem Diner an diesem speziellen Ort. Oder er lädt zum Bridge. Das ist für Würstchen nicht immer übermäßig spannend. Für ihre Maßstäbe sind natürlich viele von den Gästen, die Max von früher kennt, alte Herren und Damen. Natürlich sind interessante Leute darunter, aber herumalbern wie mit den Mädchen, jungen Frauen, gleichaltrigen Freundinnen, die an anderen Tagen da sind, geht mit ihnen nicht. Einen Nachbar wie Remarque bei sich im römischen Bad zu haben, ist anderseits schon spannend, zumal er gerade weltberühmt geworden ist und Marlene Dietrich mitbringt. Leider fehlt das kurioseste aller Bilder, das auf der Insel zu schießen gewesen wäre – die Szene konnte verständlicherweise nicht geknipst werden, das ließen die Umstände und die betroffene Persönlichkeit nicht zu. Für diese Episode sorgte unfreiwillig der Aga Khan, den man als orientalischen Herrscher ohne Land, aber mit viel Geld und einer bildschönen Frau an seiner Seite kennt. Auf der Insel hat man ihn in der Rolle des hilflosen nackten Fettklosses erlebt, der in der Badewanne festsitzt und nur mit Hilfe von Schmierseife sowie Schuhlöffel aus der misslichen Lage befreit werden konnte.

Manchmal sind es zwei verschiedene Welten, die nicht recht zusammenpassen mögen; Max und Würstchen. Aber dann heckt sie wieder etwas aus, und alle Zweifel, so sie überhaupt aufgekommen sind, werden vom herzhaften Lachen davongetragen ...

Da stehen also die beiden Schönen ganz in weiß gekleidet eng beieinander. Die andere hat den Arm um ihre, Würstchens, Taille gelegt, die Lippen nähern sich: «Dein Mund sagt nein», kommentiert sie zu dieser sinnlichen Szene im Album. Max hält den Moment fest. Ein Klick und die jungen Frauen stieben lachend auseinander. Oder ein anderes Foto. Wieder die beiden jungen Schönen mit dem Pagenschnitt, links und rechts auf dem Podest neben der Treppe bei der Villa im Schneidersitz postiert und Max genau in der Mitte zwischen ihnen auf einer der Treppenstufen sitzend, alle mit ernstem Blick: «Drei Ölgötzen», betitelt sie diese Komposition mit zielsicherem Schalk. Max an der entferntesten Stelle ganz hinten auf der Insel in Richtung italienisches Seeende. Er sitzt auf dem Steinbänkchen, in einer eleganten weiten Hose mit dem dunklen Jackett als Kontrast und «Slice» neben sich: «His Masters voice», kommentiert Würstchen diesmal frei nach der berühmten Plattenfirma mit dem Hund, der vor dem Trichter eines Grammophons sitzt. «Slice», der ebenfalls ein Terrier ist wie das Original, macht sich gut, nur schaut er weg, statt zum Herrchen, wie es sich als gute Kopie des berühmten Bildes auf den Platten der besagten Firma eigentlich gehörte. Was muss Max auch mit der Zigarette ausgerechnet auf der Höhe seiner empfindlichen Schnauze herumwedeln. Das mag ein Hund doch nicht.

Einmal abgesehen von gewissen gestellten Bildern, für die sie sich ganz offensichtlich in Szene setzt, wirkt Würstchen auf manchen Fotos richtig schüchtern, fast mädchenhaft. Es wird nicht klar, ob sie nun offen und echt ihr Inneres preisgibt oder ob dies nur eine weitere Pose ist, in der sie zur Abwechslung eine Lolita gibt. Meist ist sie jedoch die ungezwungene junge Frau, die im Badeanzug, elegant bekleidet oder gar nicht, mit der Kamera spielt.

Auf Reisen war der Fotoapparat natürlich stets mit dabei. Raus aus dem kleinen Paradies, bevor es zum Gefängnis zu werden drohte, wenn es kühl, nass oder das Wetter sonst wie garstig ist. Nach Cannes fahren sie 1930, im Jahr danach sind sie zu dritt; wieder und wieder kehren sie an die französische Riviera zurück. Monte Carlo, Cannes, das sind häufig besuchte Destinationen, in der Erinnerung vermischen sich die vielen Abstecher unweigerlich. Unvergesslich hingegen die große Kreuzfahrt nach Amerika auf der Arandora Star. Ein Name voller Magie, der Fernweh weckt wie die Inseln der Karibik, die sie anlaufen. Oder die andere Kreuzfahrt quer durch das ganze Mittelmeer mit der SS Roma. Vielleicht interessiert dieses Detail niemanden, aber es handelt sich dabei um die letzte Reise, die Max als deutscher Staatsbürger antritt. Kaum zurück auf seiner Insel wird er endlich zum Schweizer, 1934 ist es so weit: Damit sind die Wurzeln in Deutschland amtlich gekappt. Ein weiterer Bruch mit seinem alten Leben. Gestorben die Generation der Eltern, niemand mehr aus seiner Familie im Norden, der Sohn in Ungarn.

Als sie aufbrechen, ist der positive Bescheid noch nicht eingetroffen. Die kältesten Wochen des Winters im Schnee der Engadiner Berge liegen gerade hinter ihnen, schon reisen sie nach einem Zwischenstopp zu Hause wieder ab, in Richtung Genua, zum Hafen am Meer. Aus den Schornsteinen des Dampfers steigt träge Rauch auf. Alle Passagiere sind an Bord, bald wird die Überfahrt zum ersten Etappenziel der Reise beginnen. Tief unten im stählernen Bauch der SS Roma hat es vor einigen Minuten zu brummen begonnen. Auch Würstchen und Max haben eingeschifft. Kaum war die luxuriöse Kabine bezogen, sind sie gleich wieder hinaus. An der Reling des vierten, obersten Decks lehnend, den Blick zum Festland gerichtet, stehen sie da. Die Szenerie vor ihren Augen wirkt ein bisschen wie zu Hause auf der Insel im See. Hinter und neben dem Hafen, der im Flachen liegt, steigt direkt aus dem Wasser die Flanke auf, an der die ligurische Hauptstadt hoch wächst. Gewiss ragen die Berge am Lago Maggiore weiter in den Himmel, aber auch hier ist der Hang an manchen Stellen richtig steil. Jetzt löst ein Hafenarbeiter die letzte Leine, er winkt nach oben zu einem Matrosen, sie wird eingeholt. Der Dampfer ist im Begriff abzulegen. Draußen im Wind ist es kühl, wie es in dieser Jahreszeit morgens nicht anders sein kann. Kühl, aber nicht bissig. Drinnen wäre es sicher gemütlicher, doch sie wollen sich diesen magischen Moment nicht entgehen lassen, wenn alle Leinen los sind und sich das Schiff vom Festland trennt. Dieser Moment, in dem sich ganz langsam, fast unmerklich ein Spalt öffnet, breiter wird und ein Stahlkoloss wie dieser zu einer schwimmenden Welt wird, die einen über das Meer trägt, der man ausgeliefert ist.

Durch eine Senke im Gebirge entlang des in weiter Ferne schließlich im Dunst verschwindenden Küstenstreifens schickt die Sonne einen ersten Sonnenstrahl zu den beiden nachdenklichen oder vielleicht auch nur noch etwas müden Reisenden. Der Strahl trifft sie von der Seite, am Ufer reflektiert das Metall der großen Ladekräne an der Mole weitere Strahlen, die sich in von Auge sichtbarem Tempo von da über die Dachspitzen der höchsten Häuser ausbreiten, die Dämmerung in der dem Meer zugewandten Stadt wegfressen, deren übereinander und aufeinander geschachtelte Häuser bis dahin wie im Schlaf verharrten, und lassen die Konturen prächtiger, in den Hang gebauter Palazzi scharf hervorstechen. Die Gäste von der Binneninsel verharren auf Deck, betrachten das Panorama. Auf und ab saust das Auge. Hier erkennt es ein prächtiges Detail, das Türmchen auf dem klassizistischen Palazzo, dort blendet eine Scheibe.

Aus den zwei Kaminen der SS Roma raucht es nun kräftig. Ebenso kräftig wirbeln die Schrauben das Wasser im Hafenbecken auf, sodass sich die Oberfläche trübt, winzige Tintenfische fördern sie dabei nach oben. Meter um Meter vergrößert sich die Lücke zur Mole, aber ganz gemächlich. Seitlich entfernt er sich vom Ufer, dann bewegt sich der stählerne Koloss auch vorwärts. Es dauert, bis der Luxusdampfer die äußere Hafenmauer erreicht und Fahrt aufnimmt. Bevor die Stadt und die Küste nicht zu einem schmalen Band verschmelzen, rühren sich unsere beiden Passagiere nicht von der Stelle. Erst dann werden sie sich dem Meer zuwenden, dem Unendlichen. Nichts stört die Weite, kein Hindernis, kein gar nichts. Es ist, um einen alten Gedanken Emdens aufzunehmen, frei von der zerstörerischen Zivilisation, von Stromleitungen, Schienen, stinkenden Steinhaufen. Rundherum kein einziger jener rauchenden Fabrikschlote, die auf dem Festland den Himmel verdunkeln, Wahrzeichen der wuchernden Industrie. Die einzigen Kamine sind die oben auf dem Schiff, ansonsten herrscht auf der dunkelblauen Oberfläche des Wassers eine beruhigende Leere, frei der Blick. Nur die dem Dampfer folgenden Möwen durchschneiden dann und wann kreischend den Raum über der weiß schäumenden Kielwelle, die das Schiff wie eine breite Straße hinter sich herzieht.

Wenn sie jetzt einmal um das ganze Deck gingen, würden sie wohl fast gleich viele Schritte zählen, wie wenn sie einmal das Inselchen umrunden, auf dem sie sonst leben. Es ist praktisch gleich groß wie dieses Schiff, die Form ist ebenfalls ähnlich. Sie sind es gewohnt, von Wasser umgeben zu sein, ließe sich weiter überlegen, was niemand sonst unter den Gästen an Bord behaupten kann, mit denen sie diese fahrende Insel teilen. Allerdings endet der Weg über das Meer früher oder später im nächsten Hafen, während sich die kleine Insel zu Hause wie auf einer unendlichen Reise befindet, die niemals an ein Ziel führt. Es muss diese Weite, nur Wasser rundherum, und die Meeresluft sein, die derartige Gedanken aufkommen lassen. Doch allzu lange wird dieser Zustand der Schwebe nicht andauern, denn es ist die Erdkrümmung, die für die Illusion der Unendlichkeit sorgt, sie macht fälschlicherweise glauben, sich mitten im Nichts zu befinden. In wenigen Stunden wird es damit vorbei sein, weil dann der unwirtliche Nordzipfel Korsikas am Horizont auftaucht. Die SS Roma hat Kurs auf Napoli genommen. Der direkte Weg in den Süden Italiens führt zwischen der Insel der Schönheit und dem Eiland Capraia hindurch, das dem toskanischen Festland vorgelagert ist.

Erste Station der Kreuzfahrt ist die Bucht von Napoli; Capri, die kleine Insel, Pompeji am Fuße des Vesuvs. Es ist eine Rundreise zu den Schönheiten des Mittelmeeres zwischen Europa, Afrika und dem Nahen Osten. So zögerlich sich das Schiff im Hafen auch jedes Mal auf den ersten Metern vom Ufer entfernt, die Fahrt geht unaufhaltsam weiter. Die Kessel sind kräftig eingeheizt, die mächtigen Kolben stampfen. Nun ist die SS Roma schon ganz unten am Stiefel Italiens angelangt, die Meerenge von Messina wartet. Das Schiff verlässt die heimatlichen Gewässer. Das Menu im Lido-Deck bietet einen typischen venezianischen Minestrone, Kapaun mit Risotto und eine – wie als Hommage für unseren Reisenden auf der Abschiedsfahrt in eine andere Nationalität – Sauce Allemande.

Das Dessert bringt Würstchen beim Lesen der Karte zum Schmunzeln: Schwimmende Insel.

«Stell dir vor, eine Insel, die nicht schwimmt ...» Nun kichert sie.

Albern? Vielleicht. Max lacht mit und wischt die Mundwinkel mit der Serviette ab.

Die Wege auf dem Wasser sind weit, selbst im Mittelmeer. 22 Knoten macht die SS Roma mit voller Kraft, aber die Heizer im Maschinenraum brauchen nicht alles zu geben, so sehr eilt es nicht. Es ist eine Vergnügungsfahrt für die rund 1000 Passagiere. An der Inselwelt vor Griechenland vorbei und um den Peloponnes bis zum alten Hafen von Athen in der Bucht von Faliro führt die nächste Etappe. Danach wird es zum ersten Mal orientalisch: Istanbul mit seinen Bazars. Es folgt Haifa, wo solche großen Dampfschiffe wie dieses erst seit kurzem landen können. Eine Stadt, die bereits in die neue Rolle eines rettenden Hafens für jüdische Flüchtlinge aus Deutschland geschlüpft ist. Hitler ist nun schon ein Jahr an der Macht; unangenehm der Gedanke, dafür ist jetzt kein Platz. Er wird verscheucht.

Der Dampfer ist auf dem Weg zum ägyptischen Port Said, da droht unverhofft ein Hauch von unkalkulierbarem Abenteuer, selbst für die Passagiere der ersten Klasse auf dieser beschaulichen, bis ins Detail verplanten Kreuzfahrt. Es ist zwar nicht mehr weit zum Ziel, aber in der Gegend um den Suezkanal tobt der Khamsin, der wilde Wüstenwind. Heiß und trocken schnürt er die Luft ab, dass es kaum zum Aushalten ist. Er baut sich auf und wütet als Sandsturm. Nichts ist mehr zu sehen, wenn er kommt, alles Leben scheint ihm machtlos ausgeliefert zu sein, alles steht still. In Port Said sind die Schiffe blockiert, der Verkehr im Suezkanal ist aus Sicherheitsgründen eingestellt, an eine Fahrt ins Landesinnere, nach Kairo und zu den Pyramiden ist nicht zu denken. Unvermittelt ist der Spuk wieder vorbei, als das Schiff ankommt. Das Programm geht mit dem Landausflug weiter, als wäre nie etwas gewesen.

Die Cheops, die Sphinx: Sie zeigen sich bereits wieder im besten Licht. Die Luft ist klar, der Sturm ist weitergezogen. Für den Besuch braucht man sich daher nicht umzuziehen mit festem Schuhwerk und robuster Kleidung, man kann im feinen Stoff vom Salon zu Füßen der mächtigen Bauwerke posieren. Auf dem Rückweg nach Kairo gibt es natürlich noch Zeit für einen Abstecher zum Country Club, den sich ein passionierter Golfer wie Max nicht entgehen lassen mag. Vom Clubhaus ist allerdings erst der Rohbau fertig, Green und Fairway hat der Sandsturm arg in Mitleidenschaft gezogen. Sei's drum. Bei einer nächsten Gelegenheit, auf einer nächsten Kreuzfahrt vielleicht, wäre eine Runde auf dem Platz reizvoll, golfen in Afrika, als Abwechslung zum ansonsten angenehmen Leben an Bord, wo man aber ohne Golfplatz auskommen muss.

Sie haben am Duft von Afrika geschnuppert. Diesen Duft nehmen sie nun mit nach Europa, wohin das Dampfschiff wieder unterwegs ist. Spätestens, wenn auf Backbord das Cap Corse endet, wissen sie, dass es nicht mehr lange dauert bis Genua, wo sich die mächtige Bordwand der SS Roma wieder seitwärts der Hafenmole nähern wird, so langsam wie zum Zeitpunkt, als das Schiff an gleicher Stelle zu dieser Reise abgelegt hatte. Der Spalt zum Ufer hin schließt sich dann zum letzten Mal, Meter für Meter, aber jetzt interessiert das niemanden. Die Magie fehlt, die Magie des Aufbruchs in die Weite des Meeres. Diesmal bedeutet es eine Rückkehr zum Alltag des Lebens auf dem Festland. Der Khamsin wird zum Nebel der Poebene, der Würstchen und Max auf dem Weg nachhause ins künftige Heimatland Emdens begleitet. Wie weit die Schweiz das in seinem Herzen schon ist, das weiß nur er. In der neuen Passheimat liegt aber sein kleines Paradies. Das muss ihm genügen. Denn seine alte Heimat, Deutschland, wird er nie mehr wiedersehen.

Kapitel 14

Einbürgerung

5. März 1933, Berlin. Sonntag

Es liegt auf der Hand, das so zu sehen: Nach den Wahlen vom März übernimmt Hitler in der Weimarer Republik die Macht. Spätestens zu diesem Zeitpunkt ist Emdens Entschluss wohl endgültig gefallen. Zu diesem Land will er nicht mehr gehören.

Argumente dafür bekommt er reichlich geliefert. Sogar in der kleinen, deutschsprachigen Lokalzeitung aus Locarno, der «Südschweiz», lässt sich nachlesen, was schief läuft. Dafür braucht er nicht einmal ein Weltblatt in die Hand zu nehmen. Bereits das, was im Vorfeld der Wahlen zu lesen ist, klingt bedrohlich. Es liegt nicht allein an der Politik, die Situation ist auch sonst schwierig, Deutschland hat nach den USA mittlerweile am stärksten unter der Wirtschaftskrise zu leiden. Hier im Klima des milden Südens macht sich das indes nur sehr gedämpft bemerkbar. Die Inserate werben in diesem Februar fleißig für Perserteppiche, Wella-Dauerwellen oder die neuen Grand Luxe-Modelle des französischen Autoherstellers Amilcar. Das Kino gibt die «Kurtisane» und preist Greta Garbo, die Hauptdarstellerin des Films, als «die schönste Frau in ihrer schönsten Schöpfung» an.

Wo Deutschland hinsteuert, in eine Diktatur Hitlers, das beschreibt die Lokalzeitung in aller Deutlichkeit: «Auf Biegen und Brechen ist der Kurs in Deutschland nun augenscheinlich eingestellt, und die Entwicklung hat ein gewaltsames Tempo angeschlagen. Die diktatorischen Maßnahmen des bisherigen Kabinetts Hitler lassen daran keinen Zweifel mehr. Noch schärfer als die Auflösung des Reichstages zeigt die Notverordnung über die Beschränkung der Versammlungs- und Pressefreiheit und erst recht die «Säuberung» in Preussen, die kaum anders denn als Staatsstreich bezeichnet werden kann, dass die jetzigen Machthaber in Berlin entschlossen sind,

Deutschland nach ihrer Geige tanzen zu lassen.» Der Wahlkampf ist erst im Gange. Für die «Südschweiz», vormals «Tessiner Zeitung», steht jedoch schon fest, dass sich Deutschland nach dem Wahltag vom 5. März «auf dem direkten Weg zu einer reinen Hitlerdiktatur» begeben wird. Eine nervöse Anspannung scheint sich auszubreiten, nicht nur in Europa: Ein Italo-Amerikaner verübt in Miami ein Attentat auf den designierten Präsidenten der USA, Franklin D. Roosevelt, trifft aber nicht ihn, sondern einen Politiker aus Chicago, tödlich.

Die Montagearbeiten für die Radio-Sendestation Monte Ceneri, der ersten im Tessin, sind in vollem Gange. In wenigen Wochen wird der Sender in Betrieb genommen. Weit über die Grenzen des Südkantons hinaus, bis tief nach Italien hinein wird dadurch die Stimme der Freiheit zu hören sein, wenn der Krieg ausbricht, wo die Menschen aber schon jetzt durch Zensur und Gewalt gegängelt vom Weltgeschehen nur noch eine stark parteiische Version der Ereignisse vorgesetzt bekommen. Zum ersten Mal sind bei der Reichstagswahl Auslanddeutsche wahlberechtigt, sie müssen dafür allerdings nach Hause reisen. Emden hütet sich davor, dies zu tun.

Der Reichstagsbrand eine Woche vor dem Urnengang gibt Anlass zu einer nächsten Eskalation. Grundrechte werden außer Kraft gesetzt, die Kommunisten als vermeintliche Urheber des Anschlages aus dem Verkehr gezogen. Hexenjagd. Die gibt es auch im althergebrachten Sinne. Aus Portugal stammt die Nachricht von einer Hexenverbrennung durch katholische Eiferer. Verwandte einer kranken Bäuerin verprügelten eine Nachbarin, weil sie angeblich den Teufel im Leibe hatte und deshalb die Krankheit verursacht habe. Anschließend verbrannten sie die Frau auf einem Holzstoß. Die vermeintliche Hexe ist eliminiert, der Teufel aber sitzt unbehelligt in Berlin. Er ist schon Reichskanzler. Nun setzt er dazu an, die Macht im Land vollständig zu übernehmen. In Washington hält Franklin D. Roosevelt am ersten März-Samstag seine Antrittsrede. Noch hat sich der neue US-Präsident in erster Linie mit der «Great Depression» herumzuschlagen, der dramatischen Wirtschaftskrise. Doch er wird es auch sein, der dem Dritten Reich den Krieg erklärt und so zu einem entscheidenden Gegenspieler des Führers wird.

Am Tag nach Roosevelts Rede zur Amtseinführung schreiten die Deutschen zur Wahl. Zur gleichen Zeit erfolgt in Griechenland ein Militärputsch und wankt in Spanien die Zweite Republik; in der linksliberalen Regierung herrscht Krisenstimmung, sie wird sich nicht mehr lange halten. Meldungen über ein Erdbeben in Japan erreichen Europa. Die dadurch ausgelöste Springflut, Tsunami, soll verheerende Folgen gehabt haben. Hitler gewinnt die Wahl. Die nächste Katastrophe.

Schau an, im Kino in Locarno lächelt jetzt nicht mehr die schöne Greta Garbo von der Leinwand, es läuft «Bomben auf Monte Carlo» mit Hans Albers. Zufall. Anders die Angelegenheit, mit der sich der Bundesrat in Bern nach dem Machtwechsel befassen muss. Zwei Schweizer haben beim Grenzbahnhof Riehen bei Basel die frisch gehissten Hakenkreuzflaggen vom Fahnenmast geholt. Nicht alle sind offenbar der Meinung, die schwarz-rot-gelbe Fahne habe ausgedient und das Hakenkreuz sei besser. Ein schwerwiegenderes Problem als der kleine Zwischenfall an der Grenze ist, dass der schweizerischen Presse ein Verbot in Deutschland droht, weil man die «unwahren und tendenziösen Berichte» nicht mehr dulden will. Die «Südschweiz», die Emden zweimal wöchentlich zu lesen bekommt, kritisiert den hemmungslosen Antisemitismus in Deutschland. Der Autor meint allerdings, das komme von Extremisten unter den Nationalsozialisten, welche die Regierung nicht im Griff habe.

Die Sichtweise erweist sich leider als Wunschdenken. In Wahrheit ist alles viel schlimmer als es scheint, kurze Zeit danach geht es mit den Judenboykotten los. Hitler ist noch keinen Monat an der Macht. Der Schweizer Botschafter in Berlin heißt in dieser wegweisenden Phase Paul Dinichert, er ist unter anderem Chef eines Legationsrats Hans Frölicher, den der Bundesrat 1938 «angesichts der ausgezeichneten Beziehungen zu den Kreisen, die augenblicklich an der Macht sind» zu dessen Nachfolger ernennen wird: Mit ihm hat sich der bedauernswerte Emden künftig herumzuschlagen. Bis dahin dauert es noch eine Weile. Bereits seit einiger Zeit sind der Gesandte Dinichert und seine Männer hingegen mit einem anderen Problem konfrontiert. Schweizerische jüdische Kreise haben ihm ihre Befürchtungen angetragen, ihre Sicherheit sei in Deutschland nicht mehr gewährleistet. Dinichert trifft sich deswegen in der Woche nach der Wahl mit einem Staatssekretär, der ihm versichert, das Verhalten der Braunhemden entspreche nicht dem Willen des Führers.

Das ist offensichtlich die offizielle Darstellung, denn die Aussage entspricht dem, was schon in der «Südschweiz» stand. Der Schweizer Gesandte nimmt mit Skepsis zur Kenntnis, was ihm da aufgetischt wird. Es erscheint ihm wenig glaubhaft, weshalb er die Sache nicht auf sich beruhen lässt. Bei nächster Gelegenheit reibt er einem Vertrauensmann von Reichskanzler Hitler protestierend einen konkreten Vorfall mit einem Landsmann unter die Nase, der von den Braunhemden zusammengeschlagen wurde. Dinichert wird beruhigt, bekommt gewisse Zusicherungen. Er wähnt sich mit der Intervention erfolgreich.

Juden aus aller Herren Länder mögen seine wieder erlangte Zuversicht indes nicht teilen. Sie fürchten sich vor den neuen Machthabern und rennen der Gesandtschaft die Türen ein, um Visa für die Schweiz zu erhalten. Gleichzeitig hat sich die eidgenössische Diplomatie im Zusammenhang mit den Judenboykotten mit dem grundlegenden Thema zu befassen, ob für Schweizer jüdischer Herkunft eine rechtliche Gleichbehandlung mit arischen Deutschen verlangt werden könne. Ja, findet Dinicherts Vorgesetzter in Bern, der Chef des Amtes für Auswärtiges, denn es gebe nur eine Kategorie von Schweizerbürgern, egal welcher Religion und Sprache sie sind. Im Gegensatz zu deutschen Juden können Schweizer Juden in Deutschland somit auf den Schutz der Eidgenossenschaft zählen. Dies ist für Max Emden zweifellos von Bedeutung, der zwar protestantisch getauft ist, aber dem Reich als Sohn jüdischer Eltern eben als Jude gilt. Schweizer zu sein, würde seine rechtliche Stellung erheblich verbessern. Wie gesehen, würde die Eidgenossenschaft seine Interessen schützen. Es erscheint somit angebracht, entsprechende Schritte einzuleiten, zumal der Siegeszug der Nationalsozialisten weitergeht.

Im Juni erringen sie in der Freien Stadt Danzig die absolute Mehrheit. Ein weiteres Alarmzeichen für Emden, denn Danzig ist eine jener Städte, in denen er nach wie vor geschäftliche Interessen verfolgt. Bedrohliche Signale überall: Nachdem Österreich nationalsozialistische Embleme verboten hatte, hat Hitler eine derart hohe Ausreisegebühr festgesetzt, dass nun kaum mehr Deutsche nach Österreich zu reisen vermögen und der wirtschaftlich wichtige Fremdenverkehr abgeschnürt ist. Weil auch Reisen in sein Land erschwert

Einbürgerung

werden, sieht sich der Schweizer Botschafter in Berlin – erneut – genötigt, sich zu wehren. Denn anscheinend wird der benötigte Ausreisesichtvermerk neuerdings von einem «Unbedenklichkeitsattest» des Finanzamtes abhängig gemacht. Besitzt ein Ausreisewilliger ein Vermögen von mehr als 200 000 Reichsmark, stellt das Finanzamt einen Viertel davon sicher, bevor er auf die Reise gehen darf. Zudem prüfen die Beamten Konfession, politische Einstellung und Zweck der Reise, bevor es eine Erlaubnis gibt. Der neue Kurs wirft seine Wellen bis ins ferne Tessin: In Ascona will man über die Pfingstfeiertage wegen dieser Bestimmungen einen Rückgang bei der Zahl der Urlaubsgäste festgestellt haben.

Immer weiter dreht sich das Rad im Dritten Reich. Inzwischen ist die Sozialdemokratische Partei verboten, sodass die NSDAP im Reichstag über eine Zweidrittelmehrheit verfügt und dadurch selbst Verfassungsänderungen alleine durchsetzen kann. Es folgen Massenverhaftungen. Die amerikanischen Juden appellieren an den greisen Reichspräsidenten Hindenburg, die jüdische Bevölkerung in Deutschland vor dem sicheren Untergang zu bewahren, dem sie unter der Hitler-Regierung entgegen gehe. Sicherer Untergang: Wahrlich prophetisch dieser Befund, der auch im Tessiner Lokalblatt verbreitet wird. Dort steht überdies geschrieben, dass mehreren im Ausland lebenden Politikern und Schriftstellern die deutsche Staatsangehörigkeit aberkannt und zugleich ihr Vermögen beschlagnahmt wurde. Im Süden poltert derweil Mussolini, dass «nur starke Völker eine Zukunft haben». Schwache will er zerschmettern. Er sagt das anlässlich der großen Armeemanöver im Piemont, unweit der Grenze zum Tessin. Das weckt Ängste. Auch aus dem Norden scheint Gefahr zu drohen, aber das Reich dementiert jeden «Eroberungswillen». Zeitungen hatten berichtet, die nationalsozialistische Partei wolle Deutschland Teile der Schweiz, Hollands, Belgiens und Dänemarks einverleiben. Mittlerweile läuft im Kino in Locarno «Dr. Mabuse», der Film über den bösartigen Anführer, der wahnsinnig geworden eine Herrschaft des Verbrechens zu schaffen anstrebt und seine Leute bisweilen hypnotisierend zu jeder Untat treibt. Wie passend.

Es ist so: Ein Einbürgerungsgesuch in der Schweiz drängt sich geradezu auf. All diese Meldungen können das nur unterstreichen. Max

August Freiherr v. d. Heydt mit seinen Söhnen
August und Eduard

Die „Insel der Seligen" bei Ascona

Nackte Tatsachen: Seite aus der Zeitschrift «Der Querschnitt» mit dem Bild von der Insel, das Max Emden so viele Probleme bescherte. Darüber Eduard von der Heydt (l.) mit Bruder und Vater.

Bildteil

Der Protagonist in Uniform.

Emden zu Pferd: Nach dem Umzug ins Tessin war es damit vorbei.

Bildteil

Polo, eine Leidenschaft, die ihn dazu brachte, kurzerhand die Hamburger Polo-Anlage zu erstehen.

Bildteil

Das Hochzeitsfoto von 1910 zeigt einen jungen Mann, dem die Ausstrahlung von später völlig fehlt.

Bildteil

Das Anwesen „Sechslinden" in Hamburg-Altona, das Emden direkt neben dem Gelände des Poloclubs errichtete. Heute ist es eine Schule.

Bridge spielte er gerne und gut. In St. Moritz gewann er 1937 das Turnier im «Palace».

Gute Figur machen: Cabriolet fahren im St. Moritzer Winter.

Bildteil

An Deck beim Auslaufen in Neapel während einer Mittelmeer-Kreuzfahrt.

«His Master's Voice» schrieb Würstchen – an das einst berühmte Plattenlabel mit dem Hündchen angelehnt.

Mit Jeanne Remarque, der Frau des Schriftstellers, an der Côte d'Azur.

Die Villa auf der Insel im Tessin war prächtig eingerichtet. Viele der wertvollen Bilder an den Wänden verschwanden nach Emdens Tod.

Bildteil

Von der Bootsgarage kommend brauchte man nicht unbedingt die marmorne Treppe benutzen; schon 1928 hatte Emden in seiner Villa einen Lift einbauen lassen.

Die Insel im See, ein kleines Paradies und eine Welt für sich.

Bildteil

Die Ex-Frau auf der einen, die Geliebte auf der anderen Seite: kein seltenes Bild.

Vater und Sohn Hans Erich hatten ein schwieriges Verhältnis. Hier sind sie für einmal gemeinsam vor dem Büro in Porto Ronco zu sehen.

Bildteil

Emden in exotisch gemustertem Morgenmantel auf dem provisorischen Steg bei der Baustelle auf seiner Insel.

Typisch: Max mit Zigarette. Szene aus Montecarlo.

Bildteil

Max locker-lässig in bester Gesellschaft in St. Moritz (2. von rechts).

Beim Skifahren, auf der Eisbahn oder im Sommer auf dem Polo-Pferd und dem Golfplatz machte Emden stets gute Figur.

Bildteil

Emdens Ex-Frau Anita und, im gleichen Alter wie ihr Sohn, Würstchen.

Auch das hat das Emden-Bild geprägt: Am Steuer des schnellsten Bootes auf dem See.

Bildteil

Posierend auf dem entstehenden Golfplatz von Ascona.

Segelnd auf dem Lago Maggiore.

Würstchen und Max auf einem Landausflug während einer Kreuzfahrt in der Karibik auf der Arandora Star.

Bildteil

Häufig posierten sie auch für Fotos auf der Insel. Hier als «drei Ölgötzen», wie Würstchen das Foto betitelt hatte.

Die Hündchen, die Würstchen fast immer um sich hatte.

Bildteil

Der zu den führenden Ruhrindustriellen gehörende Karl Haniel, Max, Eduard von der Heydt, Frau Haniel, eine Bekannte und das befreundete Ehepaar Vautier.

Im Hafen von Cannes an Bord der Yacht eines Freundes.

In den letzten Tagen vor dem Tod in der Klinik Sant'Agnese in Muralto.

Auf dem Geschirr sein Motto, «Auch Leben ist eine Kunst».

Bildteil

Die prächtige Villa auf der grossen Brissago-Insel.

Bildteil

1938 wurde Emdens Vermögen beschlagnahmt, seine Firma in Danzig «arisiert».

Brief von Bundesrat Häberlin, in dem er ein Machtwort spricht, damit Emden eingebürgert wird.

XXIII

Bildteil

Oberpollinger München in der Anfangszeit: bis heute ist das eines der führenden Kaufhäuser.

Emden zögert nicht lange, doch verläuft die Prozedur keineswegs reibungslos, obschon Emden das bestimmt erwartet hatte und sicherlich erwarten durfte. Schließlich war ihm die Einbürgerung von der Gemeinde angetragen worden, in der er seinen Wohnsitz hatte. Man wünscht ihn zum Bürger des Dorfes zu machen. Wer soll also etwas einzuwenden haben, wenn ihn selbst die Wohngemeinde dazu auffordert, diesen Schritt zu tun? Es zeigt sich, dass es auf jedes Detail ankommt. Das ist keineswegs übertrieben. Wenn man es nicht besser wüsste, würde man sicherlich sagen, einer wie der Kaufhausmillionär Emden bekommt zweifellos ohne jedes Problem und umgehend den Pass. Aber nein, in seinem Fall sorgt tatsächlich ein läppisches Detail dafür, dass das Verfahren gestoppt wird: ein Foto ist die Ursache, ein einziges Foto. Es löst das Veto aus, mit dem Bern alles blockiert. Obendrein handelt es sich um ein altes Foto.

Darauf sind drei nackte junge Frauen von hinten zu sehen. Nichts Vulgäres oder ausgesprochen Erotisches. Ungezwungen posieren sie, die Körper dem See zugewandt, vor der Mauerlücke beim römischen Bad auf Emdens Insel, so wurden sie in einer Zeitschrift abgebildet. Trotzdem liefert dieses Bild den Vorwand, die Einbürgerung vorerst abzulehnen. Die Publikation führte dazu, dass die alten Gerüchte von den Inselmädchen wieder aufgewärmt wurden, die seit jeher Stoff für allerlei pikante Geschichten bei Einheimischen wie Zugezogenen liefern. Emdens Harem auf der Insel. Orgien. Was auch immer. Das Gerede ist über die Alpen bis ins ferne Bern gelangt, wo gewisse, offenbar hoch moralische Beamte solche Gerüchte für bare Münze nehmen, sodass sie Max Emden für unmoralischer als eines Schweizers würdig erachten. Besonders erstaunt, dass derartige Dinge anscheinend mehr Gewicht haben als jede andere Information über den Kandidaten. Alle positiven Berichte der offiziellen Stellen aus dem Wohnkanton und der Gemeinde kommen nicht gegen einige Schreiben an, die irgendwelche Leute aus dem Tessin gezielt in die Bundeshauptstadt schickten, um Emden schlechtzumachen. Oder eben. Vielleicht lieferten sie einfach nur den willkommenen, gesuchten Vorwand, um dem Kandidaten Emden eine Absage erteilen zu können.

Doppelt ärgerlich ist dies für Max Emden, wenn man an die Entstehungsgeschichte des Fotos denkt. Hätte er nur diesen Journalisten nicht auf die Insel gelassen, diesen unmöglichen Menschen, der sein Vertrauen derart schändlich missbraucht hat! Der trotz aller gegenteiliger Beteuerungen eben doch einen Artikel veröffentlicht hat, in dem vom Leben auf der Insel die Rede ist. Schlimmer noch. Der das angeblich verräterische Foto entwendet und publiziert hat. Ärgerlich, ärgerlich, ärgerlich. Mehr als ärgerlich, niederträchtig. Emden muss seinen Ärger irgendwie loswerden. Er telefoniert nach dem Bescheid aus Bern seinem Rechtsanwalt. Marcionni beruhigt ihn mit Äußerungen, die besagen, man werde bestimmt nicht klein beigeben wegen einer derartigen Lappalie. Der Anwalt versichert ihm, die Sache mit jeder Garantie durch die Instanzen zu bekommen. Wobei zu sagen ist, dass die Polizeiabteilung in der Bundeshauptstadt in diesen Zeiten zahlreiche Gesuche wie das seinige kritisch beurteilt, sofern sie das gewisse Etwas haben: Es heißt, Juden hätten es besonders schwer.

Auch Emdens «Weggefährte» von der Heydt, der reiche Bankier vom Monte Verità, der praktisch gleichzeitig mit ihm eine Scheidung hinter sich brachte und Deutschland für das Tessin verließ, denkt schon länger darüber nach, Schweizer zu werden. Er ist, was nicht leicht zu schaffen ist, noch deutlich häufiger auf Reisen als Emden. Genau betrachtet ist Ascona kaum als sein Hauptwohnsitz zu betrachten. Außer im Tessiner Dorf lebt er in einer großzügigen Villa direkt am Meer im niederländischen Zandvoort, wo er zudem eine Privatbank besitzt. Ebenso hält er sich häufig in Berlin auf. Dort gibt es eine Filiale seiner Bank und einen hübschen Bungalow am Wannsee. Seinen Wunsch nach einem Schweizer Pass haben nicht so sehr Befürchtungen über die reichsdeutsche Politik geweckt. Vielmehr hängt er mit einer durch Erlebnisse aus dem Ersten Weltkrieg hervorgerufenen Phobie zusammen. Damals zerstörten die Engländer seine wirtschaftliche Existenz, beschlagnahmten sein ganzes Hab und Gut, ihm, der sich als junger Bankierssohn in London ein eigenes Finanzinstitut aufgebaut hatte. In der schwierigen Nachkriegszeit stand der Baron deswegen vor dem Absturz von den höchsten Kreisen der Oberschicht in ein dunkles Loch, wovor ihn schließlich eine geeignete Heirat bewahrte. Er heiratete die Tochter eines der führenden Bankiers Deutschlands. 17 war sie, halb so alt wie er und im genau gleichen Alter wie Emdens Würstchen zu Beginn der Beziehung.

Einbürgerung

Trotzdem hatte ihn seine berufliche Katastrophe derart geschockt, dass ihn Verlustängste dazu trieben, danach sein Leben darauf auszurichten, eine Wiederholung des Erlebten zu verhindern. Deshalb ist er bestrebt, stets auf der sicheren Seite zu stehen, also auf der Seite der aktuellen Gewinner. Das ist seine Strategie. Konkret geht es dabei auch um Geld. So plant ausgerechnet sein altes Schreckgespenst England – und Frankreich allenfalls dazu – wegen der ausstehenden Kriegsschulden anscheinend deutsches Vermögen im Ausland beschlagnahmen zu lassen. Möglicherweise soll dies sogar in der Schweiz geschehen, wo er als Deutscher lebt und Eigentum besitzt, wie der Baron seinem Anwalt schreibt. Diese Sorgen plagen ihn schon 1931. Mit seinem Gesuch wartet er aber noch zu und reagiert auf die Zeichen der Zeit mit einer anderen Strategie als Max Emden, sein ehemaliger Gast und Freund; oder sagen wir neutral, sein guter Bekannter. Nach der endgültigen Machtübernahme Hitlers tritt von der Heydt, der arische Deutsche, umgehend der NSDAP bei, erwirbt die Mitgliedschaft in der Partei an seinem zweiten Wohnsitz in den Niederlanden. Zudem schickt er Parteibonzen fortan Glückwunschtelegramme zum Geburtstag und anderen Anlässen oder betreibt anderswie Kontaktpflege, etwa zu einem Kaliber wie Hermann Göring, bereits amtierender Reichtagspräsident und nun von Hitler zum Minister ernannt, der für den preussischen Sicherheitsapparat zuständig ist. Gut möglich, dass sich das Verhältnis zwischen den beiden Auswanderern im Tessin zu diesem Zeitpunkt abgekühlt hat, auch wenn die dunkle Seite des Opportunisten von der Heydt den allermeisten Menschen lange verborgen bleibt – dies könnte auch für Emden gegolten haben. Der unmögliche Journalist, der Emden mit seinem Bericht und dem entwendeten Foto die Einbürgerung vermiest hat, ist übrigens mit Baron von der Heydt befreundet, regelmäßiger Gast auf dem Monte Verità und von Haus aus Kunsthändler. Von der Heydt schreibt selber gelegentlich Artikel für dessen Zeitschrift aus Berlin, «Der Querschnitt», die Emden mit dem Nacktbild in die Bredouille gebracht hat.

Schließlich wird der Baron, wie zu erwarten war, ebenfalls zum Einbürgerungskandidaten. Ganz glatt überwindet selbst sein Gesuch die Hürde Bern nicht. Die zunächst geäußerten Bedenken der Polizeiabteilung über eine genügende Assimilation vermag er aber dank seiner vorausschauenden Strategie schnell auszuräumen, pflegt er mit seiner weltberühmten und vielfältigen Kunstsammlung doch auch Politik in eigener Sache zu betreiben. So rechnet ihm Bern nach einer entsprechenden Intervention hoch an, dass er als Kunstmäzen Museen in der Schweiz mit wertvollen Bildern und Objekten aus seiner Sammlung aufgewertet hat. Überdies ist er für Asconas Fremdenverkehr mit seinem renommierten Hotel und dem Engagement im Golfclub zu einem wichtigen Akteur geworden und, das versteht sich von selbst, ein sehr guter Steuerzahler. Außerdem spricht für ihn, dass er nicht Jude ist. Dass er die erforderlichen Wohnsitzbestimmungen für die Einbürgerung eigentlich nicht erfüllt, übergeht die Beamtenschaft geflissentlich.

Die blosse Schweizer Staatsbürgerschaft reicht von der Heydt jedoch nicht. Der Drang, sich gegen alle Seiten abzusichern, treibt ihn bald dazu, ganz im Norden des Landes einen zweiten Heimatort zu suchen. Denn: Was wäre, wenn …? Mussolini könnte im Tessin einmarschieren, dann wäre der Heimatort Ascona des Barons plötzlich italienisch statt schweizerisch. Darauf sollte man vorbereitet sein.

Ja doch: Mussolini überrollt von Süden her auf dem Landweg das Tessin!

Mit einem Handstreich erobert seine Armee das italienische Anhängsel der Schweiz. Aber da, mitten im See, im Niemandsland, befindet sich das Inselchen von Max Emden, die freie Republik Maxonien! Der wehrhafte Admiral patrouilliert mit der schnellen Chris Craft vor dem Ufer seiner freien Republik. Heroisch wird er die Flotte der Invasoren abfangen, sollte sie auftauchen und Kurs auf sein Eiland nehmen wollen …

Unfug. Nichts als Unfug. Aber, wenn überhaupt, ist für Unfug im Falle Emdens allein Würstchen zuständig. Allerdings ist dem Herrn im Moment kaum nach Scherzen zumute, nachdem er auf sein Einbürgerungsgesuch völlig überraschend einen negativen Bescheid bekommen hat. «Nicht assimiliert» steht an erster Stelle als Grund, was jedoch kaum ausschlaggebend gewesen sein kann. Es gibt einen zweiten Grund, wahrscheinlich den wahren Grund, und der hat mit dem erwähnten Aktfoto zu tun. Sein moralischer Ruf lasse zu wünschen übrig, erläutert das die Bundesanwaltschaft in ihrer Stellungnahme. Oder trifft auch dies nicht den Kern der Sache?

Auf dem Papier sah alles perfekt aus, nach einem Fall ohne jede Komplikation. Im Gegensatz zu von der Heydt ist Emden schon genügend lange im Tessin sesshaft und erfüllt die entsprechenden gesetzlichen Anforderungen. An den Wohnsitzdaten braucht er nicht herumzuschrauben, das Tessin ist unbestreitbar sein Lebensmittelpunkt, während der Baron zwischen verschiedenen ausländischen Städten und Ascona pendelt. Schauen wir uns die Angaben im Dossier an. Nach dem Wegzug aus Hamburg beginnt sein Schweiz-Aufenthalt in St. Moritz. Oder nein. Blenden wir weit, ganz weit zurück. Seit seinen ersten Lebensjahren gibt es diese Verbundenheit zum Engadin, ferienhalber. Seine Eltern pflegten mit ihm im Engadiner Nobelkurort den Sommer im Du Lac zu verbringen. Auch einen Teil seiner Studien hat Emden im Land absolviert. An Zürichs Universität war er mit jugendlichen 20 Jahren eingeschrieben, bevor er in Heidelberg weiterstudierte. Die Hamburger Gesellschaft erlaubte es ihrer Elite, sich erst einmal umzuschauen, da und dort zu schnuppern war typisch für das dortige Großbürgertum, es herrschte nicht diese preussische Art, schnurstracks auf das eine Karriereziel loszusteuern. Wie aus den Einbürgerungsakten hervorgeht, entdeckte der damalige Kaufhaus-König das Tessin 1924 als lebenswerte Gegend, residierte ein erstes Mal im Palace Lugano, um in der Folge wiederholt dorthin zurückzukehren, wo er schließlich bei einem Abend mit Konsul Jacobi Bekanntschaft mit dessen junger Tochter schloss. Das war, kurz bevor die Lugano-Phase endete, und er zu Eduard von der Heydt nach Ascona dislozierte, der das vorübergehend geschlossene Sanatorium auf dem Monte Verità eben zu einem Hotel mit adäquatem Niveau für die gehobene Klientel gemacht hatte.

Vom September 1927 an war der Monte Verità für gut ein Jahr Emdens feste Bleibe. Einige Monate später begannen die Bauarbeiten für seinen Palazzo auf der Insel, den er nach einer langwierigen Bauphase beziehen konnte. Daneben verfügt er seitdem auf dem Festland auch über eine zweite Adresse. Sie gehört zu seinem Häuschen mit Büro in Porto Ronco, genau an jenem Punkt des Seeufers gelegen, der seiner Insel am nächsten ist. Es ist diese kleine Gemeinde,

Einbürgerung

Porto Ronco, die ihm ans Herz legt, die Bürgerschaft zu beantragen, was er auch tut.

Emdens Auszug aus dem Zentralstrafregister in Bern ist sauber. Er ist darin als geschieden und Protestant geführt, ganz wie Baron von der Heydt. Unter der Rubrik «Kinder» steht im Einbürgerungsantrag nichts, wobei nur nach minderjährigen Sprösslingen gefragt wird. Hans Erich ist bereits volljährig geworden, er interessiert auf dem Formular daher nicht. Dies hat den Nebeneffekt, dass er nicht automatisch mit dem Vater eingebürgert werden kann. Deshalb notiert Vater Emden auf dem Antrag, dass auch der Sohn die Staatsbürgerschaft beantrage, im Moment aus «erzieherischen Gründen» allerdings im Ausland weile. Der Gendarm des örtlichen Polizeipostens, der ein weiteres Formular zuhanden der zuständigen Ämter ausfüllt, hat keine Hinweise auf Probleme irgendwelcher Art, die Rubrik bleibt daher leer. Er sei kein Trinker, habe in Deutschland Militärdienst geleistet, habe sich stets korrekt verhalten. Politisch stuft ihn der Postenchef als neutral ein. Hübsch die prägnante Zusammenfassung von Emdens wirtschaftlicher Situation in einem Wort: «Multimillionär». Er gehe keinerlei Erwerbstätigkeit nach und sei bei guter Gesundheit. Alles perfekt.

Trotzdem hat jemand in Bern Einwände zu machen. Wie erwähnt, handelt es sich um die Bundesanwaltschaft, welche die Fremdenpolizei überwacht. Werner Balsiger von der Bundesanwaltschaft, der in nicht langer Zeit erster Chef der neu geschaffenen Bundespolizei wird, entpuppt sich als jener Gegner der Einbürgerung, der aus der vermeintlichen Formalität eine Knacknuss macht. Zu ihm sind, zum Teil anonym, Schreiben von Leuten gelangt, die Emdens Einbürgerung zu hintertreiben versuchen. Jemand rät, mit einer bestimmten Schifffahrtsgesellschaft in Hamburg sowie mit Emdens Arzt, Dr. Melik, Kontakt aufzunehmen. Ein eigenwilliger, korpulenter Mann, dieser Wladimir Melik, aber äußerst beliebt. Aus Russland gekommen, aus reicher Familie stammend, ist er wegen der Revolution in seinem Land in der Schweiz hängen geblieben und nun in Ascona tätig. Ist seine Praxis stark von reichen Ausländern frequentiert, gesellt er sich im Dorf indes lieber zu den einfachen Leuten, zu Einheimischen, mit denen er trinkt, spricht und kocht[32]. Eine große Menschlichkeit wird ihm zugeschrieben. Eine Kapazität dieser Arzt, der die ärmeren unter seinen Patienten kostenlos behandelt und angeblich völlig unbeschadet die ganze Nacht über bechern kann. Was er Aufschlussreiches über Emden zu erzählen haben könnte, bleibt verborgen. In seiner Einschätzung zuhanden der Eidgenössischen Fremdenpolizei erwähnt Balsiger als Beleg aber ein anderes Schreiben, in dem ein nicht genannter Verfasser aus finanziellen Gründen eine Einbürgerung begrüßt und von Personen aus Emdens nächstem Umfeld erfahren haben will, dass sämtliches Geschwätz über ihn unwahr oder jedenfalls völlig übertrieben sei. Die Gerüchte, wonach die Insel ein unmoralischer Ort ist, seien sowieso längst überholt, denn Emden sei herzkrank und lebe ruhig und zurückgezogen. Er fahre täglich mit dem Motorboot zum Golfplatz und von dort zurück auf die Insel. «Allenfalls könnte sich ein Großmütterchen aus Ascona über das Gerücht empört haben, das in den ersten Zeiten nach der Ankunft Emdens die Runde machte». Balsiger zitiert aus einem weiteren Brief, der ebenfalls persönlicher Natur ist und dessen Urheber er nicht nennt, wonach zahlreiche fremde, der Landbevölkerung geheimnisvoll anmutende Besucher auf die Insel kämen. Hinter dieser doch reichlich diffusen Andeutung, dürften sich am ehesten Besuche wie die des Königs von Siam oder des Aga Khan mit ihrem Anhang verbergen, die gewiss exotisch, extravagant und geheimnisvoll wirken. Lokal pflege Emden zudem keinerlei natürliche soziale Beziehungen irgendwelcher Art: Was soll das wieder bedeuten?

Er lebt auf einer kleinen Insel, das allein ist wohl höchst suspekt. Denn über all die vergangenen Jahrhunderte ist es niemandem aus den Dörfern am See in den Sinn gekommen, dorthin zu ziehen. Es musste schon eine exzentrische russische Baronin kommen, dass die verlassene Insel mit Leben erfüllt wurde. Unweigerlich lieferte das unerschöpflichen Stoff für Gerede, was sich nicht änderte, als Emden von ihr das Eiland übernahm. Er pflege nur Kontakte zu ausländischen Elementen, listet Balsiger auf. «Hinsichtlich der Gerüchte über die «immoralità» in Emdens Betrieb auf der Insel erwähnen wir noch, dass der Bundesanwaltschaft im Jahre 1930 eine anonyme Denunziation zugekommen ist, wonach Emden und von der Heydt sich mit Rauschgifthandel befassten»[33]. Oha! Das wird ja immer schöner. Der unmoralische Lebenswandel gipfelt im Drogenhandel. Was ist an den Vorwürfen dran? Drei Jahre ist die Denunziation alt und anonym erfolgt. Überhaupt, alles läuft hier offenbar anonym. Für den angeblichen Rauschgifthandel liegen keinerlei Belege vor, polizeiliche Stellen haben offensichtlich keinerlei Hinweise gefunden, um ein Verfahren zu führen. Bedenklich ist, dass Herr Balsiger die Anschuldigung trotzdem erwähnt, um den Kandidaten in ein negatives Licht zu rücken. Betreibt hier ein hoher Beamter etwa gezielt eine Diffamierungskampagne?

Emden ist nicht assimiliert und den lokalen Behörden geht es nur um sein Geld: Das ist Balsigers Fazit. Politisch gibt es hingegen nichts Nachteiliges zu sagen, «im übrigen lässt aber sein moralischer Ruf zu wünschen übrig», hängt er an. Punkt und Schluss. Ohne weitere Erklärungen, Belege, Fakten. So hat es für den Herrn Bundesanwalt einfach zu sein. Folglich sei das Gesuch abzulehnen, allenfalls an das Tessin zurückzuweisen, um neue, umfangreiche Erhebungen vorzunehmen. Man beachte: Balsiger verlangt zusätzliche Recherchen, die zudem umfassend zu sein haben, ansonsten könne Emden seinen Wunsch nach einem Schweizerpass gleich vergessen.

Aloys von Reding, bei der Eidgenössischen Fremdenpolizei im Justiz- und Polizeidepartement für den Fall zuständig, wählt die mildere der vorgeschlagenen Varianten und schickt das Dossier nach Bellinzona zurück. Von dort wird eine entschieden positive Einschätzung über Emden nach Bern geschickt. Er sei durchaus im üblichen Maße assimiliert, es habe keinerlei Klagen über ihn gegeben. Das kantonale Departement des Inneren weist zudem die von Balsiger angesprochenen Gerüchte in Sachen Lebenswandel ins Reich der Phantasie zurück. Die bloße Vorstellung von einem Millionär als Inselbesitzer habe das ausgelöst. Das Departement verweist dabei auf die vom Kommandanten der Kantonspolizei in Ascona, Porto Ronco und Brissago durchgeführten Erkundigungen. Laut dessen Bericht hat sich gezeigt, dass Emden gleich von dem Moment an die Phantasie der Bevölkerung beflügelt hat, an dem er seinen Fuß auf die Insel setzte, beziehungsweise seinen Palazzo zu bauen begann. Das Rätselhafte, das der Insel anhaftete, sei mit Nacktheit und Tänzen ausgemalt worden, formuliert der Polizeichef psychologisch. In Wahrheit habe niemand etwas in dieser Art gesehen. Die Gerüchteküche über die geheimnisvollen Vorgänge auf der Insel begann vor zwei, drei Jahren erneut zu brodeln, wie er schreibt, nachdem eine

Berliner Zeitschrift einen Artikel über Ascona und das Inselchen im See mit einem Foto illustriert hatte, das drei junge nackte Frauen beim römischen Bad zeigte.

Um genau zu sein, ist besagter Artikel bereits 1929 erschienen. Er zeigte aber nachhaltig Wirkung. Für die Autoren des auch frivolen Inhalten nicht abgeneigten Zeitgeistmagazins aus Berlin ist Ascona und seine Umgebung eine der besonders beliebten Destinationen im Süden. Sie besuchen das einstige Fischerdorf, in dem sich inzwischen ebenso Künstler, Schauspieler und Schriftsteller wie wichtige Persönlichkeiten aus Deutschlands Politik und Wirtschaft tummeln, mehrfach, um darüber Artikel zu publizieren. Besonders der Monte Verità, der Wahrheitsberg von Eduard von der Heydt hat es ihnen angetan – und außerdem, zum Leidwesen von Max Emden, seine Insel. Sie verbreiten elitäre Bemühtheiten wie diese über ihn. In der Ausgabe 1928 ist er «Der grosse Panje, der mit dem grossen Pan das gemeinsam hat, dass er überall und nirgends ist, taucht plötzlich in einem Cadillac auf, mit einem bunch of beautiful northgerman ladies, eine Vision von blau und nickel, oder der lago wird geteilt von seinem Motorboot mit 80-Stunden-km-Geschwindigkeit, welche die sonst fehlende Brandung schafft, wofür ihm alles dankbar ist. Er möchte am liebsten aufgehen in Luft, Wasser und Sonne und möchte, dass man ihn niemals sieht, weil er das Idyll nicht stören mag, wie er sagt. Und das gerade Gegenteil ist der Fall, denn man sieht ihn infolge der Schnelligkeit seiner Motoren überall. Er eilt vom Festland zu seinen Inseln, wo fußdicker Bambus, Oliven- und Pinienhaine ihn verbergen. Weg! Still ruht der See, den er soeben noch übertreten ließ. Er will nicht genannt sein, will verschwinden in dem Idyll – und trägt doch eine Bügelfalte in seinen kurzen Hosen, mit denen er notgedrungen einen Teil seines mahagonibraunen Leibes bekleiden muss.» Dem schickt der Autor im nächsten Abschnitt nach: «Bohème ist furchtbar und gespensterhaft, wo sie auch auftritt, sei es in Paris oder in Ascona. In Verbindung mit ländlichen Manieren wird sie z. K.»

Sie wird «z. K», wie zum Kotzen: So schreibt der Zeitgeist snobistisch in der Berliner Zeitschrift «Der Querschnitt».

Zurück zu Emdens Einbürgerung. Um ganz sicher zu gehen, hat der Tessiner Polizeikommandant auch einen nicht näher bezeichneten Handwerker befragt, der von Beginn weg in Emdens Anwesen beschäftigt ist. Dieser Mann habe nie auch nur den geringsten Hinweis festgestellt, der Zweifel an dessen Moral hätte aufkommen lassen können. Wie die übrigen Gewährspersonen auf dem Festland hält er seinen Chef für eine korrekte Person.

Emden selber lässt die Angelegenheit nicht kalt, ja, die Sache mit dem zurückgewiesenen Antrag ist ihm sogar ziemlich sauer aufgestoßen. Deshalb mag er nicht auf eine gepfefferte Stellungnahme zuhanden des Justiz- und Polizeidepartements in Bern verzichten, in der er seinem Ärger Luft verschafft. Trotzig führt er an, dass er das Gesuch erst gestellt habe, nachdem ihn Einwohner der Gemeinde dazu aufgefordert hätten, überdies ausdrücklich hinzufügend, dass sich Brissago und Ronco freuen würden, wenn er das Schweizer Bürgerrecht erwerbe. Er sehe keine Veranlassung, sich für sein Privatleben zu rechtfertigen oder zu entschuldigen. Vielmehr geht es ihm darum, wie er schreibt, egal, ob er nun eingebürgert wird oder nicht, einiges richtigzustellen, was in seine persönliche Akte in Bern Eingang gefunden hat, «in der ich eine höchst merkwürdige, nebenbei bemerkt, völlig der Wahrheit widersprechende Rolle spiele». Er schildert, wie die Insel schon immer die Phantasie angeregt hat, was er aus eigener Erfahrung weiß. Beim ersten Besuch in der Gegend bekam er über die damalige Besitzerin der Insel, Frau Saint-Léger, richtige Schauermärchen zu hören. Selber Besitzer geworden, erzählten ihm mitfahrende Passagiere überall, auf dem Dampfer, seinem Boot, im Auto, von seiner Fama auf dem Festland, vom Gerede, das über ihm im Umlauf war. Es begann, noch bevor die Villa fertig gestellt und bezogen war. Neid und Klatschsucht: Das steckt seiner Meinung nach dahinter. Seinerseits habe er, wie er schreibt, bedauerlicherweise einen großen Fehler begangen, als er einmal den Verleger der Zeitschrift «Der Querschnitt» auf die Insel ließ. Dabei gewähre er sonst keinem Journalisten Zutritt, obwohl er häufig Anfragen bekäme. Er habe sich von diesem Alfred Flechtheim das Ehrenwort geben lassen, weder über ihn noch die Insel ein Wort zu veröffentlichen. Dieses eine Mal nachgegeben zu haben, erwies sich als fatal, weil der Mann skrupellos ein Aktfoto an sich nahm, die Aufnahme eines befreundeten Malers aus dem Jahr 1928. Eine ästhetische Komposition, keineswegs anstößig.

Nackte Tatsachen umgeben von Literatur- und Kunstthemen zu publizieren, ist in Flechtheims Magazin gängig. Im Falle Emdens bebilderte er einen Artikel mit dem besagten Foto der drei nackten Damen auf seiner Insel, direkt darunter stellte er ein Bild des jungen Eduard von der Heydt, ebenfalls zu dritt mit Vater und Bruder an dessen Seite zu sehen, allesamt höchst seriös in schwarzem Gehrock und Zylinder gekleidet. Eine Komposition, die den Gegensatz zwischen den beiden Szenen besonders stark hervorhob, was wohl auch der Zweck der Sache gewesen ist. Der Artikel selber hat mit dem Abgebildeten allerdings nichts zu tun. Denn Autor Flechtheim, im Hauptberuf Galerist und Kunsthändler, skizziert darin eine Reise der Kunst durch die Schweiz, von Genf, Vevey und Lausanne über Ascona und Lugano nordwärts via Luzern nach Zürich und Winterthur. Emden erwähnt er ein einziges Mal, in einem Satz zusammen mit der Tänzerin Charlotte Bara und der berühmten Malerin Marianne von Werefkin. Er nennt Emden den Neptun des Lago Maggiore, der aus den Brissago-Inseln die «Insel der Seligen» gemacht habe: Das ist alles. Dieser halbe Satz, das ach so unmoralische Foto – und es geht wieder los.

Das Verrückte daran ist, dass es, was Emden damals nicht wissen kann, für immer so bleiben wird. Auf ewig ist er dazu verdammt, als der Neptun des Lago Maggiore, der Inselherr mit den nackten Frauen, der zügellose Lebemann zu gelten. Selbst ein halbes Jahrhundert nach seinem Tod wird sich daran nichts geändert haben. Der Reiz des Geheimnisvollen. Der kleinste Anlass, eine Bemerkung und schon bemächtigt sich die Phantasie der Gehirnwindungen, in denen sich Geschichten wie aus 1001 Nacht verbergen mit Inselherr Emden als Protagonisten. 800 Meter Wasser, ein Stück Land, kaum so groß wie ein Kreuzfahrtschiff auf dem Meer, reichen anscheinend, um alle Welt zum Träumen zu bringen. Träume, die in diesem Fall bevorzugt von erotischer Natur sind. Emden findet das nicht spaßig: Bald werde er 60 und wolle einfach in Ruhe und Frieden leben, betont er im Schreiben nach Bern. Nein, er ist nicht jener Lebemann, als der er gerne dargestellt wird. Max Emden ist eher ruhig, fast scheu, ein pünktlicher Mensch, der üblicherweise auch nicht bis tief in die Nacht auf bleibt, selbst wenn er Gäste hat; so war er schon immer, egal, was der Mythos der Insel erzählt.

Er fordert das Departement auf, einer eventuellen Ablehnung seiner Einbürgerung eine Form zu geben, die es ihm ermögliche, «weiter in Ihrem schönen Land zu leben». Was er damit meint, wird nicht ganz klar. Aber er deutet an, ein Nein wegen der imaginären Frauengeschichten und angedichteten Unmoral nicht einfach so hinzunehmen. Ob er selber einen Wegzug ins Auge fasst, lässt er offen. Ziemlich unverhüllt gibt er aber zu verstehen, dass dies ökonomische Folgen haben könnte: Für seinen Sohn, der vor Jahresfrist geheiratet hat, gedenkt er ein Unternehmen auf die Beine zu stellen. Das könnte unter Umständen in Italien statt in der Schweiz geschehen. Damit würde eine Chance auf neue Arbeitsplätze vergeben. Ein bisschen drohen da, ein bisschen schummeln dort: Er sei alleiniger Inhaber der M. J. Emden Söhne in Hamburg, habe von deutscher Seite bisher keinerlei Benachteiligung erfahren, sodass sein Einbürgerungsgesuch völlig unabhängig von den Vorgängen in seinem Vaterland sei, fährt er fort. In Wahrheit hat er bereits die gegen Warenhäuser gerichteten Judenboykotte zu spüren bekommen. Zudem ist dort die Stimmung gegenüber Juden und ganz generell gegen Andersdenkende äußerst feindlich.

Sein Rechtsanwalt Marcionni doppelt nach, versucht, ebenfalls Druck zu machen, wobei eine kleine Spitze gegen die Bundesanwaltschaft nicht fehlen darf. Er könne nicht auf die Vorwürfe oder Anschuldigungen gegen seinen Mandanten eingehen, schreibt er, weil er keinerlei Kenntnis habe, worauf die Behörde diese gründe. Sofern es sich um dessen Privatleben drehe, könne er, der vier Jahre lang Gemeindeammann von Brissago gewesen sei, umgehend für jeden der Vorwürfe den Nachweis erbringen, gegenstandslos zu sein. Unerhört auch, diesem Mann eine mangelnde Assimilation vorzuwerfen, wo er unter ständigen finanziellen Verlusten die einheimische Wirtschaft unterstützt habe und seinen mittlerweile volljährigen Sohn zehn Jahre lang in schweizerischen Instituten erziehen ließ. Die ganze Region zwischen Brissago und Locarno verdanke Emden viel. Nicht nur habe er für seine Villa mehr als eineinhalb Millionen Franken ausgegeben, die zu neun Zehnteln in die Taschen von Schweizer Unternehmen flossen. Ebenso habe er über 250 000 Franken in den Golfplatz Ascona investiert – ohne irgendwelche Besitzansprüche zu erheben. Dr. Emden und der Monte Verità seien der

Grund, weshalb sich der Tourismus entwickelt habe, der nun tausenden Menschen ein Auskommen gebe. Nun sei daher der Moment gekommen, sich ihm für seine Verdienste erkenntlich zu zeigen.

Nach diesem Appell hebt der Rechtsanwalt in eine moralische Sphäre ab. Mangelnde Moral und Assimilation: Das hätte doch für jene Fälle zugetroffen, die er, Marcionni vor einigen Jahren als Kantonsrat, im Parlament, miterlebt habe. Damals seien italienische Deserteure eingebürgert worden, die während des Ersten Weltkrieges ihr Vaterland im Stich gelassen hätten. Wenn Kandidaten mangelnde Moral vorgehalten werde könne, dann doch solchen, die ein derartiges Verbrechen gegen ihr Vaterland begangen haben. Die Bundesanwaltschaft habe damals jedoch nicht opponiert. «Nur ich allein habe gesagt, dass sie keine guten Schweizer werden können, wenn sie in ihrem Land keine guten Staatsbürger gewesen sind.» Bei Emden, dem nichts dergleichen vorzuwerfen sei, würde eine Ablehnung des Gesuchs hingegen ein Angriff auf dessen Ehrenhaftigkeit bedeuten. Schließlich vergisst er nicht, auf die erklecklichen Steuerbeträge hinzuweisen, die bei einem Wegzug Emdens verloren gingen und in schwierigen Zeiten wie diesen kaum zu kompensieren wären.

Es vergeht ein guter Monat, bis Marcionni just auf Weihnachten hin ein zweites Mal zu Feder greift. Diesmal schreibt er als «freier Schweizer Bürger» ein geradezu flammendes Plädoyer, in dem es um Rassenvorurteile geht, die von Norden her, wie es den Anschein macht, auf die Schweiz übergreifen. Hingegen kümmere es weder in Italien noch in Frankreich oder England jemanden, ob ein Meister seines Faches, ob eine herausragende Persönlichkeit jüdischer Abstammung ist oder nicht, betont der Anwalt. Er zitiert entsprechende Äußerungen Mussolinis – der die Rassentheorie Deutschlands als große Torheit bezeichnet – und belegt es mit Beispiele aus jenen Ländern: den früheren Premierminister Disraeli in England, den italienischen Premier Luzzatti, den großen Mediziner und Nobelpreisträger Metschnikow, der in Frankreich gestorben ist. «Hüten wir uns in der Schweiz vor dem Rassenbazillus», der den Staat gefährde, ermahnt er das Justizdepartement, bevor er ein Urteil aus Zürich erläutert, das jüngst einen Antisemiten zu einer höheren Strafe verurteilt hat, als vom Staatsanwalt beantragt worden war. Der Mann hatte dazu angestiftet, einen jüdischen Kaufmann zu misshandeln.

Das Urteil sei das richtige Signal. All dieses Reden über Rassenvorurteile und den davon ausgehenden Gefahren bringt Marcionni einleitend mit dem Einbürgerungsversuch Emdens in Zusammenhang, was soviel bedeutet, dass er Antisemitismus dahinter sieht, wenn es in dieser Angelegenheit bei einem Nein aus Bern bleibt.

Nach den Feiertagen wendet sich die Sache nicht zum Besseren. Denn es schaltet sich ein Schwergewicht in Ausländerfragen in die Angelegenheit ein, Heinrich Rothmund, der Chef der Polizeiabteilung im Justiz- und Polizeidepartement (EJPD). In dieser Funktion ist er auch Chef der Eidgenössischen Fremdenpolizei und ist für Ausländerfragen der vorliegenden Art der entscheidende Mann. Formulieren wir es einmal so: Hilfreich ist das für Emdens Anliegen nicht, dass seine Einbürgerung zur Chefsache geworden ist. Anwalt Marcionni hat mit seiner auf den ersten Blick etwas merkwürdig anmutenden Philippika gegen gewisse Tendenzen in Bern insofern ins Schwarze getroffen, als dass das EJPD tatsächlich stark fremdenfeindlich und antisemitisch angehaucht ist[34]. Bis zu seinem emotionalen Schreiben war nirgends auch nur eine Andeutung zu finden, dass in Emdens Fall das Judentum eine Rolle spielen könnte. Im Formular mit allen relevanten Angaben ist er als Protestant eingetragen. Anderes enthalten die Akten zum Thema Religion und Konfession nicht. Allen scheint trotzdem stets klar gewesen zu sein, dass es sich, salopp gesagt, um eine jüdische Einbürgerung handelt. Eine unheilvolle Periode hatte gerade begonnen, in der die Schweiz nicht alles in ihrer Macht stehende tun wird, um vom Deutschen Reich verfolgte Juden zu retten. Rothmund wird die ganze Zeit über einer der wichtigsten Akteure in den Schaltstellen in Bern sein und für ein Verhalten stehen, für Anordnungen, aufgrund derer flüchtende Juden selbst in größter Not an der Grenze in den sicheren Tod zurückgeschickt werden. Was Einbürgerungen von Juden betrifft, werden sie praktisch seit seinem Amtantritt – er erfolgte unmittelbar nach dem Ersten Weltkrieg – systematisch erschwert.

Den Tessiner Behörden traut Bern nicht, sonst würde nicht veranlasst, in Sachen Emden zusätzliche eigene Abklärungen vorzunehmen. Vertrauenspersonen sollen weitere Einschätzungen abliefern. Ein aus dem Tessin stammender Mitarbeiter der Bundeskanzlei, der sich bei verschiedenen Personen erkundigt hat, zeichnet nun aber ebenfalls ein positives Bild. Selbst wenn am Anfang von Emdens Aufenthalt «nicht alles geklappt haben mag», seien die Gerüchte hierüber stark übertrieben. Seit Jahren könne ihm nichts vorgeworfen werden. Von Deutschland habe er sich völlig losgelöst. Eine weitere Gewährsperson ist ein ehemaliger Hamburger Politiker, der Emden aus der Heimat kennt, wo er «sowohl in persönlicher wie in geschäftlicher Beziehung den besten Ruf genoss». Ein St. Galler Anwalt, der Klienten im Tessin betreut, leitet eine weitere in Auftrag gegebene Einschätzung an die Fremdenpolizei weiter, die von einer Mandantin stammt: Die über Emden herumgebotenen Geschichten seien meist auf die lebhafte Phantasie des in Ascona und Umgebung niedergelassenen Künstlervölkchens zurückzuführen. Der Ursprung dieses Unheils wird in Badefesten gesehen, die er in seiner ersten Zeit gab und für die er viele Gäste zu sich einlud – «und zwar meist Tessiner, worunter viele hübsche Frauen und Mädchen». Von Orgien könne nicht gesprochen werden, allerdings wird befürchtet, die Mädchen hätten – getrennt von den Herren – mitunter nackt gebadet.

Letztere Details hat der St. Galler Anwalt von Reding telefonisch mitgeteilt. In seinem zusammenfassenden Bericht zuhanden von Heinrich Rothmund fehlen hingegen einige der Aspekte, die ihm schriftlich mitgeteilt wurden. Einer davon ist, dass Emden infolge seiner anstrengenden geschäftlichen Tätigkeit anscheinend seit langem nervenleidend sei und deshalb meist sehr zurückgezogen lebt. Dieses zurückgezogene Leben wiederum habe zur Legendenbildung beigetragen. Persönlich ist er äußerst nett und anständig, sei nie arrogant aufgefallen. Zu seinem Nachteil gereichte ihm jedoch «seine oft etwas schroffe Art, die leicht als Hochmut ausgelegt werden kann». Hochrangige Tessiner Politiker hätten sich für ihn eingesetzt, führt von Reding gegenüber dem Chef der Polizeiabteilung weiter aus. Bundesrat Motta etwa oder der kantonale Finanzdirektor Martignoni, der die finanzielle Tragweite herausstrich. Dessen Regierungskollege Cesare Mazza sprach sogar persönlich bei der Fremdenpolizei vor: Die Einbürgerung sei im Interesse des Kantons, denn der Mann sei sehr wohltätig und freigebig. Weil ihm zudem die Gemeinde die Einbürgerung nahe gelegt hat, würde ihn eine Abweisung dermaßen kränken, dass er das Land verlassen könnte. Kleinere moralische Entgleisungen seien allenfalls früher vorgekommen, seitdem ist nichts Nachteiliges über ihn bekannt. Auch als assimiliert wird er betrachtet, weil er regen Verkehr mit Tessiner Familien gehabt habe. Mazza zählt einige bedeutende Familien aus Locarno auf, Namen, die auf Golfplatz-Bekanntschaften hindeuten.

Von Reding kann sich einen Seitenhieb an die örtlichen Behörden nicht verkneifen: «Mit Rücksicht auf die Freigebigkeit des Bewerbers und hauptsächlich wohl auch im Hinblick auf eine zu erwartende fette Erbschaftssteuer, für deren Verteilung die Staatsangehörigkeit des Erblassers maßgebend ist, ließ man ihn wissen, dass die Gemeinde Ronco froh wäre, ihn als Bürger begrüssen zu können». Dennoch ist, selbst wenn man ihn streng beurteilt, Emdens «sittliche Führung» höchstens in der ersten Zeit nach der Scheidung nicht ganz einwandfrei gewesen. Das Fazit lautet, dass Emden alle Kriterien für die Einbürgerung erfüllt. Es sei zu verantworten, ihm die Schweizer Staatsbürgerschaft zu gewähren. Zuvor hat schon die Bundesanwaltschaft ihre Einwände zurückgezogen. Weiter zuzuwarten, die Bewährungszeit zu verlängern, erachtet von Reding für unnötig, da Emden wegen einer schweren Herzkrankheit inzwischen zu völliger Ruhe gezwungen ist und sogar sein geliebtes Golfspiel aufgeben musste. Das klingt ja beinahe so, als ob der Inselherr demnächst das Zeitliche segnen würde. Lakonisch die Schlussbemerkung, wonach eine Ablehnung wohl den Kanton «verschnupfen würde», dem viel an der Sache gelegen sei.

Ein neuer Frühling ist ausgebrochen, das Jahr 1934 steht in voller Blüte und das letzte Hindernis scheint ausgeräumt. Der April, er macht, was er will. Ebenso Rothmund. Heinrich Rothmund will diese Einbürgerung weiterhin nicht, die mittlerweile alle befürworten. Und er gibt sich nicht geschlagen. Unmissverständlich teilt er dem zuständigen Bundesrat seine Meinung mit. Nein, das Gerede, die Moral, das ist es nicht allein, was ihn stört. Er, Rothmund habe wirklich triftige Gründe für seine Haltung: «Solche Einbürgerungen gehen mir wider den Strich.»[35] Ja, so einfach ist das für Herrn Rothmund. Einen wie Max Emden will er einfach nicht als Miteidgenossen haben. Er glaubt, das Problem werde sich von selbst lösen, wenn er dessen Anwalt rät, ein paar Jahre zu warten. «Wahrscheinlich wird er dann verzichten.» Abfällig ergänzt er, «es scheint mir aber nicht viel verloren zu sein». Unvoreingenommenheit schreibt sich anders.

Schlussendlich ist es der Heinrich, der «gute», Bundesrat Heinrich Häberlin, der ein Machtwort zugunsten Emdens spricht. Er hat offiziell bereits den Rücktritt von seinem Amt gegeben, ist aber noch als Bundesrat aktiv. Am 9. April 1934 ist der Bann gebrochen: «Einen 60-jährigen Herzkranken kann man nicht wohl noch ein paar Jahr zappeln lassen», schreibt der Bundesrat. Aus seiner Sicht sprechen gerade die wilden Gerüchte eher für eine Einbürgerung. Denn belegt sind sie nicht. «Wir taten also vielleicht Unrecht», gibt er sich selbstkritisch.

Noch gleichentags leitet Rothmund die Direktive weiter: «Die Bewilligung ist zu erteilen», besagt eine Notiz an von Reding. Er solle auch gleich Rechtsanwalt Marcionni verständigen. Emdens Anwalt wollte in der scheinbar blockierten Sache bei Rothmund vorsprechen. Das erübrigt sich jetzt.

Kapitel 15

Emden als Nazi

22. September 1935, Brissago-Inseln. Sonntag

Jetzt sind sie bereit, beide in Pose, Max und die Gräfin. Ihre Ausstrahlung ist ganz anders als auf dem alten Foto, dem Hochzeitsbild von 1910, vor allem seine. Steif stand der bis oben zugeknöpfte Emden neben seiner hübschen jungen Frau, strahlte fast etwas Bäuerliches aus. Und heute: diese Nonchalance, wie er die Hand locker über ihrem angelegten Unterarm baumeln lässt, die andere Hand lässig in der Hosentasche, das Polohemd aufgeknöpft. Ein Mann, anziehend, Klasse verströmend selbst in seiner lockeren Freizeitkleidung. 25 Jahre liegen dazwischen, kaum zu glauben. Von silberner Hochzeit zu sprechen, wäre falsch, die zwei sind ja schon eine ganze Weile geschieden. «Das Silberpaar» hat Würstchen daher im Fotoalbum unter die Inszenierung mit den beiden Fotos geschrieben. Typisch. So etwas kann nur ihr einfallen. Hat sie diese verrückte Idee, bringt sie das «Paar» dazu, brav zu posieren, schießt ein Foto, bei dem die beiden genau gleich nebeneinander stehen wie auf dem leicht vergilbten Hochzeitsbild, neben das sie es klebt. Es wirkt, als wäre alles ein Spiel. Sie, die Geliebte, Anita, die Ex-Frau und mittendrin Max. Sie könnten vom Alter her locker Würstchens Eltern sein. Augenzwinkernd Unfug treiben: Ist sie nicht genau dafür da, Würstchen-Hanswurst?

In den Tagen, an denen Würstchen die eigenartige Episode aus dem Inselleben fotografisch festhielt, ist anderswo eine Episode endlich zu Ende gegangen, die zwar ebenfalls eigenartig anmutet, aber von schwerwiegender Natur war. Mit den Protagonisten im Tessin hat der Vorfall nichts zu tun, aber wegen verquerer Gedanken irgendwelcher Leute und auf gewundenen Wegen fällt er am Schluss doch auf Max Emden, den Signore von der geheimnisvollen Insel, zurück. Berthold Jacob, ein ausgebürgerter deutscher Journalist, ist gerade aus einem Gefängnis der Gestapo freigelassen worden, worauf die Schweiz massiv gedrängt hatte. Ein halbes Jahr zuvor, im März des Jahres 1935, hatte die heimliche Entführung eben dieses Berthold Jacob in die Schweiz hohe Wellen geworfen, weil sie via Basel erfolgte. Jetzt berichten die Zeitungen fleißig über die glückliche Wende, welche die beängstigende Affäre genommen hat.

Zu Jahresbeginn deutet nichts darauf hin, wie sehr sich unliebsame Ereignisse häufen werden. Die schlagzeilenträchtige Entführung Jacobs ist erst ein geheimer Plan, an dem Gestapoleute arbeiten. Das Paar von den Brissago-Inseln, das aktuelle, nicht das «Silberpaar», ist bereits aus dem Nest ausgeflogen. Meldungen völlig harmloser Natur wecken seine Aufmerksamkeit, banaler Klatsch, der obendrein aus einer französischen Zeitung stammt. Statt wie üblich in der schneidend kalten Luft des Engadins, genießen die zwei den Januar unter der milden Sonne der französischen Riviera in Cannes und Umgebung. Es war ein bisschen kindliche Freude dabei, als Würstchen mit dem ausgeschnittenen Artikelchen über den Golfplatz von Cannes Mäxchen vor der Nase herumwedelte. Ein kurzer Text im Vorfeld des großen Turniers, in dem illustre Gäste aufgezählt werden, die angereist seien, um sich auf dem traditionsreichen Green zu vergnügen, bevor um den Sieg abgeschlagen wird. Äußerst prominente Namen sind aufgeführt wie Lord Hutchinson de Montrose, General Hoskins, Prinz und Prinzessin Christian von Hessen, Baron Thyssen, der Prinz von Nepal und zuletzt, zusammen mit all diesen Persönlichkeiten, tatsächlich auch eine Mme Sigrid Jacobi. Sie ist das, Würstchen, höchst persönlich! Für einmal steht nicht der große Emden im Rampenlicht, sondern ihr gehört die Aufmerksamkeit.

Golfen ist angesagt, statt Ski fahren und Eislaufen, worin Max Emden eine gute Figur abgibt, der ganz passable Pirouetten zu drehen im Stande ist. Mal eine Partie auf dem Platz bei Cannes, mal eine auf dem schwierigen Kurs in den Höhen über Monte Carlo. Nachmittägliche Cocktails in Gesellschaft, draußen an der Sonne sitzend; so lassen sich diese Winterwochen mindestens ebenso gediegen verbringen wie im Licht der glitzernden Lüster der St. Moritzer Grandhotels. Wieder zuhause, wo die nackten Laubbäume und braunen Kastanienwälder auf den Regen warten, der den Frühling ankündigt und sie mit neuem Leben erfüllen wird, halten sie es nicht allzu lange aus. Von Brissago ist es nicht allzu weit bis zum Meer. Im März wählen sie zur Abwechslung die italienische Seite der Riviera, Rapallo, für einen Abstecher ans Meer. Es findet eine Art Familientreffen statt. Die Gräfin ist da, bestechend elegant wie immer, dazu ein seltenerer Gast, Frauenheld Hans Erich mit seiner aktuellen Verlobten, der Freundin oder einfach etwas in der Art. Hier finden Mutter, Vater und Sohn zusammen. Auf der Insel im Tessin wäre das kaum vorstellbar: Zumindest Hans Erich lässt sich dort normalerweise nicht blicken.

Vielleicht ist es bemühend, erneut darauf zu verweisen wie oft sich die Gräfin von Einsiedel, geborene Sternberg, ehemalige Emden bei ihrem Ex-Mann aufhält, der mit Würstchen gekommen ist, während Graf Einsiedel fehlt. Im Gegensatz zu ihr meidet der Sohn die Nähe zum Vater. Hans Erichs Verhältnis zu seinem Vater, dem Übervater, ist schwierig. Er mag das Leben nicht, das dieser führt, umgeben von jungen Frauen, die seine Töchter sein könnten. Er mag es nicht, dass der erfolgreich gewesene Vater ihn als unfähig hinstellt, ihm nichts zutraut.

Dabei ist der große Max in geschäftlichen Dingen nicht unfehlbar. Schwer zu sagen, ob er dem Sohn beispielsweise je von der Investition in Russland erzählt hat, die ihm großen Ärger eingebracht hat. Jahrelang verkaufte ihm dieser Pole Papiere, angeblich Millionenwerte. Später hieß es dann, die Papiere seien gefälscht gewesen, von Wechseln war die Rede, und es kam zu einem Betrugsverfahren. Uriewicz oder so ähnlich hieß der Pole, den eine betroffene Bank inzwischen verklagt hat. Er sitzt in Frankreich in Haft; eine höchst undurchsichtige, unangenehme Angelegenheit. Oder das Hin und Her mit der Bürgschaft, die er für seine Exportfirma in Hamburg abgegeben hatte. Zum Glück ist die Sache endlich erledigt und das Unternehmen verkauft. Fast drei Jahre lang rangen die M. Samuel & Co. London, von der die Kreditlinie stammte, Max, seine M. J. Emden Söhne Export AG und die Bank Warburg & Co seines Freundes vom Hamburger Golfclub um eine Lösung. Zwischenzeitlich wurde gar der Vorwurf erhoben, schwere Devisenverstöße begangen zu haben.

Bitter hat er es bereut, unmittelbar vor der Weltwirtschaftskrise zugunsten seiner Exportfirma persönlich für einen Betrag von über einer Million gebürgt zu haben, damit diese genügend englische Pfund zur Verfügung gestellt bekam, um internationale Handelsgeschäfte mit Südamerika zu finanzieren. Noch mehr ärgert er sich, dass er für diese Bürgschaft einen entsprechenden Anteil an seiner Hypothek auf das Grundstück des berühmten Berliner Kaufhauses KaDeWe abgetreten hat, 1,1 Millionen Reichsmark, die er wiederum der Tietz-Gruppe gewährt hatte. Am Anfang des riesigen Schlamassels stand, wie gesagt, eine Kreditlinie für Überseegeschäfte über 50 000 Pfund[36]. Zwar waren sich alle Beteiligten grundsätzlich darüber einig, dass die Emden-Firmen den verbliebenen, aber nicht mehr benötigten Betrag der Kreditlinie in Höhe von 22 000 Pfund zurückzahlen würde, was 300 000 Reichsmark entsprach. Nur mochte die Reichsbank das nicht genehmigen. Die herrschenden Restriktionen bezüglich Devisen ließen zudem auch nicht die daraufhin ins Auge gefasste Lösung zu, die Schuld einer argentinischen Firma in Pfund gegenüber der Emden Export direkt mit dem Pfund-Kredit der Samuel in London zu verrechnen.

Ab 1930 hat die Exportfirma Emden mehrere Hunderttausend Mark an Verlusten eingebrockt. Stolze 800 000 Mark hat er einschießen müssen, nachdem der Jahresumsatz innerhalb kurzer Zeit von 25 auf noch gut 3 Millionen eingebrochen war und sich danach weiter halbierte. Deshalb verkaufte er die Firma Ende 1932 an die damaligen Direktoren. Wie ein Klotz blieb jedoch die alte Bürgschaft an seinem Bein hängen: Die Emden Export war nicht in der Lage, den Pfundkredit zurückzuzahlen. Bergeweise wurden in dieser Angelegenheit Akten produziert, Zeugen mussten beim Schiedsgericht für ausländische Kredite in Berlin antraben. Im Januar 1934 erfolgte der erlösende Beschluss, dass Max Emden umgerechnet gut 300 000 Reichsmark nach England überweisen «durfte», womit die Angelegenheit endlich vom Tisch war. Damit hatte er seine Schuldigkeit getan. Dass später gegen die Exportfirma wegen gefälschter Waren mehrere Verfahren liefen, brauchte ihn nicht mehr zu kümmern. Nach seiner Zeit hatten die Direktoren die Herkunft von Waren fälschen und als Ursprung beispielsweise die Tschechoslowakei angeben lassen, um im Ausland doch noch Abnehmer für ihre kaum mehr absetzbaren deutschen Produkte zu finden.

Nicht nur in der Geschäftswelt spielt sich in dieser schwierigen Zeit Obskures ab. In der internationalen Politik sind seit der Machtübernahme der Nationalsozialisten im Geheimen noch weit undurchsichtigere Machenschaften im Gang. Deutsche Agenten lassen sogar Menschen in der sicheren Schweiz verschwinden, wühlen im Dreck. Völlig perplex wäre Emden, erführe er, was über solche Kanäle, Geheimdienste und ähnliches, über ihn verbreitet wird. Brisante Informationen sind bis in die Akten offizieller Stellen in der Hauptstadt Bern gelangt, genauer bis zur Abteilung für Auswärtiges im Eidgenössischen Politischen Departement und von dort zur Bundesanwaltschaft erfolgt. Für Unterlagen der vorliegenden Art wird demnächst eine neue polizeiliche Stelle zuständig, die, wie erwähnt, als Folge des wahrlich unheimlichen Vorfalls in Basel geschaffen wird.

In der Grenzstadt haben am 9. März Agenten der Gestapo unter zunächst ungeklärten Umständen den Journalisten Berthold Jacob entführt. Allein der Umstand, dass eine fremde Macht in Friedenszeiten auf diese Weise die Souveränität ihres Nachbarlandes angreift, ist ungeheuerlich. So bedauernswert das Schicksal des Juden Jacob ist, geht es um weit mehr als nur um seine Person: Der Fall wird zum Prüfstein für die Beziehungen der beiden Staaten. Bundesrat Motta, der sich gegenüber dem Deutschen Reich wie gegenüber dem faschistischen Italien – für das er einige Sympathie hegt – sonst gerne pragmatisch gibt, muss diesmal Härte zeigen. Geharnischte Reaktionen in den Zeitungen, Kundgebungen gegen die «staatliche» Entführung, die eine dreiste Verletzung der Hoheitsrechte darstellt, Eingaben erzürnter National- und Ständeräte im Bundesparlament erzeugen zusätzlich öffentlichen Druck. Selbst das britische Parlament befasst sich mit dem Fall, weil jener Deutsche, der Jacob in die Falle lockte, seit längerem in London lebt. Deutschland hat den verschleppten Journalisten freizugeben, so die ultimative Forderung, sonst ruft die Schweiz das internationale Schiedsgericht an. Die Sachlage ist eindeutig, zu krass ist das Fehlverhalten. Deutschland würde mit Sicherheit an den Pranger gestellt, ein Eklat. Deshalb wagt Hitler nicht, es darauf ankommen zu lassen. Das würde international für zuviel Aufruhr zu sorgen, was in dieser Phase ungünstig wäre.

Die Affäre «Jacob» hat neben der dominierenden außenpolitischen Komponente auch innenpolitisch Auswirkungen. Dazu gehört ein dringlicher Bundesbeschluss, gemäß dem die Schweiz umgehend ein Spitzelgesetz erhält. Der Bundesanwaltschaft, wird, wie schon angedeutet, aufgetragen, einen nationalen Fahndungs- und Informationsdienst aufzubauen, um das Land vor Spionen und anderen staatsgefährdenden Subjekten zu schützen. Daneben sollen Städte und Kantone ebenfalls eine politische Polizei schaffen. Die eilig ins Leben gerufene Bundespolizei beginnt umgehend ihre staatsschützerische Tätigkeit, Listen verdächtiger Personen werden erstellt. Genau in diese Phase platzt ein Bericht aus Österreich. Ein Beamter der Botschaft in Bern liefert ihn bei den Bundesbehörden ab. Der Bericht handelt von Aktivitäten nationalsozialistischer Agenten in der Schweiz, Agenten jener Art, die Berthold Jacob verschleppt haben.

Vor diesem Mann zieht jeder den Hut, der nicht mit der nationalsozialistischen Brut sympathisiert, die Deutschland regiert. In den 20er Jahren machte der Journalist, Pazifist und Nazikritiker als Erster publik, dass Deutschland unerlaubterweise die Reichswehr wieder aufrüstete. Er arbeitet nach wie vor daran, Entgleisungen des rechten Regimes aufzudecken, insbesondere militärische, auf die er spezialisiert ist. Jacob schreibt mittlerweile aus dem französischen Exil nahe der deutsch-französisch-schweizerischen Grenze. Seit einiger Zeit lebt er in Straßburg. Seine Aktivitäten sind Gestapo-Chef Reinhard Heydrich dermaßen ein Dorn im Auge, dass er sich zu jener spektakulären Geheimoperation genötigt fühlt, in der man ihn entführt. Ein Freund, so wird später rekonstruiert, lockt Jacob nach Basel. Er ist ein deutscher Spitzel, was sein Opfer nicht weiß und nicht ahnt, denn es handelt sich um Hans Wesemann, auch er ein Journalist. Wesemann war Jacobs Trauzeuge gewesen[37], hatte ebenfalls der SPD angehört und lebte seit 1933 in London im Exil. Längst hat sich dieser Wesemann aber von der Gestapo für ihre Zwecke einspannen lassen, welche die Operation sorgfältig geplant und eingefädelt hat. Zuerst füttert Wesemann den engagierten Journalisten Jacob mit Informationen an, die ihm die Gestapo zur Verfügung stellt. Dann bietet er ihm an, dessen journalistischen Dienst ausbauen zu helfen und verspricht ihm gefälschte Ausweise, die sich der exilierte Jacob gewünscht hat. Die Übergabe soll in Basel geschehen.

Dort wartet am 9. März neben Wesemann allerdings auch ein Gestapobeamter auf den arglosen Journalisten. Jetzt schnappt die Falle zu: In einem Taxi entführen sie den jüdischen Aufwiegler über die Grenze ins Reich, wo er umgehend ins Gestapo-Hauptquartier geschafft, verhört und festgehalten wird. Auf unbestimmte Zeit.

Es dauert gut eine Woche, bis die Öffentlichkeit von der Entführung erfährt. Irgendwo fällt in einem der ersten Zeitungsartikel auch der Name Wesemann, was ein Postbeamter in Ascona registriert. In seinem Dorf ist der Gestapo-Lockvogel mit seiner Geliebten untergetaucht[38]. Während sie ihre Pension für einen Ausflug auf die italienische Seite des Sees verlassen haben, kommt eine Sendung mit Kleidung in Ascona an, die sich Wesemann aus England schicken ließ. Pech ist, dass sich der Postbeamte erinnert, den Namen des Adressaten aus dem international für Aufsehen sorgenden Entführungsfall zu kennen und seinen Verdacht der Polizei meldet. Die verfügt schnell über ein Signalement des Gestapo-Helfers: Dunkelbraunes bis schwarzes Haar, hohe Stirn, lange, spitze Nase und so weiter. Es reicht, um ihn zweifelsfrei zu erkennen und festzunehmen, als er wieder ins Tessin einreisen will. Fälschlicherweise hatte er das Dorf für ein sicheres Versteck gehalten. In dieser Gegend mit vielen Fremden und Deutschsprachigen fällt einer wir er nicht sonderlich auf, dürfte er gedacht haben. Die Region kannte er, weil er 1925 als Journalist den Friedensverhandlungen in Locarno beigewohnt hatte. Es wäre kaum überraschend, hätte er Helfer vor Ort gehabt. Sympathisanten, fanatische Mitglieder nationalsozialistischer Bewegungen, die sich wie vielerorts unter die Exilgemeinschaft mischen, denunzieren, Aktionen gegen missliebige Personen unterstützen.

Dass zwischen der Landesgrenze bei Brissago über Ascona bis Locarno zahlreiche Deutsche leben, ist nicht nur Wesemann aufgefallen: Staatsschützer haben dort jenes Netzwerk von Nazis ausgemacht. Zu ihnen soll tatsächlich auch Max Emden gehören, so steht es jedenfalls in jenem geheimen Bericht aus Österreich, der bei der Bundesanwaltschaft gelandet ist. Nicht auszudenken, was passiert wäre, hätte diese Information die Schweiz erreicht, bevor Emden eingebürgert war. Erste Informationen in dieser Hinsicht gelangten in die Schweiz, bevor das Land über eine auf derartige Aufgaben spezialisierte Bundespolizei verfügte; die wurde erst nach – und nicht zuletzt wegen – der Jacob-Entführung geschaffen. Die im Juni 1935 zu einer ersten, vertraulichen Information nachgereichten Ausführungen über die Nazis in der Schweiz lauten dahingehend, dass die NS-Propaganda im Land von Luzern aus gesteuert wird. Der militärisch-politische Sitz der reichsdeutschen Nationalsozialisten soll sich «hauptsächlich in Ascona und Brissago» befinden, derweil sie ebenfalls in Ascona sowie in Luzern in der Überwachung von Emigranten «im Dienste der Gestapo» tätig seien[39]. Lockvogel Wesemann, so steht schwarz auf weiß geschrieben, war Teil dieses Kreises von Agenten im Tessin. Genauer hat er, erfährt die Bundesanwaltschaft aus dem Bericht, «bekanntlich der Ascona-Gruppe angehört, mehrere seiner Freunde sollen sich noch in Ascona und Brissago befinden». Namen von Männern, aber auch einiger Frauen werden genannt, die als Agenten aktiv seien. Wer aber gilt als Chef dieser Nazi-Bande? Emden. Max Emden ist es! Er mag im österreichischen Bericht fälschlicherweise als «Graf Emden» bezeichnet werden, aber es ist zweifelsfrei Max Emden gemeint. Denn von besagtem Anführer heißt es weiter, er besitze eine kleine Insel, auf der «mit einiger Regelmäßigkeit jeweils drei bis vier junge Mädchen aus Deutschland als angebliche Mitglieder der Organisation Kraft durch Freude vorübergehend Aufenthalt nehmen und dann nach Italien weiterfahren.»

Eine interessante Variante. Bisher mussten die nackten Frauen als Beweis herhalten, dass der einstige Kaufhaus-König wilde Orgien feiert und somit einen unmoralischen Lebenswandel führt. Jetzt dient die Legende vom strammen Max und den jungen Gespielinnen plötzlich dazu, aus der geheimnisvollen Insel vor den Gestaden des Lago Maggiore ein Nazi-Nest zu machen. Wenn also Max, wie kürzlich geschehen, an die Riviera reist und Würstchen dabei hat, die von der Erscheinung her zweifellos in die genannte Kategorie junger KdF-Frauen passt. Wenn sich darüber hinaus die eine oder andere – deutsche – Freundin aus den Tessiner Ufergemeinden im Sommer mit ihr beim hinlänglich bekannten römischen Bad auf der Insel sonnt, wird daraus flugs ein prächtiges Tummelfeld der nationalsozialistischen Jugend, über die der braungebrannte Kahlkopf aus Hamburg wacht. Ein Schnäuzchen hat zwar auch Max, zum großen Führer im Sinne der Staatsschützer und der Nazis taugt er aber herzlich wenig, zumal er gemeinhin als Jude gilt und von deutschen Amtsstellen als solcher bald schon seinen Anteil an Schikanen abbekommt. Zusammen mit ihm wird ein zweiter Mann als führende Persönlichkeit des konspirativen Zirkels eingestuft, ein «angeblicher Emigrant» namens Heydt. Schau an, wen wir da haben: Eduard von der Heydt, den zweiten Financier des Golfplatzes und Besitzer des Monte Verità.

Der österreichische Spürsinn ist am Ufer des Lago Maggiore zwischendurch offensichtlich auf Abwege geraten. Emden hat mit den Nazi-Kreisen gewiss nichts zu tun. Ebenso wenig ist von der Heydt der Typ Anführer, der sich vor eine Gruppe stellt und sie auf Kommandoaktionen einschwört und sei es nur schon deswegen, weil es seinem Naturell viel eher entspricht, heimlich und allein im Hintergrund zu agieren. Als Anführer der NS-Bande im Ort spielt sich hingegen ein Nachbar von ihm auf, Julius Ammer, der von der Heydt wegen seines Umgangs mit Juden wiederholt bei der Partei in Deutschland anschwärzt.

An sich liegt der Spionagebericht der Spur nach gar nicht so weit daneben. Das schmucke Fischerdorf Ascona samt Umgebung eignet sich mit seinem bunten Gemisch an fremden Menschen durchaus als Tummelfeld für Agenten aus aller Herren Länder. Und verbirgt sich hinter manchen rechtschaffenen Fassaden nicht ein dunkles Geheimnis? Zum Beispiel ist der eine der vermeintlichen Nazi-Chefs, Eduard von der Heydt, seit 1933 tatsächlich Mitglied der NSDAP. Seine heimlichen Beziehungen zum NS-Regime werden während des Krieges groteske Folgen haben. Während sein ahnungsloser Nachbar und NS-Aktivist in Ascona nämlich nicht aufhören will, ihn als Verräter, als Feind des Dritten Reiches anzuschwärzen, wird der honorige Kunstmäzen, wer würde das denken, unbemerkt als Bankier des Reiches wirken, der den auf dem Erdball verstreuten Nazi-Agenten heimlich die Löhne überweist. Derlei Aktivitäten sind allerdings jetzt und für die nächsten Jahre noch kein Thema. Den österreichischen Spürnasen könnten somit höchstens gewisse prophetische Fähigkeiten attestiert werden. Obwohl von der Heydts unbestritten illegale Tätigkeit für das Reich nach dem Ende des Zweiten Weltkriegs in ein Spionageverfahren mündet, wird er in der Schweiz dereinst freigesprochen werden, was aber mehr mit den außerordentlichen Umständen des Prozesses zu tun hat als mit der Schuldfrage.⁴⁰

Wie so oft im Leben, ist nicht alles nur schwarz oder weiß. Das gilt auch für Baron von der Heydt, einem ausgesprochenen Opportunisten, der problemlos Nazi-Agenten bezahlen und gleichzeitig verfolgte Juden unterstützen kann. Und 1932 befürchtete die Polizei, Nazis bereiteten auf dessen Monte Verità ein Bombenattentat vor, weil von der Heydt in seinem Hotel den sozialdemokratischen Ministerpräsidenten Preussens, Otto Braun, beherbergte. Braun, der in dem Jahr über Ostern seine behinderte Frau besuchen kam, sollte ausgeschaltet werden, weil er als einer der wichtigsten Gegenspieler Hitlers und als Hindernis für dessen Machtergreifung galt. Die Welt ist voller Widersprüche. Die erwähnten Attentatspläne wurden im Rahmen umfangreicher Ermittlungen entdeckt. Ein von einer deutschen Agentur in der Schweiz ausgestellter Presseausweis sollte den Zugang zu Minister Braun ermöglichen. Der Ausweis gelangte über die NSDAP-Ortsgruppe Zürich ins Tessin, Personen in Lugano und Ascona gehörten zu den Protagonisten des Komplotts. Unter anderem fand die Polizei anläßlich einer Hausdurchsuchung in Lugano bei einem führenden Exponenten der braunen Bande Material, das auf eine militärische Organisation deutete.

Der Bundesrat hatte über das weitere Vorgehen zu entscheiden. Frühzeitig forderte das Eidgenössische Politische Departement in Bern die örtliche Polizei auf, Vorkehrungen zu treffen, um jede Form der Konfrontation zwischen Minister Braun und nationalsozialistischen Elementen zu vermeiden. Ein Verdächtiger kam in Haft, mehrere bekannte Parteimitglieder wurden befragt. Sie alle bestritten jedoch, irgendwelche Pläne der besagten Art gehabt zu haben, ebenso wenig würden Landsleute bespitzelt, verwahren sich die Verdächtigen. Gegen die in seinen Augen völlig ungerechtfertigte Behandlung seiner Parteifreunde protestierte umgehend auch der in Davos wohnhafte Landesgruppenleiter Wilhelm Gustloff, mithin oberster Chef aller Nazis in der Schweiz. Die Behauptung, es gebe keine Spitzeleien, erweist sich bald als so scheinheilig wie falsch. Laut Aussage der verhafteten Person – Schulz oder Schultz, Waldemar, sein Name – soll der aus Ascona bekannte Julius Ammer gesagt haben, er werde bei gegebener Gelegenheit zwei Männer aus Deutschland kommen lassen, die in Zürich mit den benötigten Waffen ausgerüstet würden, um das Attentat auf Braun zu verüben. Dazu ist zu bemerken, dass sich Schultz und Ammer spinnefeind waren, weil beide die Funktion des Ortsgruppenführers in Ascona erlangen wollten. Ammer behielt die Oberhand. Paradox mutet es nach dieser Vorgeschichte an, dass die Angst, umgebracht zu werden, den vormaligen Gegenspieler Otto Braun nach Ascona treibt, als Hitler 1933 an die Macht kommt. Er flieht ausgerechnet dorthin, wo wenige Monate zuvor Mordpläne gegen ihn vorbereitet worden sein sollen. Nur ist Braun nach der Flucht aus Deutschland kein Gegenspieler mehr, sondern ein Geächteter, sogar bei den Seinen. Er habe Hitler das Feld praktisch kampflos überlassen, werfen sie ihm vor. Es wird so weit kommen, dass er betteln muß, um irgendwie über die Runden zu kommen.

Im Reich verhöhnt Propagandaminister Goebbels' Hetzblatt «Der Angriff» den Ex-Minister Braun, der «ohne zwei Pistolen in der Tasche nicht gern sein Grundstück verlässt». Ebenso fällt das Blatt über die «Juden in Ascona» her, die es sich dort gut gehen ließen. Im Artikel wird auch Max Emden als «Hamburger Warenhausjude» verspottet: Er sei «als ein besonderer Liebhaber blonder Mädchen bekannt, deren er eine ganze Reihe um sich versammelte, bis sich sein Geschmack auf Brünett umstellte. Vor einiger Zeit erhielt er das Schweizer Bürgerrecht. Wir geben ihn gerne ab!» Soviel zum angeblichen Nazi-Führer im Tessin.

Von Ortsgruppenleiter Ammers Spitzelaktivitäten war schon die Rede. 1935, im Jahr der «silbernen Hochzeit» Emdens, nimmt er wieder einmal Eduard von der Heydt ins Visier. Um Ammers Behauptungen zu widerlegen, reist von der Heydt umgehend nach Hamburg. Persönlich will er die Sache gegenüber dem Parteigericht der Auslands-Organisation richtig stellen und verwahrt sich dagegen, dass er, wie behauptet, auf dem Monte Verità eine jüdische Emigrantenkolonie errichten wolle; so etwas würde er auf seinem Grund nicht dulden. Dass er Umgang mit Juden hat, war hingegen nicht zu bestreiten. Als Hotelier und Bankier, hält man ihm aber zugute, komme er kaum umhin, mit Juden Kontakt zu haben. Er unterhalte auf dem Monte Verità eine Art kommunistisches Nachrichtenbüro, lautet ein anderer Vorwurf aus Ammers Küche, den er sich zu bestreiten genötigt sieht. Absurd. Von derlei Ungemach bleibt Emden auf seiner Insel der Seligen glücklicherweise verschont. Ein Blick in seine Akte in Bern zeigt allerdings, dass einmal in die Welt gesetzte Verdächtigungen schwer zum Verschwinden zu bringen sind. Bei der Basler Polizei wird Emden just an Silvester als vermeintlicher Gestapo-Agent gemeldet. Zusammen mit einem von Leer und einer «Elfriede» soll er eine nationalsozialistische Propagandazeitung planen. Gut zwei Monate später berichtet die Basler Polizei der Bundesanwaltschaft erneut über aktuelle Erkenntnisse in der angesprochenen Angelegenheit. Emdens Name sei im Zusammenhang mit einem gewissen Leo Wendel gefallen, der angeblich Chef der Propagandazeitung werden sollte. Weiter führe Emden zu Unrecht den Titel «Graf», was sogleich an den österreichischen Nazi-Bericht denken lässt, in dem er Graf Emden genannt wurde und der offenbar weitere Kreise zieht, wohingegen die Basler Polizei ihn nun als jüdischen Großindustriellen einträgt.

Das Treiben der echten nationalsozialistischen Eiferer in Ascona hat inzwischen Ausmaße angenommen, die völlig inakzeptabel sind. Um den Belästigungen und Spitzeleien lokaler Nazis, die es laut Landesgruppenleiter Gustloff gar nicht gibt, einen Riegel vorzuschieben, gründet eine Reihe von Bürgern und Geschäftsinhabern ein Komitee namens «Pro Patria». Sie wollen zunächst eine gemeinsame Beschwerde, später zusätzlich eine Anzeige gegen die Urheber solcher Aktivitäten einreichen. Rechtsanwalt Marcionni, Emdens Anwalt, vertritt sie. Lästiger als Fliegen sind diese Leute. Lungern im Dorf herum, lauern auf den Augenblick, bis sie einen reichsdeutschen Mitbürger observieren können. Man stelle sich vor: Da setzt sich einer an der Seepromenade gutgelaunt ins Café, will gemütlich an der wärmenden Frühlingssonne seine Zeitung lesen. Schon umschwirrt ihn einer dieser ungemütlichen Gesellen, fotografiert ihn, nur weil er das falsche Blatt in den Händen hält. Wohin auch immer die Fotos gelangen: Man möchte solche Denunzianten aus dem Verkehr gezogen wissen. Insbesondere seit der Entführung des Journalisten Jacob, der verschleppt wurde, als er sich in der vermeintlich sicheren Schweiz aufhielt, macht man sich schnell einmal gewisse Gedanken. Plötzlich wird die Gefahr real. Ist man hier nicht auch dicht an der Landesgrenze? Womöglich gibt es zudem enge Ver-

wandte, Familienangehörige im Reich, die sich nach einer Denunziation Repressalien ausgesetzt sehen könnten.
Hoteliers fürchten um ihre deutschen Gäste. Die fühlen sich offensichtlich sehr belästigt, einige von ihnen sind deswegen bereits abgereist. Ernsthafte Folgen zeitigt die Anzeige gegen die lokale Nazi-Clique trotzdem nicht. Zwar muss Ortsgruppenleiter Ammer antraben und droht ihm die Fremdenpolizei mit der Ausweisung. Das ist aber höchstens ein halbherziger Versuch, den Mann von seinem Treiben abzubringen, weil es sich jetzt und in Zukunft als eine leere Drohung entpuppt. Jahrelang wird der Nazi-Chef aus Ascona seine Aktivitäten unbeeindruckt fortsetzen. Die Behörden verwarnen ihn höchstens dann und wann. Ansonsten lassen sie ihn gewähren, auch die zuständigen Stellen ihn Bern. Unverständlich, wenn man sich vor Augen führt, wie unerbittlich man demgegenüber oft gegen Flüchtlinge vorgeht, die dem Terror im Reich zu entkommen versuchen.

In dieser Zeit wird Max Emden um seine Insel froh sein, auf der er wenigstens seine Ruhe hat und vor Spionen verschont bleibt. Es reicht schon, wenn er im fernen Deutschland zu spüren bekommt, wie sich die Nazis in alle Lebensbereiche hineindrängen. Nehmen wir den Poloclub in Hamburg, also eigentlich in Altona, auf dessen Stadtgebiet er sich befindet. Der Club wird in diesem Jahr gleichgeschaltet, wie das in der NS-Terminologie heißt. In allen Sportvereinen des Landes gilt nun das Führerprinzip, die bisherigen Statuten haben ausgedient und der Reichssportführer kann den Mann an der Vereinsspitze jederzeit absetzen. Emden hatte den Club von Anfang an und nach dem Ersten Weltkrieg erneut großzügig unterstützt, als es galt, das Polo-Gelände wieder zu einem Treffpunkt des gesellschaftlichen Lebens der Oberschicht zu machen. Und jetzt? Wie es aussieht, hat er beim Club nichts mehr zu bestellen, obschon dessen ganzes Gelände wohlgemerkt noch immer in seinem Besitz ist. Und es handelt sich nicht um irgendeinen Club: Der Hamburger Poloclub ist der einzige auf dem Kontinent, der über zwei Turnierplätze und einen Übungsplatz verfügt – das alles hatte Emden direkt vor seinem früheren Wohnzimmer in der Villa «Sechslinden» liegen.

Es ist unabwendbar, was als Nächstes folgt: Er muss das riesige Areal, das er lediglich verpachtet hat, mitsamt dem Clubhaus veräu-

Emden als Nazi

ßern. Es geht an die Stadt Altona über, zu Konditionen, die man sich denken kann. Der Verein wird zum Aushängeschild des NS-Staates, die Mannschaft ehemaliger Clubkollegen vertritt an der Olympiade in Berlin 1936 das Reich, bleibt im Turnier allerdings chancenlos, weil nach den Jahren der Wirtschaftskrise im ganzen Land nur die Hochburg Hamburg eine aktive Polo-Mannschaft hat halten können und dadurch die Spielmöglichkeiten fehlten.

Hamburg, seine Villa mit dem freien Blick auf das Feld, die Atmosphäre beim Polospiel, Max Emden auf dem Pferd dem Ball nachjagend, anschließend umgeben von der feinen Gesellschaft den Spieltag ausklingen lassend: Das ist längst vorbei. Jetzt bläst ein ganz anderer Wind. Der Club bildet SS-Reiter aus, denen er auch noch die benötigten Pferde zur Verfügung stellen muss. Da ist es nur logisch, dass ein Mann wie Senator Richter Präsident oder vielmehr Vereinsführer wird. Jener Alfred Richter, der einst wegen seiner nationalsozialistischen Hetzreden aus der Polizei ausgeschlossen wurde und nach dem Machtwechsel Chef der Hamburger Polizei geworden ist. Damit nicht genug. Sie ernennen den zu den höchsten NS-Funktionären in der Gegend gehörenden Richter sogar zum Ehrenvorsitzenden, alle anwesenden Mitglieder geben sich begeistert. Fortan vertritt die SS-Polo-Mannschaft die Farben des Clubs. Mein Gott: Wieviel lieber schwingt Emden auf dem Golfplatz in Ascona den Schläger, statt auf dem Rücken eines Polopferdes sitzend den Mallet, umgeben von SS- und anderen eher unappetitlichen Leuten. In wenigen Minuten ist er mit dem Boot beim Platz und kann nach Herzenslust spielen.

Nach Herzenslust oder so weit es sein Herz zuläßt …

Kapitel 16

Eine Scheinehe

Täglich – oder fast – fährt Max Emden mit seinem Boot von der Insel ins Büro. Das hat er sich angewöhnt nach der ersten Zeit im Tessin, in der er sich eifrig der Legendenbildung hingegeben hatte. Will heißen, dass sein Leben damals in einer Art Rausch verflog, mit vielen jungen Frauen, den Festen auf der Insel, Reisen an die angesagten Orte Europas und gelegentlich auch weiter. Rund 800 Meter sind es nach Porto Ronco, wo er ein Haus direkt am See mit eigener Mole und großzügiger Garage für seine Autos besitzt. Im Erdgeschoss befindet sich sein persönliches Büro und das seiner Sekretärin Olga. In der Etage darüber gibt es eine kleine Wohnung, später lebt dort eine zeitlang auch die Exfrau, daneben die Garagen im Anbau mit Räumen für den Chauffeur.

Olga, die Sekretärin, wohnt nicht allzu weit entfernt. Ihr Haus oben am Hang ist kein Palazzo wie die Villa des Chefs, statt dessen hat es aber eine wunderbare Sicht über den See und auf die Insel direkt davor, was für die verlässliche Arbeitskraft Emdens einen unschätzbaren Vorteil hat: Sie weiß dadurch immer genau, wann sie zur Arbeit zu gehen hat. Legt der Chef mit seiner «Margarita» ab, ist dies das Signal für die mit dieser Aufgabe betrauten Tochter Olgas, ihr das zu melden. «Er kommt!», ruft sie von der Beobachtungsstelle am Fenster dann der Mutter im Garten zu. Diese macht sich unverzüglich auf den Weg und erreicht dann gerade rechtzeitig, noch vor dem Chef, das Büro.

Üblicherweise verlässt er die Insel mit seinem Boot kurz vor zehn Uhr. Die nächsten paar Stunden sind sie in erster Linie damit beschäftigt die Korrespondenz zu erledigen. In letzter Zeit gibt es richtig viel zu tun. Danzig, Potsdam, Stettin, Budapest, Hamburg, Bern, Berlin. Da gingen die Briefe nur so hin und her. Neue Begriffe mit einem unangenehmen Klang tauchen darin häufig auf. «Grundstücksentjudung». «Arisierungen». Es wird beschlagnahmt und liquidiert, es geht um Nachsteuern und Zwangsverkäufe. An diesem Tag hat Olga ein Schreiben aufzusetzen, das auf eine weit kürzere Reise geht als die meisten anderen. Es ist an den Tessiner Treuhänder Emdens gerichtet, der seine Kanzlei in Ascona hat. Bei ihm werden demnächst wichtige Weichen gestellt. Es geht um eine neue-alte Firma und darum, wie seine Besitztümer über die Kriegswirren zu retten sind. Tefina ist ihr Name.

31. Oktober 1939, Ascona. Dienstag

Als jene Tefina vor drei Jahren aufgelöst wurde, war Würstchen dabei.

Sie fand den Gedanken aufregend, in offizieller Funktion einem solchen Akt beizuwohnen, was auch immer sie sich darunter ausgemalt hatte. Vielleicht war es aber auch nur, weil sie ihren Max üblicherweise bei seinen geschäftlichen Tätigkeiten nicht begleitete. Die Firma aufzulösen, war freilich das einzige Traktandum, das an der außerordentlichen Aktionärsversammlung bei Notar Marcionni in Ascona auf der Liste stand. Viel mehr als eine Unterschrift brauchte es dazu nicht, denn den ganzen Papierkram hatte der Rechtsanwalt und Notar vorher selbstverständlich vorbereitet. Nach einer knappen halben Stunde war die Versammlung vorbei; wie nüchtern es im Geschäftsleben zugeht, wurde doch mit dem formellen Akt das Ende einer Firma, einer Geschichte besiegelt.

Hinter einem unscheinbaren Firmennamen kann sich allerhand verbergen. Im Falle der Tefina gab es Aktivitäten bis hoch in den Norden, ein großes Warenhaus mit Filialen in Schweden war beispielsweise in ihrem Besitz. Wer hätte das gedacht! Als die Tefina nun wieder aus der Asche neu entsteht, ist Würstchen nicht mehr mit von der Partie. Es verbietet sich geradezu, dass Personen wie sie eine offizielle Funktion innehaben, denn sie ist Deutsche und damit bei der Neugründung überhaupt nicht gefragt. In der Technik- und Finanzgesellschaft GmbH, so heißt die Tefina genau, taucht nicht einmal Emdens Name auf. So soll es sein. Nichts darf darauf hinweisen, dass er damit zu tun hat, weil diese Gesellschaft mit beschränkter Haftung eine Art Tarnfirma ist. Es ist eine Vorsichtsmaßnahme, die ergriffen wurde, nachdem sich die allgemeine Stimmung entscheidend zum Schlechten gewendet hat: Seit zwei Monaten ist Krieg.

Hitlers Truppen haben Polen angegriffen. Gleich am zweiten Tag des bewaffneten Konflikts erfolgt der Anschluss der Freien Stadt Danzig – wo Emden bekanntlich bis vor kurzem noch Grundeigentum besaß und sein gesamtes Vermögen beschlagnahmt worden ist – an das Deutsche Reich. Frankreich, Großbritannien, Kanada erklären dem Reich umgehend den Krieg, die Slowakei stellt sich auf die Seite Deutschlands. Russland besetzt Ostpolen. Warschau fällt an die Deutschen. Die Schweiz evakuiert vorsichtshalber ihre dort lebenden Staatsbürger, die polnischen Juden werden gejagt. Alles innerhalb weniger Wochen. Wie schnell es schließlich gegangen ist, nach dem monatelangen Warten in einer angespannten Lage mit politischen Manövern und fieberhaften diplomatischen Aktivitäten hinter den Kulissen. An der geschäftlichen «Front» steht es ebenfalls schlecht. Der Ausdruck mag angesichts der Ereignisse übertrieben kriegerisch klingen. Aber er entspricht dem Eindruck Emdens. Ja, die aktuellen Ereignisse lesen sich für ihn fast wie ein Kriegsbulletin. Danzig, Stettin hat er verloren. Ebenso die meisten Grundstücke in Hamburg. In Potsdam, wo er lange einen guten Käufer bei der Stange halten konnte, besteht so gut wie keine Hoffnung mehr, den Besitz zu akzeptablen Konditionen abzustoßen.

So unglaublich es klingen mag, die Schweizer Behörden halten Interventionen ihrerseits nach wie vor für unangebracht, überflüssig. Das ist der unfassbare Bescheid, den Emden bekommt. Er solle «sämtliche privaten Interventionsmöglichkeiten ausschöpfen», erst danach würde – sollte es allenfalls wirklich unumgänglich werden – die Diplomatie eingreifen. Dabei ist das schändliche Treiben der Nazis den Beamten in Bern bestens bekannt, die skrupellos «arisieren», «entjuden». Bern steht doch mit dem Gesandten in Berlin, Frölicher, im ständigen Kontakt. Überdies braucht man nur Zeitungen zu lesen, die informieren das Land hinreichend über die unhaltbaren Auswüchse und Mißbräuche. Trotzdem lässt es die Schweiz ungerührt geschehen, wenn ein Schweizer Bürger in Deutschland – und er ist gewiss nicht der Einzige – um seine Existenz gebracht wird. Die Eidgenossenschaft schaut dabei tatenlos zu, während er hilflos, auf sich alleine gestellt, keine Chance hat, sich zu wehren. Mal um Mal bittet er in Bern vergeblich um Hilfe. Man lässt ihn sträflich im Stich. Wie anders soll es Emden denn beurteilen?

Es steckt eine gewisse Ironie dahinter, dass ihn das Amt für Auswärtiges jetzt hängen lässt, einst umgekehrt aber nicht zögerte, unmögliche Verdächtigungen über ihn an die Bundesanwaltschaft weiterzuleiten, sprich jenen Bericht, laut dessen er mit Baron von der Heydt ein Nazi-Netzwerk anführe. Es ist überaus ärgerlich, wenn derartige Unterstellungen zirkulieren, selbst wenn sie sich als haltlos erweisen. Plötzlich wird ihm deswegen doch ein Strick gedreht, wie das während des Einbürgerungsverfahrens wegen jenes Fotos der nackten jungen Frauen auf der Insel geschehen ist. Bei den unmöglichsten Gelegenheiten pflegt solches Material mit den entsprechenden Gerüchten garniert wieder aufzutauchen. Nebenbei gesagt, wüsste man schon gerne, wie die Österreicher damals ihr phantasievolles Dossier über die angeblichen Tessiner Nazis zusammengeschustert haben. Ein Dossier aus Österreich, man stelle sich das vor! Wie kommen die dazu, Max Emden als wichtige Figur im Netzwerk der Nazis einzustufen? Es wird für immer ungeklärt bleiben. Auf seinen Geheimdienst sollte sich das Land jedenfalls nicht allzu viel einbilden. Wenn wir schon schmutzige Wäsche waschen wollen: Was war mit jener anonymen Anzeige wegen Drogenhandels gegen unseren Inselherrn gewesen? Auch die fand – wie die vermeintlichen unmoralischen Frauengeschichten – Eingang in die behördlichen Einbürgerungsakten, obwohl sie schon weit zurück lag und nicht mehr darüber existierte als ein anonym geäußerter Verdacht. 1930 war das. Unendlich lange scheint das her.

Wie wünscht sich Emden die Zeit zurück. Das war noch ein anderes Leben. Mit immer neuen Mühsalen sieht er sich heute konfrontiert. Die Gesundheit: Selbst mit dem Golf spielen ist es vorbei und das Clubpräsidium hat er längst abgegeben. Dazu kommen die Schwierigkeiten mit dem Sohn, den die Schweiz nicht einbürgern will, wie er gerade erfahren hat. Nicht zu reden von den wirtschaftlichen Aktivitäten. Im Kampf gegen die dreisten Raubzüge auf sein verbliebenes Vermögen im nationalsozialistischen Ausland fühlt sich Emden ohnmächtig und von den staatlichen Stellen ignoriert. Botschafter Frölicher, der mit den Bonzen in Berlin fröhlich feiert.

Beziehungen vertieft. Ist solche Beziehungspflege auch zu etwas nütze, wenn es gilt, Landsleuten beizustehen? Was ist mit dem «Jud»? Bleibt für den auch ein bisschen Zeit übrig?

Wenn seine neue Heimat schon keinen Finger für ihn rühren mag, will er nicht auch selber untätig zuschauen, wie ihm alles genommen wird. Deshalb heißt es, einen möglichst wirkungsvollen Schutzmechanismus zu finden, um zu sichern, was ihm geblieben ist. Sein letzter Trumpf ist das Corvin-Kaufhaus in Budapest. Es ist nicht irgendein Gebäude mit einigen Läden wie es viele andere gibt: Emden hat seit 1922 das größte Kaufhaus Ungarns daraus gemacht. Nun ist es zu einer Art finanzieller Rückversicherung geworden. Inzwischen ist jedoch selbst diese Geldquelle in Gefahr, denn die Deutsche Armee rückt bedrohlich nahe. Die Erfahrungen der letzten Jahre haben ihn überdies gelehrt, dass des Führers Komplizen ihn als Juden aus Deutschland behandeln, obschon er seit Jahren Schweizer ist. Damit ist er so gut wie rechtlos, sobald er es mit dem Reich zu tun bekommt. Deshalb braucht es die hundertprozentig schweizerische Tefina ganz ohne Verbindungen zum «Warenhausjuden» Emden. Schnell. Bevor sich Hitlers Wehrmacht auch Ungarn nimmt, wo sich Sohn Hans Erich in einer hübschen Villa in Budapest eingenistet hat und nach dem Rechten schaut. Diese Einnahmequelle darf nicht auch noch versiegen, dieser Besitz muss gerettet werden.

Es sind alte Bekannte, die sich zur Neugründung der Tefina bei Notar Marcionni einfinden. Bankdirektor Eichenberger, durch lange Jahre gemeinsamer Golfpartien und Bankgeschäfte ein Vertrauter; Zeiten, denen Emden nachtrauert, insbesondere seit er das Golfen aus gesundheitlichen Gründen praktisch aufgeben musste. Zweiter Partner ist der Fabrikant Anatole Lautenberg, weitläufiger Verwandter und schon über seine kleine Chemiefabrik in Locarno geschäftlich mit ihm verbunden, in die sich der studierte Chemiker Emden einst als stiller Teilhaber eingekauft hatte. Bei der neuen Tefina figurieren Lautenberg und Eichenberger als Gesellschafter, Lautenberg mit 19 000, Eichenberger mit 1000 Franken des Kapitals. Es handelt sich formell um eine rein schweizerische Gesellschaft mit ebenso rein schweizerischen Teilhabern. So war das geplant. Die Firma ist vollständig auf Ungarn ausgerichtet, die Aktien der Corvin Áruház Rt – dies der Name jener ungarischen Gesellschaft, der das Kaufhaus gehört – gehen mitsamt dem Grundstück in ihren Besitz über. Mit Hilfe dieser Operation hofft Emden das Unternehmen gegen die Nachstellungen der Nazis zu schützen. Auf dem Papier sieht das hieb- und stichfest aus, weil Schweizer Eigentum eigentlich kaum behelligt wird. Wird das ausreichen? Machen wir uns nichts vor: Wie die Dinge bisher gelaufen sind, gelingt es auch damit nicht, die Corvin vor dem Zugriff zu retten. Nicht heute, nicht morgen, aber irgendwann verliert Emden sein letztes Kaufhaus. Der Zeitpunkt kommt unausweichlich.

Den «Panje vom Lago Maggiore» hat ihn die Zeitgeist-Presse genannt, eine alte Bezeichnung aus dem Osten für einen Gutsherrn verwendend, bei der Größe, Macht und Unantastbarkeit nachhallen. Unser Panje vom Lago Maggiore ist jedoch am Ende. Gesundheitlich, geschäftlich, mit seinen Nerven. Gewiss, arm sind andere, die prunkvolle Villa auf seiner Insel ist natürlich keineswegs wertlos. Aber sagen sie das einem Kaufhaus-König, der vor nicht allzu langer Zeit mit dem Gefühl aufzustehen gewohnt war, die halbe Welt gehöre ihm, und sich jetzt die Augen reibt, weil man ihm praktisch sämtliche Einnahmequellen einfach weggenommen hat. Abgesehen davon bringt ein Palazzo wie der seinige kein Geld, sondern kostet Unterhalt, und nicht zu knapp. Er könnte ihn verkaufen? Jetzt, im Krieg? Das soll einer versuchen... Eine solche Immobilie kauft nur ein ausgesprochener Liebhaber, der obendrein solvent sein muss. So jemanden zu finden, ist Glückssache. Selbst in friedlichen Zeiten.

Was ihm also geblieben, von seinem alten Glück? Würstchen. Vergessen wir Würstchen nicht, seine treue Geliebte – oder was ist sie eigentlich? Seit fast 13 Jahren leben sie zusammen. Obwohl er vom strahlenden Multimillionär und Kaufhaus-König zum nervenkranken und von Sorgen geplagten Inselherrn gealtert ist, macht sie keinerlei Anstalten, die Insel verlassen zu wollen, geschweige denn ihn. Äußerlich sieht man ihm von dieser Veränderung nicht einmal viel an, er wirkt auf den ersten Blick wie der frühere, sportliche Emden. Der Schein trügt. Allerhand Substanzen soll er überdies konsumieren, wird in seinem weiteren Umfeld gemunkelt, nicht zuletzt, um den Anschein von Jugendlichkeit und Männlichkeit zu bewahren. Testosteron soll die Substanz sein, in derart hohen Dosen eingenommen, dass die Gesundheit damit regelrecht ruiniert werden könnte. Genaueres weiß natürlich niemand, und geredet wird ja stets viel – in seinem Fall besonders viel.

Dass ausgerechnet jetzt der Augenblick gekommen sein soll, um eine Heirat ins Auge zu fassen, liegt nicht gerade auf der Hand. Paradoxerweise kündigt sich dieser wichtige Schritt durch eine Scheidung an: Würstchen, seit zwei Jahren zum Schein verheiratet, wird sich von ihrem Angetrauten trennen. Die Papierhochzeit mit dem Schweizer war nötig geworden, um der brasilianischen Deutschen eine Ausweisung aus dem Land zu ersparen, in dem sie bald die Hälfte ihres jungen Lebens mit ihrem Max in einer Art wilden Ehe verbracht hat. Es war wie so oft: Man hat sie denunziert, nicht zum letzten Mal. Nie hatte sie sich bis dahin um einen Schweizer Pass bemüht oder sich auch nur um dieses Thema gekümmert. Wozu auch? Doch formell weilte sie offenbar illegal im Tessin, und diesmal begab sich die Polizei aus Brissago tatsächlich auf die Insel und kontrollierte ihre Ausweispapiere. Als Ausweg aus ihrer unverhofft misslich gewordenen Lage wählte sie anfangs 1937 eine Trauung, eine Passheirat mit einem gewissen Marc René Reiss, Schweizer natürlich. Emden wohnte ihr sozusagen als unbeteiligter Dritter bei. Erstaunlicherweise war er selber zu einer Heirat nicht bereit gewesen. Es bleibt sein Rätsel, ihr Rätsel, weshalb. Demnächst soll diese Scheinehe geschieden werden. Damit die zwei von der Insel endlich ein richtiges Paar werden? Das ist die nahe liegende Erklärung. Zumal sie in Bälde ein klitzekleines Geheimnis miteinander teilen, mit dem sie alle überraschen könnten.

Zwar hat Max im Umgang mit Sohn Hans Erich nie den Eindruck erweckt, er schlüpfe besonders gerne in die Rolle des Vaters. Dennoch wünschte er sich aber stets weitere Kinder, wogegen Ex-Frau Anita dafür umso weniger übrig hatte. Würde er zu einem eventuellen Kinderwunsch befragt, würde er die Hoffnung ausdrücken, ein Mädchen zu bekommen. Doch, doch, ein Mädchen hätte er gerne gehabt. Vielleicht gerade deshalb, weil das Verhältnis zu seinem Sohn, der nicht richtig Teil seines Lebens sein will, stets schwierig gewesen ist. Obschon er bereits seit geraumer Zeit für das väterliche Unternehmen in Ungarn tätig ist, pflegen die beiden keinen allzu intensiven Kontakt, geschweige denn auf der Insel. Die scheint geradezu tabu zu sein. Eher trifft man sich in der Ferne, auf neutralem Gebiet, in St. Moritz, an der Côte d'Azur, an der Riviera.

Hans Erich ist praktisch gleich alt wie Würstchen, die ewige Geliebte, Gespielin, Partnerin des Vaters. Er sollte sich an die Vorstellung gewöhnen, in ihr auch die Mutter eines Kindes seines Vaters zu sehen, denn der alternde Max zeugt mit ihr ein Kind.

Ja. Würstchen wird schwanger werden. Bald schon.

Kapitel 17

Diplomatie statt Hoffnung

Es ist Krieg, meine Damen und Herren. Eine neue Epoche, keine glorreiche, eine Epoche des Schreckens. Der schnelle Polen-Feldzug ist erst der Anfang, und obwohl er räumlich sehr begrenzt ist, betrifft er alle. Jeder Staat muss sich entscheiden, auf welcher Seite er zu stehen gedenkt. Die wichtigen Mächte sind bereits seit geraumer Zeit daran, die richtigen Allianzen zu schmieden. Bist du für mich oder gegen mich? Das wollen die Großmächte jetzt auch von kleinen Staaten wissen. Die Schweiz sieht sich, wie es ihrer Tradition entspricht, in der Rolle eines neutralen Staates. Was das für das gegenseitige Verhältnis und für konkrete Sachfragen bedeutet, wird jedoch je nach Nachbarland unterschiedlich beurteilt. Daher sind die Gesandten in den Hauptstädten für die Entscheidungsträger in der Heimat besonders wichtige Gesprächspartner und unverzichtbare Informanten. Botschafter Frölicher, das sei hier präzisiert, haben wir Unrecht getan, wenn wir ihm völlige Untätigkeit vorgeworfen haben. Er leitet als Minister die Schweizer Gesandtschaft in Berlin. Dort wirkt er zwar schon eine ganze Weile. Zum Chef – also Botschafter, wie die heute übliche Bezeichnung lautet – ist er indes erst im vorigen Jahr ernannt worden, 1938. Neben dem mondänen Leben widmet er sich durchaus auch politischen Aufgaben, wie sich zeigt.

Wenn unser Botschafter in der Reichshauptstadt gar viel außerhalb des Büros und der Bürozeiten unterwegs zu sein scheint, muss das nicht unbedingt mit sinnlosen Vergnügungen gleichgesetzt werden, die seinen eigentlichen Aufgaben widersprächen. Kontaktpflege kann von entscheidender Bedeutung sein, bisweilen lässt sich daher Amüsement und diplomatischer Nutzen verbinden. So pflegt Frölicher selbstverständlich die Beziehung zum Chef der Politischen Abteilung im Auswärtigen Amt des Reiches intensiv. Ernst von Weizsäcker, wie der Mann auf jenem Posten heißt, ist ein wichtiger Bezugspunkt. Soeben ist er auf der Karriereleiter zum Staatssekretär im Außenministerium aufgestiegen. Dieser von Weizsäcker hat den Schweizer Gesandten zuletzt öfter ins Amt zitiert, um gewisse Dinge zu bereden. Die Deutschen sind nicht blindlings in Polen einmarschiert. Sie haben in den Monaten, in denen sich der neue Krieg abzeichnete, wichtige Weichen für die Periode unter Waffen gestellt. Ähnlich sind die Kontakte Frölichers zu Unterstaatssekretär Ernst Woermann, Weizsäckers Nachfolger als Leiter der Politischen Abteilung, zu sehen: Beispielsweise waren Besprechungen mit ihm zentral, um Deutschland klarzumachen, über welche Kanäle die Schweiz die Landesversorgung im Kriegsfall sicherzustellen gedenkt. Deutschland ist einer davon.

Das ist durchaus keine Nebensächlichkeit. Für ein Binnenland wie die Schweiz ist es in besonderem Maße wichtig, Waren durch Drittländer transportieren zu können. Ohne eigene Meeranbindung muss alles, was von außen kommt, über Nachbarstaaten eingeführt werden. Für ein Land, das praktisch über keine eigenen Rohstoffe verfügt, weder Kohle, noch Stahl, um nur zwei besonders wichtige zu nennen, ist fundamental, dass dies reibungslos funktioniert. Über Fragen dieser Art kann man nicht erst zu diskutieren anfangen, wenn ein Krieg bereits ausgebrochen ist. Deshalb steht das Thema auch schon seit dem Frühling regelmäßig im Mittelpunkt der Gespräche, die jedoch in der Sache harzig verlaufen. Hartnäckig stellt sich das Reich quer, will dem Schweizer Antrag, so wie er gestellt wurde, nicht stattgeben.

Für die Experten des Bundes ist indes klar: Können Importwaren nicht im Transit durch Deutschland in die Schweiz transportiert werden, ist es schlicht und ergreifend unmöglich, das kleine Land vollumfänglich zu versorgen. Alles Entgegenkommen der übrigen Nachbarländer reicht dafür nicht aus. Das Problem dabei ist, dass das Reich ein identisches Gegenrecht für den Transit verlangt. Dies zu gewähren, ist wiederum für die Eidgenossenschaft heikel, weil sie im Falle eines bewaffneten Konflikts auf ihre Neutralität pochen wird. Das uneingeschränkte Transitrecht hätte zur Folge, dass die Kriegspartei Deutschland alles, was sie benötigt, durch die Schweiz karren könnte. Das würden die Gegner nicht akzeptieren.

Nun ist Frölicher gefordert. Der Spitzendiplomat in Berlin soll das Anliegen so formulieren, dass die Interessen der einen Seite, der schweizerischen, gewahrt sind und es für die andere annehmbar bleibt. Sein direkter Gesprächspartner Woermann wiederum muss sich mit verschiedenen Ministerien verständigen, darunter mit dem Reichswirtschaftsministerium, das im Moment aber mit anderen drängenden Anfragen überlastet ist, weshalb sich deren Antwort verzögert. Ein Detail, diese Überlastung, die in einem ganz anderen Zusammenhang auch Emden trifft: Beim Ministerium liegt seit Monaten sein Rekurs gegen das erzwungene Potsdam-Geschäft, den Verkauf zugunsten von Ortsgruppenleiter Alois Mainka, zu dem ihn die örtlichen Behörden mit den verschiedensten Druckmitteln genötigt haben. Es ist ein schwacher Trost, dass er beileibe nicht der Einzige ist, der vergeblich auf eine Entscheidung aus dem Ministerium wartet. Wie er, muss sich auch die Eidgenossenschaft gewissermaßen im Vorzimmer gedulden. Die verlangte Antwort, ob in einem Kriegsfall lebenswichtige Güter über deutschen Boden in die Schweiz gelangen dürfen, liegt in Bern schließlich rechtzeitig auf dem Tisch, bevor an der Grenze zu Polen die ersten Schüsse fallen, die Wehrmacht im Nachbarland einmarschiert und so den großen Krieg praktisch unausweichlich macht.

Auch die anderen europäischen Mächte haben sich in den Monaten davor in Position gebracht. Hier paktieren die Franzosen und Engländer, dort melden sich die Russen zu Wort. Die neutrale Schweiz will niemanden vor den Kopf stoßen. Jede Äußerung von offiziellen Stellen zum Thema, wer was mit wem vorhat, wird zu einer tückischen Angelegenheit voller Fallgruben. Schon ein geringfügiger Anlass, eine unbedachte Zeitungsnotiz zum Beispiel, kann ein Donnergrollen auslösen. Tatsächlich grollt das Reich in diesen schönen Sommertagen im Juli. Die Schweiz hat offenbar ein französisches Hilfsabkommen für die strengen deutschen Ansprüche nicht kritisch, sprich neutral, genug beurteilt. Die Franzosen hatten erklärt, einzugreifen, sofern die Achsenstaaten die Neutralität ihres kleinen Nachbarlandes verletzen. Der Gesandte der Schweiz in Paris hatte daraufhin für dieses Angebot gedankt und gleichzeitig festgestellt, sein Land habe nichts dergleichen verlangt. Damit, so der Rüffel aus dem Reich, habe sich die Schweiz nicht ausreichend abgegrenzt. Denn ist sie bereit, sich von einer Seite, also von den Franzosen helfen zu lassen, ist sie nicht mehr neutral. So sieht es das Deutsche Reich, was eine wutschnaubende Reaktion zur Folge hat: So etwas kann nicht geduldet werden.

Keine Frage, da müssen dringend Wogen geglättet werden. Ein Treffen, eine Aussprache zwischen Botschafter Frölicher und von Weizsäcker ist nötig. Zu der kommt es auch.

«Ihr Land begibt sich in die Einkreisungsfront», hält Staatssekretär von Weizsäcker Minister Frölicher schmallippig vor.

Entgegen dem Eindruck, den der Schweizer Gesandte durch sein Verhalten bisweilen erweckt, besprechen sie das an diesem Sommertag im Juli nicht locker im Café. Von Weizsäcker hat Frölicher ganz offiziell in sein Amt bestellt.

«Aber soll die Schweiz nicht andere Staaten um Hilfe angehen dürfen, wenn sie ihre Neutralität verletzt sieht?», wirft Frölicher ein.

«Natürlich soll sie das dürfen. Nur, darum geht es gar nicht. Sondern darum, dass Ihr Gesandter in Paris sich für das französische Angebot bedankt hat. Selbst gegenüber dem russischen Hilfsversprechen ist die Haltung Ihres Landes unklar, mögen auch Zeitungsberichte wie derjenige in der Basler Zeitung eher auf eine Ablehnung hindeuten. Trotzdem erweckt das Verhalten bei uns den Eindruck, der Bundesrat gehe der Frage aus dem Weg. Damit können wir uns nicht zufrieden geben, absolut nicht.»

«Ich verstehe Ihre Einwände, muss allerdings betonen, dass es sich keineswegs um offizielle Hilfsversprechen gehandelt hat.» Frölicher bleibt in der Defensive.

«Qui tacet consentire videtur» hält ihm von Weizsäcker vor: Wer schweigt, scheint zuzustimmen.

Das ist keine – lateinische – Wortklauberei, die der Staatssekretär zum Besten gibt. Vielmehr ist es ein juristisches Prinzip, das er damit zitiert. Wird die Schweizer Position dementsprechend als Zustimmung für das französische Hilfsversprechen interpretiert, hat das unter Umständen schwerwiegende Folgen. Deshalb muss Frölicher diesen Eindruck unbedingt korrigieren.

«Wir haben kein Hilfsversprechen angenommen, weder offiziell noch offiziös!»

Nun ist er es, der etwas auf Latein hinterher schickt, ein «res inter alios acta». Dieser Grundsatz bedeutet in diesem Fall, dass es die Schweiz in keiner Weise verpflichtet, wenn ein Dritter, also Frankreich, von einem Hilfsversprechen spricht. Konkrete, verbindliche Gespräche in dieser Sache hat es zwischen den beiden Staaten keine gegeben, wie er versichert. Von Weizsäcker lässt sich davon nicht und auch nicht in der Folge überzeugen. Wie neutral ein neutrales Land zu sein hat, darüber gehen die Meinungen eben auseinander.

Was es zur großen Politik zu bereden und zu klären gibt, ist für die Allgemeinheit in der Schweiz, wie daraus hervorgeht, zweifellos wichtig. Wichtiger als vieles andere. Es gehört zu jenem Teil der Tätigkeiten unseres Gesandten, von dem die Öffentlichkeit nur selten Kenntnis bekommt. Max Emden darf man daher nachsehen, wenn ihn das im Moment trotzdem weniger interessiert, als die Antwort in seiner persönlichen Angelegenheit, um die sich der Mann in Berlin kümmern sollte. Fälle wie den seinen gibt es zuhauf. Faktische Enteignungen, die wie bei ihm über einen erzwungenen Vertragsabschluss erfolgen, sind an der Tagesordnung. Relativ gering ist hingegen der Anteil an Schweizern, die von derartigen Maßnahmen betroffen sind. In der Regel handelt es sich um Juden. Leider, das muss hier gesagt sein, gehört genau der Umgang mit dem, was sich unter jüdische Anliegen zusammenfassen ließe, nicht zu den Bereichen, in denen sich der Herr Minister in Berlin positiv hervorgetan hat oder es in Zukunft noch tun wird.

Ein Direktbetroffener wie Emden würde von groben Versäumnissen sprechen: Er hat als Schweizer Bürger ein berechtigtes Anliegen vorgelegt, die diplomatische Unterstützung durch sein Land ist in seinen Augen indes mehr als dürftig ausgefallen. Verantwortlich dafür ist, nicht allein, aber an erster Stelle, Minister Frölicher in Berlin. Die Frage lautet daher, ob es für einen Gesandten durch ein entschlosseneres Vorgehen und eine bessere Strategie möglich wäre, für die von ihm betreuten Schweizer mehr herauszuholen. Objektiv gesehen ist es aufgrund der Bestimmungen im Reich schwieriger, Juden mit Schweizer Pass das Vermögen zu konfiszieren als solchen mit deutscher Staatsangehörigkeit. Das lässt somit einen gewissen

Spielraum für einen gewieften Schweizer Diplomaten zu. Frölichers Position ist am ehesten mit der seines Ministerkollegen in Wien vergleichbar, weil Österreich seit dem Anschluss von 1938 ebenfalls Teil des Reiches ist. Und siehe da, welch ein Gegensatz! Der dortige Gesandte, Generalkonsul Walter von Burg, setzt sich hartnäckig für jüdische Landsleute ein[41]: Was hat er, gerade bei so genannten «Arisierungen», nicht alles erreicht! Frölicher zeigt demgegenüber wenig Lust, sich mit derlei Kram zu befassen. Man glaubt zu hören, wie ihm dann und wann dieses zynisch-abschätzige, von einem Kopfschütteln begleitete «Tssss ...» entfährt, wenn er an seinem Schreibtisch sitzend wieder einen dieser Briefe überfliegt, wie er sie auch von Emden und dessen Umfeld immer wieder bekommt.

Es interessiert ihn schlicht nicht.

Ganz anders von Berg. Er versucht gegenüber den Wiener Behörden bisweilen Druck aufzubauen, indem er droht, die Schweizer Gesandtschaft in Berlin einzuschalten, wenn sie nicht spurt. Es ist eine leere Drohung, aber sie hat zur Folge, dass entsprechende Dossiers sorgfältiger behandelt werden. Leer ist die Drohung, weil der Gesandte in Wien genau weiß, dass er von Frölicher keinerlei Unterstützung erwarten kann. Trotzdem reicht das, weil sich die Beamten in ihrem dubiosen Tun beobachtet, überwacht fühlen. Geschickt nützt von Berg aus, dass die Behörden im Reich negative Schlagzeilen verhindern wollten, wenn es um Ausländer geht. Um den Kontrast zu verdeutlichen: Die Gesandtschaft in Berlin hatte sich unter der Führung seines Kollegen Frölicher bedenkenlos für das «J» im Pass ausgesprochen, den Judenstempel. Mit dieser optischen Kennzeichnung fällt bei einer Kontrolle jeder sofort als Jude auf. Das bedeutet, an der Schweizer Grenze, gemäß dem vorgesehenen Prozedere: Keine Einreise, stattdessen umgehend den deutschen Beamten übergeben zu werden, von denen sich manche bei dieser Art von Flüchtlingen nicht scheuen, sie mit dem Gewehrkolben traktierend vom Grenzzaun wegzuprügeln – um sie dann wohin auch immer zu verfrachten.

Frölicher. Ah, welch unpassender Name. Trauriger müsste er aus der Sicht der Schweizer Juden, «Nichtarier», wie er sie in der Korrespondenz bezeichnet, heißen. Frölicher ist kein Judenfreund, nein, sicherlich nicht. Eher ist er ein Freund Deutschlands, von Hitlers Reich. Als nächstes wird er dem Bundesrat in Bern raten, die Neutralität auf die Freundschaft mit Deutschland und Italien abzustützen, dafür jegliche Beziehungen zum Völkerbund abzubrechen... Ganz nach dem Gusto des Reiches, das zu jenem Zeitpunkt ein Land nach dem anderen überrollt. Nein, Emden hat wirklich kein Glück mit den Männern an den für ihn wichtigen Schaltstellen. Man denke außer an Frölicher auch an den Regierungsrat aus Danzig, der just nach Potsdam wechselte, als die «Arisierungswelle» richtig in Schwung kam und Emden an seinem neuen Wirkungsort umgehend mit einem weiteren Zwangsverkauf plagte. Weiterhin plagt, denn vom Tisch ist nichts.

30. November 1939, Porto Ronco. Donnerstag

Fast hätte es die Kleine verpasst, zu melden, dass Herr Emden sich auf den Weg zur Arbeit gemacht hat. Jetzt erst ruft sie die Mutter, die ein bisschen länger braucht, um das Haus zu verlassen, weil sie sich bei dem Wetter etwas Warmes überziehen muss. Wenigstens besteht kein Risiko, dass sich der Inselherr mit dem schnellen Flitzer über den See fahren lässt. Es ist entschieden ein Wetter für das gedeckte, langsame Boot.

Heute wäre ein denkbar ungeeigneter Tag für die Sekretärin, erst nach dem Chef im Büro unten am See anzukommen. Max Emden ist verärgert, es plagen ihn Sorgen, er hält die Warterei nicht mehr aus. Wenn er zurückdenkt, wie diese Sache in Potsdam angefangen hat: Es gab weiß Gott genug Interessenten für die Liegenschaft. Aber immer musste dieser Mainka dazwischenfunken. Eine halbe Million hatte Dr. Ahlberg für das Grundstück mit dem Kaufhaus geboten. Dass hätte in der Folge auch Schiebeck & Dressel bezahlt. Otto Fauser wäre wiederum einen auf zehn Jahre laufenden Mietvertrag für 18 600 Reichsmark pro Monat plus Vorkaufsrecht eingegangen. Bei allen diesen Angeboten hätten die Interessenten fällige Reparaturen und Arbeiten am Haus selber übernommen. Nicht wie Mainka. Der wusste überdies zu verhindern, dass die Hirschs, die Mieter und Betreiber des Kaufhauses, ihr Geschäft an irgendjemanden verkaufen konnten – außer an ihn. Gut hat er das mit der entsprechenden Hilfe von oben hingekriegt.

Mittlerweile geht überall alles nur den Bach herunter, denn ein Krieg findet ja nicht nur an der Front statt, er wirkt sich auch massiv auf das Wirtschaftsleben aus. Selbst wenn der Konflikt erst ein geografisch relativ eng umrissenes Gebiet direkt betrifft und es in Polen im kriegerischen Sinn nach der schnellen Kapitulation gerade ruhig ist. In den großen Einkaufsgeschäften herrscht trotzdem Warenmangel; in demjenigen von Emden in Potsdam, das er zu verkaufen gezwungen ist, wie bei den allermeisten anderen in vielen deutschen Städten. Wie soll er so einen anständigen Kaufinteressenten finden?

«Schreiben sie», diktiert Emden seiner Sekretärin, den Blick aus dem Fenster über den See zur Insel gerichtet.

Wenn man es sicht gut überlegt, ist es höchst merkwürdig, dass er sich an diesem Tag mit der Angelegenheit «Potsdam» befasst. Die müsste sich doch längst von selbst erledigt haben, denn gab es nicht jene Frist von 14 Tagen, innerhalb derer er einen Vertrag mit Mainka, dem umtriebigen NSDAP-Ortsgruppenleiter, hätte abschließen müssen? Nichts ist seitdem passiert. Schlichtwegs nichts: seit Juli, seit rund vier Monaten. Was ist nur mit der deutschen Bürokratie los? Auch von der Firmenzentrale in Hamburg aus war nichts zu bewegen. Emden versucht es über die Schweiz, spannt das Eidgenössische Politische Departement in Bern ein, um, wenn schon nichts zu erreichen ist, wenigstens irgendetwas über die Gründe herauszufinden, weshalb alles blockiert ist und ob daran allenfalls etwas zu ändern wäre. Wie ein Damoklesschwert hängt nach wie vor jener behördliche Bescheid über ihm, die Immobilie sei innerhalb der besagten Frist von zwei Wochen zu veräußern, ansonsten würde er enteignet. Der Gesandte Frölicher, der sich partout nicht für vermeintliche und wirkliche Nichtarier, also Juden, aus der Schweiz einsetzen mag, sollte doch nachfragen können, worüber das Reichswirtschaftsministerium in Berlin in der Sache derart lange zu brüten hat. Beim Ministerium hatte Emden gegen die Entscheidung des Reichspräsidenten in Potsdam eine Beschwerde eingereicht, weil seine Anwälte auf formale Fehler gestoßen waren. Es handelt sich für ihn nicht mehr um ein schlechtes oder ein sehr schlechtes Geschäft: Er würde sich mittlerweile bereits glücklich schätzen, wenn er in Potsdam bei einem Verkauf nicht massiv Geld drauflegen müsste.

Zu erwarten hat er unter dem Strich bestenfalls 280 000 Reichsmark, sofern der Handel wie einst festgelegt unter Dach und Fach käme, nachdem das Regierungspräsidium willkürlich bestimmt hatte, er habe als Besitzer 200 000 Mark an Reparaturkosten zu bezahlen. Je mehr Zeit verstreicht, desto ernsthafter gerät Emden in Bedrängnis. Während das Ministerium auf die Beschwerde bisher einfach nicht reagiert hat und offenbar schon gar keine Entscheidung fällen mag, muss er demnächst eine Hypothek über 450 000 Mark auf das Grundstück zurückzahlen, die ihm die Beamtenbank gekündigt hat. Über derart hohe Mittel verfügt er im Reich nicht mehr und wäre daher gezwungen, das Geld aus seinem Vermögen in der Schweiz aufzubringen. Unglaublich eigentlich, wenn man bedenkt, dass es sich um eine Hypothek auf eine Immobilie handelt, die mehr als das Doppelte dieses Betrages wert wäre. Nun wird ihm wegen der von Amtsstellen – absichtlich – herbeigeführten Situation ein neuer Kredit verwehrt. Abgesehen davon ist es schlicht eine horrende Belastung, diesen Betrag zusätzlich einzahlen zu müssen, umso mehr als er inzwischen praktisch ohne Einnahmequellen dasteht, nachdem er fast alle seine Gründstücke mit vermieteten Kaufhäusern verloren hat. Wenn man bedenkt, dass ein Arbeiter in Deutschland im Monat auf um die 200 Mark kommt: Fast 200 Jahre müsste einer von ihnen arbeiten, jeden verdienten Pfennig auf die Seite legen, um kumuliert den Betrag für Emdens fällige Hypothek zusammenzubringen. Selbst für einen früheren Kaufhaus-König ist das alles andere als ein Pappenstiel, speziell natürlich wegen den aktuellen rechtlichen Einschränkungen und der wirtschaftlich schwierigen Lage.

Es ist zum Verzweifeln. Retten könnten ihn Forderungen über insgesamt 700 000 Gulden, die er in Danzig zugute hat. Die beiden Beträge könnten theoretisch mit seiner zurückzuerstattenden Hypothek verrechnet werden. Nur kommen etwaige Zahlungen aus der Freien Stadt Danzig automatisch auf ein Ausländersperrkonto. Damit sind diese Guthaben blockiert und er kann nicht darüber verfügen. Ohnehin ist fraglich, ob die dortigen Schuldner überhaupt zahlen und wieviel. So ist alles in der Schwebe, nichts bewegt sich, nichts ist zu bewirken. Gleichzeitig nimmt der Druck auf ihn zu. Diese Machtlosigkeit geht an die Nerven.

«Wie sich das hinzieht...», brummt Emden und presst, die Augen zukneifend, Zeigefinger und Daumen auf die Nasenwurzel.

Alles so zäh. Frustrierend. Unsäglich. Graue Tage, schwarze Aussichten.

Ganz hat er die Hoffnung trotz allem nicht aufgeben, sonst hätte er sich nicht erneut an Frölicher gewandt. Was der Minister in Berlin im Moment treibt, kann Emden nicht wissen, muss er nicht wissen. Die bisherigen Erfahrungen legen indes nahe, dass er in eigener Sache besser wenig bis nichts erwartet. Beinahe als kleines Wunder ist es zu werten, dass er diesmal tatsächlich eine Antwort bekommt. Post aus der Reichshauptstadt: Wann gibt es das schon! Botschafter Frölicher hat sich endlich beim Reichswirtschaftsministerium erkundigen mögen, was in der Angelegenheit Potsdam laufe. Ein Weihnachtsgeschenk in Form einer positiven Entwicklung enthält das Schreiben für den «falschen» Juden der Brissago-Inseln allerdings nicht. «Frölicher habe nachgefragt». Mehr als das gib es vorläufig nicht mitzuteilen. Nachgefragt, heißt weiter auf eine Antwort warten. So ist doch nur eine weitere Enttäuschung daraus geworden.

Februar ist's, mein Gott! Schon wieder Februar. Er kann sich nicht leisten, die Sache laufen zu lassen, nicht mehr, seit er die Hypothek abstottern muss. 50 000 Mark hat er der Bank in Potsdam erst vergangenen Monat wieder überwiesen. Es ist nicht die erste Tranche, die er bezahlt hat und bald wollen die weiteres Geld sehen.

Wenn doch nur jemand irgendetwas entscheiden würde! Geht es um Krieg, sind sie schnell...

«Max, Mäxchen! ...»

Er ist im Sessel eingedöst. Jetzt blinzelt er in die Sonne, Würstchen hat ihn geweckt. Es ist ein schöner Tag, richtig klar. Auf der Sonnenseite ist es an der geschützten Hauswand angenehm warm. Es bläst wieder einmal der Nordföhn.

«Wissen Sie, mein Herr von der Insel, ich bin in Scheidung», spricht es und wirft den Kopf in den Nacken, den Handrücken dabei auf die Stirn legend. Worüber sich Würstchen lustig macht, ist ernst. Bald wird sie frei sein von ihrem Scheinmann. Eine Scheidung, über die sie sich mit gutem Grund freut, weil sie anschließend umgehend wieder heiraten wird, ihren Max, endlich. Und sie wird ein Kind bekommen, ihr Mädchen.

Seinen 66. Geburtstag feiert Emden dieses Jahr und soll heiraten? Vater werden?

Er ist an diesen Ort gezogen, um sich von allem zu lösen, von der Frau, von Hamburg, vom Kaufhaus-Imperium, der Sammlung. Hier wollte er seinem Leitspruch nachleben, der sogar auf seinem Geschirr steht: «Auch leben ist eine Kunst.» Und 13 Jahre später eine Heirat, ein Kind?

Max gibt sich einen Ruck. Es ist Zeit, zu gehen.

«Ich muss ins Büro.»

Immer diese leidige Sache mit Potsdam. Er unternimmt beim Rechtsbüro der Abteilung Auswärtiges in Bern den nächsten Anlauf, damit es dem Reichswirtschaftsministerium in Berlin endlich Dampf macht.

«Alle Versuche, eine Entscheidung der Behörde in Potsdam herbeizuführen, sind bis jetzt vergeblich gewesen», diktiert er Sekretärin Olga. Wie sehr er beim Diktieren überhaupt noch daran glaubte, jemals eine konkrete Antwort zu bekommen, ist schwer abzuschätzen. Aber diesmal bekommt er sie, das Reichswirtschaftsministerium meldet sich. Nach drei Monaten, im Mai schickt es ihre seit langem erwartete Stellungnahme an Frölicher. Allerdings ist der Inhalt enttäuschend. «Grundstücksentjudung Potsdam, Brandenburgerstr. 30/31, Jägerstr. 25» steht als Betreff. Es liege noch keine beschwerdefähige Verfügung des Regierungspräsidenten in Potsdam gegen den Schweizer Staatsangehörigen Max Emden vor. Der Regierungspräsident habe «lediglich im Interesse einer endgültigen Entjudung des Warenhauses Hirsch in Potsdam Herrn Emden gegenüber den Wunsch geäußert, dass er sein Grundstück alsbald an den Übernehmer des Warenhauses, die KG Alois Mainka, verkaufen möge».

Im Interesse einer endgültigen «Entjudung», den «Wunsch geäußert». Ist das nicht Zynismus pur? Das Regierungspräsidium hat ihm gedroht, den Preis diktiert, ihm erfundene, horrende Reparaturkosten aufnötigen wollen. «Den Wunsch geäußert»?

Die beiden Parteien hätten sich grundsätzlich geeinigt und würden demnächst einen Kaufvertrag über das Grundstück abschließen, teilt Dr. Gotthardt im Auftrag des Ministers der Schweizerischen

Diplomatie statt Hoffnung

Gesandtschaft, Adresse Berlin NW 40, weiter mit[42]. Demnach hätte sich Emden also mit Mainka darauf geeinigt, sich von ihm ausnehmen zu lassen.

Lassen wir das. Nüchtern betrachtet enthält das schönfärberische Schreiben trotzdem einen positiven Aspekt, der durchaus von Belang ist. Es bestätigt nämlich die von Emdens Anwalt vertretene Rechtsauffassung, wonach das Ministerium den Verkauf in Potsdam nicht abgesegnet hat. Das muss es aber tun, weil der Verkäufer eine fremde Staatsangehörigkeit besitzt. Dies versuchte der Klüngel in Potsdam, wie es ausschaut, zu umgehen, oder zumindest versuchte er die offensichtliche Unwissenheit und beschränkte Einflussmöglichkeit des im Ausland lebenden Emden auszunützen, um ihn zusätzlich unter Druck zu setzen. Bevor das Grundstück den Besitzer wechselt, muss der Oberbürgermeister von Potsdam das Geschäft bewilligen, dann erst läge eine beschwerdefähige Verfügung vor. Das ist bisher nicht erfolgt. Das Schreiben vom vergangenen Juni war also eine leere Drohung, als man ihm beschied, innerhalb 14 Tagen würde ein Treuhänder mit dem Verkauf beauftragt. Nichts ist passiert, während fast eines Jahres, außer dass andere Kaufinteressenten die Geduld verloren haben, was wieder zum Nachteil Emdens ist. Langsam fragt es sich bei diesem Tempo, ob er jemals erleben wird, dass die leidige Angelegenheit, die ihn so viel Geld und vor allem Nerven gekostet hat, vom Tisch ist.

Ende Mai 1940 ist eine solche Frage mehr als berechtigt. Ja, sie drängt sich geradezu auf.

Kapitel 18

«Man braucht ein starkes Herz»

Es schneit noch leicht. In der Nacht aber haben Schneeflocken still und sanft eine luftige Schicht über Bäume, Rasen und Mauern gelegt. Alles auf der Insel wirkt wie in Watte gehüllt. Das Ufer, obwohl nah, ist kaum auszumachen. Es verliert sich in einem weißlichen Schleier von Nebelschwaden und Schnee. Nur der See bildet einen Kontrast, stahlgrau ist sein Wasser. Eine Farbe, wie die stählerne Wand eines Kriegsschiffs. Bedrohlich wirkt der See.

Wenn selbst in seinem Paradies im Süden der Winter einzieht, die Kälte durch Ritzen und große Fenster der hohen Räume seiner Villa dringt, schwindet die Freude für das Leben. Ist er plötzlich alt geworden, auf einen Schlag kraftlos? Max Emden fühlt sich geknickt. Der Krieg hat das Leben verändert, auch wo er nicht tobt. Viele Bekannte sind nicht mehr da, sind weit weg geflüchtet vor den Nazis. Mit anderen ist der Kontakt abgebrochen. Man hat sich voneinander entfernt, menschlich. Würstchen wird in diesem Jahr dreißig. Dreißig Jahre! Die meisten seiner Bekannten sind doppelt so alt, das verträgt sich nicht immer. Mit dem Krieg ist auch der Winter auf der Insel ein anderer. Jetzt rächt es sich, die großzügige Eingangshalle tief in den kühlen Fels gesprengt, große, hohe Räume mit vielen Fenstern eingebaut zu haben: Die Villa ist nicht zu heizen. Im Rauchzimmer qualmt es nicht wegen dicker Zigarren, die dort gepafft werden, sondern wegen dem nicht ganz ausgetrockneten Fallholz, das sie im Kamin zusammen mit dem guten Holz verbrennen. Emden muss haushalten: Holz, Kohle Benzin, Öl. Alles rationiert. Ein neues, unangenehmes Gefühl. Der erste Kriegswinter.

Zum Glück hat er seine Insel wenigstens im Süden gekauft, wo der Winter alles in allem doch mild ist und früh endet. Soll er nun aber anfangen, über den See zu rudern, um ans Ufer zu gelangen, weil

«Man braucht ein starkes Herz»

es kaum Treibstoff für die Boote gibt? In seinem Alter, mit einem Herz, das nicht mehr richtig will?

Die Deutschen sind seit September im Krieg, daraufhin hat die Schweiz einen General ernannt. Der ist hier nur in Kriegszeiten vorgesehen, wie sich Emden wundert. Zudem sind die jüngeren Männer weg. Sie stecken in Uniformen, sind für den Wehrdienst eingezogen. Nach der Generalmobilmachung haben die Truppen umgehend die Grenze besetzt. Auch hier in Brissago wird sie bewacht. Hitler ist weit weg. Aber was Italiens Duce alles anstellen könnte ... So wie Mussolini im fernen Abessinien einmarschiert ist, könnte er jederzeit über das nahe Tessin herfallen. In der Tat soll der Generalstab einen Plan bereithalten, weiß man aus gut unterrichteter Quelle, mit fünf Divisionen den Südkanton zu besetzen. Es gibt einige aus seinem Bekanntenkreis, die Italiens Expansionsgelüste sehr ernst nehmen. Beispielsweise Baron von der Heydt, der sich sicherheitshalber schon einen zweiten Bürgerort in der Nordschweiz gekauft hat, tief beeindruckt von der über die Grenze schwappenden faschistischen Propaganda, die seit Jahren von einem Anschluss an das südliche Mutterland spricht. Oder Emdens hiesiger Geschäftspartner und entfernter Verwandter Lautenberg, der jederzeit gerüstet sein will, um nötigenfalls mit seiner Familie von einer Sekunde auf die andere fliehen zu können. Emden selber hat vor allem vorzukehren versucht, was seinen Besitz angeht. Nur hat er in seinem persönlichen Kampf gegen Nazideutschland Tiefschlag um Tiefschlag zu verkraften.

Der Frühling bringt weitere Dämpfer, was das Weltgeschehen betrifft und auch privat. Besorgniserregende Neuigkeiten erreichen ihn aus dem Osten, aus Ungarn. Der deutsche Botschafter in Budapest, glücklicherweise ein Freund der Familie, warnt Sohn Hans Erich, seine Ausbürgerung stehe unmittelbar bevor. Er rät ihm dringend, eine andere Staatsbürgerschaft anzunehmen. Das naheliegende, Schweizer Bürger zu werden, geht nicht. Beim letzten Versuch – er erfolgte erst vor wenigen Monaten – ist Hans Erich mit dem Anliegen abgeblitzt, obwohl er einen Schweizer Vater hat. Seit bald sechs Jahren besitzt Max den roten Pass. Es gilt nun aus dem Stand eine Alternative zu finden und zwar schnell. Glücklicherweise gibt es Vertreter von Staaten, bei denen Geld weiterhilft. Dies macht es möglich, dass Hans Erich vorübergehend Bürger eines Karibikstaates, von Haiti, wird. Das kostet eine gewisse Summe, 5000 Franken, ein happiger Betrag. Der Vater übernimmt das. Dann stellt das Konsulat in Genf das Papier aus.

Nach der relativen Ruhe während des in weiten Teilen Europas außergewöhnlich kalten Winters, zieht das Dritte Reich erneut Truppen zusammen, das Kriegstreiben erwacht wieder. Zunächst fällt Dänemark praktisch kampflos an das Reich. Dann, ebenfalls im April, greift die Kriegsmarine mit einer kleinen Flotte im hohen Norden Norwegen an. Schließlich beginnt die große Offensive: Diesmal stechen die deutschen Panzer in Richtung Westen.

Es geht Schlag auf Schlag. Am 10. Mai verkündet das Radio, die Wehrmacht sei in Luxemburg, Belgien und den Niederlanden einmarschiert. Die Schweizer Armeeführung reagiert mit der zweiten Generalmobilmachung. Drei Tage später geht der Feldzug von der belgischen Grenze aus schon nach Frankreich weiter. Hunderte Flugzeuge der Luftwaffe bombardieren das Gebiet, unmittelbar bevor die Bodentruppen vorstoßen. Gleichzeitig fällt an der anderen Flanke in Richtung Ärmelkanal eine Stadt nach der anderen. Amsterdam, Brüssel, Antwerpen. So schnell geht alles, niemand scheint der Wucht der deutschen Truppen auch nur halbwegs gewachsen zu sein. Nicht einmal Frankreich, das letzte Nachbarland, das noch nicht überrannt ist. Der viel gerühmte Verteidigungswall, die im Süden bis zur Schweizer Grenze reichende Maginot-Linie mit ihren Bunkern, vermag die Angreifer ebenso wenig aufzuhalten, weil die Deutschen über die Ardennen vorstoßen und so den Wall einfach umgehen. Die britischen Truppen auf dem Festland und Teile der französischen Armee sind derweil an der Küste bei Dünkirchen eingeschlossen und müssen eilends über den Ärmelkanal auf die Britischen Inseln evakuiert werden. Ende Mai kapituliert nach den Niederlanden auch Belgien.

Es ist im Zusammenhang mit derart dramatischen Ereignissen nicht einmal eine Randnotiz der Geschichte wert, für die Betroffenen ist es jedoch von enormer Tragweite: Der Deutsche Reichsanzeiger veröffentlicht am 27. Mai 1940 eine weitere Liste mit Ausgebürgerten. In dieser Ausgabe ist nun auch der Name Emden, Hans Erich, aufgeführt. Er ist jetzt staatenlos, gleichzeitig ist sein Vermögen beschlagnahmt. Staatenlos heißt weitgehend rechtlos. Der haitianische Pass? Der hat einen Haken. Hans Erich muss sich bis 1941 auf der Karibikinsel niedergelassen haben, sonst verfällt die Staatsbürgerschaft automatisch.

Max wird es zuviel. Es ist nicht allein die Ausbürgerung seines Sohnes, zusätzlich plagen ihn gesundheitliche Probleme, sodass er umgehend in eine Klinik muss. Er wird in Muralto in die Klinik San Agnese eingeliefert. Das Herz.

Auch draußen in der Welt, in der die Waffen sprechen, nimmt das Drama seinen Lauf. Italien tritt in den Krieg ein. Die Deutschen besetzen Paris. Russlands Kriegsmaschinerie kommt in Gang, verleibt sich kurzerhand die baltischen Staaten ein.

Würstchen ist schwanger. Spät, sehr spät ist es. Das 13. Jahr des Zusammenlebens: Ob das Pech bringt oder Glück, wie man im italienischsprachigen Raum meint? Bevor die Heirat möglich ist, von der sie spricht, müsste die Scheidung mit dem Scheinehemann abgewickelt sein, was noch nicht erfolgt ist. Ebenfalls in Scheidung ist Hans Erich. Dass es in Hamburg damit stockte, hat sein Leben schon jetzt für immer verändert, weil er dadurch die Chance auf ein Leben in Sicherheit in der Schweiz vergeben hat: Keine Scheidung in der Tasche, kein Einbürgerungsverfahren. Das hatte man ihm anfangs Oktober, kurz nach Kriegsbeginn, beschieden, als er deswegen direkt in Bern vorgesprochen hatte.

Dem Vater geht es schlechter. Der in Budapest lebende Hans Erich bekommt am 31. Mai in Bern eine Einreisebewilligung ausgestellt, damit er ihn besuchen kann. Sie gilt für zwei Wochen. Dann müsste er via Chiasso wieder nach Ungarn ausreisen. Der kranke Vater hält den behördlichen Zeitplan aber nicht ein. Er mag nicht so schnell gesunden. Ganz im Gegenteil, er fällt in einen Dämmerzustand, bevor sein Sohn bei ihm ist.

An der jurassischen Grenze liefert sich derweil ein deutsches Geschwader einen heftigen Luftkampf mit Schweizer Flugzeugen, bei dem drei einheimische Maschinen sowie elf der Luftwaffe abgeschossen werden. Am 23. Juni greift Italien Frankreich an, im Süden des Landes, an «ihrer» Côte d'Azur, wohin sie so gerne fuhren, Max und Würstchen.

Scheiden tut weh. Max atmet schwer.

«Man braucht ein starkes Herz»

Hitler demütigt die Franzosen und gönnt sich einen Triumphzug durch Paris. Dramatische Tage.

24. August 1940. Westwood, Los Angeles

«*Schickte dem Puma gestern Rest des Pfirsichweins. Es ließ nichts von sich hören. Hörte, es habe sich Kissen u. sowas rausschicken lassen, um am Set zu schlafen, da es morgens früh raus mußte. Nachmittags Salz. Über Bilder geschwätzt. Bin ganz gut in der Arbeit. Brief von Carla Vitelleschi. Emden tot. Was hat er nun von all seiner Angst gehabt! Trifft mich; – er wollte so gerne schön leben. Und hatte alles dafür, nur nicht das furchtlose Herz.*
Man braucht ein starkes Herz, um ohne Wurzel zu leben.»

Es hat ein bisschen gedauert, bis Remarque, in der Glitzerwelt Hollywoods und mit «Puma» Marlene beschäftigt, es erfahren hat: Max Emden ist tot. «Man braucht ein starkes Herz, um ohne Wurzel zu leben.» Das schickt er ihm bedauernd nach. Die Heimatstadt Hamburg hatte Max Emden verlassen, seine Wurzeln, sein altes Leben, um sich eine eigene Welt zu schaffen, auf dieser kleinen Insel im Lago Maggiore, auf der er die Vergangenheit der russischen Baronin weggesprengt hatte.

Am 26. Juni um 16.45 Uhr hat sein krankes Herz aufgehört zu schlagen.

Würstchen hat es nicht mehr zur Heirat mit Max gereicht: Die schwangere Lebenspartnerin von der Insel ist von jetzt an ein Niemand. Daran muss sie sich gewöhnen. Hans Erich, der einzige Nachkomme, setzt die Todesanzeige auf. Nur sein Name steht darunter, kein anderer.

Sein Vater hat ihm zum Abschied einzig eine kalte Korrespondenz in geschäftlichem Ton hinterlassen, geschrieben, bevor er ins Krankenhaus musste, letzte Anweisungen.

«Unter Annullierung aller früheren Schreiben bitte ich Dich, meine nachstehenden Wünsche für den Fall meines Ablebens zu beachten».

Die Formalitäten den Behörden gegenüber werde Rechtsanwalt Marcionni übernehmen, falls der Sohn gerade nicht da sein kann. Im übrigen «rate ich Dir, ihn wegen der Steuer- und sonstigen Angelegenheiten zu befragen». Ein Dr. Scharlach wird erwähnt, den er unterstützen soll, «solange Deine Verhältnisse es erlauben». Für die deutschen Angelegenheiten, soll er «Mentz vielleicht eine Sondervollmacht geben». Bezüglich Frau Sigrid Reiss – das ist Würstchen mit dem Nachnamen ihres Scheinehemanns – sollen die finanziellen Regelungen bleiben, wie er sie eingerichtet hat. Überdies darf sie von der Villa die Möbel ihres jetzigen Zimmers mitnehmen sowie Küchen- und Einrichtungsgeräte. Zusätzlich gewährt er ihr ein Wohnrecht in der oberen Etage des Ronco-Hauses, also auf dem Festland – nicht auf der Insel. Ein Schock. Es steht nicht da, aber der Brief bedeutet nichts anderes: Dort, wo sie ihre ganze gemeinsame Zeit verbracht haben, auf der Insel, ist für sie kein Platz mehr. Nicht einmal in einem Zimmerchen. Dabei gibt es niemanden, der sich in der Villa heimischer fühlen könnte als Würstchen. Schon gar nicht Hans Erich.

Im letzten Abschnitt erwähnt Max Frau Vautier, Olly Vautier, der er ihr Porträt vom Radiozimmer schenken soll, weil es ihr so gefalle. Damit endet der Brief. Gruẞlos. Kein Wort für den Sohn? Keines für andere Menschen?

So schnell es ging, war Hans Erich aus Budapest herbeigeeilt, nachdem sich der Zustand seines Vaters verschlechtert hatte. Er ist zu langsam gewesen. Sie haben sich nicht mehr voneinander verabschieden können. Max hatte bereits das Bewusstsein verloren, es war kein Wort mehr mit ihm zu reden. Nun ist er tot, der Übervater. Ohne Abschied, nur mit Anweisungen. »Du musst dein ganzes Leben nie arbeiten», hatte Max ihm in besseren Tagen gesagt. Er hat sich getäuscht.

Gemäß der Todesanzeige findet die Beerdigung am 1. Juli 1940 im Friedhof von Ronco s/ Ascona statt, tags davor in Lugano die Kremation.

«Sanft entschlief er nach längerem Krankenlager, aufs treueste gepflegt», steht im Nachruf aus unbekannter Hand in der deutschsprachigen Zeitung «Südschweiz».

«Mit ihm verliert das Tessin einen seiner begeistertsten Verehrer und Anhänger. Wohl wenige verstanden es wie er, den Reiz dieser herrlichen Landschaft zu würdigen und zu genießen. Davon legen die Isole di Brissago, jene größere und kleinere Insel, die dem malerischen porto di Ronco vorgelagert sind, ein lebendiges Zeugnis ab. Hier hat Dr. Emden seinen Dank an die Wahlheimat sichtbar gemacht durch den Bau des herrschaftlichen Hauses, das inmitten des schönen, subtropischen Parks gelegen, weithin einen Schmuck im Landschaftsbilde bildet, und von dessen weitläufigen Terrassen er immer wieder aufs neue begeistert den unvergleichlichen Blick auf das Seepanorama genoss.» Nachdem der anonyme Autor in erster Linie über das Anwesen und die Landschaft geschwärmt hat, streift er kurz die Persönlichkeit Emdens: «Viele Freunde aus aller Herren Länder fanden sich dort ein, denn Gastfreundschaft und Freundschaft zu hegen, war einer der Hauptwesenszüge des Entschlafenen.» Dann wird ihm für den prächtigen Golfplatz gedankt und als Akt besonderer Verbundenheit «mit diesem Fleckchen Tessiner Erde» erwähnt, dass Max Emden sich hier und nicht in Hamburg hat begraben lassen.

Er ging noch einen Schritt weiter und errichtete im Friedhof von Ronco, von dem man eine prächtige Aussicht auf den See hat, ein Familiengrab. Er teilt sich das mit seinen in Hamburg gestorbenen Eltern, deren Gebeine er hierher überführen ließ, obwohl sie zu Lebzeiten nie im Tessin gewesen waren. Vier Marmorplatten sind auf dem rechteckigen, schlichten Grabmonument angebracht, das eine kleine Büste von Max überragt, den Blick direkt auf sein Inselparadies gerichtet. Eine der vier Platten ist unbeschriftet, ein Platz auf dem Grab wäre noch frei. Welchen Namen Max dort auch immer zu lesen gewünscht hätte: der Platz bleibt für immer leer.

«Alle, die ihm näher treten durften, werden den Verlust dieses geistig lebendigen, mit überlegener Urteilskraft begabten, und dabei so überaus hilfreichen Menschen tief beklagen», schließt der Nachruf.

Hans Erich hat wenig Zeit. Lange kann er nicht in diesem Land bleiben, das ihn nicht einbürgern mochte. Er muss nun alle wichtigen Schritte einleiten, die der Tod seines Vaters erforderlich gemacht hat. Könnte sich der neue Inselherr auf dem Eiland des Vaters heimisch fühlen, wenn er es fest bewohnt? Bisher ist ihm die Insel eher ein Gräuel gewesen, weshalb auch immer. Sie steht für ein Leben, das sein Vater dort im Luxus geführt hat. Dieses pompöse Ambiente, die teuren Möbel und Gemälde, überall diese verzierten, emaillierten, verschnörkelten Kunstgegenstände. Zu viel Luxus. Etwas abseits von der Villa das überflüssige römische Bad, wo er von diesen Mädchen umgeben war, die er zeitweise unterhielt, die ihn ausnützten, wie es der Sohn empfindet.

Es ist nicht wirklich seine Insel, er besitzt sie nur. Als ob seine Abneigung wie eine Einladung aufgenommen worden wäre, fühlt sich jemand so frei, sich umgehend an den Stücken des Verstorbenen zu bedienen. Diebe lassen eine Bronzefigur – knapp 20 Kilogramm, 55 Zentimeter hoch – verschwinden. Die Tessiner Gendarmerie meldet der Bundesanwaltschaft, sie müsse zwischen dem 12. und 14. August von der Insel gestohlen worden sein. Die Polizei vermutet, dass die kleine Statue ins Ausland geschafft werden soll und fordert, eine entsprechende Bewilligung zu verweigern. Dieser Diebstahl ist wie ein Vorzeichen für das, was mit Emdens Kunstsammlung passieren wird: Die ganze Pracht wird verschwinden.

In dieser Zeit schicksalhafter Ereignisse treibt Hans Erich auch eine Herzensangelegenheit um. Es ist eine neue Frau, die er heiraten will. Marie Madeleine Fischer, genannt Maude, eine Französin aus dem Elsass, sie wird mit ihm eine turbulente Lebensphase verbringen, denn Hans Erich muss bald weg von hier, zurück nach Budapest und von dort weit, weit in den Süden: Ein neuer Kontinent wartet auf ihn, ein neues Leben. Das Paar muss sich noch etwas gedulden, bis im September seine erste Ehe endlich geschieden ist, in die er einst als sehr junger Mann getaumelt ist und womit er seinen Vater bis auf Blut geärgert hatte. Im November heiratet er Maude in Brissago. Es ist nicht der Zeitpunkt für romantische Feiern mit viel Pomp, der nüchterne Akt im Standesamt muss genügen.

Als einige Monate später in St. Moritz das Fundament für eine materiell gesicherte Zukunft von Hans Erichs Erbe gelegt wird, ist er bereits am anderen Ende der Welt. Seine Anwesenheit ist nicht erforderlich. Ein Anwalt, Dr. Wettstein, der für ihn schon früher tätig gewesen ist, und ein Notar genügen. Maxonia heißt die Stiftung, die Anwalt Wettstein namens eines «nicht genannt sein wollenden Nachlasses» gründet. Es braucht nicht viel Phantasie, um bei diesem Namen herauszufinden, um welchen Nachlass es sich handelt. Die

«Man braucht ein starkes Herz»

Stiftung ist mit – unter diesem Gesichtspunkt bescheidenen – 10 000 Franken ausgestattet, was dereinst zu kritischen Fragen führen und Folgen haben wird. Ihren Sitz hat sie in Locarno, bei der Banca della Svizzera Italiana; als statutarischer Zweck ist eingeschrieben, arme Kinder und betagte Personen in Brissago, Porto Ronco, Ascona und Locarno zu unterstützen. Ein Bezug zur Familie Emden oder deren unternehmerischen Aktivitäten ist nirgends zu finden. Der Gründungsakt erfolgt am 30. Juli 1941 in St. Moritz, Anwalt Georg Wettstein ist zunächst einziger Stiftungsrat. Nach einigen Monaten finden der altbekannte Ermanno Eichenberger sowie eine Wilhelmine Meyer im leitenden Gremium Einsitz.

Entscheidend ist für Hans Erich nur das eine, dass die Aktiven der Tefina auf die Maxonia Stiftung übergehen. Dabei handelt es sich um 50 000 Aktien des Kaufhauses Corvin in Budapest, also allen, sowie Forderungen an selbiges über 2,25 sowie 3 Millionen Franken. Das bedeutet, dass in der unscheinbaren Stiftung der Großteil des verbliebenen Familienvermögens steckt, das, was sich nicht auf der Insel im Tessin befindet. Sein Mittelsmann in Budapest bekommt die Option zugesprochen, genannte Aktien für fünf Jahre zum Preis von 14 000 Franken treuhänderisch für ihn zu übernehmen, was umgehend erfolgt, damit das Geschäft in Ungarn weiterbetrieben werden kann. In einem Geheimvertrag verpflichtet sich die Stiftung im Gegenzug, alle übertragenen Guthaben zwei Jahre nach Kriegsende ohne Entschädigung wieder an Hans Erich, den Alleinerben des verstorbenen Kaufhaus-Königs abzutreten.

Es handelt sich bei dem Konstrukt um seine finanzielle Lebensversicherung. Im Gewande einer wohltätigen Stiftung in der Schweiz daherkommend, so die Überlegung, sollte sie als Besitzerin des Corvin Kaufhauses und des entsprechenden Grundstückes vor allen Nachstellungen und einer allenfalls zu befürchtenden Arisierung sicher sein. Vor Ort schaut vorläufig der Onkel mütterlicherseits zum Rechten, in dessen Adern kein jüdisches Blut fließt. Hans Erich, alias Juan Enrique oder Eric, wie sich der künftige chilenische Staatsbürger fortan nennt, braucht nur das Kriegsende abzuwarten, dann gehört das alles wieder ihm. Es ist ein millionenschweres Startkapital für ein betuliches Leben in der Oberschicht.

Denkste!

Kapitel 19

Die Geliebte und der Erbe

All die Verträge, die aufgelösten und neu gegründeten Firmen, Stiftungen und geheimen Vermögensabtretungen – nie haben sie das zum Gegenstand, was für Max Emdens Leben steht wie nichts anderes: seine Insel, Würstchens Insel. Sicher, ihr Name steht auf keinem Papier, keinem Vertrag. Aber ist es richtigerweise nicht auch ein bisschen ihre Insel? Schließlich war sie von Anfang an dabei, schon bei den Kaufverhandlungen mit der Baronin. Es hilft nichts. Für Würstchen ist kein Platz mehr, sie muss sich fortan die Insel vom gegenüberliegenden Ufer anschauen, wie einst die russische Baronin. Frau Reiss, gewesene Würstchen, muss das Inselparadies verlassen.

Dennoch gibt es jemanden, der sie weiterhin beneidet. Noch keinen Monat ist Max unter der Erde, wird sie bei der Bundesanwaltschaft in Bern denunziert. Frau Reiss sei der krasse Fall einer Scheinehe, ist dem Schreiben einer Kunstmalerin zu entnehmen, Bürgerin der Stadt Basel, wohnhaft in Porto Ronco, also im gleichen Dorf wie bald das Opfer ihrer Denunziation, das für Emdens Häuschen am dortigen Ufer ein Wohnrecht besitzt. Diese Person, regt sich diese Künstlerin ohne besondere Bedeutung auf, hätte schon einmal aus der Schweiz ausgewiesen werden sollen, habe deswegen im letzten Moment einen Schweizer namens Reiss geheiratet, einen armen Studenten. Dem zahlte er, gemeint ist Max, angeblich das Studium in Genf. «Die Ehe wurde nicht vollzogen und Frau Reiss blieb ständige Begleiterin des Herrn Emden. Jedermann in den Gemeinden Brissago, Ronco und Ascona kennt diese Tatsachen. Es wirft kein gutes Licht auf unsere Behörden, wenn diese Zustände andauern und keine Ordnung geschaffen wird.»

Aus dem Studentenalter scheint der ominöse Herr Reiss rein äußerlich betrachtet eher schon heraus gewesen zu sein, als er Würstchen heiratete. Ansonsten mag die Denunziantin Recht haben, was das Formelle angeht. Was muss aber diese Frau, mit Verlaub gesagt, für eine frustrierte, missgünstige Person sein, dass sie mitten im Krieg offenbar nichts lieber sieht, als dass eine junge, schwangere Frau, die niemandem etwas zuleide tut, nach Deutschland verfrachtet wird. Wäre sie selber gerne ein Inselmädchen gewesen oder hat Sammler Emden einst ihre Gemälde verschmäht? Glaubt sie am Ende, bei ihrer Denunziation handle es sich um einen besonders patriotischen Akt? Glücklicherweise bleibt es folgenlos, denn das neue Leben ist schon schwierig genug. «Würstchen», die schwangere, erleidet eine Fehlgeburt, verliert nach dem Fast-Ehemann Max auch noch das gemeinsame Kind. Ein Mädchen, sechster Monat. Verbannt von der Insel, vom Hanswurst zur trauernden, falschen Witwe geworden, allein gelassen.

Es gibt das Gerücht, wonach Max «Würstchen» zu Lebzeiten versichert haben soll, sie werde nach seinem Ableben ihr Erbe im Safe vorfinden. Als er dann das Zeitige segnete, und die Geliebte erwartungsfroh den Tresor öffnete, habe sich darin lediglich eine Frankenmünze befunden. Auch wenn der eine oder andere in Ascona wissen will, das sich das wirklich so zugetragen hat, passt die hässliche Fratze eines postmortalen Geizkragens nicht zu Emden. Nie und nimmer. Sigrid Reiss, beziehungsweise Jacobi, wie sie in Anbetracht der inzwischen erfolgten Scheidung wieder heißt, hätte mit diesem einen Franken zudem gewiss keine der umgehend erfolgten Investitionen tätigen können. Sie ist jung, gerade 30 geworden, muss andererseits zum ersten Mal selber für ihr Auskommen sorgen. In Ascona kauft sie eine Pension mit 23 Zimmern. Bald kommt ein kleineres Haus mit sechs Zimmern an der Seepromenade hinzu: Den Schritt von Emdens «Würstchen» zur Geschäftsfrau Jacobi bewältigt sie rasant. Trotzig erzählt sie im Nachhinein, selbst in der schwierigen Kriegszeit in reichlicher Zahl Gäste beherbergt zu haben. Nachzuprüfen ist das nicht mehr. Gereicht hat ihr die Arbeit mit den kleinen Pensionen allerdings nicht. Ein ungeheurer Betätigungsdrang muss sie erfasst haben, eröffnete sie doch zusätzlich zu den Pensionen ein Antiquitätengeschäft an der Piazza, was ihr ein Antiquar, ein gewisser Dr. Rosenbaum nahe gelegt hat.

Ah, Wladimir Rosenbaum, was für eine Person! Sein Leben gäbe locker einen Roman her. Soviel sei über ihn erzählt: Er war ursprünglich Advokat in Zürich, brillant dazu, machte sich aber bedauerlicherweise mächtige Leute zu Feinden. Zudem stand er von einem bestimmten Zeitpunkt an für die falsche Partei ein, sprich, für die Republikaner in Spanien, und ließ sich dazu ein, bei Waffenkäufen für deren Kampf gegen die faschistische Diktatur vermittelnd mitzuwirken[43]. Das bot seinen Feinden den willkommenen Vorwand, ihn ins Gefängnis werfen zu lassen und ihm endlich das Anwaltspatent abzunehmen. In Ascona gestrandet, betätigte er sich gerne als Schachspieler – er hatte kaum ernsthafte Gegner –, betrieb im Brotberuf aber ein Antiquitätengeschäft, sofern er nicht gerade junge Anwälte oder andere Ratsuchende in juristischen Angelegenheiten beriet.

Die junge Sigrid folgt dem Rat des klugen Mannes, was ihr aber nicht gut bekommt. Wie um Verpasstes nachzuholen, stürzt sie sich geradezu in die Arbeit. In der Obhut Emdens brauchte sie sich nicht darum zu kümmern, was morgen ist. Schließlich war sie der Hanswurst vom Dienst, das Mädchen der Leichtigkeit. Im neuen Leben fehlt ihr nun jeder Halt, das Gleichgewicht. Sie, die immer einen ausgeprägten Freiheitsdrang hatte, ist rettungslos gefangen in einem rastlosen Alltag. Bald liegen die Nerven blank. Es ist nur eine Frage der Zeit, bis ihr alles zuviel wird. Kommt hinzu, dass Ascona das Gegenteil einer anonymen Stadt ist. Im kleinen Dorf kennt jeder ihre Geschichte, bei weitem nicht alle sind ihr wohlgesinnt. Sie, die junge Schöne, ist vom Inselparadies des Kaufhaus-Königs in das gewöhnliche Alltagsleben der Festlandbewohner abgestiegen. Jetzt sitzt sie mitten unter den Neidern, den Lästerern, den Klatschtanten. Da ist kein schützendes Wasser mehr, das alles Böse fernhalten könnte. Der Gedanke mag verrückt klingen, aber es ist, was sie empfindet, wonach es sie drängt, wo sie alle und alles abschütteln zu können hofft: Fliegen, hoch hinauf in die Freiheit der Lüfte, um dann abzustürzen. Verzweiflung spricht aus diesem Wunsch, und gleichzeitig ist es, als hätte ihn die Vorsehung geschickt. Auf dem nahen Flugplatz Locarno-Magadino will sie zur Tat schreiten, zumindest was den Teil mit dem Fliegen anbelangt, sich zur Amazone der Lüfte schulen lassen. Guy heißt der Pilot, der ihr Lehrer wird – und schnell viel mehr. Max, Guy. Lange Namen sind offenbar nicht ihr Fall.

Guy ist ein schneidiger Fliegeroffizier im Dienste der Schweizer Armee und lehrt nebenher Leuten wie ihr das Fliegen. Von der Insel

Die Geliebte und der Erbe

in die Lüfte. Das passt. Er ist zwar verheiratet, der Fluglehrer, aber in Scheidung. Schon wieder eine Scheidung. «Würstchen» wird nun zum «Wölfchen», so lautet die Koseform ihres künftigen Nachnamens auf Deutsch übersetzt, mit dem sie neue Bekannte rufen werden: «Loupchen», Ehefrau des Guy Loup, bereit abzuheben. Nicht sogleich, der Krieg hat erst zu enden. Dann endlich Luft holen, die Pension verkaufen, weg, um richtig neu anzufangen, weit weg. Es ist vielleicht nur ein Detail, aber sind es nicht Kleinigkeiten, die ein Leben verändern? Statt Sigrid schreibt sie Renata auf die Hochzeitskarten, ihren zweiten Vornamen. So, als wolle sie ein anderer Mensch sein. Zudem raucht sie jetzt; ausgerechnet sie.

Das Paar versucht sich in München in der Fensterfabrikation. Hoffnungsvoll sind sie abgehoben, aber schnell landen sie wieder auf dem Boden der Realität. Sie scheitern mit der Fabrik, verlieren ihr Geld, Frau Loup steht erneut am Nullpunkt. Es geht zurück in die Schweiz, in ein biederes Leben. Aus dem einstigen Inselmädchen von der Villa der Träume wird die Frau eines Mannes mit Posten bei der Firma Sulzer in Zürich. Selber schlüpft sie täglich in das Gewand der Verkäuferin in einem Kaufhaus: Man stelle sich das vor, das Mädchen des Kaufhauf-Königs verkauft Lippenstifte und gibt Restgeld heraus. Dann wechselt sie in ein Modehaus, was nichts Wesentliches ändert, und sitzt abends regelmäßig am Billetschalter eines Kinos. Viel Arbeit, wenig Freiheit. Ein unscheinbares Paar in der Stadt der Banken.

Was soll's. Gereist ist sie früher und die Insel der Seligen war auch nur ein kleines Eiland. Gastgeberin zu spielen, Fotoalben zu kleben oder Hündchen zu hüten, waren auf Dauer auch nicht die erfüllendsten aller Beschäftigungen. Renata nimmt eine Stelle bei einer Bank an, wird schließlich pensioniert, mag aber das Arbeiten nicht lassen. Was ist das für eine Unrast, was treibt sie dazu? Fürchtet sie sich davor, von Erinnerungen eingeholt zu werden? Auf das geruhsame Pensionärsleben verzichtend, kassiert sie lieber bei einer Tankstelle Benzingeld, um anschließend noch einmal zur Geschäftsfrau zu werden. Im bereits fortgeschrittenen Alter übernimmt das Ehepaar Loup ein Spezialgeschäft für Medizinalbekleidung. 81 ist sie, als sie es verkauft, nachdem ihr Mann gestorben ist. Im letzten Briefchen, das sie Guy vor seinem Tod schrieb, hatte sie noch versprochen, fortan picobello aufzuräumen. Er hatte ihr einmal mehr und nicht ohne Grund vorgeworfen, es mangle ihr an jeglichem Ordnungssinn. Sie kam nicht mehr dazu, ihr Versprechen einzulösen. 81 Jahre ist das einstige Inselmädchen alt, was nun?

Frau Loup packt ein letztes Mal ihre sieben Sachen und zieht von Zürich ins Tessin. Nach dreißig Jahren im Norden gibt sie dem Lockruf des Südens nach, verbringt ihre verbleibenden Lebensjahre in einer Altersresidenz. Sie tut das in Locarno, nicht in Ascona, wo sie lange Zeit ein Häuschen behalten hatte, in Sichtweite der Insel ihrer Jugend. Nach Ascona oder gar zur Insel will sie nicht mehr, nie. Sie hat eben ihren Kopf, einen rebellischen Geist. In ihrem ersten Leben musste sie von der Insel weg. Jetzt endet auch ihr zweites, satte sechzig Jahre nach dem Tode von Max. Kinder hinterlässt sie keine.

Weit, sehr weit sind wir der Zeit vorausgeeilt. Unser anderer Protagonist versucht in der Fremde mit dem schwierigen Los eines Ausgebürgerten, Staatenlosen klarzukommen und dem Krieg zu entfliehen. Juan Enrique, dem Sohn von Max, eröffnet die Familiengeschichte einen Ausweg aus seiner misslichen Situation, in die ihn der Tod des Vaters gebracht hat. Er verdankt ihn der Mutter, wobei die geschiedene Frau Emden und jetzige Gräfin von Einsiedel dazu nichts beizutragen braucht. Es reicht, dass sie gebürtige Chilenin ist, womit sich das Recht auf diese Staatsbürgerschaft auf den Sohn überträgt. Das erweist sich jetzt als Glücksfall. Haiti, die provisorische Passheimat in der Karibik, die er sich wie viele andere in der ähnlichen Situation erkauft hat, ist keine Alternative, höchstens eine Notlösung. Er sieht im unruhigen Land der Diktaturen und Korruption keine Aussichten auf ein anständiges Leben, auf ein Auskommen. Überdies ist Haiti eine Insel, und für Inseln hat er bekanntlich wenig übrig.

Eric setzt auf den Süden Lateinamerikas, auf das Land, in das seine Großeltern mütterlicherseits einst aus Deutschland gezogen waren, und verlässt Europa. Die verbliebenen, vom Vater geerbten Geschäfte liegen in den Händen von Vertrauensleuten: die M. J. Emden Söhne in Hamburg, das Kaufhaus Corvin im unbesetzten, aber nicht mehr freien Budapest. Es ist für ihn höchste Zeit zu gehen, denn Ungarn ist den Achsenmächten beigetreten, greift demnächst als Verbündeter des Dritten Reiches auch in das Kriegsgeschehen ein; schon beim bevorstehenden Balkanfeldzug kämpfen ungarische Soldaten an der Seite der deutschen Truppen. Für den ausgebürgerten Deutschen, der hier erstmals seit dem Wegzug aus Hamburg so etwas wie einen festen Lebensmittelpunkt gefunden hatte, kein Platz mehr. Seine Geburtsstadt ist tabu, jetzt, aber ebenso später. Mit dreizehn Jahren hat er sie verlassen, erst Jahrzehnte danach besucht er sie das nächste Mal. Hans Erichs Abneigung gegenüber Hamburg entspricht in etwa der gegenüber der Insel im Lago Maggiore. Mit dem Unterschied, dass in der Hansestadt im Norden über viele Generationen das Herz der Emdens schlug. Doch damit ist es endgültig vorbei. Keine Familie ist mehr da, keine Verwandtschaft. Wer nicht gestorben ist, ist weg aus der Stadt. Es ist, als hätte es sie nie gegeben, die erfolgreiche Emden-Dynastie aus Hamburg. Einzig der Firmenname ist noch da, das geschäftliche Herz, es schlägt weiter, wenn auch nur schwach wie das eines Tieres im Winterschlaf. Wie lange noch? Wenig ist vom einstigen Imperium übrig geblieben.

Der erste große Schnitt erfolgte, als Max die Kaufhäuser abstieß, das Kaufhaus Poetsch in Hamburg, Petersen im benachbarten Wandsbek, den Oberpollinger in München, das Holstenhaus Lübeck und eine lange Liste weiterer Filialen in Braunschweig, Cuxhaven, Fulda, Halle, Göttingen, Kiel, Magdeburg sowie anderen Städten. Damals war die Emden Söhne praktisch zu einer Immobilien- und Verwaltungsfirma mit einigen zusätzlichen Aktivitäten im ursprünglichen Sektor, über eine Handelsfirma und eine Hand voll Kaufhäuser, geschrumpft. Nach dem Machtwechsel ging Stück für Stück verloren, vorbei der Handel mit dem Ausland, ebenso scheint die Kontrolle über die kleine Kaufhausgruppe in Schweden, mit Zentrum in Stockholm, nach dem Tod von Max entglitten und in andere Hände übergegangen zu sein. Die im Reich verstreuten Kaufhaus-Grundstücke sind, wie zu sehen war, nicht zu halten gewesen. Auf die englische Niederlassung, eine Handelsfirma, kann kein Einfluss ausgeübt werden. Von den Büros an der Kleinen Rosenstrasse in Hamburg gibt es nicht mehr viel zu lenken. Ob die Firma die dunkle Zeit übersteht, bestimmen die Machthaber im Land sowie die Statthalter, allen voran Richard Mentz, der mit einem als jüdisch abgestempelten Unternehmen einen schweren Stand hat. Ein Fall für sich ist Ungarn mit dem Corvin-Kaufhaus, eine Art autonomer Besitz, der nie zur Hamburger Firma gehört hat und auch jetzt über die Schweizer Stiftung gesteuert wird.

Für Hans Erich ist zum Zeitpunkt seiner Emigration nach Südamerika schwer zu beurteilen, was sich in den vergangenen Jahren in der einstigen Holding in Hamburg abgespielt hat. Unmöglich, sich unter den jetzigen Umständen und aus der Ferne einen Überblick zu verschaffen. In Ungarn war er aktiv im Kaufhaus-Unternehmen tätig, erlebte so ein Stück weit mit, wie anderswo das Geschäft mit Kaufhäusern praktisch zum Erliegen gekommen ist, weil jüdisch eingestufte Akteure wie sein Vater enteignet und ausgebootet wurden. Zwangsläufig richtete die Firma in Deutschland daher ihr Augenmerk verstärkt auf den Grundbesitz. Was in dieser Hinsicht lief, ist ihm vollends verborgen geblieben. Es gibt Vorgänge, die schwer nachvollziehbar sind.

Die Entwicklung setzte ein, als der Druck auf die verbliebenen Kaufhaus-Aktivitäten zu steigen begann. Früh ging eine Immobilie in Klein Flottbek an den mächtigen Zigarettenkönig Philipp F. Reemtsma. Kurz vorher kaufte sich die Stadt Altona das riesige Gelände des Poloclubs inklusive Gebäuden zum unverständlich tiefen Preis von 200 000 Reichsmark. Es sei unter Zwang erfolgt, heißt es – was plausibel klingt –, aber gleichzeitig auch, der Generalbevollmächtigte der Firma Emden, also Mentz, habe das Gelände auf dem Markt angeboten. Wie auch immer er erfolgte, zum Verkauf kam es, kurz nachdem die Nazis 1935 das Sagen im Club übernommen hatten. Zu weiteren, im Zuge der Judengesetze von 1938 durchgeführten und vom Bevollmächtigten Mentz unterzeichneten Verkäufen sind spärliche Hinweise vorhanden, ohne dass die genaueren Umstände erhellt wurden. Sie betreffen beispielsweise ein Grundstück in unmittelbarer Nähe zum prächtigen Jenisch-Park, den Max Emden einst für den Golfplatz zu kaufen versuchte, sowie ein weiteres in Groß Flottbek. Hans Erich weiß davon nichts. Ganz zu schweigen von den genauen Besitzverhältnissen bei einer Grundstücksfirma, die sein Vater wohl kontrolliert hatte, von jenen Hypotheken, die im Raum Hamburg gewährt worden waren, wie jene für den neuen Golfplatz in Rissen, auf dem Gelände Falkenstein. In der Villa Sechslinden, wo er aufgewachsen ist, soll sich inzwischen die Luftwaffe einquartiert haben; nachdem er das großzügige Landhaus in Klein Flottbek mit dreizehn Jahren verlassen musste, begann für Hans Erich ein unstetes Leben des Reisens von einem Ort zum anderen.

Manchmal beginnt man sich zu fragen, auf wessen Seite Mentz und seine Leute stehen, was sie in den Büros trieben, bis die M. J. Emden Söhne im Oktober 1944 liquidiert wurde, wohin die Erlöse der Immobilienverkäufe geflossen sind; die meisten Geschäftsunterlagen sind 1943 verbrannt. Ein Bombentreffer. Andererseits ist zu bedenken, dass es schwierig genug war, eine solche Firma durch den Krieg zu bringen. Zudem versucht jeder zu überleben, wie es eben geht.

Das gilt 1941 auch für Hans Erich Emden. Glücklich muss sich jeder schätzen, den das Regime auf der Liste hat, der aber dessen Krallen zu entkommen vermag. Insofern ist Hans Erich ungeachtet aller materiellen Verluste glimpflich davongekommen: Wegen der Ausbürgerung ist er entrechtet, aber er ist wenigstens heil. Aufregen darf es ihn trotzdem, dass er aufgrund unglücklicher Umstände zwischen Stuhl und Bank gefallen ist. Weshalb hat es auch nicht klappen wollen, mit seinem Schweizer Pass! Für Hans Erich sähe alles viel besser aus, hätte er das Papier. Umso ärgerlicher ist es, wenn man sieht, wie andere am gleichen Ort und zur gleichen Zeit ohne Komplikationen bekamen, was ihm vorenthalten blieb. Und dies, obwohl die Betreffenden obendrein keineswegs eher Anrecht auf die Staatsbürgerschaft gehabt hätten als er. Im Land, in dem sein Vater lebte, ist er zur Schule gegangen, in Schweizer Internaten ist er zum Mann erzogen worden. Woran hat es gelegen, dass Bern sich bei den Emdens querstellte und bei anderen nicht? Wer genau hinsieht, stellt fest, dass der jüdische Hintergrund eine Rolle spielt, wie sich beim Verfahren des Vaters gezeigt hat. Damals blockierten die Bundesbehörden, genauer die Polizeiabteilung in Bern, die Einbürgerung, solange es ging.

Max Emdens Vertrauensanwalt im Tessin, der mit jenem Einbürgerungsverfahren betraut war, hat andere Gesuche in der gleichen Zeit jedoch schlank durchgebracht. Wie anders verlief etwa die Prozedur beim deutschen Brüderpaar, das sich ebenfalls an ihn wandte.

Die Geliebte und der Erbe

Die beiden hatten kurzfristig eine Erbschaft zu erwarten, wollten diese unkompliziert und möglichst steuergünstig in die Schweiz schaffen, wofür sie umgehend den roten Pass benötigten. Anwalt Marcionni aus Ascona machte die Blitz-Einbürgerung möglich. Niemand sah sich genötigt, auch nur die leisesten Bedenken zu äußern, nicht einmal in Bern. Dabei hatten die Antragsteller nie auch nur ihre Nase in die weit entfernte Gemeinde im Südtessin gesteckt, in der sie angeblich niedergelassen waren und der ihr Heimatort werden sollte. Eine gefälschte Wohnsitzbestätigung, mehr brauchte es nicht. Die beschaffte sich Marcionni beim korrupten Gemeindeschreiber. Einen zweiten Komplizen hatte er bei den verantwortlichen Stellen in der kantonalen Verwaltung sitzen. So ging alles problemlos und schnell über die Bühne. Sorgenfrei konnten die Express-Schweizer ihr Erbe genießen, wogegen für Hans Erich, der vor ihnen via Marcionni um den Pass ersucht hatte, vergeblich darauf hoffte und deshalb jahrelang praktisch zu einem Zigeunerleben gezwungen ist.

Von der Geschichte der beiden Brüder hat man nur erfahren, weil diese nachträglich für einen großen Skandal sorgte. Unbehelligt lebten die erfolgreich eingebürgerten Deutschen zehn Jahre lang ein geruhsames Leben, bis ihr Pass ablief. Indem sie ihn zu verlängern suchten, lösten sie ungewollt eine Lawine aus. Mittlerweile in Liechtenstein lebend, begaben sie sich ins nahe St. Gallen, um die nötigen Formalitäten zu erledigen. Von der Kanzlei ging daraufhin eine Anfrage an die vermeintliche frühere Wohngemeinde Casima im abgelegenen Muggiotal, wovon der wegen anderer Unregelmäßigkeiten längst entlassene Ex-Gemeindeschreiber auf verschlungenen Wegen erfuhr. Um zu verhindern, dass weitere Verfehlungen aufflogen, versuchte er mithilfe von Anwalt Marcionni, alles zu vertuschen. Sein Pech war, dass der Nachfolger in der Gemeinde nicht mitspielte. Um die Sache trotzdem unter dem Deckel zu halten, ging Marcionni daraufhin so weit, dass er der Ortsbehörde vorschlug, die Schulden der Gemeinde zu übernehmen. Das verfing nicht. Im Gegenteil provozierte es eine Anzeige. Die zwei Hauptakteure wurden verhaftet, in der Folge auch noch der einstige Komplize bei den kantonalen Stellen, der neben Drahtzieher Marcionni den Löwenanteil des «Honorars» kassiert hatte. Dieser dritte Mann war der Grund, weshalb der Korruptionsfall «Casima» im Tessin erst hohe Wellen schlug. Denn der einstige

Funktionär hatte es zwischenzeitlich zum Tessiner Regierungsrat gebracht. Die 1934 vom Trio begangenen illegalen Handlungen waren allerdings verjährt. Belangt wurden am Ende nur die beiden, die 1944 ein zweites Mal Behörden zu bestechen versuchten.

Als 1944 die Bombe platzt, wird in Bern das Dossier der Stiftung Maxonia durchleuchtet. Geschichte wiederholt sich in gewisser Hinsicht: Erneut war ein Kaufhaus von der «Arisierung» bedroht. Was zuvor mit Emdens Geschäften in Deutschland geschehen ist, blüht nun dem verbliebenen Unternehmen in Ungarn. Die Schweiz erreicht deshalb ein Hilferuf. Allzu schnell, das wissen wir bereits, stellt die Schweiz aber keinen Schutzbrief aus. Ist überhaupt richtig schweizerisch, was da bedroht ist? Das will genau geprüft sein. In Bern werden die Papiere der Stiftung genau unter die Lupe genommen. Schnell ist klar, dass es sich beim geheim gehaltenen Stifter der Maxonia zweifelsfrei um Max Emden handelt, einen «nicht arischen Schweizerbürger»[44]. Erstaunlich. In keinem offiziellen Papier ist Max Emden als jüdisch ausgewiesen, er ist Protestant, seinem Einbürgerungsgesuch lag die Taufurkunde der protestantisch-lutherischen Kirchgemeinde St. Nicolai in Hamburg bei. Trotzdem klassifizieren ihn die Bundesbeamten in der Schweiz als Juden. Bern übernahm in dieser Frage also wie selbstverständlich die Kategorisierung des Deutschen Reiches, welches Emden als «Nicht-Arier» eingestuft hatte. Das geschieht nicht aus Versehen oder Schludrigkeit. Es hat System. Denn die Funktionäre schauen sich die Akten durchaus genau an. So bleibt den Juristen beim Eidgenössischen Politischen Departement auch nicht verborgen, dass die Stiftung Maxonia wahrscheinlich zu Verschleierungszwecken gegründet wurde. Da sie zweifelsfrei schweizerisch ist und alle leitenden Personen es ebenso sind, hat es grundsätzlich trotzdem ihre Richtigkeit, wenn die Botschaft in Budapest die Interessen der Maxonia wahrt, sprich, wenn nötig den Betrieb des Corvin Warenhauses schützt.

Als verdächtig niedrig fällt im Zuge der internen Kontrollen allerdings das dürftige Stiftungskapital von 10 000 Franken auf. Dieser Umstand müsse genauestens überprüft werden, sobald die Maxonia erneut um diplomatischen Schutz ersuche, heißt es dazu. Schließlich lautet der Stiftungszweck, bedürftige Kinder zu unterstützen.

3000 bis 6000 Franken würden jährlich verteilt, hatte ein Vertreter der Maxonia versichert. Da wäre das Kapital ruckzuck aufgebraucht. Das Prüfverfahren in Bern dauert. Bevor es nicht abgeschlossen ist, regt sich die Schweizer Diplomatie nicht, da kann die Welt untergehen. So kommt es, wie es kommen muss: Ungarn gerät ganz in die Hand der Nazis, damit sind die Emdenschen Unternehmen akut von Beschlagnahmung und «Arisierung» bedroht. Als die Deutschen Ende Februar 1944 einmarschieren, werden aber deren Interessen von offizieller Seite nicht gewahrt, vor allem liegt kein Schutzbrief vor, der attestiert, dass das Corvin Kaufhaus mitsamt weiterer Immobilien, darunter Hans Erichs Villa, schweizerisches Eigentum ist. In der Folge besetzen die Russen das Land und reißen alles dies als deutschen Besitz an sich.

Dass anscheinend der Informationsaustausch mit den Verantwortlichen bei der Stiftung zeitweise nur schleppend erfolgte, verzögerte das Ausstellen eines Schutzbriefes zusätzlich. Jedenfalls betonen das jene eidgenössischen Stellen, die in Ungarn nicht geltend machten, dass die Corvin Áruház Rt ausschließlich in schweizerischem und nicht-jüdischem Besitz war, dies spätestens seit 1939, als das Aktienkapital von Max Emden an die Tefina mit ihren zwei Schweizer Gesellschaftern überging. Dabei war das für die Behörden in Bern in der Sache völlig unstrittig gewesen. Fraglich war einzig, ob die spätere Besitzerin der Aktien, die Maxonia, ihrem Zweck als Stiftung korrekt nachging. Der schließlich doch noch ausgestellte Schutzbrief blieb wirkungslos. Die Verkettung unglücklicher Umstände hat langfristige Folgen. Als es um 1950 darum geht, von Ungarn eine Entschädigung für verstaatlichte Schweizer Unternehmen auszuhandeln, fehlt die Corvin auf der Liste. Die gleichen Berner Behörden klammern den Fall aus: Sie ahnen es, wieder die Nationalität. Die zuständigen Stellen betrachteten es plötzlich nicht mehr als schweizerisches Unternehmen, sondern als chilenisches. Natürlich, denn der 1940 von Deutschland ausgebürgerte Hans Erich Emden hatte, weil ihm die Schweiz eine Einbürgerung bekanntlich verweigerte, zwangsläufig die chilenische Nationalität seiner Mutter annehmen müssen. 1946 bekam der nach Chile ausgewanderte Alleinerbe Emden die Corvin-Anteile von der Schweizer Stiftung zurück, die sie bis dahin in ihrem Portefeuille gehalten hatte.

Kapitel 20

Kunsthändler im Krieg

Die einstigen Bewohner sind weg, haben sie nicht ganz freiwillig verlassen, trotzdem hat die Insel in der Kriegszeit bisweilen Besucher; meist ungebetene. Wer unter den jungen Burschen in der Gegend etwas auf sich hält, muss es doch einfach versuchen, sein Mädchen nachts auf die geheimnisvolle Insel mit dem gewissen Ruf zu bringen, an den kleinen Sandstrand oder gleich daneben zu dem von Steinmauern umgebenen römischen Bad.

Sie steigt ein, worauf er das Ruderboot vorsichtig ins Wasser schiebt, einen letzten kräftigen Stoß gibt, um fast gleichzeitig mit einem Sprung geschmeidig über die Außenwand im Trockenen zu landen. Jetzt kann die heimliche, romantische Bootsfahrt losgehen. Nur gut, verdeckt eine kleine Wolke den Mond. Das dämpft sein Licht. Sie, mit dem Rücken zum Ufer auf der Holzbank beim Bug sitzend, schaut an ihm vorbei zur Insel – leicht unsicher, verlegen, erwartungsvoll?

Langsam und sachte lässt er die beiden Ruder ins Wasser sinken, bevor er die Griffe kräftig zu sich zieht. Seinen Blick hat er direkt auf seine Begleiterin gerichtet. Die Wolke. Schade, jetzt wäre ihm mehr Mondlicht lieber, wo er sie ungestört betrachten könnte.

Glatt ist der See, das Boot gleitet dahin. Stille.

Die Sommernacht ist so lau, wie sie sein muss, das verwunschene Paradies wirkt so nah, aber das täuscht. Auf dem Wasser, sich mit reiner Muskelkraft fortbewegend, wird die Distanz lang und länger. Kaum hörbar keucht der junge Mann nun. Schweißperlen haben sich auf seiner Stirn gebildet. Sie lächelt. Endlich liegt das schmale Stück See zwischen der Hauptinsel und der schon seit langen Jahren unbewohnten Kanincheninsel vor ihnen. Dort müssen sie auf dem Weg zu ihrem Ziel hindurch. Gleich werden sie auf die Höhe der unbeleuchteten Villa mit der Bootsgarage gelangen. Nicht weit davor ist, wie sie wissen, die Landzunge, um die sie herumrudern müssen. Dann hätten sie ihn praktisch vor sich, den Strand, hinter dem sich die Steinmauer des römischen Bades erhebt.

Plötzlich ist ein bedrohliches Knurren zu hören, leise erst, aber doch bis zu ihnen dringend. Mindestens fünfzig, fast hundert Meter Wasser trennen das kleine Boot von Emdens Bootsgarage noch, die in den See hineinragt.

«Die Hunde...», flüstert er.

Die gefürchteten Schäferhunde des Gärtners und temporären Wächters. Irgendwo sitzen sie auf der Insel und haben Witterung aufgenommen. Diese Art von Schäferstündchen war nicht geplant. Nein, diese junge Frau, die vielleicht gerade im Alter von «Würstchen» zu Beginn ihrer Beziehung mit Max ist, wird heute nicht zum Inselmädchen. Bestenfalls reicht es dazu, sich auf der Kanincheninsel gemeinsam an den See zu legen. Das ist aber beileibe nicht das Gleiche. Wie um die leise Enttäuschung zu bestätigen, bewegt sich das Mädchen im Ruderboot nun unruhig auf ihrer Bank. Das verträumte Lächeln ist verschwunden, die Magie ist verflogen. Der Abend endet früher als erhofft.

Harmlose Gäste wie diese kommen nachts, insbesondere im Sommer. Fischer streichen manchmal ebenfalls um die Felsen oder, was auch denkbar ist, Bootsfahrer, die glauben machen wollen, sie seien welche und in Wahrheit das Gelände ausspionieren, um vielleicht irgendetwas anzustellen. Es heißt auch, aus Italien fliehende Juden gelangten manchmal über den See bis zur Insel. Oder dass die Leiche des kurz vor Kriegsende erschossenen Benito Mussolini anschließend dorthin geschafft worden sei. Erwünschte Gäste legen höchst selten an. Sie treten von der Bootsgarage kommend durch die schwere Tür ein, die in das Foyer mit der Treppe und dem Lift führt. Staub hat sich über den Marmor gelegt.

Es ist Tag geworden. Das Ruderboot – Benzin für die Motoren ist im Krieg nicht zu haben –, das angelegt hat, bringt keine heimlichen Besucher mit. Olga Ammann, von der Privatsekretärin zu einer Art Verwalterin der hiesigen Emden-Besitztümer aufgestiegen, ist in Begleitung eines kleinen Jungen und eines gepflegten Herrn. Es ist kein Schäferstündchen geplant. Es geht um Kunstwerke, um Geld.

Auf Olgas Schultern liegt es, in Eric Emdens Abwesenheit, zusammenzuhalten, was auf der Insel und auf dem Festland zu dessen Erbe gehört. Nur schwer gelingt es, mit dem einzigen Erben in Südamerika in Kontakt treten. Der junge Emden ist viel unterwegs, zudem sind Kommunikationsmittel nur beschränkt verfügbar. Das sind nicht die einzigen Erschwernisse. Er musste sich auf dem neuen Kontinent auch erst zurechtfinden, wobei er bei der Ankunft in Brasilien, wohin er auf dem Seeweg gelangt war, zunächst im Gefängnis landete und bald darauf schwer erkrankte, sogar im Koma lag. Mittlerweile scheint er sich in Argentinien aufzuhalten. Sekretärin Ammanns Begleiter auf dem Boot kommt eine wichtige Rolle zu: Er soll als Geldbeschaffer fungieren. Es ist Walter Feilchenfeldt, renommierter Kunsthändler a.D., vormals Berlin und Amsterdam. Er kommt nicht zum ersten Mal auf die Insel. Außer Dienst stellen ihn, der richtiggehend in diesem Land gestrandet ist, die Schweizer Behörden: Sie erlauben ihm nicht, in seinem Beruf zu arbeiten, weil er lediglich über eine «Toleranz-Aufenthaltsbewilligung» verfügt. Ein befreundeter Verleger hat «Feilchen» inzwischen pro Forma als Lektor eingestellt, sodass er sich recht frei im Land bewegen kann. Inoffiziell handelt er natürlich sehr wohl mit Kunst.

Wir haben es hier mit demselben «Feilchen» zu tun, den Erfolgsautor Remarque in seinen Tagebüchern erwähnt und mit dem er eng verbunden ist; nicht nur, weil sie gerne miteinander über Kunst diskutierten. Emdens Vater kannte den Kunsthändler von früher, als «Feilchen» weit zurück in der Vergangenheit in Berlin für Cassirer arbeitete, eine international bedeutende Kunsthandlung, deren Geschäft er in der Folge in Holland übernahm, nachdem der Chef aus dem Leben geschieden war und die Nazis jede Tätigkeit in Berlin unterbunden hatten. Übrigens ist das Innere der Emden-Villa sozusagen ein Werk der erweiterten Familie Feilchenfeldt, hat es doch sein Schwiegervater, Architekt Alfred Breslauer, gestaltet. Für einen Juden wie ihn ist eine Rückkehr in die deutsche Heimat bis auf weiteres undenkbar. Die Freundschaft zu St. Gallens Stadtammann Konrad Nägeli ermöglicht es ihm, sich in der Schweiz aufzuhalten. Wäre doch Emdens Sohn nur auch in den Genuss einer solchen Protektion gekommen!

Ursprünglich hatte «Feilchen» geplant, mit seiner jungen Frau und dem gemeinsamen Baby nach England überzusiedeln, nur deren Eltern sollten in das Ostschweizer Städtchen in Sicherheit gebracht werden. Doch just als Hitler den Krieg vom Zaum riss, weilte das Paar zufälligerweise in der Schweiz – und blieb. Von Emdens Sohn hat Feilchenfeldt unmittelbar vor dessen Emigration den Auftrag erhalten, die schönsten Gemälde der Sammlung zu Geld zu machen. Vierzehn Bilder berühmter Meister. Dem Alleinerben des Inselparadieses die Welt der Kunst eröffnen zu wollen, wie «Feilchen» das einst erfolgreich bei Remarque getan hat, wäre beim jungen Emden indes ein aussichtsloses Unterfangen gewesen. Eric ist eher praktisch veranlagt: Zeig ihm einen tollen Achtzylindermotor, und er schraubt freudig daran herum. Zeig ihm einen Monet, und er rümpft die Nase. Deshalb ist Feilchenfeldt der richtige Mann. Die Kunst, mit der Emden jun. nichts anzufangen weiß, soll der Fachmann zu Geld machen.

13. Oktober 1940, Brissago-Inseln. Sonntag

Bei ihrer ersten Abmachung ging es um einen Monet, um zwei sogar, ein van Gogh war auf der Liste und weitere klingende Namen. Renoir, Sisley, Courbet, Gauguin, Tiepolo. Zunächst trafen sie sich im Baur au Lac in Zürich, im Oktober, gut drei Monate nach Max Emdens Tod. Sie verbleiben, dass der heimlich tätige Kunsthändler Feilchenfeldt nach Porto Ronco fahren sollte, um gemeinsam mit Emdens Sohn auf der Insel die Bilder zu begutachten, die er verkaufen sollte. Ihr Treffen ist für den 13. des Monats ausgemacht; kein Freitag, es ist ein Sonntag im Kriegsjahr 1940.

Allein werden die beiden Männer nicht auf die Insel übersetzen, denn Feilchenfeldt wartet in Ascona auf weitere Begleiter. Er sitzt im Café Verbano, dem Treffpunkt im Ort, an dem keiner vorbeikommt. Die zwei Männer, die er mitnehmen wird, könnten dafür sorgen, dass die Emden-Kollektion in einem Aufwisch verkauft wird. Der eine, Fritz Nathan, Kunsthändler wie er, ist mit Oskar Reinhart befreundet. Er hat den reichen Mäzen aus Winterthur gleich mit ins Tessin gelotst. Reinhart hat mit dem Textilhandel aufgehört, den seine Familie betreibt, um sich ganz der Kunst und seiner Sammlung zu widmen. Damit begann er in etwa in den Jahren, als Max seine Kaufhäuser veräußerte und Hamburg verließ. Nathan ist dessen Vertrauensmann. Außerdem hat er damit begonnen, auch Waffenschmied Bührle beim Aufbau der Sammlung zu beraten, der in der aktuellen Kriegswirtschaft natürlich viel Geld für jede Art von Zukäufen aufhäuft. Während die beiden Händler und der reiche Gast vom Café in Richtung Porto Ronco aufbrechen, macht sich Hans Erich Emden wenige Kilometer weiter bereit, um die wichtigen Gäste an der eigenen Mole abzuholen.

Es sind nicht Männer aus seiner Welt, diese Kunstliebhaber, die beim Häuschen in Porto Ronco an der Tür klingeln. Man spricht ihm das Beileid aus.

Auf der Überfahrt plaudern sie, das Boot schaukelt leicht. Wolken ziehen am Himmel auf.

«Wird es jetzt drehen, das Wetter?», fragt einer.

Dann liegt schon die prächtig-mächtige Villa direkt vor ihnen. Reinhart sieht sie zum ersten Mal. Beeindruckend. Das Boot legt an. Hans Erich geleitet sie aus dem Bootshaus, von dem ein gedeckter Säulengang direkt zum Eingang im Kellergeschoss führt, in dem durch die offene Tür im hohen Foyer mit der breiten, marmornen Treppe ein gewaltiger Wandteppich zu sehen ist. An einer Seitenwand hängen drei Reliefs von Della Robbia. Zusammen mit der schlichten Kommode darunter hat das etwas von einem Altar mit wertvollem Wandschmuck; Altarbilder sind das ursprünglich auch gewesen. Hans Erich stellt den Besuchern Maude vor, seine Frau, seine neue Frau – die dies amtlich allerdings erst in einem Monat sein wird.

Bevor es ins Haus geht, biegt er mit den Gästen jedoch nach rechts ab, um ihnen den berühmten botanischen Garten zu zeigen. Der Rundgang endet bei der großen Terrasse. Nun bittet sie Emden jun. in die Villa. Die fachkundigen Gäste schauen sich im Salon sogleich diskret um. Was sie an den Wänden hängen sehen, trägt berühmte Namen: ein van Gogh, ein Manet. Meister, die der potentielle Käufer, Reinhart, durchaus gerne zu sammeln pflegt. Trotzdem schaut er wenig begeistert aus. Auf den ersten Blick sind kaum Gemälde von überragender Qualität für seine ausgesuchte Sammlung hochklassiger Bilder da. Reinhart begnügt sich nicht mit großen

Meistern, er sammelt große Meisterwerke. Selbst beim Monet hellt sich während der Besichtigung seine Miene nicht richtig auf oder beim Renoir. Ebenso wenig löst der Courbet Verzückung aus. Kurzum, die Reise ins Tessin ist eher als Ausflug in den sonnigen Süden zu verbuchen. Im Salon dampft mittlerweile der Tee. Man setzt sich, parliert höflich. Emden ist charmant, seine französische Frau ist es ebenfalls.

Zurück auf dem Festland, verabschiedet sich Reinhart in Ascona von den beiden Kunsthändlern, die ihn begleitet haben und lässt sich nach Locarno ins Hotel bringen. Bevor er aus dem Tessin abreist, trifft sich Nathan am Tag danach mit seinem guten Kunden. Es bestätigt sich, was er erwartet hatte. Meisterwerke, wie sie Reinhart sucht, waren keine darunter. Nicht einmal der Monet vermochte ihn restlos zu überzeugen. Ganz zu schweigen von den anderen. «Der Van Gogh: sehr bunt und tapetenhaft», klagt der Mäzen[45]. «Ein schwacher Courbet. Enttäuschend.» Nathan schüttelt ihm mit einer Geste des Bedauerns die Hand.

Bisweilen ist es bei der aktuellen Welt- und Marktlage überaus schwierig, solvente Käufer zu finden, gerade wenn es sich um moderne Kunst handelt. Glücklicherweise ist er aber nicht auf Teufel komm raus auf Reinhart angewiesen, um mit Werken der Sammlung Emden Geschäfte zu machen. Nathan hat einen anderen dicken Fisch an der Angel, wie eingangs erwähnt war, bei dem es ihm in der Folge doch gelingt, das eine oder andere Stück zu platzieren. Gut ein halbes Jahr Geduld ist schließlich nötig, bis Emil G. Bührle das «Mohnfeld bei Vétheuil» von Claude Monet für 30000 Franken kauft. Was von dem Geld wohin geflossen ist, darüber kann nachträglich nur spekuliert werden.

Ein paar Jahre sind bei Feilchenfeldts neuerlichem Besuch auf der unbewohnten Insel seither vergangen. Der Zweite Weltkrieg tobt draußen in Europa noch immer, Flüchtling «Feilchen» darf weiterhin nicht offiziell mit Kunst handeln und die finanzielle Situation ist bei Emdens Besitz nach wie vor angespannt. Zur Genüge kennt Sekretärin Olga Ammann dieses unschöne Gefühl, den Briefkasten zu leeren und irgendeine Rechnung vorzufinden, eine Steuerforderung, was auch immer – aber nie Zahlungseingänge, nichts. Dabei wollen auch die Löhne irgendwie bezahlt sein. Alles, was noch verwertbar ist, befindet sich in der Villa, die Kunst. Doppeltes Pech ist, wenn sich vermeintliche Schätze als Fälschungen herausstellen. Damit geht man nicht nur des Erlöses verlustig, das sorgt auch für Scherereien und kann in rechtliche Auseinandersetzungen münden. Was kann Verwalterin Ammann dafür: Von Kunst versteht sie doch nichts. Einen Gauguin hat Feilchenfeldt beispielsweise im Gegensatz zu ihr sofort als unecht erkannt; das gehört sich so, schließlich ist er der Fachmann.

Auf der Insel hat er gesehen, was er sehen wollte, jetzt geht es zurück aufs Festland. Für Walter junior ist die kurze Bootsfahrt wie ein Abenteuer, es gefällt ihm sichtlich auf dem See. Dabei war er der Grund gewesen, weshalb die Familie Feilchenfeldt bei ihrer Ankunft im Tessin nicht in die Villa von Remarque in Porto Ronco gezogen war. Dessen Casa Monte Tabor liegt direkt am Wasser, ist in ein steiles Uferstück gebaut. Wie leicht hätte das Baby ins Wasser fallen können.

Der Freund hätte ihnen das Haus zur Verfügung gestellt, das er vorderhand nicht braucht, weil er während des Krieges sein Zuhause in den USA hat. Die Feilchenfeldts mieteten stattdessen eine Wohnung in Ascona, in der Casa San Materno neben dem gleichnamigen, berühmten Theater am Rande des Dorfes. Inzwischen sind sie dabei, Hausbesitzer in Ascona zu werden, obwohl ganz und gar nicht geplant gewesen war, hier sesshaft zu werden. 1940 unternahmen sie sogar einen ernsthaften Versuch, den alten Kontinent zu verlassen. Mit einem haitianischen Pass versehen, den sich damals viele beschafften, warteten sie im Hafen von Genua darauf, ablegen zu können und via Karibik in die USA zu reisen. Nur überraschte sie das Weltgeschehen ein zweites Mal: Bevor das Schiff bereit war abzulegen, trat Italien in den Krieg ein, sodass sie schleunigst zurück in die Schweiz mussten[46]. Die erneute Einreise gelang schließlich nur dank Nägelis Schützenhilfe. Zwar vermochte St. Gallens Stadtammann in dieser brenzligen Situation mehr auszurichten als eine Diva wie Marlene Dietrich, die ihnen ebenfalls ihre Hilfe angeboten hatte. Aber welcher Flüchtling kann sich schon rühmen, auf Unterstützung von derart prominenter Seite zählen zu können. Entscheidend war jedoch Nägeli, ohne dessen neuerliches Engagement es nie dazu gekommen wäre, dass sich «Feilchen» überhaupt um den Verkauf von Emdens Sammlung kümmern konnte. Nun war sie eine willkommene Geldquelle für die im Tessin lebende Familie des Kunsthändlers.

Es muss in etwa gewesen sein, als jene Bootsfahrt mit Klein-Walter auf die Insel stattgefunden, dass eine andere bekannte Figur auf den Plan tritt. Wladimir Rosenbaum, der schon für «Würstchen» in Ascona Weichen stellte, vermittelt den Feilchenfeldts ein Haus. «Feilchens» geschäftliche Aktivitäten bringen es mit sich, dass er selber häufig außer Haus logiert, in Hotels in Zürich und anderswo. Normalerweise ist er zwischen Zürich, Lausanne, Genf und allenfalls St. Gallen unterwegs, wo der ebenfalls aus Deutschland emigrierte Kunsthändler Fritz Nathan tätig ist. Mit ihm arbeitet er zusammen wie gelegentlich auch mit anderen Kollegen, die im Gegensatz zu ihm ihren Beruf in der Schweiz regulär ausüben dürfen. Kontakte, ein großes Beziehungsnetz sind in dieser schwierigen Lage besonders wichtig. Feilchenfeldt hat sie.

Der Markt ist durch den Krieg - und weil die Kunst ideologisch ausgeschlachtet wird - arg durcheinander gerüttelt worden, wenn die freie Schweiz auch bis zu einem gewissen Grad als Drehscheibe für den internationalen Kunsthandel wirkt. Nicht immer ist die angebotene Kunst von jener Art, wie sie seriöse und moralisch integre Personen erstehen sollten. Das ist schon einige Jahre so. Kurz vor Kriegsbeginn war «Feilchen» zum Beispiel anwesend, als in der Galerie Fischer in Luzern 125 Kunstwerke unter den Hammer kamen, die von den NS-Machthabern ohne Federlesens deutschen Museen weggenommen worden waren. In der Schweiz sollte damit Kasse gemacht werden: «Entartete Kunst» nannten sie die Werke von Kokoschka, Gauguin, Picasso und vielen anderen. «Feilchen» – ein entschiedener Gegner solcher Verkäufe – bot wie andere Kunstfreunde bewusst nicht mit, wieder andere lachten sich ins Fäustchen kauften eifrig und eher günstig ein. Es ist ein Dilemma: Das Angebot ist verlockend, es kommen zum Teil bedeutende Werke von unschätzbarem Wert auf den Markt, deren Besitzer unter Druck stehen oder gar gezwungen sind, sie irgendwie loszuwerden. Faire Bedingungen sehen anders aus. Überdies stößt das Reich «entartete» Kunst ab, die sie eingezogen hat. Für Händler in Deutschland sind solche Werke praktisch wertlos, schon aus politischen Gründen, was die Preise zusätzlich drückt. Manche nützen das aus, Fischer zum Beispiel, der das größte schweizerische Auktionshaus betreibt. Bei ihm geht auch einmal Raubkunst über den Tisch.

Etwas anders stehen die Vorzeichen bei einem Händler wie Fritz Nathan, der eine herausragende Rolle auf dem Kunstmarkt spielt. Er ist wie Feilchenfeldt ein Jude, der in die Schweiz emigriert ist, und übernimmt trotzdem Gemälde von deutschen Juden, die der NS-Staat verfolgt. Denn sie benötigen viel Geld für Zwangsabgaben, für die Judenvermögensabgabe oder um ihre Reichsfluchtsteuer entrichten zu können, die sie für eine legale Ausreise aus dem Land abliefern müssen. Ohne Händler wie ihn könnten ernsthaft bedrohte Leute ihre Sammlung kaum im Ausland zu Geld machen. Fluchtgut, Raubkunst: Es ist ein schmaler Grat, wann Menschen durch einen Kauf geholfen und wo eine Notsituation schamlos ausgenützt wird, zumal auf dem Markt ein Überangebot herrscht. Nicht selten wird es zudem zu einer überaus komplexen Angelegenheit, ein Geschäft über Landesgrenzen abzuwickeln. Was am einen Ort unverkäuflich ist, ist am anderen gesucht. Devisen können aber nicht einfach so von einem ins andere Land verschoben werden, was den ganzen Handel zusätzlich erschwert.

Wie am Beispiel der fragwürdigen Auktion bei der Galerie Fischer zu sehen ist, wollen die einen Expressionisten, Impressionisten oder abstrakte Kunst loswerden und sind dafür an deutschem Bildwerk interessiert. Das ist in Deutschland gefragt. Ausgerechnet das Spitzenobjekt, «Die Absinthtrinkerin» von Pablo Picasso, fand an der besagten Auktion keinen Käufer. Ein Hamburger Großindustrieller hatte es einst der dortigen Kunsthalle geschenkt, wo es 1937 bei einer «Säuberungsaktion» entfernt wurde. Nach der erfolglosen Auktion in der Galerie Fischer gelangte es zunächst wieder zurück nach Berlin, wo es im Lager des Propagandaministeriums blieb, bis es ein deutscher Kunsthändler billig erwarb. Von ihm gelangte es erneut zu Fischer nach Luzern, der es an einen Schweizer Sammler weiterreichte. Der Kunsthändler bezahlte seinen deutschen Kollegen nicht mit Geld, sondern mit einem Bild – ein typisches Tauschgeschäft jener Zeit. Fischer gibt ihm einen van Dyck[47], ein sehr begehrtes Bild, das viel mehr wert war als der Picasso. Betrug der für den Picasso ausgehandelte Preis 24000 Franken, war «Die Madonna mit Kind» des flämischen Meisters demgegenüber auf bis zu 150000 Franken geschätzt worden. Um den Tausch perfekt zu machen, müsste der Käufer daher noch einiges drauflegen. Zu diesem Zuschlag, den Fischer bedenkenlos entgegennimmt, gehören drei Raubkunstbilder, Impressionisten, die das Reich im eroberten Paris beschlagnahmt hat. Der Käufer wiederum, der deutsche Kunsthändler, hat sein Tauschobjekt als Geschenk für die Reichskulturkammer vorgesehen, beziehungsweise für den obersten Chef der rechten Kunst, Joseph Goebbels. Bleibt zu erwähnen, woher der besagte van Dyck stammte: Er hatte ebenso hamburgische «Wurzeln» wie der Picasso. Es ist ein Bild aus der Sammlung von Max Emden. Wie auch immer es Fischer in die Hände bekommen hat.

In der Branche läuft so einiges, worüber man die Nase rümpfen kann. Dass auch Raubkunst auf den Markt gelangt, ist den Händlern klar, seit deutsche Behörden 1938 begonnen haben, systematisch jüdische Sammlungen zu beschlagnahmen. Mit der deutschen Invasion wird zudem in den westlichen Nachbarländern eine große Anzahl an Bildern zusammengerafft. Solche Bilder, die nicht für die Führersammlung in Linz, Görings Carinhall oder sonstige Institutionen vorgesehen sind, werden über Kunsthändler in den betroffenen Ländern auch Kollegen in der Schweiz angeboten. Eine zeitlang gelang es umgekehrt gerade jüdischen Sammlern, dank schweizerischen Museen an den Nazis vorbei Kunstwerke außer Landes zu schaffen. Denn solange die Stücke als Leihgaben deklariert waren, entfiel die «Raubsteuer» des Reiches. Während die Besitzer auf diese Weise Teile ihrer Sammlung in Sicherheit bringen konnten, kamen die Museen zu prächtigem Ausstellungsmaterial.

Zurück zu Emdens Erbe. Manchmal sorgt das Leben für merkwürdige Konstellationen. Der zufällig in die Schweiz gereiste deutsche Jude Feilchenfeldt findet in der Not Aufnahme in diesem Land und verdient sein Geld mit Verkäufen aus dem verwaisten Erbe eines Schweizers, Max Emden. Dessen Sohn Hans Erich ist eigentlich Protestant, wird aber als Jude vom Reich ausgebürgert. Obwohl er in Schweizer Internaten groß geworden und Sohn eines reichen Schweizers ist, muss er fort und sich als Chilene in Südamerika durchschlagen, ohne aus seinem stattlichen Erbe im Tessin Nutzen ziehen zu können. Wäre Hans Erich rechtzeitig Schweizer geworden, wäre «Feilchens» Leben vielleicht ein bisschen, seines komplett anders verlaufen. Im Scheidungsverfahren in Deutschland, das 1939 seinem letzten Anlauf für die Einbürgerung im Weg stand, ging es um eine überstürzt eingegangene Ehe, die er als blutjunger Mann leichtsinnig geschlossen hatte. Was war er von seinem Vater deswegen getadelt worden! Nicht ganz zu unrecht, wie der Lauf der Dinge nun zeigt. Richtig wütend hatte die Heirat Max Emden gemacht. Sie trug zweifellos ihren Teil dazu bei, dass er im Sohn einen unfähigen Playboy sah, der versagt, wenn es darauf ankommt. Ausgerechnet jetzt, wo er nicht mehr im Land bleiben kann, vor einer völlig ungewissen Zukunft steht, heiratet er erneut. Den Jahreswechsel verbringt er mit seiner Braut Maude, einer französischen Jüdin, noch im Tessin. Danach beginnt ihre sehr weite Reise, Südamerika einfach. Ein bisschen Sicherheit soll ein Papier der chilenischen Legation in Ungarn geben, das Hans Erich, den Ausgebürgerten, als Funktionär der Kanzlei der dortigen Mission ausweist und ihm eine Art diplomatischen Status verleiht – obgleich er natürlich nie im diplomatischen Dienst tätig gewesen ist. Der junge Botschafter Chiles, der für Wien und Budapest zuständig ist, hat das organisiert, was ihm schon einmal ermöglicht, aus Europa herauszukommen.

Die rettenden Papiere mögen echt sein, den brasilianischen Behörden, denen sie bei der Einreise vorgelegt werden, kommt die Sache trotzdem reichlich dubios vor: Hans Erich Emden, angeblicher Botschaftsmitarbeiter Chiles, spricht kein spanisch. Da ist es durchaus nachvollziehbar, wenn das Paar Schwierigkeiten bekommt, kaum hat es die Überfahrt auf der «Cabo de Hornos» der spanischen Reederei Ybarra ins sichere Rio de Janeiro hinter sich. Das frischgebackene Ehepaar landet umgehend im Gefängnis. Bis alles geklärt ist und die chilenischen Stellen die beiden unglücklichen Flüchtlinge dort herausholen, dauert es eine Weile. Erst dann kann die Odyssee durch den fremden Kontinent ihren Fortgang nehmen. Der erste geschäftliche Vorgang erweist sich als Reinfall. Einen Teil des ihm verbliebenen Geldes hatte Eric vorgängig in eine Schiffsladung aus Europa gesteckt, die in Brasilien gelöscht werden sollte. Was er vor der Abreise eingefädelt hatte, erweist sich aber als schlechtes Geschäft.

Als nächstes versucht er sich darin, Land zu kaufen, wird aber umgehend gebremst. Das Unheil ereilt ihn in Form eines Blinddarmdurchbruchs, die notfallmäßig vorgenommene Operation missrät. Eric fällt ins Koma, muss um sein Leben fürchten. Doch er ist jung, kommt wieder auf die Beine. Die nächsten Spuren hinterlässt er in Argentinien, wo er sich anschickt, mit einem Partner eine Kette von Billigläden aufzubauen. Es ist schwierig, eine Neulancierung dieser Art zum Erfolg zu führen, selbst wenn hier keine kriegerischen Handlungen toben; mit einem schnellen Aufstieg in der Branche, in der sein Vater so erfolgreich gewirkt hatte, wird es nichts.

Im Touristenvisum, das ihm in Brasilien für drei Monate ausgestellt worden war, stand als Reiseziel Chile. Dorthin reist er schließlich auch, muss im Land seiner Mutter vorerst aber ebenfalls kleine Brötchen backen. Ein Glück, gleicht er von seinem Charakter her nicht allzu sehr Mutter Anita, denn er gibt wenig auf Luxus, ist verhältnismäßig genügsam. Das hilft in seiner Lage, obschon es ihm nicht so schlecht geht, dass er nun in Armut versinken würde. Aber für einen, dem der Vater gesagt hatte, er werde nie zu arbeiten brauchen, wird er im fremden Kontinent ganz schön gefordert. Der Siegeszug eines neuen Wundermaterials aus Europa verhilft ihm dazu, wieder Boden unter die Füße zu bekommen. Es werden gerade die ersten Asbestfabriken Südamerikas gebaut, in denen Platten der überall bekannten Marke Eternit hergestellt werden. Das Material ist ein Renner, alte Beziehungen in die Schweiz sowie nach Belgien ebnen ihm den Weg zu einem Karrieresprung. Emden jun. erhält einen Sitz im Verwaltungsrat der im Aufbau befindlichen Südamerika-Tochter der Firmengruppe. Er vertritt dort den belgischen Teil des weltweiten Kartells, das die belgische Besitzerfamilie Emsens zusammen mit der Familie Schmidheiny aus der Schweiz kontrolliert. Den Weltmarkt für Eternit-Platten haben sie sich weitgehend aufgeteilt. Von diesem Mandat kann er nicht leben, dafür ist es ein exzellentes Sprungbrett, weil es ihm zu wichtigen Bekanntschaften verhilft und beispielsweise dazu führt, dass Eric ganz im Norden des Landes, an der Grenze zu Peru, mit US-Partnern eine Milchpulverfabrik gründen wird.

Heimatlos, rastlos umherreisend, ein Mann ohne Wurzeln scheint Hans Erich, Juan Enrique zu sein. Auf eine Kindheit in Hamburg folgten Schweizer Internate, New York, dann Ungarn, zwischendurch Frankreich bei Verwandten in Paris. Nach der erzwungenen Emigration finden wir ihn erst in Brasilien, eine zeitlang wohnt er in Buenos Aires, in Chile pendelt er zwischen Arica ganz im Norden, der Hauptstadt Santiago de Chile zweitausend Kilometer südlich und Viña del Mar am Meer. Es braucht eine neue Frau, die dritte, die er mit seinen 35 Jahren heiraten wird, damit er endlich Wurzeln schlägt. Ximena heißt sie, sie stammt aus gutem Haus in Valparaiso, der Stadt, in der auch Emdens Mutter geboren worden ist. Doch nicht alles ist so, wie es auf den ersten Blick scheint. In Wahrheit ist die Prinzessin, als die sie sich gerne benimmt, der flüchtigen Beziehung des Anwalts eines reichen Ehepaars mit deren Hausangestellten entsprungen. Weil das Paar keine Kinder haben konnte, adoptierte es schließlich Ximena, das Mädchen ihrer Hausangestellten, schickten die Tochter nach Europa zur Ausbildung: London, Paris. Dorthin, wo es die Haute-Volée Südamerikas hinzog. Deshalb verbringt die junge Chilenin die ersten Kriegsjahre im Gegensatz zu Eric in Europa. Eine Weile ist sie noch beim Roten Kreuz in Paris tätig, bis sie 1943 nach Südamerika zurückkehrt, wo sie in Buenos Aires auf Juan Enrique Emden trifft. Schnell entflammt zwischen den beiden eine Liebe. Anders als in den bisherigen Frauengeschichten, auch jenen, die in Ehen mündeten, wird dieses Feuer bei Eric diesmal über Jahrzehnte weiterlodern.

Das Paar unterhält sich auf Französisch, zwischendurch auf Englisch. In diesen Sprachen können sie sich besser verständigen als auf Spanisch. Es eine Beziehung, die zunächst überwiegend aus einem regen Briefverkehr besteht, Gelegenheiten, um zusammen zu sein, bieten sich seltener. Immerhin ist Eric verheiratet. Noch. Seine Gefühle bleiben der Ehefrau offensichtlich nicht verborgen, Maude spürt, dass etwas zwischen sie getreten ist und stellt ihn zur Rede, als er eines Abends verspätet zuhause eintrifft. Obwohl die Verspätung nichts mit der anderen, unbekannten Frau zu tun hat, ist der Moment der Wahrheit gekommen.

«Du liebst mich nicht mehr...», sagt sie mehr traurig und ernst als wütend zu ihm. Maude ringt um Fassung, ergänzt, in diesem Falle wäre es wohl angebracht, sich zu trennen. Juan Enrique hört das im Zimmer nebenan vor dem Spiegel stehend, während er sich eine neue Krawatte umbindet. Damit hat er nicht gerechnet, aber er kann ihr nur beipflichten. Für sich selber erwidert er unerwartet kühl, dass eine Scheidung das Beste sei. Die Sache ist geklärt, beide Partner sind sich einig.

Wie schnell das gehen kann. Vor einem Jahr hat Eric noch ein Testament zugunsten von Ehefrau Maude verfasst, in dem er ihr allen Besitz vermachte, die Insel im Tessin, Wertpapiere in New York, das Grundstück in Rio de Janeiro, ihre gemeinsame Bleibe in Santiago de Chile, den Billigladen Preunic. Nun ist es vorbei. Er ist dauernd unterwegs, außer in Chile viel in Argentinien, in Uruguay, zwischendurch eröffnet er in Santiago die erste Alfa Romeo-Vertretung Südamerikas: seine äußerst rege Betriebsamkeit hat den Vorteil, dass das in Trennung befindliche Ehepaar dementsprechend selten zusammen ist, was jene wüsten Szenen vermeiden hilft, zu denen es in solchen Situationen häufig kommt. Trotzdem ist die endgültige Trennung nicht ganz einfach zu bewerkstelligen. Eric besitzt die chilenische Staatsbürgerschaft, ist zusammen mit Maude weiterhin in der Hauptstadt Santiago wohnhaft: Das ist deshalb von Belang, weil in diesem Land die Scheidung nicht existiert. Eric hofft, die nötigen Papiere in Uruguay beschaffen zu können, die den Weg frei machen für seine Beziehung mit Ximena. Es klappt schließlich in Mexiko. Wieder einmal geht es in derlei Dingen bei ihm schnell. Dank seinem Anwalt bekommt er nach einigen Monaten die benötigten Scheidungspapiere und hat gleichzeitig die neue Heirat eintragen lassen. Diese mexikanische Lösung hat den Vorteil, dass er damit zwei Fliegen mit einer Klappe schlägt, weil beide dort vorgenommenen Änderungen am Zivilstand von den chilenischen Behörden anerkannt werden.

Ximena, seine neue Frau, ein Einzelkind wie er, wird als einzige Tochter das beträchtliche Vermögen ihrer Adoptiv-Eltern erben. Diese besitzen ein großes Gestüt, dazu Ländereien, Immobilien, Renditeobjekte in Valparaiso, die damals eine der wichtigsten Hafenstädte Südamerikas ist, sowie im benachbarten und nobleren Viña del Mar, wo die Familie lebt. Das muss für den unfreiwilligen Einwanderer nach der doch recht schwierigen Anfangszeit in Chile wie eine Fügung Gottes erscheinen. Abgesichert zu sein, beruhigt, zumal seinen eigenen geschäftlichen Tätigkeiten bisher kein durchschlagender Erfolg beschieden war. Kaum hat Chile die Zivilhochzeit aus Mexiko anerkannt, feiert er mit Ximena, seiner großen Liebe, eine kirchliche Hochzeit mit allem drum und dran. Endlich kann das Paar richtig zusammen sein. Anschließend brechen die zwei Verliebten zu einer langen Europareise auf. Es ist eine Reise in Erics Vergangenheit als Hans Erich, den Alleinerben des einstigen Kaufhaus-Königs Max Emden.

Europa ein Jahr nach Kriegsende zu besuchen, ist indes kein reines Vergnügen. In Deutschland ist alles zerstört, auch das, was einmal seiner Familie gehört hat. Die Warenhäuser, Firmen, die Villa; alles scheint verloren. Angenehmer ist daher die Zeit bei den Verwandten in Paris. Die intakte Schweiz, um die der Krieg einen Bogen gemacht hat, ist proper wie immer, das Tessin wunderschön; es ist die letzte Etappe in einem regelrechten Flitterjahr quer durch den alten Kontinent, das er mit Geschäftlichem im engeren und weiteren Sinn verbindet. Seine frisch angetraute Ximena auf die Brissago-Inseln zu bringen, hat etwas Spezielles, es ist nicht wie bei seinen früheren Fahrten. Er nimmt die Insel mit der prächtigen Villa als positiv wahr, weil sie belegt, dass Eric mehr ist als nur ein in Chile gestrandeter Geschäftsmann, der versucht, auf die Beine zu kommen. Hier entpuppt er sich als Inselherr, der seiner geliebten Prinzessin etwas Einmaliges zu bieten hat.

«Auch Leben ist eine Kunst»: Ob Hans Erich bei der Ankunft den Leitspruch des Vaters über der Bootsgarage beachtet hat?

Die Villa wirkt imposant wie eh und je. Die gut fünf Jahre, die seit dem Tod des Vaters verstrichen sind, in denen die Insel verwaist war, haben Spuren hinterlassen. Der Garten ist verwildert, zudem fehlt vom wertvollen Innenleben so einiges. Trotzdem ist es eine Zeit zum Genießen, Sommer ist's, sie sind glücklich. Zwei Freundinnen von Ximena sind dabei, häufig auch Erics Mutter, die im Häuschen in Porto Ronco wohnt. Als sich der Europa-Aufenthalt langsam zum Ende neigt, packen sie alles ein, was sie mit nach Übersee mitnehmen können und wollen. Kostbarkeiten wie Fayencen, Vasen, Schalen sowie die Stilmöbel bleiben hier. Die sollen Kunsthändler zu Geld machen: Feilchenfeldt ist erneut mit von der Partie, allerdings verfügt er noch immer nicht über eine reguläre Arbeitsbewilligung. Der andere ist Christoph Bernoulli aus Basel. Mit diesen beiden schließt Eric vor seiner Abreise eine Vereinbarung. Bis Ende des Jahres müssen sie ihm eine Anzahlung von 100000 Franken überweisen. Vom darüber hinaus gehenden Erlös, den sie erzielen, dürfen sie die Hälfte behalten; äußerst großzügig wie er mit ihnen zu teilen bereit ist, zumal sie zusätzlich direkt für den Verkauf nötige Spesen geltend machen dürfen. Eine weitere Angelegenheit ist zu klären: Budapest, der letzte Trumpf, die finanzielle Lebensversicherung. Wie 1941 geplant, erstattet die nach dem Tode von Max errichtete Maxonia Stiftung die Aktien des Corvin-Kaufhauses sowie die von der Stiftung gehaltenen Forderungen über gut 5 Millionen Franken gemäß Stand bei Vertragsabschluss an Eric zurück. Nicht vereinbart war, dass er die Stiftung für ihren Aufwand mit 20000 Franken entschädigen muss, sobald ihm der ungarische Staat die angemeldeten Reparationsforderungen für Schäden und Warenverluste beim abgebrannten Kaufhaus in Budapest bezahlt hat. Bei dem zu erwartenden Geldsegen lässt sich das jedoch leicht verschmerzen.

Das Erbe will Hans Erich einfach kein Glück bringen: Auch diesmal kann er lange auf sein Geld warten. Denn die Russen haben bekanntlich das Kaufhaus als deutsches Eigentum beschlagnahmt. Zweitens wird ihm ein Anwalt und Mitglied des Maxonia-Stiftungsrates später eröffnen, dass bei den Schweizer Behörden in Sachen Entschädigung wohl nichts auszurichten sein werde, weil er, Juan Enrique, Eric Emden ein chilenischer Staatsangehöriger sei. Derselbe juristische Berater winkt auch ab, als ein Mittelsmann anbietet, zusammen mit einem ungarischen Anwalt nach Ungarn zu reisen, wenn die Schweiz mit dem Land ein Entschädigungs-Abkommen für ehemaligen Schweizer Besitz aushandelt. Das Konstrukt, das Eric ein geruhsames Leben nach dem Krieg hätte ermöglichen sollen, erweist sich als nutzlos. Das einzige, was aus Ungarn gerettet werden konnte, ist ein kleines Bild des bedeutenden französischen Impressionisten Sisley. Sein Onkel mütterlicherseits, der als Arier bei Corvin ausharrte, bis die Russen kamen, bringt es ihm voller Stolz mit, denn er glaubte, festgestellt zu haben, dass Hans Erich daran hing. Es wäre ein wertvolles Gemälde, aber Hans Erichs lakonischer Kommentar lässt den Onkel erstarren. Nachdem er sich höflich für das gerettete Präsent bedankt hat, fügt er an, es handle sich leider lediglich um eine Reproduktion. Er habe sie irgendwann für kaum 50 Mark erstanden. Auch das noch!

Kapitel 21

Eine Insel für alle

Ein zweites Mal kehrt Juan Enrique Emden ins Tessin zurück, das er vor etwas mehr als zwei Jahren mit vielen Hoffnungen verlassen hatte, um zu seiner kurz vor ihm nach Hause gereisten, mit dem ersten gemeinsamen Sohn schwangeren Ehefrau zu gelangen. Diesmal ist er allein gekommen und wohnt bei der Mutter im Häuschen in Porto Ronco gegenüber den Inseln. Die letzteren sind der Hauptgrund für seine Reise nach Europa. Das letzte Kapitel der Emden-Inseln beginnt.

Noch bevor er in den sonnigen Süden gereist ist, hat er allerdings wichtige Termine in der Deutschschweiz wahrgenommen. Wobei «Termine wahrnehmen» völlig unzureichend wiedergibt, was sich abgespielt hat: Den Kunsthändler Feilchenfeldt – bei ihm war er als erstes – hat er geradezu überfallen.

«Wie eine Atombombe bin ich bei ihm aufgetaucht», beschreibt er seiner Frau den Besuch in Zürich[48]. Feilchenfeldt hat ihn nicht erwartet. Offenbar gibt es Unklarheiten in Zusammenhang mit den zu verkaufenden oder schon verkauften Stücken aus der Sammlung von Vater Max, beziehungsweise den fälligen Zahlungen. Jedenfalls stellt er den Kunsthändler zur Rede und ergreift, weil die Antworten alles andere als befriedigend ausfallen, kurzerhand in dessen Büro das Telefon, um dessen Partner in diesem Geschäft aufzuscheuchen, Kunsthändler Bernoulli in Basel. Bei ihm befinden sich im Moment anscheinend die meisten Objekte der väterlichen Sammlung. Erich will sehen, wie es darum steht: Gleich am nächsten Tag wird er hinfahren, ein Inventar machen und die vollständige Liquidation einfordern. Das heißt, er will von den beiden Händlern die Hälfte der Verkaufserlöse, wie sie das 1946 schriftlich abgemacht hatten. Selber wird er gleichentags ebenfalls von Telefonaten bestürmt. Sie stammen von seiner Mutter, der gewesenen Gräfin von Einsiedel, deren

Ex-Mann inzwischen bereits seine vierte Frau geheiratet hat. Sie verspürt den unbändigen Drang, ihm die aktuellen «geheimen» Berichte von Roberto wiederzugeben, dem Faktotum seines Vaters, lange wohnhaft auf der kleinen Insel und jetzt im Erdgeschoss des Hauses in Porto Ronco, unter der Wohnung der Mutter und neben dem einstigen Büro von Max, das unangetastet geblieben ist.

Einen letzten wichtigen Termin hat Hans Erich zu erledigen, bevor er ins Tessin fährt. Ein Zürcher Unternehmer, Bolli sein Name, eigenwillig und ein bisschen verrückt, aber sympathisch, hat ihm einen ungewöhnlichen Deal vorzuschlagen. Er möchte seine Villa in der Stadt mit den Brissago-Inseln tauschen, die er einmal an einem stürmischen Tag besichtigt hat. Nachdem er ihm den Vorschlag kurz unterbreitet hat, redet er weniger davon, als vor allem über Projekte in Südamerika. Die beiden verstehen sich trotzdem gut und gehen anschließend gemeinsam ins Kino, «Arc de Triomphe»; der Film mit Ingrid Bergmann nach einem Stoff von Erich Maria Remarque, der aber gegenüber dem Buch abfällt, das die Vorlage liefert, wie Hans Erich findet. Am nächsten Morgen steht die Besichtigung des Tauschobjekts auf dem Programm. Auf den ersten Blick macht es einen alles andere als einladenden Eindruck, alt und eher hässlich sieht die Villa von außen aus, wenn man vom großzügigen Park absieht. Kaum tritt er durch die Tür, verschlägt es Hans Erich fast den Atem. Alles ist neu, jeder Raum auf den drei Etagen mit seiner eigenen farblichen Note, die Einrichtung von ausgesuchter Qualität und Eleganz, mit allen technischen Schikanen ausgerüstet und Seesicht dazu. Spitzbübisch lacht der kleine, rundliche Hausbesitzer.

Eric kann nicht lange bleiben, am Nachmittag ist der angekündigte Besuch in Basel vorgesehen, bei Bernoulli. Nach diesem Schlenker geht es nach Porto Ronco, wo ihm, endlich angekommen, Roberto brühwarm das Neueste erzählt. «Würstchen» ist das Thema. Die Langzeitgeliebte des Vaters soll am Boden zerstört sein, mit allen zerstritten, was bei Roberto aber keinerlei Mitgefühl oder Mitleid auslöst, im Gegenteil. Er bezeichnet die Frau, die bis zu seinem Tod an der Seite seines Chefs gelebt hat, gehässig als «la bestia», das Tier. Den jungen Emden beschleicht ein ungutes Gefühl. Nicht wegen «Würstchen», es ist eher vage; er empfindet die Stimmung an diesem Ort als feindselig, bösartig. Er fühlt sich wie in einem Sumpf, in dem jeder Fehltritt verheerend sein kann. Zu lange hat er die Inseln seines Vaters sich selbst überlassen. Zu viele Intrigen sind offenbar im Gange. Zu spät ist er gekommen. Er sieht pessimistisch dem entgegen, was die Zukunft bringen wird. Dem Versuch, die Inseln über Inserate anzubieten, ist kein allzu großer Erfolg beschieden gewesen, obwohl es durchaus einige Interessenten gab und gibt. Was ihn so beunruhigt hat, ist der Termin in Bellinzona beim Tessiner Regierungspräsidenten. Richtig überzeugt ist er nicht, dass es die hiesige Politik richten wird und das erstrebte Geschäft zustande kommt. Im Gegenteil. Nach dem ersten Vorgespräch hofft er, die Chancen besser einschätzen zu können.

25. Januar 1949, Locarno. Dienstag

Am nächsten Morgen lässt der Wind die Fensterläden klappern. Die weißen Bergspitzen ragen wie ausgeschnitten in den Himmel. Er muss früh los, gleich kommt der Bus: Es gibt viel zu erledigen, wie immer. Man erwartet ihn in Locarno bei einem prominenten Anwalt und Notar, den sie erst kürzlich als Präsidenten des Golfclubs ausgebootet haben. Attilio Zanolini ist einer aus der alten Garde, aus der Zeit seines Vaters. Die beiden verband nicht nur das Golfspiel, Zanolini ist auch der Notar beim Kauf der Inseln gewesen. Jetzt ist er der wichtigste Gläubiger. Über 400 000 Franken schuldet ihm Hans Erich Emden, eine private Hypothek, die er auf die Insel gewährt hat. Was der Junior und der Anwalt besprechen, bleibt ihr Geheimnis. Fest steht jedoch, dass das Verhältnis angespannt ist. Hans Erich misstraut ihm. Gegenüber Vertrauten drückt er sich noch weitaus deutlicher aus, bezeichnet den Anwalt ohne Umschweife als Verräter, der sich aus seiner Sicht geradezu kriminell verhalten habe. Auch der nächste Gesprächspartner, der Bankier seines Vaters, trägt nicht unbedingt dazu bei, seine Stimmung aufzuheitern. Er ist sozusagen der Mann für den zweiten Schatz Emdens, sitzt im Stiftungsrat der Maxonia. Gemäß den letzten vorhandenen, eineinhalb Jahre alten Kontoauszügen kämen ihm von der Corvin annähernd 6,5 Millionen Franken zugute, aufgelaufene Forderungen, die nach dem Tod des Vaters an ihn übergegangen sind. Wie er an das Geld der ohne Entschädigung verstaatlichten Firma in Budapest kommt, kann ihm der Bankdirektor auch nicht sagen. Dann ein Gespräch mit einigen hohen Tieren der Region, die dem Ansinnen, die Brissago-Inseln zu kaufen, positiv gegenüber stehen.

Nach diesem Aufgalopp folgt am Dienstag ein wegweisender Auftritt bei sämtlichen Gemeindepräsidenten der Region und einem Vertreter der Tessiner Kantonsregierung. Hans Erich versucht die illustre Runde vom Kauf der Inseln zu überzeugen, jeden Einzelnen. Der Preis, zu denen er sie angeboten hat, ist tief, trotzdem spürt er, dass es seinen vollen Einsatz braucht, um zum Ziel zu kommen. Den Honoratioren aus Locarno und Umgebung gefällt der Gedanke durchaus, das Objekt in öffentlichem Besitz zu wissen – nur wollen sie dafür aber so gut wie nichts auslegen. Das ist sein Eindruck. Einen wichtigen Fürsprecher hat er wenigstens: Der Tessiner Regierungsrat Brenno Galli glaubt fest daran, dass der Moment gekommen ist, in dem sich die öffentliche Hand dieses Unikum auf dem Schweizer Teil des Sees sichern muss. Seit längerem ist bekannt, dass Emdens Sohn sie verkaufen möchte. Er hat aus der Ferne nicht nur Inserate in internationalen Zeitungen geschaltet, er hat einen hiesigen Immobilienmakler mit dem Verkauf beauftragt.

Ein Verkaufsangebot gelangte auch nach Bellinzona. Zu durchaus annehmbaren Konditionen, wie Galli fand. Doch den Kanton kann sich der Vorsteher des Finanz- und Erziehungsdepartementes schlecht als Käufer vorstellen. Wenn, dann müssen die Gemeinden am See mitziehen, schließlich würden sie davon profitieren, wenn die Brissago-Inseln als touristische Attraktion für Besucherinnen und Besucher zugänglich gemacht werden könnte, statt den in wachsender Zahl eintreffenden Fremden wie jetzt ein Bild der Verwahrlosung zu bieten. Gäste, die eine lange, mühsame Reise auf sich nehmen, um die Schönheit des Tessins zu genießen. Ohne Anstoß von oben kommt eine solche Sache jedoch nicht in Gang, wie Galli weiß. Deshalb hat er die Vorsteher der Seegemeinden von Locarno bis Brissago, Vertreter der örtlichen Tourismusorganisationen und Hoteliers zusammengetrommelt, damit sie sich mit dem aktuellen Besitzer Hans Erich Emden treffen. Es ging darum, den Puls zu fühlen, zu sehen, wo Interesse für ein Engagement besteht. Unter Umständen könnte er zusätzlich Gemeinden am entfernteren Seeufer involvieren, nur ist das Gambarogno, wie das Gebiet heißt, bisher touristisch kaum erschlossen. Aus diesem Grund schätzt es Galli als schwieriger ein, sie für das Projekt zu gewinnen, sodass er sich auf die «sicheren» Kandidaten beschränkt hat.

Das regionale Gipfeltreffen am See geht ernüchternd aus. Die Vorahnung des jungen Emden erweist sich damit als zutreffend. Die für die Finanzierung wichtigen Gemeinden Locarno, Minusio und Muralto zieren sich, sie zeigen keine große Lust, im Komitee mitzuwirken, das die Bedingungen eines möglichen Kaufs und gemeinsamen Betriebs ausarbeiten soll. Das Desinteresse der Stadt Locarno sowie ihrer zwei Nachbarn macht die Sache schwierig. Denn drei große Beitragszahler weniger bedeutet, dass die Anteile der drei verbleibenden Gemeinden entsprechend in die Höhe klettern. Es handelt sich aber um kleine Dörfer, für die das zu einem allzu großen finanziellen Kraftakt werden könnte. Daher müssen Wege gefunden werden, den Skeptikern unter den Gemeindepräsidenten den Kauf schmackhaft zu machen, sonst ist der Kauf kaum finanzierbar. Abgesehen davon führt deren Haltung zu Animositäten; ein Ausscheren aus diesem regionalen Projekt wird als Mangel an Solidarität betrachtet.

Dabei soll nicht verschwiegen werden, dass verbreitet eine gewisse Skepsis herrscht. Man fragt sich, was mit einer oder zwei Inseln im See anzustellen ist, die sich vor der Ankunft der reichen Fremden nicht als Standort einer Dynamitfabrik bewährt haben, sich für klösterliches Leben auf Dauer als ungeeignet erwiesen und nur Kaninchen – zumindest die kleinere der beiden – einen angenehmen Aufenthalt bereiteten. Der Drang, sich neue Kosten und Aufgaben aufzuhalsen, ist ebenfalls nicht übermässig groß. Ascona zum Beispiel hat gerade aufreibende Kämpfe um seine wichtige touristische Attraktion, den Golfplatz, auszustehen gehabt. Zwischen dem Patriziat als Grundbesitzer und den Spitzen des Golfclubs, der den einst mit Max Emden abgeschlossenen Pachtvertrag übernommen hatte, sind die Fetzen geflogen. Der Vertrag ist daraufhin gekündigt worden, die Zeitungen haben bereits das mögliche Ende des Golfplatzes heraufbeschworen. Zwar dreht sich der Konflikt wohl in erster Linie um persönliche Feindschaften und um Machtansprüche; etliche Vertreter sind aus dem Vorstand ausgebootet worden. Aber ein derartiger Konflikt bei der prestigeträchtigsten Einrichtung der Region nimmt eben auch einflussreiche Leute in Beschlag, deren Engagement für das Inselprojekt nützlich sein könnte.

Hans Erich verzieht sich nach dieser wenig erfreulichen Fühlungnahme eilends nach St. Moritz, wo er vielen alten Bekannten begegnet und bei einem neuen zum Tee eingeladen ist. Es handelt sich um den Kaufinteressenten aus Zürich, seinen Trumpf im Ärmel. Anschließend taucht er in das ausschweifende gesellschaftliche Leben des Nobelkurortes ein. Die Party endet in einer feucht-fröhlichen Fackelabfahrt; feine Gesellschaft, reichlich angeheitert. Die Nachricht vom angestrebten Verkauf macht bereits die Runde. Eine reiche Amerikanerin im Engadiner Wintersportparadies bekundet in diesen Tagen sogleich Interesse. Hotelier Badrutt vom Nobelhotel Palace bringt sie mit Hans Erich zusammen, sie möchte sich das Objekt ansehen.

Er bleibt nicht lang, Zürich ruft, wohin ihn ein Zug voller lärmender Skifahrer bringt. Feilchenfeldt, den Kunsthändler, will er kurz sprechen, und vor allem wieder den reichen, etwas verrückten Zürcher, wegen Vaters Insel. Diese zu Geld zu machen, ist nicht einfach. Eine Anzeige in der NZZ hat nichts Nennenswertes gebracht, ein einziger Bewerber hat sich gemeldet, der außerdem schnell außer Traktanden fällt. Mögliche Abschlüsse haben sich schon zuvor zerschlagen. Noch aus den Zeiten von Max kannte der Aga Khan die Insel, ein schillernder Interessent, dessen aktuelle Gattin, eine Französin, gut mit Emden Juniors Ex-Frau befreundet war. Auch König Leopold III. von Belgien hat einen speziellen Draht zur Gegend, gerade in seinen Exiljahren in der Schweiz unmittelbar nach dem Krieg ist er immer wieder auf dem Golfplatz von Ascona anzutreffen. Wie einst Max direkt von der Insel herzufahren, wäre verlockend gewesen. Sein angeschlagenes Image in der Heimat ließ es indes nicht ratsam erscheinen, in dieser für ihn innenpolitisch heiklen Phase einen derart auffälligen Kauf zu tätigen. Was nach wie vor eine Option ist, wäre der Interessent aus Zürich, der vor ein paar Tagen mit seinem eigenen Flugzeug ins Tessin geflogen ist, um das Objekt erst von oben und danach für einige Stunden vom Boden aus zu begutachten.

Hin und her reist Emden junior, schon übernachtet er in Mailand, von wo er seiner Frau die Pläne für die Rückreise ins ferne Chile mitteilt. Die Mutter hatte ihn zum gemeinsamen Ausflug in die Metropole gedrängt. Danach ruft das Tessin, ein weiteres Treffen mit Lokalpolitikern ist angesagt. 26 Gemeindevertreter zählt Hans Erich. Vier Stunden Hin und Her, dann scheint ein Durchbruch geschafft. Das Ja zum Kauf wird allerdings gleich relativiert, weil der Auftrag an den kantonalen Finanzminister Galli lautet, den Preis herunterzuhandeln. Für Eric ist ein Preiserlass ausgeschlossen. Ein Fragezeichen setzen die Teilnehmer überdies hinter die künftigen Betriebskosten für die Insel-Attraktion. Die Politiker haben darüber bisher kein klares Bild. Das verunsichert, lässt die einen zögern, die anderen zweifeln. Emden hat keine Zeit, sich damit aufzuhalten. Seine frenetische Reisetätigkeit führt ihn erneut nach Zürich, nach Bern – für ein Visum. Er plant kurze Abstecher nach Paris und dann nach Deutschland, Hamburg, muss sich jedoch zuerst wieder in Ronco zeigen. Die Mutter plagt ihn mit einem kleinen Empfang. Geladen ist der schwedische Botschafter in Ungarn, der Chef der britischen Wirtschaftsmission in Budapest und allerlei adliges Beigemüse. Mühsame Pflicht, keine Kür. Viel lieber geht Hans Erich auf ein paar Cocktails zur alten Freundin der Familie nebenan, Olly Vautier, wo er auf einen merkwürdigen Geschäftspartner der schwerkranken Frau stößt, den gut aussehenden Dorfpfarrer. Wie er ihn einschätzt, steckt der Pfarrer die Nase in alles, was nach Geld riecht. Er vermutet, die beiden beschäftigen sich mit Kunsthandel und Schmuggel.

Endlich eine gute Nachricht: Brissago hat einstimmig Ja zur Beteiligung am Inselkauf gesagt. Roncos Gemeindeversammlung folgt dem Beispiel kurz darauf. Der Anfang ist gemacht, nicht mehr allerdings, denn die anderen potentiellen Vertragspartner schwanken nach wie vor. Regierungsrat Galli, die treibende Kraft, reagiert, organisiert für die Gemeindevertreter eine Besichtigung, damit sie endlich den lange verbotenen Ort sehen, den prächtigen Palazzo besichtigen können, die Gartenanlage, das legendäre römische Bad.

Die Diskussionen um den Inselkauf findet in den Medien nun vermehrt Beachtung. Einhellig wird der enorme Nutzen für den regionalen Tourismus gelobt. Der botanische Garten wäre nur eine von zahlreichen Attraktionen. Die Villa böte ebenso einen exquisiten Rahmen für Ausstellungen und Empfänge. Einigen schweben weiter Konzerte, nachmittägliches Dancing vor, damit die Gäste länger auf der Insel verweilen. Darüber hinaus sollte der exklusive Badestrand genutzt werden dürfen. Ein Café-Restaurant würde genügen, die Betriebskosten einzuspielen. Anderswo wird in größeren Zusammenhängen gedacht, argumentiert, dass manche Länder fantastische Beträge in den Tourismus investierten. Da gelte es mitzuziehen, die Investition in das Kleinod erscheine da als kein übertriebenes Opfer. Die nationale Presse lobt die Bestrebungen, auch international findet die künftige Tourismus-Insel Interesse. Hält sich im Tessin trotz allem hartnäckig ein erhebliches Maß an Vorbehalten, zeigen sich Betrachter von außen geradezu begeistert, man spricht von einer wunderbaren Perle, die in öffentlichen Besitz übergehe, von einem Paradies, das es weder in der Schweiz noch im Ausland gebe. Die NZZ neigt eher zur wissenschaftlichen Sicht, lässt Botaniker zu Wort kommen, die von der einzigartigen Pflanzenwelt schwärmen, welche internationale Spezialisten anziehen werde. «Heute gleichen die Brissago-Inseln einem verlassenen Stadtgarten», lässt das deutsche Magazin «Der Spiegel» hingegen Melancholie aufkommen. «Aufregende Wahrheiten und pointenreiche Dichtungen machten sie jahrelang zum Objekt sensationsgeladener Stories.» Von einer uralten Venus-Tradition ist dabei die Rede, die Max Emden bei seinen rauschenden Festen wieder habe aufleben lassen. Eines der letzten privaten Paradiese der Welt werde sich in Kürze den neugierigen Augen des Publikums öffnen, schwärmt das Nachrichtenmagazin.

Das nächste Mosaiksteinchen auf dem Weg ist Muralto, dort sagt das Gemeindeparlament ebenfalls Ja zum Kauf. 60 000 Franken sind der für die Gemeinde vorgesehene Anteil. Dann ein Dämpfer. Ascona stimmt zwar ebenfalls zu, stellt aber Bedingungen: Kein Beitrag an die anstehenden Arbeiten für den verwilderten Park, an den Unterhalt, an eventuelle Defizite in den nächsten zehn Jahren, alle sechs angefragten Gemeinden müssen sich am Geschäft beteiligen, sonst würde Ascona aussteigen. Das Prominentendorf will also einzig und ausschließlich den Kauf mitfinanzieren. Das hat Signalwirkung. Auch in Muralto regt sich nachträglich Opposition, Gegner ergreifen ein Referendum gegen den Ratsentscheid, das bedrohlich viel Unterstützung erhält. In Minusio und Locarno präsentiert sich die Ausgangslage vor den mit Spannung erwarteten Sitzungen zum Traktandum Brissago-Inseln wenig verheißungsvoll. Schon die Exekutive ist gespalten und in Locarnos Gemeinderat braucht es eine absolute Mehrheit, nicht nur die Mehrheit der gerade anwesenden Ratsmitglieder, damit eine Entscheidung zugunsten des Kaufs zustande kommt. Um die Kreditbotschaft leichter verdaulich zu machen, fügt Locarno dem Beispiel Asconas folgend ähnliche Klauseln ein: Der Kanton soll mehr zahlen und den Betrieb in den Anfangsjahren finanzieren.

Der Mai ist bereits fast vorüber, als das Geschäft vor den Rat des Städtchens kommt. Gemessen an seinem Finanzhaushalt geht es um keinen allzu hohen Betrag, eine simple Straßenverbreiterung beispielsweise, die gut das Doppelte vom Anteil für den Inselkauf kostet, wird schlank abgesegnet. Dennoch scheinen sich die Befürchtungen zu bewahrheiten. Nur eine knappe Mehrheit des Parlaments spricht sich dafür aus, sich überhaupt mit dem Kredit für den Inselkauf zu befassen, während eine starke Minderheit das Traktandum verschieben wollte. Es folgt der Moment der Wahrheit: 19 Ja, 14 Nein lautet das Resultat der Schlussabstimmung, es ist ein Ja, das in Wirklichkeit ein Nein bedeutet. Denn mindestens 21 Stimmen wären erforderlich gewesen, 21 Stimmen, um die verlangte absolute Mehrheit zu erreichen. Das ist ein Schock. Die Inselgegner am Lago Maggiore fühlen sich definitiv als Sieger. Frech heißt es aus Locarneser Oppositionskreisen, Mappo, ein Gemeindegebiet am See-Ende in Richtung Magadinoebene, sei ohnehin weitaus besser für eine touristische Attraktion geeignet als die Insel, der subtropische Park käme dort zudem auch billiger zu stehen. Bleibt Eric auf dem Inselparadies sitzen?

Der Sommer verstreicht, ohne dass sich eine Wende abzeichnet, nur ein Wunder kann jetzt das Geschäft noch retten. Dann folgt der Auftritt von Eduard von der Heydt. Der einstige Weggefährte Max Emdens beim Golfplatz-Projekt in Ascona, das zwei Jahrzehnte vorher ohne die beiden Financiers nur schwer überlebt hätte, stellt 100 000 Franken für den Kauf zur Verfügung und verzichtet gleichzeitig auf jeglichen Besitzanspruch. Es ist wie ein Geschenk des Himmels. Emden jun. trägt das Seine dazu bei, um die Verhandlungen wieder in Gang zu bringen, indem er entgegen seiner festen Absicht doch einer Preisreduktion einwilligt. Wenn es jetzt nicht klappt ...

Bis im Herbst ist kein Durchbruch in Sicht, aber hinter den Kulissen wird an einer Lösung ohne Locarno gefeilt, der Stadt, die neben dem Kanton der größte Geldgeber hätte sein sollen. Ascona ist in den ersten Oktober-Tagen der erste Prüfstein für die ausgearbeitete Alternativlösung, hier wird sich also zeigen, ob ein tragfähiger Konsens vorhanden ist: Das Tourismusdorf soll einen Teil der Summe übernehmen, die aus Locarno, Minusio und Muralto hätte fließen sollen. Die Abstimmung im Gemeinderat ist die letzte Chance. Allen ist klar, dass eine weitere Absage fatal wäre. Anonyme Gegner machen Stimmung mit Flugblättern, die sie im Dorf auflegen und die ein bedrohliches Bild vom Projekt malen. Die Kampagne erweist sich als Schlag ins Wasser. Der Rat reagiert mit einem wuchtigen Ja. Brissago folgt dem Beispiel, die finanziell angeschlagene Gemeinde lädt sich mit einem Zusatzkredit sogar den größten Teil des ungedeckt gebliebenen Kaufbetrages auf. Wie sie es schon früh angekündigt haben, schießen überdies der Naturschutzbund und der Schweizer Heimatschutz Geld ein, sie geben jetzt auch ihre formelle Zusage zu einem Beitrag von 100 000 Franken. Nach wie vor gibt allerdings der künftige Betrieb auf der Insel Rätsel auf. Ausgerechnet die in dieser Hinsicht wichtigsten Akteure, die Pro Loco, die örtlichen touristischen Organe, geizen mit Enthusiasmus und Eigeninitiative.

Nachdem die Zusagen der Gemeinden da sind, drängt Regierungsrat Galli darauf, das Geschäft endlich vor den Großen Rat zu bringen. Schon einmal war die Debatte verschoben worden. Anders als im Frühling sind mittlerweile die Voraussetzungen erfüllt, um das Kantonsparlament abstimmen zu lassen. Das hat über eine Kreditbotschaft von 220 000 Franken zu entscheiden, womit der Kanton mit Abstand den größten Einzelbeitrag übernimmt. Es geht aber um weitaus mehr als nur diesen Betrag, es geht um ein neues touristisches Aushängeschild und – angesichts der Vorbehalten bei den Gemeinden – um die Verpflichtung, für den Betrieb der Inseln gerade zu stehen.

Im Ratssaal in Bellinzona rauchen wie meist die Köpfe und nicht nur die. Qualm steigt zur hohen, gewölbten Decke auf. Noch mögen sich nicht alle Ratsmitglieder an ihre Plätze setzen. Da und dort wird im Stehen palavert. An der Eingangstür rechts vom Präsidentenpult schlurft ein verspäteter, dickbäuchiger Abgeordneter mit einer dicken Zigarre zwischen den Fingern zu seinem Stuhl. Er stellt nur die Mappe schnell an seinen Platz, zieht sich die unter die Wampe gerutschte Hosen hoch und stößt dann eine Rauchwolke aus. Als er wieder in Richtung Tür eilt, klingelt der Ratspräsident.

«Ruhe. Ruhe! Setzen Sie sich, meine Herrschaften, wir fangen an.

Die Sitzung hat begonnen.»

Niemand scheint das richtig zur Kenntnis zu nehmen. Der Dickbäuchige schreibt sich gerade ins Präsenzbuch neben der Tür und den leichten erhöhten Plätzen des Ratsbüros. Der Präsident beugt sich kurz zu ihm herunter und macht offenbar eine scherzhafte Bemerkung, denn beide grinsen. In der nächsten Sekunde greift der Präsident erneut zur Klingel, schüttelt sie etwas heftiger, bevor er dem Plenum vorzulesen beginnt.

«Eingegangen ist eine Motion ...»

Das Stimmengewirr ebbt nicht ab. Es klingelt zum dritten Mal. Einige Großräte setzen sich endlich.

«...eine Motion betreffend Änderung von Artikel 3 des Gesetzes über die Viehversicherung.»

Zäh geht es in dieser Herbstsession los. Typischerweise ist das besonders ausgeprägt, wenn wenige Geschäfte auf der Traktandenliste stehen, weil die Abgeordneten dann umso stärker dazu neigen, unnötig Zeit zu vertrödeln. Das zeigt sich beim übernächsten Traktandum, das eigentlich erfreulich wäre: Die Staatsrechnung 1948 hat viel besser abgeschlossen als budgetiert, aus dem vorgesehenen Fehlbetrag wurde ein satter Millionenüberschuss. Statt sich darüber zu freuen, wird nun daran herumgemäkelt. Die Voraussagen seien viel zuwenig verlässlich, ein bedenklicher Zustand. Einer kritisiert, man könne nicht ständig die Ausgaben erhöhen. Von dieser Meinung ist er selbst mit dem Argument nicht abzubringen, dass sich das Steueraufkommen in den letzten zehn Jahren ja verdreifacht habe. Die Debatte zieht sich in die Länge, sie muss sogar unterbrochen werden, um die obligate Mittagspause nicht zu gefährden. Also wird am Nachmittag weiter darüber diskutiert.

Wie der Finanzhaushalt betraf auch schon der Kauf der Brissago-Inseln das Departement von Regierungsrat Galli, der gespannt auf das Traktandum gewartet hatte. Vielleicht hilft auch die positive Entwicklung bei den Kantonsfinanzen, die Ratsmitglieder zu überzeugen. Denn manch einer könnte die Nase rümpfen. Wer aus dem Südtessin kommt, mag sich denken: Wenn nicht einmal Locarno, Minusio oder Muralto an einen Nutzen glauben und nicht mitmachen, was soll dafür kantonales Geld verschwendet werden? Natürlich mag es eine gewisse Bedeutung für den Tourismuskanton haben, aber ein derartiges Objekt sei doch wohl eher von lokalem Nutzen, sollen also vor allem die betreffenden Gemeinden sich darum kümmern.

Kommissionssprecher Plinio Verda ergreift das Wort und liest als erstes einen Brief des Staatsrates an die Ratskommission vor, in dem es um das Verhalten der drei eben genannten Gemeinden geht[49]: Sie hätten ursprünglich etwas weniger als die Hälfte des Kaufpreises aufbringen sollen. Insbesondere der Verzicht Locarnos wiege – finanziell – schwer.

Da hakt Verda ein.

«Die Geschäftprüfungskommission hat enttäuscht von deren Desinteresse für den Kauf Kenntnis nehmen müssen, der aus wissenschaftlicher, kultureller und auch touristischer Sicht von außergewöhnlicher Bedeutung ist.»

Weiter erläutert er, dass unklar sei, wie die Inseln nach dem Kauf betrieben werden und dass eine touristische Nutzung möglicherweise nicht umgehend zu bewerkstelligen sei.

«Trotzdem rechtfertigt sich der Kauf durch den Kanton und die Gemeinden», fügt er an.

Es meldet sich Großrat Arrigo Caroni aus Ascona zu Wort, der kürzlich Präsident des dortigen Golfclubs geworden ist. Er sei ja nicht gegen den Kauf, führt er aus. Trotzdem wolle er einige Bedenken loszuwerden.

«Obschon der Kaufpreis enorm viel niedriger ist als der Betrag, den der verstorbene Besitzer, Herr Emden, in diese Inseln hineingesteckt hat und die Transaktion unter diesem Gesichtspunkt in einem günstigen Licht erscheint, darf man nicht vergessen, dass der Betrieb erhebliche Kosten verursachen wird, ebenso was den botanischen Garten, wie was den Tourismus anbelangt.»

Caroni stört sich daran, dass die Zusicherung der touristischen Akteure, der Pro Loco, die Verantwortung zu übernehmen, eher vage formuliert sei. Hingegen kann er dem Verzicht von Locarno & Co. sogar etwas Positives abgewinnen, weil erst dies den Besitzer dazu bewogen habe, den Verkaufspreis zu senken. Mehr noch. Es habe zusätzlich das Engagement einer Privatperson ausgelöst, von Eduard von der Heydt, Besitzer des Monte Verità, der 100 000 Franken beisteuern wird.

«Somit kosten uns die Inseln lediglich 500 000 Franken!», freut er sich.

Aber Vorsicht! Da gibt es eine Falle: Die Gefahr lauert in den Betriebskosten und den Defiziten. Die Tourismusvereine hätten keinerlei Garantien übernommen. Folglich werde alles am Kanton hängen bleiben, befürchtet der Abgeordnete.

Regierungsrat Galli, der sich sehr für das Geschäft stark gemacht hat, teilt in einigen Punkten die Meinung Caronis und ergänzt einen weiteren Aspekt, eine regionalpolitische Komponente: Der Verzicht der Gemeinden Locarno, Muralto und Minusio habe bei deren kleinen Nachbarn für Verärgerung gesorgt. Sie fühlen sich im Regen stehen gelassen.

«Ich hoffe, dass die Spannungen bald verschwinden, zumal sich die Gemeinden in der Region aufgrund der wirtschaftlichen Situation sicher nicht den Luxus erlauben können, sich gegenseitig zu bekämpfen.»

Galli findet klare Worte, kämpft um die Vorlage. Neben einem jährlichen Beitrag vom Kanton zahle auch der Natur- und Heimatschutz für den Betrieb des botanischen Gartens. Was sich auf Emdens Insel künftig abspielen soll, darüber hat Galli klare Vorstellungen. Der Park – derzeit ein bisschen in Unordnung, wie er beschönigend anfügt – soll trotz all der höchst seltenen Pflanzen, die dort wachsen, in erster Linie «touristischen und ästhetischen» Charakter haben, erst in zweiter Linie wissenschaftlichen Bedürfnissen Rechnung tragen. Zudem wünscht er sich in der Villa Ausstellungen.

«Die Inseln könnten touristisch extrem interessant werden», betont er. Eines ist jedoch unverzichtbar: Es muss eine absolut seriöse Adresse sein. Kein Dancing, kein Nachtlokal, das die vielen Einrichtungen dieser Art in Locarno und Ascona konkurrenziert, will er dort sehen. Die neuen Inselmädchen sollen brav und angezogen an der Hand von Papi durch den Garten spazieren und die Schönheit bestaunen.

Der Rat stimmt dem Kredit zu.

Damit ist der Weg endlich frei, den mysteriösen Ort, der über Jahrzehnte die Fantasie angeregt hat, für jedermann zugänglich zu machen.

Ob sich Eric Emden freuen soll? Gut, diesen Brocken ist er los. Aber der Preis! Die Hypothek von Zanolini, Anwaltskosten, Kommission und so weiter abgezogen, bleiben ihm von den ausgehandelten 600000 unter dem Strich gerade einmal 160000 Franken für das Paradies seines Vaters. Davon ist außerdem wohl noch eine gewisse Summe für seine Ex-Frau abzuziehen, eine Abfindung. Der notarielle Vertrag des Verkaufes, der, natürlich mit einem entsprechenden Vorbehalt, bereits gut einen Monat vor der Ratssitzung unterschrieben wurde, umfasst zudem einiges mehr als nur die 2,5 Hektar große Isola Grande mit der Villa. Die kleinere Insel mit einem Häuschen und der zerfallenen Kirche ist ebenso Teil des Deals, wie die Mole am Ufer in Porto Ronco mit zugehörigem Grundstück und Gebäude.

Wie aber reagiert die Bevölkerung auf diese Investition in die touristische Zukunft, die vielen überflüssig erschien? Überwältigend ist das Interesse am geheimnisvollen Ort. Zur Eröffnung am ersten Aprilwochenende von 1950 bringt das Schiff «Italia» zunächst die Prominenz zur Insel, rund 400 Gäste, die über den Marmor, die prachtvollen Räume in der Villa Max Emden staunen. Brenno Galli ist mittlerweile Regierungspräsident und hält natürlich eine Ansprache, weitere Redner folgen. Auch der stille Mäzen spricht, Eduard von der Heydt, dessen öffentliche Auftritte selten sind. In den folgenden zwei Osterfeiertagen strömen 2000 Menschen auf die Insel, weit mehr als selbst in optimistischen Prognosen erwartet worden waren. Ein Konzert ist angekündigt. Die Leute stehen sich die Füße in den Bauch, um zur Insel geschifft zu werden. Nicht einmal, wer ein Billett gekauft hat, kann sicher sein, zur neuen Attraktion zu gelangen; die Kapazitäten reichen für diesen Ansturm nicht aus. Zehn Tage nach der Eröffnung sind schon 8000 Besucherinnen und Besucher in die Boote der Schifffahrtsgesellschaft gestiegen, um die Neugierde zu befriedigen. Die Isola Grande, einst San Pancrazio genannt, das vermeintliche Paradies des Kaufhaus-Königs und seiner jungen Schönen ist ein öffentliches Gut. Sogar der deutsche Bundeskanzler Konrad Adenauer wird bald an der Öffnung in der Mauer des römischen Bades stehen, vor der einst die nackten Inselmädchen posierten.

Die neuen Gäste kommen am Tag. Nachts ist die Insel verlassen. Vielleicht kehren dann die Geister der Vergangenheit zurück. Max, die exzentrische Baronin; was weiß ich ...

Kapitel 22

Zurück in die Vergangenheit

3. November 1970, Santiago de Chile. Dienstag

Es ist nicht unbedingt so, danach sieht es zumindest aus, dass Juan Enrique Emden sämtliche Hebel in Bewegung gesetzt hätte, um sich zurückzuholen, was er im Krieg verloren hat. Man denke nur daran, was sich die Nazis in Deutschland angeeignet hatten. Eher zögerlich bemühte er sich darum, für «Arisierungen», Zwangsverkäufe, Kriegsschäden und – im Osten – Verstaatlichungen entschädigt zu werden. Natürlich kann man sagen, Chile liegt sehr weit weg vom Ort des Geschehens, in einer anderen Welt, was es selbstverständlich erheblich erschwerte, sich intensiv um derlei Dinge zu kümmern. Ebenso erweckt sein Verhalten aber den Eindruck, bei seinem Besitz in Europa habe es sich um eine Art Ballast aus einer Vergangenheit gehandelt, die er abschütteln wollte. Einiges musste er wohl auch loswerden, weil er Geld brauchte und nicht zu sehr daran hing, was beim Inselverkauf oder bei der Kunstsammlung eine Rolle gespielt haben mag. Zudem endete das Kapitel Europa mit der schwierigsten Periode seines Lebens. Es ist abgeschlossen, so hat das zu sein.

Diese Haltung verströmte er auch gegenüber seinen drei Söhnen. Deutsch zu reden, ist zuhause tabu, verboten: Die Erinnerung an Deutschland muss Eric schwer belasten, so dass er nicht erträgt, die Sprache im familiären Umfeld zu hören. Die nach Chile zurückgekehrte Mutter ist die einzige Verbindung zur Vergangenheit. Lange hat sie nicht mehr zu leben, dann wird nur noch der Familienname Emden die wahre Herkunft der Familie verraten. Unverhofft geschieht nun etwas, was Erics Lebensplan in Frage stellt: Chile erlebt einen Machtwechsel, Salvador Allende heißt der neue Präsident, der die Privilegierten von gestern um ihren Besitz zittern lässt. Der marxistisch orientierte Politiker droht nach seiner Amtsübernahme im

November mit Verstaatlichungen und will Großgrundbesitzer enteignen, um die Böden den einfachen Bauern zu übergeben. Eric Emden ist seit der Heirat mit seiner chilenischen Frau Ximena Teil jener privilegierten und nun von Allendes Maßnahmen bedrohten Oberschicht im Land, obschon er nicht zu den wirklich Reichen gehört. Er steht just im Alter, in dem sein Vater einst vergeblich gegen die Nationalsozialisten anzukämpfen versuchte, die sich Stück für Stück seines Eigentums bemächtigten. Ob sich Eric daran erinnert fühlt?

Für ihn ist es einerlei, ob die Angriffe auf Privatbesitz von links oder von rechts kommen. Er sieht die neue Existenz, das Erbe seiner gerade erwachsen gewordenen Söhne gefährdet. Wer weiß, was noch kommen wird, vielleicht wird gar eine weitere Flucht nötig. Besser rechtzeitig vorbereitet sein, auf das, was die Zukunft bringen könnte. Das weiß er aus eigener, bitterer Erfahrung – und dass man nie sicher sein kann, genug vorgekehrt zu haben. Weil ihm die Lage in seiner südamerikanischen Heimat zu heiß wird, entscheidet er sich, in die Vergangenheit zurückzukehren. Er reist nach Hamburg, um seine deutsche Staatsbürgerschaft zurückzubekommen, die ihm von den Nazis entzogen worden war. Das ist nur ein erster Schritt, denn er zieht ernsthaft in Betracht, mit der Familie notfalls von Chile in das graue Deutschland zu emigrieren. Alte Beziehungen können große Distanzen, Katastrophen und Zeiträume überdauern, stellt er dabei fest. Max und Max, Bankier Warburg und Kaufhaus-König Emden, waren einst befreundet und lieferten sich ein Duell auf Briefpapier, als es um die Finanzierung des neuen Hamburger Golfplatzes ging. Fast ein halbes Jahrhundert danach treffen sich ihre beiden Söhne, Eric und Eric.

Warburg junior hat Emden junior als eine Art Gewährsmann eingeladen. Er berät sich mit ihm, ob die Warburg Bank eine Anleihe an Allendes Chile zeichnen soll. Im Gegenzug stellt er den Kontakt zu einem guten Anwalt her, denn Hans Erich, Eric, Emden versucht nun doch noch eine Wiedergutmachung für das im Krieg erlittene Unrecht zu bekommen. Erste Bemühungen in dieser Hinsicht waren seinerseits oder von den im Reich für die Emden-Firmen wirkenden Verantwortlichen in den Jahren nach 1945 nur zaghaft erfolgt. Ein neues Gesetz eröffnet ihm aber die Möglichkeit, in der BRD Schäden an Besitztümern in der einstigen Sowjetzone anzumelden. Das eröff-

Zurück in die Vergangenheit

net ihm neue Perspektiven, weil es eine Handhabe liefert, um für das einst von Max verlorene Kaufhaus in Potsdam samt dazugehörigen Grundstücken, die ebenfalls «arisierten» Objekte in Danzig, Grundbesitz in Stettin sowie allenfalls für das verstaatlichte Kaufhaus in Budapest Ansprüche geltend zu machen. Über die besagte Anwaltskanzlei stellt er die geforderten Anträge. Einer kommt postwendend mit einer Absage zurück. Er sei 1945 gar nicht deutscher Staatsbürger gewesen, belehrt ihn das zuständige Ausgleichsamt Bremen. Allein schon deshalb kann er für das arisierte Kaufhaus in Budapest, das sich am Kriegsende die Russen aneigneten und daraufhin in ungarischen Staatsbesitz überging, nichts, aber auch rein gar nichts erwarten. Unglaublich oder? Dass ihm das Deutsche Reich die Staatsbürgerschaft entzog, ihn für rechtlos erklärte, war der Grund gewesen, weshalb er nach Chile zu fliehen genötigt gewesen war und das Kaufhaus im nationalsozialistischen Ungarn aufgeben musste. Es lag außerhalb seiner Macht, etwas an seinem Status eines Ausgebürgerten zu ändern. Nun bestraft ihn die Bundesrepublik praktisch ein zweites Mal für das, was die Nazis 1940 verfügt hatten. Zusätzlich wird ihm ein Strick daraus gedreht, dass er sich in der Not wie viele andere einen haitianischen Pass kaufte, um wenigstens irgendein Ausweispapier zu besitzen.

Egal, nichts zu machen. Die Deutschen sind nicht zuständig, weil er kein Deutscher war. Und die Schweizer, weil er nicht Schweizer war. Ja, das Heimatland seines Vaters unterließ es in der entscheidenden Phase, die Kaufhaus-Firma entschieden zu schützen. Dies, obwohl Max Emden zu jenem Zeitpunkt bekanntlich Schweizer war und die Corvin nach seinem Tod an die Maxonia Stiftung in Locarno überging, die fraglos schweizerisch und von Schweizer Staatsbürgern geführt war. Als deutschen Besitz enteigneten die Russen das Corvin-Kaufhaus kurzerhand. Emden fiel einmal mehr zwischen Stuhl und Bank. Das gleiche Bild, als im Nachkriegsdeutschland erste Forderungen gestellt wurden. Richard Mentz, der einstige Generalbevollmächtigte der Firma M. J. Emden Söhne in Hamburg, hatte detailliert geschildert – und tut dies im Übrigen auch bei den neuen Verfahren –, wie der Grundbesitz der Emden-Gruppe »arisiert« worden war. Seine Angaben kramt er aus seiner Erinnerung hervor, weil kaum Papier da ist; viele Geschäftunterlagen des 1944 zwangsweise aufgelösten Unternehmens verbrannten bei einem Bombentreffer im Juli 1943, vor dem endgültigen Sturz des Regimes vernichteten NS-Behörden vielerorts belastendes Material.

Schäden am Emden-Eigentum meldete Mentz 1948 bei den Stellen in der britischen Besatzungszone an, wurde dort aber an die Behörden in der russischen Zone verwiesen. Stellvertretend für verschollene Erben jüdischen Glaubens forderte die Jewish Trust Corporation (JTC) in der britischen Zone deren Rechte ein. Von sich aus wurde die jüdische Organisation auch in Sachen Emden aktiv. Im Laufe jenes Verfahrens wurde schnell angezweifelt, dass die Ansprüche legitim seien, weil Max Emden vor dem Krieg Schweizer geworden war. Gegen diese Einschätzung wehrte sich die JTC konkret im Fall eines Emden-Grundstücks in Hamburg, das nach 1938 den Besitzer wechselte. Sie stellte sich auf den Standpunkt, auch ausländische Juden seien berechtigt, Ansprüche zu stellen. Dass die Organisation die Akte Emden trotzdem schloss, lag daran, dass irgendein Zeuge aussagte, Emden sei gar kein Jude gewesen. Das mag stimmen, Max Emden war im jungen Alter konvertiert, nur behandelten ihn die Nazibehörden stets als Juden, verfolgten zudem auch seinen Sohn. Von der JTC ging das Dossier in der Folge an die allgemeine Treuhand-Organisation über, welche die Interessen nichtjüdischer Verfolgter wahrte. Dass im entfernten Chile ein Emden-Erbe lebte, blieb auch dieser Organisation verborgen. Das Verfahren versandete ergebnislos. Der Fall war natürlich nur einer von vielen: Unzählige Verfolgte lebten irgendwo im Ausland, geflohen, emigriert, ohne sich um möglichen Besitz kümmern zu können. Niemand wußte, wie viele von ihnen gestorben sind, wo sie gelandet und wer ihre Erben sind. Zusätzlich komplizierter machte es der Umstand, dass benötigte Akten von Amtsstellen aus der kritischen Phase oft verschwunden und somit die Transaktionen, Besitzerwechsel schwer zu rekonstruieren waren.

Mit größerem zeitlichem Abstand, bei den Bemühungen in den 70er Jahren, ist die Ausgangslage nicht einfacher geworden. Mögliche Zeugen erinnern sich vielleicht kaum noch, sind allenfalls gestorben. Mentz nicht, er ist noch da und dieser Mann kennt die ganze Firmengeschichte unter Max Emden bestens. Trotzdem kommt die Prozedur selbst bei jenen «Arisierungen», die durch Unterlagen dokumentiert sind, nur zäh voran; handle es sich um den Kampf für das Grundstück mit dem Kaufhaus Gebrüder Freymann in Danzig oder das Gezerre in Potsdam, wo sich Max gegen Alois Mainka und die Behörden vergeblich zur Wehr setzte. Wäre Emden jun. und seine Familie von diesen Zahlungen aus Deutschland abhängig gewesen, sie hätte betteln gehen müssen. So pietätlos es klingen mag, es verbessert ihre Lage nicht wegen irgendeiner Entschädigung für erlittenes Unrecht vom deutschen Staat, sondern weil Präsident Allende einem Militärputsch zum Opfer fällt. Ironie des Schicksals: Im Entschädigungsverfahren in Potsdam gibt es Konkurrenz um die Ansprüche, sie stammt von Seiten der Familie Mainka. Ausgerechnet Mainka! Dessen Nachkommen machen ebenfalls erlittenes Unrecht geltend, haben geklagt, weil die DDR das Kaufhaus mit Grundstück verstaatlicht hat, das Alois Mainka unter Mithilfe der NS-Behörden einst Max Emden entrissen hatte.

Nach zwölf Jahren anwaltlicher Bemühungen bekommt die Familie Emden 1984 für Potsdam gut 100 000 DM zugesprochen[50], dazu ein besseres Butterbrot für Danzig. In Stettin war hingegen nichts zu machen. Das Ergebnis ist sehr enttäuschend. Frustrierend für Hans Erich Emden, welch beschwerlicher Weg zu gehen, wie groß der Aufwand war, um doch nur ein kümmerliches Resultat zu erzielen. Kein Wunder, dass er vorerst genug hat von Verfahren dieser Art.

«Nein, danke schön», erwidert er, als seine Anwälte weitere Nachforschungen anstellen wollen. Die jüdische Vergangenheit der Familie, das Kaufhaus-Imperium, der schier unermeßliche Reichtum, den Großvater Max aufgehäuft hatte, die Insel im Lago Maggiore, die Kunstsammlung: Die Enkel wissen darüber nur wenig, weil Eric, der alles miterlebt hat über die glorreiche Zeit seines Übervaters und die Herrschaft der Nazis, schweigt. Eigentlich ist er ganz zufrieden mit seinem Leben in Chile, selbst wenn es bei weitem nicht glanzvoll ist wie das von Vater Max und es ein Leben in einer Diktatur ist.

Eine Militärjunta, angeführt von Augusto Pinochet, ist auf Allendes Herrschaft gefolgt. Für politische Gegner des Regimes sind die eineinhalb Jahrzehnte unter General Pinochet ein Horror. Menschenrechte und Demokratie haben ausgedient, Folterknechte sind gefragt. Dafür entledigte er die Wirtschaft fast aller Fesseln, die Volkswirtschaft des Landes wurde nach schwierigen Jahren schließlich zu einem Erfolgsmodell. Gut für Leute, die an den Schalthebeln der Wirtschaft standen, für Unternehmer wie Eric. Als Pinochets Macht langsam zu bröckeln begann, durfte das chilenische Volk entscheiden, ob Präsidentenwahlen künftig mit mehreren Kandidaten zu erfolgen haben. Das Ja des Volkes war der Vorbote für das Ende des rechten Diktators. 1989 verlor der General die ersten freien Wahlen. Mit seinem Niedergang kreuzt sich ein Ereignis in Europa, das auch für Emden von Bedeutung ist: der Mauerfall. Das kommunistische System im Osten des Landes hat ausgedient, es folgt die Wiedervereinigung Deutschlands. Dies hat den Nebeneffekt, ein letztes Mal die Möglichkeit zu eröffnen, erlittenes Unrecht aus dem Zweiten Weltkrieg geltend zu machen. Bisher unzugängliche Archive in der Ex-DDR fördern neues Material zutrage. Rechtsanwälte wittern ein gutes Geschäft, lukrative Mandate, Eric braucht sich nicht einmal selber darum zu bemühen. Eine englische Anwaltskanzlei macht Max Emden als Opfer des Nationalsozialismus aus und meldet sich auf der Suche nach möglichen Nachkommen bei ihm. Das bringt den Stein ins Rollen. Die staatliche Treuhandanstalt, mit der sie es nach dem Ende der DDR zu tun bekommen, schüttet nicht nur bessere Trinkgelder aus wie das bei der ersten Entschädigungsrunde noch gewesen war. Bisweilen können richtig große Beträge über den Tisch gehen. Diesmal wird sich der Aufwand lohnen, soviel sei vorweggenommen: Ein einziger, ehemaliger Grundbesitz von Max Emden, derjenige in Potsdam, reicht aus, um seine Nachkommen reich zu machen. Geschenkt gibt es jedoch nichts. Zähe, langwierige Verhandlungen sind auf dem Weg zur Entschädigung nötig. Bis alles erledigt ist, stapeln sich in Erics Schränken allein hunderte Seiten an Korrespondenz mit seinem Anwalt.

Zäh startet 1991 das Unterfangen, was zunächst an Hans Erich Emden liegt. Die Anwälte wollen einen Antrag auf Rückerstattung stellen, er aber bleibt skeptisch. Hatte er im Gegenzug zur Hauptentschädigung von 1984 nicht unterschreiben müssen, auf jedes weitere Anrecht auf das betreffende Eigentum zu verzichten? «Die geleistete Unterschrift macht doch jede neue Eingabe völlig aussichtslos», schreibt er der Anwaltskanzlei in Hamburg, die sich ihm praktisch für den Fall anerboten hat. Nur sofern diese auf Basis eines Erfolgshonorars zu arbeiten bereit wäre, könnte er sich damit einverstanden erklären, die Angelegenheit weiterzuverfolgen. Die Anwaltskanzlei scheut dieses Risiko und verzichtet, aber bald darauf antwortet ein Jost von Trott zu Solz von der Berliner Kanzlei Schön, Nolte, Finkelnburg & Clemm, er würde sich freuen, für Herrn Emden tätig zu werden. Er übernimmt das Mandat, der Antrag auf Rückerstattung gemäß dem Vermögensgesetz wird eingereicht. Es dauert nur wenige Tage, da dämmert es Hans Erich, dass die Bemühungen doch von Erfolg gekrönt sein könnten. Schon meldet eine finanziell potente Gruppe bei seinem Anwalt ihr Interesse am Grundstück an der Brandenburger- und der Jägerstraße an, dessen Eigentümerin die M. J. Emden Söhne im fernen 1903 geworden war. Karstadt ist am Angebot beteiligt; man stelle sich vor, der Kaufhauskonzern, dem Max 65 Jahre zuvor sein Imperium verkauft hatte. Tonangebend ist aber Peek & Cloppenburg KG, eines der führenden Bekleidungshäuser in Deutschland im mittleren Segment, das an der Adresse ein Vollsortimentshaus plant.

Deren Pläne Wirklichkeit werden zu lassen, ist eine eher komplizierte Sache. Denn einerseits ist die staatliche Treuhandanstalt damit beauftragt, alle ehemaligen DDR-Unternehmen zu privatisieren; im vorliegenden Fall geht es hauptsächlich um ein Möbelhaus Manos, an welches die Räume des früheren Kaufhauses übergegangen sind. Die Treuhandanstalt kann die Privatisierung, also auch den Verkauf der Immobilie, nach Gutdünken vorantreiben, unabhängig davon, dass die Familie Emden die Rückerstattung fordert. Findet die Treuhandanstalt private Käufer, müssen diese allerdings in ihr Kalkül einberechnen, dass die Ansprüche gutgeheißen werden könnten und das Kaufhaus plötzlich wieder an die Familie Emden übergeht. Somit macht eine Transaktion nur Sinn, wenn ein Kaufpreis festgelegt wird, der allen vernünftig erscheint und diese dritte Partei die Liegenschaft ebenfalls zu veräußern gewillt ist. Ein Preis von mageren 8 Millionen Mark für das an der zentralen Einkaufsstraße der Stadt gelegene Kaufhaus-Gebäude, die Peek & Cloppenburg geboten haben und mit denen sich die Treuhand zunächst begnügen würde, ist allerdings nicht akzeptabel. Fachleute stufen einen zu erzielenden Preis von 12 bis 20 Millionen als realistisch ein. Eine Baufirma bietet den Emden-Anwälten fast 28 Millionen, freilich unter der Bedingung, dass keine Mietverhältnisse bestehen, was schwer zu erreichen ist.

Ein Restitutionsverfahren, informiert der Anwalt seinen Mandanten, würde Jahre dauern, weil die Behörden völlig überlastet seien. Aber er könnte darauf verzichten, das Grundstück zurückzufordern und sich stattdessen entschädigen lassen. Dann könnte alles viel schneller über das Investitionsgesetz abgewickelt sein. Das Gesetz erlaubt der Treuhand, sofern ein konkretes Projekt vorliegt – wie jenes des interessierten Konzerns Peek & Cloppenburg, der überdies für ein Dutzend weiterer Objekte mit ihr in Verhandlung steht –, das Gelände zu veräußern. Würde anschließend entschieden, dass Emdens Anspruch an das Grundstück berechtigt war, bekäme er den erzielten Kaufpreis erstattet. Jetzt erwacht Erics Interesse richtig. Selbst im fernen Chile ist ihm nicht verborgen geblieben, dass alles von einem kommenden Boom Berlins spricht. In dessen Sog lassen sich auch Preissteigerungen im nahen Potsdam erwarten, an denen er teilhaben will, sollte sich das Verfahren, wie es den Anschein macht, weiter hinziehen. Beinahe ist er so weit, dem mittlerweile auf 12 Millionen erhöhten Angebot für das teilweise unter Denkmalschutz stehende Gebäude zuzustimmen. Kaum hat er sich mit diesem Verkaufspreis halbwegs angefreundet, flattert seinem Anwalt aber das Angebot eines Unternehmers über stolze 26 Millionen auf den Tisch, der in Potsdam in großem Stil investieren und mit den Nachkommen des einstigen Kaufhaus-Königs obendrein ein Joint-Venture für sein neues Kaufhaus abschließen möchte: Steigt die Familie Emden also wieder in dieses Geschäft ein, in dem Max so erfolgreich gewesen war? Hertie – ein weiterer Konkurrent aus Pionierzeiten – findet ebenfalls Gefallen am Objekt, winkt am Ende aber wegen der zu hohen Preisvorstellungen ab.

Langsam zeichnet sich eine einvernehmliche Lösung mit der Treuhand ab. Hans Erich Emden wäre für 20 Millionen zu einem Abschluss bereit, soviel sollen seine Anwälte verlangen. Im Juli erhält er die erfreuliche Nachricht, dass die Treuhandanstalt eingewilligt habe. Ist es tatsächlich wahr, kann das Erbe nach über vier Jahrzehnten ihn und seine Söhne mit einem solchen Schatz beglücken? Natürlich muss das zuständige Amt für offene Vermögensfragen klären, ob Emdens Ansprüche am Objekt wirklich berechtigt sind, was jedoch nicht über eine Formalität hinausgehen dürfte. Unklar ist lediglich, wann die Firma Mainka den Besitz genau übernommen hatte; per 31. August 1940, so wird sich feststellen lassen, erfolgte der definitive Zwangsverkauf. Der vom Reich ausgebürgerte Erbe Hans Erich war damals als verfolgt einzustufen. Aus dieser Warte sind somit keine Probleme für einen erfolgreichen Abschluss zu erwarten. Grundsätzlich ist der Fall klar, eine Einigung rechtlich verbindlich umzusetzen, ist dennoch kompliziert. Mehrere Akteure mit ganz unterschiedlichen Rollen sind an der Vereinbarung beteiligt. Die Holding, der Peek & Cloppenburg gehört, kauft den Grundbesitz dem von der Treuhand zu liquidierenden Möbelhaus für 10,9 Millionen ab und investiert weiteres Geld in ein neues Kaufhaus mit einer festgelegten Anzahl an Arbeitsplätzen. Emden verzichtet, gegen den Verkauf Einwände zu erheben. Im Gegenzug verpflichtet sich die Treuhand, ihm die geforderte Abfindung von 20 Millionen zu bezahlen, sofern er seinen Anspruch auf den Besitz aufgibt und dem Verkauf zustimmt[51].

Ein Geschenk des Himmels! Die Champagner-Korken können knallen. Eigentlich. Nur mahnen frühere Erfahrungen Eric zur Vorsicht; er möchte daher gerne eine Zahlungsfrist in den Vertrag einbauen, damit er nicht wieder Jahre auf sein Geld warten muss wie beim ersten Entschädigungsverfahren. Außerdem irritiert ihn, dass er seinen Vertrag nicht nur mit der Treuhand, sondern auch mit besagter Holding abzuschließen hat. Tatsächlich bedeutet der Vertrag nicht das Ende des Prozedere, es beginnt lediglich die nächste Phase: Nun wird an den Details gefeilt, spezielle Bedingungen, an die das Geschäft geknüpft ist. Die betreffen zwar nicht Emden direkt, sondern den Käufer und die Treuhandanstalt. Trotzdem hat das für ihn Folgen. Das merkt er allein schon daran, dass ihm immer neue Vertragsentwürfe nach Chile gefaxt werden. Am 22. September hat er die endgültige Version in der Hand. Obwohl der Vertrag wirksam wird, gibt es vorerst kein Geld, weil seine Ansprüche beim Ausgleichsamt in Prüfung sind. Immerhin hat das Amt mittlerweile die Ansprüche der Witwe Mainka abgewiesen.

Das nächste Jahr, 1993, beginnt mit wenig verheißungsvollen Vorgängen, die das eben Erreichte zunichte zu machen drohen: Die Treuhandanstalt macht beim Amt für offene Vermögensfragen in

Potsdam plötzlich geltend, das betroffene Gebäude sei für die von ihr zu liquidierende Manos, die dort tätig ist, betriebsnotwendig. Das Amt teilt diese Meinung nicht. Das ist nur ein Teilaspekt, weshalb die Eingabe, wie der verdutzte Emden von seinen Anwälten erfährt, auch für ihn Folgen hat. Es hat mit dem in irgendeinem Punkt seines Vertrages aufgeführten Investitionsvorrangverfahren zu tun, das eigentlich direkt nur den Käufer und die Treuhand betrifft. Bevor die Treuhand ihm die Millionen auszahlt, müssen diese Aspekte aber ebenfalls geklärt sein. Außerdem sei möglich, dass die Treuhand die Entscheidung des Ausgleichsamtes zur Frage der Betriebsnotwendigkeit nicht akzeptiere, erklären die Anwälte weiter. Das kann doch nicht sein, woher kommen all diese plötzlichen Fallstricke: In seinem Vertrag steht unmissverständlich, dass sich die Treuhand verpflichtet, ihm nach der Entscheidung des Ausgleichsamtes die 20 Millionen auszuzahlen. Da ist es ihm schleierhaft, wie es möglich sein soll, dass die Zahlung weiterhin zurückgehalten werden kann. Er erfährt noch ganz andere, unerfreuliche Dinge über die Manager der Treuhandanstalt in Potsdam. Sie seien geradezu berüchtigt dafür, Grundstücke zu billig abzugeben und dadurch «Investoren zu glänzenden Geschäften zu verhelfen», wie der «Spiegel» gerade anprangert. Günstige Konditionen für Geschäftemacher im maroden Osten des Landes, die durch Ansprüche wie die der Emdens gefährdet werden? Der Champagner, so er ihn wirklich bereitgestellt hätte, muss in den Keller, nicht nur in den Kühlschrank zurück. Er wird dort eine ganze Weile bleiben.

1995 wird Hans Erich Emden 84 Jahre alt. Über zwei Jahrzehnte müht er sich schon ab, seine Rechte als Verfolgter des Naziregimes geltend zu machen. Und nun?

«Ich gratuliere!»

Endlich Grund zum Feiern. Der Anteil der Peek & Cloppenburg an der Vereinbarung von 1992, die der Treuhandanstalt für die Immobilie 10,9 Millionen Mark bezahlt hat, wird tatsächlich fällig. Das zuständige Amt der Stadt Potsdam hat entschieden. Zwar hat es die Rückerstattung der Immobilie an die ursprünglichen Besitzer, an die Erben Emden, abgelehnt. Dafür hat sie ihnen aber den an die Treuhand geflossenen Erlös aus dem Verkauf als Entschädigung zugesprochen. Folglich ist Hans Erich Emden nun 10,9 Millionen reicher.

Davon werden, das ist leicht zu verschmerzen, 100 000 Mark abgezogen, die an die Erben einer früheren Hypothekargläubigerin gehen sollen. Soweit die gute Nachricht. Die schlechte folgt auf dem Fuß. Ausstehend ist noch die Differenz auf die Emden vertraglich zugesicherten 20 Millionen, die Peek & Cloppenburg direkt an ihn hätte bezahlen müssen. Die Käufer der Immobilie verlangen für diese Restzahlung einen Preisnachlass. Emden führt die Forderung darauf zurück, dass das Gebäude unter Denkmalschutz steht. Von langwierigen Verhandlungsrunden hat der betagte Herr endgültig genug, er möchte die Angelegenheit endlich abgeschlossen wissen und ist daher bereit, auf 3 der ausstehenden 9,1 Millionen zu verzichten, die er von Peek & Cloppenburg zugute hätte. Seinen Anwalt von Trott beauftragt er überdies, der Firma mitzuteilen, er habe einen Interessenten an der Angel, der für 17 Millionen das Gesamtpaket übernehmen und ihm obendrein eine Umsatzbeteiligung anbieten würde.

Mit einer Preisreduktion ist es für Peek & Cloppenburg nicht getan, denn in Wahrheit macht die Käuferfirma baurechtliche Schwierigkeiten geltend, um einen tieferen Preis und ganz generell andere Bedingungen für ihre Investitionen zu erwirken. Dem Bekleidungskonzern schwebt ein Gesamtdeal in Höhe von 15 Millionen vor, außerdem will es die im Projekt vorgesehene Investition in neue Aktivitäten reduzieren. Ein gewisses Verständnis für Peek & Cloppenburg ist angebracht, denn die Voraussetzungen haben sich unerwartet geändert. Der Konzern hatte ein Gesuch eingereicht, um das einstige Kaufhaus um- und auszubauen. Bevor das bewilligt war, änderte das Land Brandenburg seine Bauordnung in einer Art und Weise, die das ursprüngliche Vorhaben unmöglich machte. In Wahrheit hat sich aber ebenso die zuvor euphorisch beurteilte Marktentwicklung in Potsdam relativiert, wäre dem beizufügen. Peek & Cloppenburg muss über die Bücher. Na und? Was hat das mit Emdens Anrecht auf die 20 Millionen zu tun? Er hat den Vertrag in der Tasche, in dem sich die Treuhandanstalt verpflichtet, das Geld in jedem Fall zu bezahlen: Ist das Papier nun gültig oder nicht? Nun muss er zu Kenntnis nehmen, dass Peek & Cloppenburg über ein Rücktrittsrecht zu verfügen scheint, um ganz aus dem Vertrag auszusteigen. Das weckt ernsthafte Zweifel. Was wird hier für ein Spiel gespielt, mit ihm, dem alten Mann in Chile. Geht da alles überhaupt noch mit rechten Dingen zu? Wie als Antwort wird er mit dem weiß-ich-wievielten Entwurf für einen neuen Vertrag beglückt. Die beiden anderen Vertragspartner, die Treuhand und der Bekleidungskonzern, ringen offensichtlich munter weiter um Modalitäten. Für ihn ändert sich gemäß dem Text nur eine «Kleinigkeit». Er soll total nur noch 15 Millionen bekommen.

Er stellt seinem Anwalt Fragen zu ihm unklaren und unverständlichen Vertragsänderungen, die unbeantwortet bleiben. Langsam hat Hans Erich Emden genug von alledem. Insbesondere, als er am Telefon auch noch erfährt, dass von Seiten der Treuhand ein Vertreter, der über keine Vollmacht verfügt, die neueste Vereinbarung unterzeichnen werde. Hinzu kommt, dass der Vertrag durch die Zentrale nachträglich abgesegnet werden müsse und diese folglich ablehnen könnte, was der Treuhand-Vertreter unterschrieben hat, während er, Emden, sich sogleich und verbindlich verpflichtet. Er nennt das eine Erpressung. Dementsprechend deutlich fällt sein Kommentar aus: «Ich kann immer noch nicht glauben, dass die Vereinbarung von 1992 mit der Treuhandhandanstalt nur ein Stück Toilettenpapier darstellt.» Niemand schert sich offenbar darum, was er denkt. Es bekommt weitere Vertragsentwürfe und Änderungsvorschläge, was keinesfalls dazu angetan ist, seine Stimmung zu heben. Kein bisschen. Drei Jahre sind im Herbst 1995 seit der ersten Vereinbarung mit der Treuhand vergangen. Jetzt platzt ihm der Kragen endgültig. Das bekommt der Anwalt in aller Deutlichkeit zu hören: Er habe das Gefühl, er vertrete nicht seine Interessen, sondern die seiner Gegner. Null Vertrauen habe er mehr. Alle drei Wochen komme er mit einer neuen Idee, neuen Plänen seiner Gegner, für die er immer beruhigende Erklärungen bereit hält und «mir einreden will, dass er sicher eine kurzfristige Lösung findet». Er kritisiert die weiche Art des Anwalts, die bisher nichts gefruchtet habe. Damit ist jetzt Schluss. Erich Emden drängt auf eine harte Tour gegenüber der Treuhandanstalt, die mit einem Widerspruch wegen der Betriebsnotwendigkeits-Klausel alles blockiert. Der Widerspruch ist für ihn nichts als ein «Bluff». Die Treuhand will er gerichtlich dazu zwingen, die ursprüngliche Vereinbarung von 1992 einzuhalten und ihm die ganzen 20 Millionen auszuzahlen, sofern ihm nicht bis Ende des Monats zwei Millionen überwiesen werden. Das heißt, innerhalb von zwei Wochen.

Es treffen neue Versprechungen ein, wie könnte es auch anders sein. Der alte Mann wischt sie beiseite, setzt Anwalt von Trott ab. «Da Sie nun in diesem Sinne völlig versagt haben, kann ich Sie nicht mehr als den Vertreter meiner Interessen beauftragen».[52] Was er durchgesetzt haben möchte, darum kümmert sich fortan einer der Seniorpartner der renommierten Kanzlei persönlich. Sogleich kommt Bewegung in die Sache: Die Besitzerfirma von Peek & Cloppenburg schickt einen notariellen Vertrag, in dem sie ihm die geforderten zwei Millionen zusichert. Alles sei auf bestem Weg, heißt es überdies, der Konzern und die Treuhandanstalt scheinen einen Kompromiss gefunden zu haben, was die vertraglich vorgesehenen Investitionen in Potsdam angeht, die neben baulichen Maßnahmen auch Arbeitsplätze beinhalten. Eric Emden ist damit so weit besänftigt, dass er von Trott wieder an den Fall lässt. Ein weiterer Monat, und der Notar schickt eine von allen involvierten Parteien unterschriebene Vereinbarung: Aus den einstigen 20 Millionen Mark für Emden werden gesamthaft 15 Millionen abzüglich der bereits bezahlten Beträge. Er akzeptiert diese Reduktion, weil die lange Prozedur damit endlich zu einem Abschluss kommt. Diesmal stimmt es wirklich, es ist definitiv. Auch die Anwaltskanzlei kann sich Ende Oktober 1995 auf das ausgemachte Erfolgshonorar freuen. 30 Prozent geht an sie, den Rest teilen sich die Nachkommen von Max Emden.

Es ist eine schöne Stange Geld, zweifellos. Trotzdem bleibt der Wermutstropfen, dass dies der einzige Erfolg bleibt. Weder im heutigen Polen noch in Ungarn ist etwas zu machen, weitere Entschädigungsforderungen scheitern in Stettin, Danzig, Budapest. Andererseits hat der Kampf um die Rückerstattung den Nebeneffekt, dass die in Chile aufgewachsenen Nachkommen ansatzweise von der europäischen Familiengeschichte erfahren. Das weckt die Neugier, zumal längst nicht alle Geheimnisse gelüftet sind. Insbesondere zu einem Komplex gibt es noch so einiges aufzudecken: zur Kunstsammlung von Max Emden. Nach dem Tod von Sohn Hans Erich im Jahr 2001, der sich wenig um die Kunst bemüht hat, gibt es niemanden mehr aus der Familie, der die Sammlung auch nur gesehen hätte. Die nächste Generation versucht nun herauszufinden, welche Bilder der Großvater besessen hat und wohin sie vor oder nach seinem Tod gelangt sind.

Kapitel 23

Raubkunst oder Webers Epilog

«Irgendetwas riecht doch da», sagt Bea leicht irritiert.
Der Seewind bläst, eine sanfte Brise. Schräg gegenüber raucht der Kontrolleur an der Reling stehend eine Zigarette.
Weber zuckt mit den Schultern.
«Ist wohl der Rauch und der See.»
Obwohl er ernst über das Wasser schaut, glaubt man für einen kurzen Moment ein verschmitztes Lächeln in seinem Gesicht aufblitzen zu sehen. Dann senkt er die Augen, der Blick fällt auf eine Kiste, die er neben sich unter der Sitzbank platziert hat, also möglichst weit weg von Bea.
Weber und seine Frau sitzen auf der Brücke des letzten Kursschiffes, das von Porto Ronco zur Insel fährt. Nur wenige Minuten dauert diese Schifffahrt, die Max Emden einst mit dem eigenen Boot machte, wenn er ins Büro ging. Bei ihrer Ankunft wartet auf der kleinen Mole bereits das Personal der Inselverwaltung und vom Insel-Restaurant, das um diese Zeit schließt. Feierabend, das Schiff bringt alle ans Festland. Als sie beim Aussteigen am versammelten Personal vorbeigehen, scheint eine jüngere Frau Weber zuzulächeln, als ob sie ihn kennen würde, was Bea leicht irritiert. Aber dann grüßt auch der Mann daneben freundlich. «Nette Leute», denkt sie.
Die Saison auf der Insel neigt sich dem Ende zu. Die Herbstferien bringen in den ersten Oktoberwochen noch Touristen, aber der Andrang hält sich in Grenzen, am späteren Nachmittag sowieso. Feriengäste und Ausflügler besichtigen den botanischen Garten, verzehren anschließend im Restaurant in der prächtigen Villa ein einfaches Menu, das nicht richtig zur Lokalität passen will, oder trinken auch nur etwas, bis das nächste Schiff kommt. Über Max, der die ganze Pracht erbauen ließ, erfahren sie kaum etwas. Sie sind alle weg und

nun legt auch das letzte Schiff mit dem Personal ab, wie jeden Tag. Es ist der Moment, in dem die Insel allein bleibt, allein mit ihrer Vergangenheit. Heute nicht. Heute ist, wie gesagt, Weber da. Und Weber hat wieder einmal etwas ganz Besonderes vor. Es gibt zwar kein spezielles Jubiläum zu feiern, nicht die silberne oder goldene Hochzeit, es ist nur der 33. Hochzeitstag. Aber es war ein schwieriges Jahr für ihre Beziehung. Er hat seiner Bea sehr viel abverlangt. Die Frühpensionierung, die ihm seinen Traum erfüllen sollte, sich nach Herzenslust schriftstellerisch betätigen zu können: Leider hat er sich zuviel vorgenommen. Die bisherige Schreibarbeit verlief mehr als harzig, sodass der Start in den neuen Lebensabschnitt wenig erfreulich begonnen hat. Bea war stets für ihn da. Ohne ihn das spüren zu lassen, hat sie die Tagesabläufe ganz nach seinen Bedürfnissen ausgerichtet; ihre eigenen blieben dabei oft genug auf der Strecke. Sobald sie sah, wie er draussen im Wintergarten am Computer sitzend durch die Glasfront nach draussen starrte, anstatt konzentriert auf den Bildschirm zu schauen, wusste sie es. Heute läuft es ihm wieder nicht. Miese Laune, Gereiztheit, Verärgerung – sie hat alles geschluckt.

Hartnäckig hat Weber, ganz der zuverlässige Beamte, sich täglich an den Arbeitstisch gesetzt, um weiterzumachen. In seinem Kopf schwirrte diese Geschichte vom Kunsthändler herum, die am Computer aber einfach nicht zum Kriminalroman werden wollte. Nach einem flotten Beginn hatte Autor Lucius Tisserand – Weber auf Französisch, sein Pseudonym – die Ideen und Szenen getippt, für ein ganzes Buch war das aber bei weitem nicht genug, auch wenn er seine erfundene Geschichte vom grossen Coup mit einem verschwundenen Meisterwerk in historische Begebenheiten einbettete. Selbstverständlich hätte das ein spannender Stoff sein können, davon war er nach wie vor überzeugt, nur wollte ihm die Umsetzung nicht gelingen. Als er nahe dran war, den Bettel hinzuschmeissen, kam ihm der Jahrhundertraub in der Sammlung Bührle zu Hilfe, in Zürich, sozusagen vor seiner Haustüre. Wie ein Wink des Schicksals. Dazu der Umstand, dass eines der vier geraubten Millionenbilder aus der Sammlung Max Emden, Brissago, stammte, wo Weber einst seiner Frau den Heiratsantrag gemacht hatte. Mit neuem Elan macht er sich an die Arbeit, aber sein Protagonist und Emden wollten irgendwie einfach nicht zu einem historischen Kriminalroman zusammenfinden. Als er Bea kürzlich, während sie sich unbeobachtet wähnte, nun seufzen sah, frustriert und traurig in sich gesunken, hat er begriffen. Er muss etwas gutmachen, etwas ändern. Deshalb hat er sie gewissermaßen auf das einstige Inselparadies des Kaufhaus-Königs entführt, seine Schöne hat er dabei.

Weber und seine Frau brauchen keinen Eintritt zu bezahlen, der Billettschalter ist längst geschlossen. Auf Bea wartet hier eine Überraschung: Er wird sie einfach, aber exquisit bekochen und einen ganz normalen zu einem außergewöhnlichen Hochzeitstag machen. Damit ist es jedoch nicht getan, das ist ihm klar. Irgendwann muss man akzeptieren, dass man auf dem falschen Dampfer fährt. Kleine Geschichten schreiben wie früher und einen großen Roman verfassen, das sind zwei Welten. Weber hat sich deshalb vorgenommen, die Schreiberei nicht mehr so verbissen zu nehmen. Wenn's klappt, klappt's und wenn nicht, nicht, heißt die neue Losung, das Pensionärsleben einfach trotzdem genießen, etwas unternehmen, wegfahren, nur nicht missmutig vor dem Computer herumsitzen. Dieser Anlass auf der Insel soll die Wende zum Besseren unterstreichen. Bea hat er von alledem bisher nichts gesagt.

Schon auf dem Weg zum Hafen hatte sie sich über die schwere Kiste mit Deckel amüsiert, die er mühsam mitschleppte und von der er partout nicht sagen wollte, was sie enthält. Da musste er aufpassen, nicht vorzeitig aufzufliegen. Obwohl ihm die Schlepperei offensichtlich schwer fiel, wirkte er gelöst und guter Dinge, was auf sie automatisch ansteckend wirkte, nicht zuletzt weil sie ihn seit längerem das erste Mal so sah.

«Wie ich es früher von ihm gewohnt war», dachte sie in diesem Moment. Früher, das tönt nach Jahren, dabei sind es erst Monate, seit er in Frühpension ist; leider, war sie in den letzten Wochen meist versucht zu denken. Aber jetzt, bei diesem Ausflug war das wieder der alte Weber. Dazu passt, dass ihm bis dahin kein Wort darüber zu entlocken gewesen war, was er überhaupt im Schilde führt und was sie auf dieser Insel tun.

Schön, das Licht der Abendsonne in den hohen Bäumen des botanischen Gartens, die ihre Schatten auf die Fassade der Villa werfen.

«Zu unserem Hochzeitstag schenke ich dir eine Nacht im großartigen Palazzo des Max Emden, auf seinem phantastischen Inselparadies, das uns allein gehören wird. Exklusiver geht nicht; nicht einmal im Eden Roc oder im Giardino oder in sonst einem Fünfsternehaus der Gegend», verkündet er gewollt theatralisch. Natürlich trägt er damit dick auf, denn das Gebäude mag von außen und im Erdgeschoss – abgesehen von der fehlenden Möblierung und den verschwundenen Bildern – noch die ganze Pracht des Palazzo des Kaufhaus-Königs verströmen. Die vormals feudalen Schlafzimmer erinnern inzwischen jedoch eher an das Niveau eines älteren Studentenwohnheims, seit die obere Etage umgebaut worden war. Wobei just auf das 60-Jahre-Jubiläum der Insel als öffentlich zugängliche Einrichtung hin ein Millionenprojekt für einen Umbau eingereicht worden ist.

Uninteressant, in diesem Moment. Für die Villa ist es ohnehin noch zu früh, vorerst ist ein exklusives Nachtessen in romantischem Rahmen angesagt. Beim legendären römischen Bad wird Weber seine Bea damit überraschen, was sich hinter der dicken Steinmauer am östlichen Zipfel der Insel verbirgt. Unter der Veranda, wo Max Emden einst kleine Köstlichkeiten für die Inselmädchen anrichten liess, sollte das Restaurantpersonal einiges vorbereitet haben; deshalb dieses verschwörerische Lächeln vorhin an der Mole.

Dass Weber nach seiner Ankündigung vorhin entschiedenen Schrittes an der Villa vorbeigegangen war, hat Bea schon erstaunt. Das geht ihr noch durch den Kopf, als sie beim römischen Bad anlangen. Ein paar Treppenstufen hinauf, durch die offene Tür in der Mauer, dann sind sie angekommen. Weber heißt sie mit einer Geste kurz warten und eilt schnell durch die Tür, um mit einem Blick zu kontrollieren, ob alles passt. Ja. Es passt. Die Blumen sind da, die dunklen Rattan-Sessel mit dem schön gedeckten Tisch zwischen den Säulen der Veranda und den Kerzen, der Kübel mit dem gekühlten Champagner, beziehungsweise wie bei ihm üblich, dem Franciacorta. Man beachte das Geschirr mit dem admiralsblauen Rand und dem schmalen, goldenen Streifen um ein rotes Wappen, unter dem geschrieben steht, «Auch Leben ist eine Kunst». Es ist das Originalgeschirr von Max Emden.

Ein Heizpilz steht für alle Fälle bereit. Die Fackeln stecken davor im Rasen, um mit ihrem Flackern dem romantischen Szenario nach Sonnenuntergang das richtige Licht zu geben. Weber winkt Bea zu sich herauf.

«Voilà!»

Sie schaut sich um, ist überwältigt.

«Ohhh, ... die Blumen, die schönen, das ...», stammelt sie nur.

«Moo-ment!», tönt es gutgelaunt.

Weber öffnet seine Wunderkiste, nimmt den Deckel von einem Behälter, in dem ein kleiner steckt und noch einer. Nur mit vielen Tricks war es möglich, dies vor Bea zu verbergen. Fast wäre er auf dem Schiff trotzdem aufgeflogen. Er klaubt etwas heraus, das von einem Tuch umwickelt ist.

«Augen zu. Ta-taaa!»

Triumphierend streckt er ihr eine dicke weißliche Knolle unter die Nase. Ein Trüffel.

«Wow. Das war es also, was ich gerochen habe!»

Sie küsst ihn. Er umarmt sie innig, flüstert ihr etwas ins Ohr, das wohl sein schlechtes Gewissen erleichtert.

Weber hatte die Kiste bis zur Abfahrt im Kofferraum des Autos versteckt. In der kleinen Ferienwohnung wäre der animalische Geruch des weißen Trüffels Bea sofort aufgefallen. Unter dem Vorwand, er müsse nach Locarno in die Bibliothek, was öfter vorkommt, wenn sie in ihrer Tessiner Wohnung sind, war er am Morgen stattdessen die knapp 30 Kilometer von Brissago über die Grenze nach Intra gerast, wo er den bei seinem bevorzugten Feinkostgeschäft bestellten Alba-Trüffel abholte. Die Saison hat gerade angefangen. Trüffel-Tajarin wird er ihr servieren. Zum Kochen reicht dafür die elektrische Kochplatte, die er mitgebracht hat, denn das Gericht ist denkbar einfach. Es braucht dazu nur piemontesische Taglierini, dünne Eiernudeln, hauchfein gehobelten weißen Trüffel darüber und nicht viel mehr. Davor gibt es köstliche kleine kalte Häppchen, aus logistischen Gründen und weil sie einfach zu gut sind diesmal nicht selbst gemacht, sondern aus der Antipasti-Auswahl des Trüffel-Ladens stammend.

Kaum machen sie sich nach dem ersten Schluck an die aufgetischten Köstlichkeiten, bekommen sie überraschend Besuch.

«Da, schau: Der Pfau von Theo ...»

Gemächlich stolziert er an ihnen vorbei, als ob sie ihn nichts angehen würden. In Wahrheit hat ihn die Neugierde dazu verleitet, zu kontrollieren, wer da in sein Inselreich eingedrungen ist.

Weber hat das Kochwasser aufgesetzt, die Kochplatte neben sich am Boden. Nach wenigen Minuten streckt er, ohne sich dabei etwas zu denken, kurz den Finger in das Wasser. Es ist völlig kalt, was ihn irritiert, denn die Kochplatte ist eingeschaltet. Das Kabel ist auch an der alten Steckdose eingesteckt. Er hebt die Pfanne und hält die Hand über die Platte. Tatsächlich: Sie ist kalt.

«Stimmt was nicht?»

Das darf doch nicht wahr sein, dass ausgerechnet jetzt wieder etwas schief gehen muss. Die Platte bekommt keinen Strom. Weshalb bekommt diese Kochplatte keinen Strom! Weber ist nahe dran, verärgert loszufluchen, hält sich aber gerade noch zurück. Es ist ein milder Abend, die letzten Sonnenstrahlen haben beim Aperitif ein warmes Licht auf die Insel gelegt. Alles wäre perfekt.

«Ist doch nicht so schlimm», versucht ihn Bea zu beruhigen, wohl wissend, dass ohne die angekündigten Trüffel-Tajarin, auf die sie sich selber auch gefreut hat, Webers Stimmung gelinde gesagt getrübt sein wird.

«Moment.»

Weber zündet eine der Fackeln an, weil das letzte Stückchen Sonne gerade untergegangen ist, und sucht die Wand ab. Dann geht er durch die Tür, sucht weiter, bis er um die Ecke einen kleinen Kasten an der Mauer entdeckt, den Sicherungskasten. Er öffnet ihn und atmet auf. Die Sicherung ist durchgebrannt, glücklicherweise liegt gleich ein Schächtelchen mit Ersatz-Sicherungen da; offensichtlich spielt die Stromversorgung aus dem letzten Jahrhundert öfter verrückt. Nachdem er die neue Sicherung eingeschraubt hat, kommt er zu Bea zurück, die ihn fragend anschaut. Er lächelt. Alles ist gut, der Rest des Abends gerettet.

Irgendwann beginnt er ihr von den Geschichten der Insel zu erzählen. Von der Venus-Legende, den Inselmädchen, dem Reichtum von Max Emden und wie nach seinem Tod alles verschwand und beim Jahrhunderttraub in Zürich schließlich ein Monet aus seiner Sammlung auftauchte.

«Die Nachkommen von Emden wollten dann natürlich wissen, auf welchem Weg das Bild nach dem Tod von Max zu Bührle gelangt ist.»

31. August 2005, Berlin. Mittwoch

Die drei Söhne von Eric Emden hatten keine Ahnung, wo die Sammlung des Großvaters hingekommen war. Über den Ozean bis zum Haus in Santiago hatte es nur eine Hand voll Gemälde geschafft. Sie setzen spezialisierte Anwälte darauf an: Überall auf der Welt spüren sie verschollene Bilder auf. In den USA, Australien, der Schweiz, Deutschland. Die seit dem Tod von Max verstrichene Zeit hat die Suche erschwert. Ebenso der Umstand, dass sein Sohn sich nicht allzu stark um die Kunst gekümmert hat und, nicht zu vernachlässigen, dass gerade bei Bildern, die während der Nazizeit gekauft wurden, häufig die wahre Provenienz verschleiert worden ist. Wer unangenehmen Fragen ausweichen will, führt im «Lebenslauf» des Gemäldes einen Besitzerwechsel, sagen wir einmal, im unverdächtigen Jahr 1919 auf, während der nächste erst um 1950 herum erfolgt sein soll: Vor den Nazis gekauft, nach dem Krieg verkauft. Das sieht unverdächtig und adrett aus. Schon ist verschleiert, was dazwischen geschah. Sind die nicht genannten Besitzer Juden gewesen, könnten damit jedoch dramatischen Ereignisse verbunden sein. Max Emden ist in der Schweiz lebend einem schlimmeren Los entgangen, er hat lediglich materielle Verluste erlitten.

Als es darum ging, den Familienbesitz zurückzuerkämpfen konzentrierte sich Sohn Hans Erich auf die Immobilien. Dessen Sohn Juan Carlos wiederum, weit mehr an Kunst interessiert als er, begann, sich mit den Bildern zu beschäftigen. Er ist nicht der einzige aus seiner Generation, der das tut. Viele Nachkommen von Sammlern, denen von den Nazis ihre Kunstwerke genommen wurden, sind auf der Suche nach Raubkunst und Fluchtgut ihrer Eltern, ihrer Großeltern. Bisweilen werden sie von umtriebigen Anwälten, die ein lukratives Mandat wittern, geradezu angestachelt. Die sich verändernde Haltung Deutschlands in dieser Frage hat weiteren Auftrieb gegeben: In der Washingtoner Raubkunst-Konferenz von 1998 und der Erklärung der Bundesregierung, der Länder und kommunalen Spitzenverbände von 1999 sind Grundsätze unterschrieben worden, wonach aktiv nach unter Zwang abgenommenen Kunstwerken gesucht werden soll, um sie an die rechtmässigen Besitzer zurückzugeben. Dabei sollten unkomplizierte und für die Eigentümer oder ihre Erben faire Lösungen angestrebt werden, was allerdings lediglich eine moralische Verpflichtung bedeutet, nicht bindend ist und für private Museen oder Sammler nicht gilt. Anschließend wurde die «Beratende Kommission» eingerichtet, welche umstrittene Fälle begleiten sollte. Wesentlich ist für die Frage einer möglichen Rückerstattung überdies, dass diese nicht mehr allein für Kunstwerke erfolgen sollte, die von den Nationalsozialisten beschlagnahmt wurden. Neu ist von NS-verfolgungsbedingt entzogenen Kulturgütern die Rede, die ebenfalls entsprechend behandelt werden sollten. Das bot im Falle der Familie Emden erst eine Handhabe, um darauf hoffen zu können, einmal aufgespürte Kunstwerke zurückzufordern.

An die benötigten Belege dafür zu kommen, dass jemand Anrecht auf ein Bild haben soll, das schon Jahrzehnte in einem Museum oder in einer Villa hängt, ist oft mit sehr aufwändiger Kleinarbeit verbunden. Die Protagonisten des einstigen Verkaufs sind gestorben, Akten wurden vernichtet oder fehlen. Unter Umständen ist bereits die Frage schwierig zu klären, ob ein Bild tatsächlich ein gewisses Bild ist. Das mag albern klingen. In Zusammenhang mit Max Emdens geschilderten Verkauf eines Dreier-Pakets Bernardo Bellotto via Annie Caspari und London zu Karl Haberstock in Berlin tauchten solche Probleme aber beispielsweise auf. Kompliziert genug war schon, zu rekonstruieren, wie der Handel 1938 abgelaufen war. Damit nicht genug hatte der Künstler auch noch mehrere sehr ähnliche Werke gemalt. Mühsam sind in einem derartigen Fall alte Kataloge von Ausstellungen, Auktionen, Galerien aufzutreiben, ebenso Archive zu durchforsten. So läßt sich schließlich festlegen, dass Canalettos «Marktplatz von Pirna» in der Version der niederländischen Sammlung Goudstikker eine Spur kleiner ist als Emdens «Marktplatz» und vor allem in den Details von etwas minderer Qualität. Es sind nicht die einzigen Variationen des Sujets, aber diese beiden sind besonders leicht zu verwechseln, zumal beide zu NS-Zeiten neue Besitzer im Dritten Reich fanden und später in den USA landeten. Emdens Version kann schließlich im Museum of Fine Arts in Houston ausfindig gemacht werden.

Dort werden unter Provenienzen als erstes die Zarin Katharina II. und dann der Preussen-König Friedrich II. aufgeführt; nicht schlecht. Über weitere Stationen gelangte es gemäß den Angaben aus den USA 1919 zum Kunsthändler Hugo Moser in New York, von dem es zu einem Samuel H. Kress ging. 1951, heißt es irgendwo. Emden, Besitzer bis 1938, ist wie weggezaubert. In einem älteren Katalog taucht bei dem Bild zusätzlich der Vermerk Galerie Caspari auf, wo das Bild 1930 zu sehen gewesen sei. Wer weiter sucht, findet schließlich anderswo einen Eintrag zu Max Emden, um am Ende bis zu den Spuren dessen Verkaufs an Haberstock im Jahr 1938 vorzustoßen.

Wenn es wenigstens eine Liste der gesammelten Kunstwerke gäbe, ein Archiv Emden: Nichts Derartiges ist erhalten geblieben. Von nicht zu unterschätzender Hilfe können in dieser Situation Fotos sein. Es existieren – wenige – Innenaufnahmen von der Villa auf der Insel aus der Zeit des großen Max. Fotos, auf denen einige wertvolle Bilder identifizierbar sind, deren weiterer Werdegang niemand mehr kennt. In Bezug auf Canalettos «Zwingergraben in Dresden» konnte das wenigstens geklärt werden. Schon kurz nach dem Krieg versicherte Hitlers Händler Haberstock in einer eidesstattlichen Erklärung, dass er das Gemälde für die Reichskanzlei angekauft und zuhanden von Hitlers Sammlung an sie weitergereicht habe. Der Canaletto war ein ganz besonderes Objekt, weil es sich um eine Premiere handelte: Es war das erste Bild überhaupt aus der Schweiz, das für das «Führermuseum Linz» bestimmt war[53]. 162 Gemälde und Zeichnungen gelangten bis zum Kriegsende von der Schweiz in Adolf Hitlers persönliche Auswahl. Nach 1945 kam der «Zwingergraben» vorerst in den Central Collecting Point in München, dem wichtigsten Sammellager in den westlichen Besatzungszonen[54], wo unter anderem Hitlers und Görings Sammlungen deponiert waren. Viele Kunstwerke aus dem Depot wurden bis 1949 restituiert, nicht so der «Zwingergraben», auf den offensichtlich niemand Anspruch erhob. Ihn übergaben die Amerikaner später daher der Bundesrepublik Deutschland; die wiederum lieh das Gemälde an die repräsentative Villa Hammerschmidt aus, den Sitz des deutschen Bundespräsidenten. Dort hing es seit 1961, bis die Emden-Nachkommen gut vierzig Jahre später auf den Plan traten und das Bild von der Bundesregierung zurückforderten.

Das gibt fette Schlagzeilen her: Raubkunst beim Bundespräsidenten! Als die Emden-Erben den Canaletto zurückfordern, beginnt ein zähes Ringen. Unbestritten ist, dass Max Emden wegen seiner jüdischen Wurzeln verfolgt worden war. Ebenso, dass ihm die Nazis Eigentum unter Druck und auf unrechtmäßige Weise abgenommen hatten, obschon das Bild, wie das meist geschah, für eine feinsäuberlich in einem Vertrag festgeschriebene, vereinbarte Kaufsumme den Besitzer wechselte. Der umstrittene Punkt war der Status des einstigen Multimillionärs Emden zur fraglichen Zeit. Er war 1934 Schweizer geworden und verkaufte die zur Diskussion stehenden Bilder von einem sicheren Land aus. Ist es bei einer derartigen Ausgangslage möglich, trotzdem eine Form von Zwangsverkauf zu erkennen und die Bilder von der heutigen Besitzerin, der Bundesrepublik Deutschland, somit zurückzuverlangen? Man kann. Für eine Rückgabe reicht, wenn der ursprüngliche Besitzer verfolgt wurde und dies zu einem Verkauf führte, den er unter normalen Umständen nicht getätigt hätte. Anders wird das beurteilt, wenn ein Geschäft vollständig über das Ausland abgewickelt wurde, ohne Akteure oder einen Vermögenswert wie Bilder im Dritten Reich. Allerdings führte just im fraglichen Jahr, 1938, die verschärfte Verfolgung von Juden dazu, dass Verkaufserlöse aus Deutschland häufig nicht mehr zu den Berechtigten gelangten. Gemäß dem Bundesamt für offene Vermögensfragen (BARoV), der Fachbehörde, die solche Fragen abzuklären hat, verkaufte Emden jedoch nach London und war von den Maßnahmen nicht betroffen[55]. Unhaltbar, das Geschehen von 1938 auf diese Weise darzustellen, argumentiert die Gegenseite. Wie die Korrespondenz zwischen Haberstock, Berlin, und der Kunsthändlerin Caspari, München, in aller Deutlichkeit zeigt, waren es diese beiden deutschen Akteure, die das Geschäft aushandelten und entschieden. Tooth & Son nahmen keinerlei Einfluss auf den Gang der Verhandlungen, die Firma wurde lediglich als eine Art Zwischenlager genutzt.

Emden wurde das Eigentum im Dritten Reich weitgehend «arisiert», das machte ihn noch nicht zum armen Schlucker. Daraus automatisch zu folgern, er habe sich nicht in einer Zwangslage befunden, ist jedoch ebenso falsch. Denn tatsächlich sah er sich durch die Nazi-Herrschaft seiner Einnahmequellen beraubt, als die Grundstücke mit den Kaufhäusern, von deren Miete er lebte, «arisiert» wurden oder, sofern sie das nicht schon waren, die Mietzahlungen nicht bis zu ihm gelangten, weil Transfers ins Ausland nicht bewilligt wurden. Dem Inselherrn aus Brissago drohte aus diesem Grund das Geld auszugehen. Wie konnte er es sich anderweitig beschaffen? Es liegt auf der Hand. Um an Flüssiges zu kommen, waren seine Bilder eine geeignete Handelsware. Tatsächlich versuchte er, sie abzustoßen, wie Starautor Remarque 1938 in seinem Tagebuch erwähnte. Alternativen? Kaum. Dass es schwierig sein würde, sein nur für begüterte Liebhaber eines ausgefallenen Objekts in Frage kommendes Inselparadies unter Zeitdruck zu verkaufen, liegt auf der Hand und zeigte sich später bei den Bemühungen seines Sohnes. Kunsthändlerin Caspari rühmte sich gegenüber Haberstock, Emden um 20 Prozent heruntergehandelt und den Preis von 60 000 Franken für die Canaletto-Bilder nur erzielt zu haben, weil er finanziell unter Druck stand. Sie dachte dabei an Verluste aus Börsengeschäften. Emdens parallel zu den Verhandlungen mit Caspari laufendes Ringen um seinen Besitz in Potsdam, Danzig und Stettin zeigt jedoch, wie er sich wegen der wirtschaftlichen Schikanen im Reich sowie unter dem Druck der Nationalsozialisten anderswo in eine veritable Notlage gedrängt fühlte. Den schließlich aus den Verhandlungen resultierenden Preis für die drei Bilder betrachten die Emden-Erben als keineswegs angemessen. Selbst wenn er angemessen gewesen wäre, ist gemäß den geltenden Bestimmungen noch immer zu beweisen, und zwar von der Käuferseite, dass Max das Geld nicht nur bekommen hat, sondern auch frei darüber verfügen konnte. So stellt sich die Situation in den Augen der Emden-Erben dar.

Einige Fakten sprechen dagegen, den Bilderverkauf als ein Geschäft außerhalb des Einflussgebiets der Nazis zu betrachten, wie es das Bundesamt für Vermögensfragen tut. Wenn Emden tatsächlich nach London zu verkaufen gedachte, dann ist kaum vernünftig zu erklären, dass Annie Caspari an Haberstock in Berlin schreibt, die Banküberweisung für Emden habe an die Kreditanstalt in Lugano zu erfolgen[56]. Weshalb mischen sich die beiden da ein, weshalb soll Haberstock die Bilder bezahlen, wenn Max Emden das Geschäft angeblich mit Tooth in London abgewickelt hat? Noch seltsamer mutet es an, dass Haberstock persönlich nach London reist und bei der Bank überprüft, dass die Zahlung an Emden auf genau die Weise erfolgt, wie das Caspari aufgetragen hatte. Die während den Verhandlungen zwischen den beiden Akteuren aus Deutschland zeitweise in London deponierte Ware wird am Ende zu Haberstock nach Berlin geliefert. Dass es sich durchaus um ein deutsches Geschäft gehandelt hat, geht selbst aus Informationen des Bundesamtes für zentrale Dienste und offene Vermögensfragen, vormals BARoV, hervor, die es unter den Ergebnissen der Provenienzrecherche in Sachen Emden-Canaletto aufführt. Dort steht, Caspari, also eine deutsche Kunsthändlerin, habe die drei Bellotto, alias Canaletto, erworben. Und weiter geht «aus dem Brief der Münchner Galeristin somit hervor, dass die Bellotto-Werke aus der Sammlung Emden stammten und nicht aus der Galerie Tooth & Son». Soweit die Erläuterungen der Bundesbehörde zu Canalettos «Karlskirche in Wien», das wie der «Zwingergraben» von der Bundesrepublik zurückgefordert wurde, während das letzte Bild aus dem Dreierpaket der Emden-Sammlung, «Der Marktplatz von Pirna», auf unbekannten Wegen in ein Museum in Houston gelangte.

Für die Canaletto-Verkäufe an Haberstock lehnt es das Bundesamt für offene Vermögensfragen dennoch als überflüssig ab, die «Beratende Kommission» anzurufen, die von der Bundesregierung eigens für umstrittene Fälle eingerichtet worden ist. Diese Mitteilung vom August 2005 folgt auf die Entscheidung des Finanzministeriums, eine Herausgabe der Bilder zu verweigern. Dies, obwohl niemand bezweifelt, dass Max Emden verfolgt war. Abzuklären wäre allenfalls, ob der verfolgungsbedingte Druck einen Einfluss auf das fragliche Geschäft hatte. Mit einem klaren Nein beantwortet dies das Finanzministerium. Bei Emden kann es keine Notlage ausmachen, die auf die Situation im Deutschen Reich zurückzuführen war und bekräftigt es auch 2009 wieder. Seine Haltung begründet das Ministerium bei dieser Gelegenheit mit dem Artikel einer australischen Zeitschrift, in dem die – für die Einschätzung entscheidenden – Lebensumstände von Max Emden dargestellt seien[57]. Das ist weit hergeholt, ist man verleitet zu sagen, wenn man an die Herkunft des Artikels denkt. Sich aufgrund der vorhandenen Unterlagen selber ein Bild darüber zu verschaffen, darauf verzichtet das Finanzministerium. Es bleibt ohne Folgen: Die Drohgebärde der Anwälte der Emden-Erben, zu klagen, falls die Bilder nicht herausgeben würden, läuft damit ins Leere. Seit Jahren und auch noch 2010 liegt außerdem eine Petition unbehandelt bei der zuständigen Kommission des Bundestages, mit der die Familie Emden politischen Druck zugunsten einer Rückgabe zu erzeugen hoffte. Nichts scheint sich mehr zu bewegen.

Verschollene Bilder, fehlende Inventarliste: Es ist ein glücklicher Zufall, wenn ein einziges Schreiben genügt, um von gleich 14 Bildern die erste Etappe auf ihrem weiteren Weg nach Emdens Tod zu erfahren. Im besagten Schreiben bestätigt Walter Feilchenfeldt Junior einer Stiftung, dass sein Vater die Bilder an sich genommen und im Auftrag von Hans Erich Emden verkauft hat. Darunter befindet sich der millionenschwere Monet aus dem Kunstraub bei Bührle, «Mohnfeld bei Vétheuil». Oder – auch nicht schlecht – der «Blumengarten in Arles» von Vincent van Gogh, der über ein Tauschgeschäft mit einem ersten Käufer den Weg zu Remarque, den Schriftsteller, fand, der Emdens Bilder vor dessen Tod als zu teuer für einen Kauf erachtete und mit ihm jeweils gerne stritt, wer den schöneren van Gogh besaß. Wohin der Rest der Gemälde auf der Liste gegangen ist, bleibt weitgehend im Dunkeln, keinesfalls will Feilchenfeldt einstigen Kunden seines Vaters irgendwelche Unannehmlichkeiten bereiten und sagt dazu nichts. Zu einem Gesamtpreis von 437 000 Franken veräußerte sein Vater außer den genannten Gemälden jedenfalls zwei Renoirs, je einen Sisley, Courbet, Tiepolo und weitere Bilder. Wie viel des Erlöses floss an den Alleinerben, Max' Sohn, und wann? Lediglich ein altes Notizbuch Feilchenfeldts ist geblieben, in dem die 14 Bilder aufgeführt sind. Es gibt keine Belege für eine Bezahlung, es gibt keine Belege für gar nichts, wie Feilchenfeldt jun. betont, denn sein Vater, wir erinnern uns, durfte in der Schweiz nicht als Kunsthändler arbeiten. Also musste er seine Transaktionen auf dem Kunstmarkt heimlich durchführen, sonst hätte der illegal arbeitende Jude aus Deutschland riskiert, unter Umständen aus der Schweiz ausgewiesen zu werden. Daher setzte «Feilchen» beispielsweise Emdens Monet über seinen Berufskollegen Fritz Nathan an Bührle ab.

Alles sei damals korrekt abgelaufen, betont die aktuelle Besitzerin, die Stiftung Sammlung Bührle.

30 000 Franken zahlte Bührle gemäß der Notiz für den Monet: ein angemessener Betrag? Preislich war im Posten der Emden-Bilder

lediglich der van Gogh ein Ausreißer, der für 140 000 Franken an den Bankier Hermann Lütjens ging. Zwei Renoirs brachten je 50 000, sie gingen in die USA. Namen unbekannt. Wichtig für die Besitzer: Alles wurde außerhalb Deutschlands abgewickelt, dadurch ist keine Rückgabe durchsetzbar, wie ihnen mitgeteilt wird. Ohnehin hatten die Käufer keinen Anlass, beim Kauf der Bilder Schlechtes zu denken. Den Auftrag an «Feilchen» hatte der ausgebürgerte Sohn Emdens regulär Ende 1940 erteilt, als er kurz vor seiner Flucht von der Schweiz nach Südamerika stand. Erst lange sechs Jahre später kehrte er zur Insel zurück, um dann erneut mit Feilchenfeldt einen Handel zu vereinbaren. Diesmal vertraute er ihm den Verkauf des Kunstgewerbes – Mobiliar und Kunstgegenstände – an. «Feilchen» arbeitet mit Christoph Bernoulli zusammen, einem Kunsthändler aus Basel, den er vorschiebt, weil er auch 1946 noch nicht über eine reguläre Arbeitsbewilligung verfügt; augenscheinlich hatte die Schweiz oder vielleicht das Netzwerk etablierter Kunsthändler keinerlei Lust darauf, den jüdischen Konkurrenten richtig ins Geschäft kommen zu lassen. Er schlug sich trotzdem wacker durch, unter anderem mit Aufträgen wie jenem von Eric Emden.

Für den neuerlichen Auftrag ließ sich «Feilchen» die Modalitäten schriftlich und präzise bestätigen, es gab überdies eine – später verloren gegangene – Liste mit allen zu verkaufenden Stücken. Im Vergleich zu 1940 hatten sich die Rahmenbedingungen insofern geändert, als der Krieg beendet war, die Schweiz seit kurzem Gesetze zu Raubgut erlassen hatte und beim Bundesgericht eine «Raubgutkammer» eingerichtet worden war. Zudem begann die Schweizerische Verrechnungsstelle, nach im Krieg geraubtem Eigentum zu forschen. Wäre Emdens Kunstgewerbe-Sammlung bei «Feilchen» oder Partner Bernoulli ohne einen Beleg über deren Herkunft gefunden worden, hätte sie das in ernsthafte Schwierigkeiten bringen können. Emden legt eine Anzahlung von 100 000 Franken fest, wovon umgerechnet 20 000 Dollar noch vor Ende des Jahres auf ein Konto in New York zu überweisen waren, der Rest sollte in drei Tranchen im ersten Halbjahr 1947 erfolgen. Alles, was die Kunsthändler über den angezahlten Betrag hinaus hereinholen würden, wäre hälftig zu teilen.

Das Geschäft lief nicht so ab, wie sich das Hans Erich Emden vorgestellt hatte, was fast drei Jahre später, bei seiner nächsten Rückkehr in die Schweiz, zu jenem eher ruppigen Besuch in «Feilchens» Büro in Zürich führte, während dem er – offenbar befand sich der größere Teil der Stücke unverkauft bei Bernoulli – dessen Partner in Basel anrief, um sein Kommen anzukündigen und finanziell zufrieden gestellt zu werden verlangte. Mehr als die ursprünglich ausgemachte Anzahlung erhielt er aber trotzdem nie. Aufgrund eines Schreibens von Hans Erich Emden an seine Rechtsanwälte vom Jahr 1983 könnte sogar vermutet werden, die als Anzahlung vorgesehenen 100 000 Franken seien überhaupt der einzige Betrag gewesen[58], den er für die Sammlung des Vaters erhalten habe: für das Kunstgewerbe und die Bilder zusammen. Das wäre weniger als ein Viertel von dem, was «Feilchen» gemäß den eigenen Notizen allein mit 14 Gemälden eingenommen hatte. Hat es keine weitere Zahlung gegeben, ist der Anteil am Gesamterlös für den Besitzer höchst bescheiden ausgefallen.

Zurück zu den übrigen Emden-Bildern. Erst von einem Teil ist klar, wo sie geblieben sind. Manche Museen und Sammler, die mehr über einzelne Werke wissen könnten, sind wenig kooperativ oder antworten unwirsch, werden sie angefragt. Sie betrachten Erben wie Eindringlinge in ihr Reich, denen es womöglich bloß ums Geld geht und denen Bilder gleichgültig sind. Ohne selber genau nachgeforscht und Provenienzrecherchen vorgenommen zu haben, können Museen oder privaten Sammler indes nicht sicher sein, ob Bilder einst wirklich rechtmäßig in ihren Besitz gelangt sind. Trotz jahrzehntelanger Diskussionen um Raubkunst und Verfolgung durch den Nationalsozialismus haben sich bisher längst nicht alle Institutionen darum bemüht, entsprechende Lücken zu schließen.

Bisweilen stößt man eher zufällig auf verschollene Stücke, wie bei jenem Bild des Flamen David Teniers geschehen, der zu einem einsamen Erfolg für die Anwälte der Erbengemeinschaft Emden führte. Der Ende 2006 bei Sotheby's in Amsterdam zu versteigernde Teniers wies bei den Angaben zu seiner Herkunft eine jener bereits bekannten Lücken in den 30er Jahren auf. Er war von seiner holländischen Besitzerin in die Auktion eingeliefert worden. Zuvor hatte das Bild ab 1953 einer britischen Sammlerin gehört und noch früher, bis zu den kritischen Jahren der NS-Herrschaft, Max Emden, wie glaubhaft dargelegt werden konnte. Es kam zu einer gütlichen Einigung, dank der Emdens Nachkommen 40 Prozent des Erlöses kassierten, gut 200 000 Euro. Wie mehrere andere Bilder aus Max' Sammlung, war der Teniers einst Teil des phantastischen Kunstschatzes von Rodolphe Kann gewesen, stammte also von der Verwandtschaft mütterlicherseits. Nach Kanns Tod im Jahr 1905 war die Sammlung von Duveen in New York ersteigert worden, doch kauften die Erben, darunter Mathilde, die Mutter von Max, einen Teil der Gemälde offenbar bald zurück. Später übernahm Max von der verwandten Familie Bromberg daraus einzelne Gemälde alter Meister wie den Teniers, der 1939 in der New Yorker Galerie Wildenstein auftauchte, wie einige andere Werke aus der Emden-Sammlung. Der deutsche Maler Bernhard Strigel war doppelt vertreten, dazu von Gerard ter Brock die «Lady with a Fan», wie das Bild in der National Gallery of Victoria (NGV) in Melbourne geführt wird. Ab 1913 gehörte das Werk zur Sammlung Max Emden. 1945 soll es Wildenstein nach Australien verkauft haben, wobei die wahre Herkunft beim Museum in Melbourne zunächst nicht ersichtlich war. Dieses Manko korrigierte es zwar, eine Rückerstattung steht aus seiner Warte aber außer Diskussion: Das Museum fordert Beweise, dass es von den Nazis geraubt wurde. Die gibt es nicht.

Den Werdegang eines weiteren Bildes aus der Emden-Sammlung hat die Unabhängige Expertenkommission Schweiz-Zweiter Weltkrieg (UEK) zutage gefördert, die Ende der 90er Jahre im Auftrag des Bundesparlamentes die Rolle des Landes im Krieg aufarbeitete. Es handelt sich um Anthonis van Dycks, «Madonna mit Kind», gegen den Galerist Fischer 1941 einen Picasso und etliche weitere Gemälde eintauschte. Vermutlich wurde der van Dyck Joseph Goebbels geschenkt. Seit Kriegsende ist er verschollen. Von Tiepolos «Kreuzabnahme» ist hingegen bekannt, dass es sich als eines von wenigen Bildern nach wie vor in der Schweiz befindet und dem Kunsthaus Zürich gehört. Weitere Werke sind in die USA gelangt. Knapp zwei Dutzend Bildern aus der einstigen Sammlung Emden sind die Erben insgesamt auf die Spur gekommen, mindestens noch einmal so viele sind aus der Villa im Tessin aber ins Nichts verschwunden.

Nicht nur die Kunstsammlung war verschollen, Max Emdens ganzes Wirken ist in Vergessenheit geraten. Seine Bedeutung als Pionier in der aufstrebenden Kaufhaus-Branche. Vergessen sein Engagement für die moderne Architektur in Hamburg, seine großzügige Unterstützung für den Poloclub, den Golfplatz in Hamburg und jenen in Ascona, der zu einem wichtigen Motor für den Qualitätstourismus in der Tessiner Ferienhochburg wurde. Ganz zu schweigen von seinem Kampf gegen die Enteignungen und Schikanen der Nazis, von dem außer den direkt Beteiligten ohnehin niemand erfahren hatte. Nur die kurze Phase seiner ersten Zeit im Tessin blieb in der kollektiven Erinnerung: Max Emden, der Lebemann von der Insel mit dem schnittigen Motorboot, den nackten Inselmädchen.

So gesehen, ist es hoch willkommen, wenn jemand von seinem Leben erzählt, ohne sich auf die meist erotisch gewürzten Gerüchte von einst zu beschränken; selbst wenn es Weber ist.

Leider ist es aber so eine Sache mit dem Frühpensionär, weil, wie gesagt, sein historischer Roman nicht vom Fleck kommen will.

Die Gänse vor Webers Wintergarten schnattern Flügel flatternd herum. Er schaut zu ihnen hinaus: kein gutes Zeichen, ein Schreibstau kündigt sich an.

Schon wieder.

Diesmal lächelt Weber.

Anhang

Register

Ahlberg, Dr. 206
Albers, Hans 158
Alexander II., Zar 99
Allende, Salvador 263, 267
Althoff, Theodor 52, 57
Ammann, Olga 233, 237, 238
Ammer, Julius 186, 187, 188, 190

Badrutt, Hans 253
Ball und Graupe, Auktionshaus 140, 146
Balsiger, Werner 166, 167, 168
Banca della Svizzera Italiana (BSI) 220
Bara, Charlotte 171
Becker, Bruno 119
Bellotto, Bernardo alias Canaletto 75, 283, 287
Bergmann, Ingrid 249
Bernoulli, Christoph 246, 248, 249, 289, 290
Bismarck-Schönhausen, Gottfried Graf von 70
Böcklin, Arnold 139
Bolli, Unternehmer 249
Bonna, Pierre 73, 74
Brauer, Max 119
Braun, Otto 187, 188
Bromberg, Martin u. Eleonore 291
Bührle, Emil G. 25, 135, 236, 237, 282, 288
Burg von, Walter

Caroni, Arrigo 259, 260
Caspari Annie 76, 77, 78, 79, 80, 83, 283, 284, 285, 286, 287
Cézanne, Paul 13, 130, 131, 132, 134
Chaplin, Charlie 143
Christel, Gouvernante 107
Colt & Alison 107
Corvin Áruház Rt 196, 231

293

Courbet, Gustave 131, 146, 235, 237, 288
Cuyp, Jacob 137

Degas, Edgar 13, 131, 134, 139, 140, 141
Dietrich, Marlene 5, 17, 18, 27, 36, 37, 38, 39, 40, 149, 238
Dinichert, Paul 158, 159
Disraeli, Benjamin 173
Duveen Brothers 136
Dyck, Anthonis Van 241, 291

Eichenberger, Hermann (Ermanno) 66, 117, 196, 220
Einsiedel, Adolkar Graf von 112, 143,
Emden, Hans Erich (Eric) 112, 113, 121, 143, 144, 145, 166, 180, 181, 196, 197, 198, 199, 213, 214, 215, 216, 217, 218, 219, 220, 225, 226, 227, 228, 229, 231,234, 235, 236, 241, 242, 243, 244, 245, 246, 247, 248, 249, 250, 251, 253, 254, 256, 261, 263, 264, 267, 268, 269, 270, 271, 272, 274, 275, 282, 288, 289, 290
Emden, Hermann 46, 136, 137, 138, 141
Emden, Jacob 46, 48, 138
Emden, Juan Carlos 282
Emden, Mathilde geborene Kann 136, 181, 291
Emden, Meyer Jacob 44
Emden, Rabbi Jacob 141
Emden Söhne Export AG, M. J. 57, 180
Emden Söhne, M. J. 43, 45, 46, 48, 70, 82, 172, 180, 225, 226, 228, 265, 269
Emden, Ximena 244, 245, 246, 264

Fauser, Otto 206
Feilchenfeldt, Walter «Feilchen» 24, 234, 235, 238, 239, 240, 241, 246, 248, 253, 288, 289
Feuchtwanger, Lion 40
Feuerbach, Anselm 139
Fischer, Galerie 83, 239, 240, 241, 291
Fischer, Marie Madeleine (Maude) 219, 233, 240, 241, 291
Flechtheim, Alfred 170, 171
Franzoni, Filippo 100
Frank, Adolph 68
Fränkel, Wilhelm 93
Freymann GmbH, Gebrüder 62
Friedrich II, König von Preussen 78, 284
Frölicher, Hans 72, 73, 74, 158, 194, 195, 200, 202, 203, 204, 205, 206, 207, 209, 210

Galli, Brenno 251, 252, 254, 257, 259, 260, 261
Garbo, Greta 39, 156, 158

Gauguin, Paul 141, 235, 238, 239
Gerson, Gebrüder (Hans u. Oscar) 93
Godard, Paulette 39
Goebbels, Joseph 188, 241, 291
Gogh, Vincent van 13, 23, 24, 131, 133, 140, 146, 235, 236, 237, 288, 289
Göring, Hermann 163
Gotthardt, Dr. 210
Grant, Cary 40
Gustloff, Wilhelm 187, 189

Häberlin, Heinrich 177
Haberstock, Karl 76, 78, 79, 80, 82, 83, 84, 283, 284, 285, 286, 287
Hahn, Albert 17, 75
Haller, Martin 93, 94
Hals, Franz 126, 136
Harvey, Lilian 148
Hessen von, Prinz Christian 179
Heydrich, Reinhard 183
Heydt, Eduard von der 42, 86, 87, 88, 116, 117, 162, 163, 164, 165, 166, 167, 169, 171, 186, 187, 188, 195, 213, 256, 260, 261
Hirsch, Firma M. 69, 71, 210
Hitler, Adolf 25, 41, 60, 64, 72, 84, 128, 146, 154, 156, 158, 159, 160, 163, 182, 188, 213, 216, 235
Hofer, Rechtsdienst 29, 30, 31, 34, 35
Holstenhaus, Kaufhaus 226
Hoskins, General 179
Hubermann, Bronislaw 86, 87, 90, 102
Hutchinson de Montrose, Lord 179

Isenburg, Ferdinand 33

Jacob, Berthold 44, 46, 48, 137, 138, 141, 178, 179, 182, 183, 185, 189
Jacobi, Konsul 109, 165,
Jacobi, Sigrid Renata (Würstchen) 6, 20, 21, 22, 25, 36, 81, 98, 102, 108, 110, 111, 112, 113, 114, 115, 147, 148, 149, 150, 151, 154, 155, 162, 164, 178, 179, 180, 193, 197, 198, 199, 209, 212, 215, 216, 217, 221, 222, 224, 233, 239, 249
Jaeger, Konsul 99
Jandorf, Adolf 48, 52, 57, 58
Jenisch von, Familie 118
Jewish Trust Corporation (JTC) 266
Joyce, James 100
Jürgens, Rudolph 93

KaDeWe, Kaufhaus 49, 50, 51, 59, 181
Kann, Maurice od. Moritz 14, 32, 84, 93, 133, 136, 291
Kann, Rodolphe od. Rudolf 136, 291
Kapp, Wolfgang 56
Karstadt, Rudolf 51, 52, 57, 58, 59, 60, 145, 269
Katharina II, Zarin von Russland 78, 284
Kennedy, John F. 39
Kennedy, Joseph P. 39
Khan, Aga 122, 150, 167, 253
Kress, Samuel H. 284

Lasker-Schüler, Else 41
Lautenberg, Anatole 196, 213
Leoncavallo, Ruggiero 100
Leopold III., König von Belgien 122, 253
Lepke, Auktionshaus 137, 138
Lewin, Direktor 34, 62, 64, 65
Lichtwark, Alfred 94
Liebermann, Max 139
Loup, Guy 224, 225
Ludwig, Emil 38
Luzzatti, Luigi 173

Mainka, Alois 67, 68, 69, 70, 71, 202, 206, 207, 210, 211, 267, 271
Mainka KG, A. 69, 71
Mann, Thomas 40
Manos 269, 272
Marcionni, Pietro 117, 162, 172, 173, 174, 177, 189, 193, 196, 216, 229
Martignoni, Angiolo 175
Maxonia Stiftung 220, 247, 265
Mazza, Cesare 175, 176
Melik (Melek) Dr., Wladimir 17, 166
Mentz, Richard 66, 70, 71, 217, 227, 228, 265, 266
Metschnikow, Ilja (Elie) 173
Meyer, Andreas 44, 93, 220
Meyer, Wilhelmine 220
Migge, Leberecht 95
Monet, Claude 13, 15, 23, 25, 127, 131, 133, 135, 140, 141, 235, 237, 281, 288
Moser Hugo 284
Motta, Giuseppe, Bundesrat 29, 175, 182
Mussolini, Benito 60, 164, 213, 233
Napoleon I. 43
Nathan, Fritz 44, 235, 236, 237, 239, 240, 288

Naturschutzbund 257
Nepal, Prinz von 179

Oberpollinger, Kaufhaus 50, 57, 226
Oppenheim, Anneliese 17
Orley, Bernard von 138
Paley, Natascha 39
Pancaldi, 81
Peek & Cloppenburg KG 269, 270, 271, 272, 273, 275
Petersen, Kaufhaus 226
Picasso, Pablo 239, 240, 241, 291
Pinochet, Augusto 267
Poetsch, Kaufhaus 226
Preunic 245

Rama V., König von Siam 49
Ranzoni, Daniele 100
Reding Aloys von 168, 175, 176, 177
Reemtsma, Philipp F. 227
Regli, Sebastian 63
Reinhart, Oscar 141, 235, 236, 237
Reiss, Marc René 198, 217, 221
Reiss, Sigrid Renata, siehe Jacobi, Sigrid Renata
Remarque, Erich Maria 5, 17, 18, 19, 21, 23, 24, 25, 27, 30, 36, 37, 38, 39, 40, 41, 42, 140, 149, 216, 234, 235, 238, 249, 286, 288
Rembrandt, 137
Renoir, Pierre-Auguste 131, 140, 235, 237
Richter, Alfred 53, 140, 191
Rilke, Rainer Maria 100
Roosevelt, Franklin D. 157
Rosenbaum, Wladimir 222, 239
Rothmund, Heinrich 174, 175, 176, 177
Rothschild, Salomon 32, 33, 129
Rubens, Peter Paul 137, 138
Rücker-Jenisch, Baron von 95

Saint-Léger, Antoinette de 89, 97, 99, 170
Saint-Léger, Richard Fleming de 100
Sammlung E. G. Bührle 13, 127, 130, 135, 277, 288
Samuel & Co., M. 180
Schacht, Hjalmar 33
Scharlach, Dr. 217
Schaudt, Johann Emil 48

Schiebeck & Dressel 206
Schiefler, Gustav 140
Schleber, Wolf 18
Schocken, Gebrüder 52
Schön, Nolte, Finkelnburg & Clemm 18, 57, 123, 124, 127, 269, 278
Schulz (Schultz), Waldemar 187, 188
Schumacher, Fritz 95
Schweizer Heimatschutz 257
Seeligmann, Kunsthandlung 137
Seewald, Richard 140, 141
Sisley, Alfred 23, 131, 139, 235, 247, 288
Sotheby's, Auktionshaus 290
Spitzweg, Carl 139
Sternberg, Concordia Gertrud Helene Anna, genannt Anita 40, 110, 111,112, 114, 141, 142, 143, 178, 180, 198, 225, 243, 248
Sternberg, Josef von 40
Strawinsky, Igor 40
Strigel, Bernhard 291
(Sussigan), Roberto 249

Tefina, Technik- und Finanzgesellschaft GmbH 193, 196, 220, 231
Teniers, David 290, 291
Thyssen, Baron 179
Tiepolo, Giovanni Battista 235, 288
Tietz, Hermann 50, 51, 52, 57, 58, 59, 60, 181
Tooth & Son 84, 285, 287
Treuhandanstalt 268, 269, 270, 271, 272, 273, 274, 275
Trott zu Solz, Jost von 269
Tzikos, Perikles 102

Uriewicz 180

Vautier, Olly 17, 18, 217, 254
Verda, Plinio 259
Vitelleschi, Carla 216

Warburg & Co., Bank 180
Warburg, Max 33, 119, 120, 121, 143, 144
Warburg, Fritz 33
Weizsäcker von, Ernst 200,201
Wendel, Leo 189
Werefkin, Marianne von 171
Wertheim, Georg 52, 58, 60

Wesemann, Hans 183, 184, 185
Wettstein, Georg 219, 220
Wildenstein, Galerie 291
Wilhelm II., Kaiser 56
Woermann, Ernst 201, 202
Wrba, Georg 149

Zambona, Jutta 39, 40
Zanolini, Attilio 117, 250, 261

Personen

Max James Emden (28. Oktober 1874-26. Juni 1940), geboren in Hamburg, Sohn von Jacob Emden und Mathilde, geb. Kann, wurde 1904 Teilhaber in der väterlichen Firma, danach Kaufhaus-König und nach dem Verkauf der meisten Aktivitäten Inselherr im Tessin

Concordia Gertrud Helene Anna Emden (1884-1973), geb. Sternberg, von 1910-1927 mit Max Emden verheiratet, in Valparaiso (Chile) aufgewachsen, aus einer Hamburger Familie stammend. Ihr Vater leitete vor der Rückkehr in die Heimat die Niederlassung der Schifffahrtgesellschaft Kosmos in Valparaiso

Sigrid Renata Jacobi (1910-2001) alias «Würstchen», aus einer nach Brasilien emigrierten deutschen Familie, Vater Konsul. Wuchs erst bei den Grosseltern in Pommern und dann in Hamburg auf. Flog kurz vor dem Abitur aus dem Mädchen-Gymnasium. Floh mit 18 von ihrem nach Lugano gezogenen Vater zu Max Emden, mit dem sie bis zu dessen Tod zusammenlebte. Nach dem Zweiten Weltkrieg heiratete sie Guy Loup

Hans Erich Emden (1911-2001); im Landhaus «Sechslinden» neben Hamburgs Polo-Club verbrachte die Kindheit, dann wurde er in Internate in die Schweiz geschickt, um anschliessend in New York im Finanzsektor eine Ausbildung zu geniessen. War danach für den Vater in Budapest tätig. Im Krieg von den Nazis ausgebürgert, musste er nach Chile flüchten, wo er sich ein neues Leben aufbaute

Pierre Bonna; Amtschef, Abteilung für Auswärtiges im Eidgenössischen Politischen Departement in Bern und damit von 1935-1944 höchster Beamter der Schweizer Diplomatie, die Max Emden immer wieder um Hilfe ersuchte

Hans Frölicher; Diplomat, ab 1938 Schweizer Botschafter in Berlin. Ihm lag «das mondäne Leben anscheinend mehr als die politische Analyse» (Schweiz. Historisches Lexikon). Vertrat gegenüber dem NS-Regime eine entgegenkommende Politik, setzte sich für die Kennzeichnung der Pässe von Juden («Judenstempel») ein

Walter Feilchenfeldt, jüdischer Kunsthändler, zunächst bei Cassirer in Berlin. In der Schweiz weilend vom Kriegsausbruch überrascht, mit Schriftsteller Erich Maria Remarque befreundet. Blieb in der Schweiz und gründete eine Kunsthandlung. Verkaufte zahlreiche Werke aus der Sammlung Emden

Erich Maria Remarque, Starautor der 30er Jahre («Im Westen nichts Neues»), Kunstsammler. Besass am Ufer gegenüber der Brissago-Inseln die inzwischen abgebrochene «Casa Monte Tabor». Regelmässiger Gast Emdens. 1938 von den Nazis ausgebürgert, emigrierte er 1939 in die USA und kehrte nach dem Krieg ins Tessin zurück. Schwierige Liebesbeziehung mit Marlene Dietrich. Zweimal mit der Tänzerin Jutta Zambona verheiratet, dann mit Schauspielerin Paulette Goddard, Ex-Frau von Charlie Chaplin

Max Warburg, einflussreicher jüdischer Bankier aus Hamburg, mit Max Emden befreundet, treibende Kraft beim Bau des neuen Golfplatzes. Half zahlreichen vom NS-Staat bedrängten Juden über seine Bank und Beziehungen Vermögen ins Ausland zu retten. Musste 1938 selber emigrieren. Kehrte nach dem Krieg nach Deutschland zurück

Schlussnoten

[1] Erich Maria Remarque: Das unbekannte Werk. Frühe Prosa, Werke aus dem Nachlaß, Briefe und Tagebücher, Bd. 5. Hrsg. von Thomas F. Schneider und Tilman Westphalen, Köln 1998

[2] Von Wiese beschreibt Emden als sehr ernsten Menschen und Melancholiker, der es nicht verwinden konnte, von seiner Frau verlassen worden zu sein. »Er hatte nicht einmal Freude am Essen; das einzige, das ihn begeistern konnte, war die Natur«. Emden habe die Nacktkultur des Monte Verità übernommen: «Nur wenn Besuch kam, mussten wir uns etwas anziehen» und «wir waren in unserem Paradies so unschuldig wie drei Adams (Emden, ein Freund von ihm sowie Lilos Mann Ado) und sieben Evas». Ursula von Wiese, Vogel Phönix: Stationen meines Lebens, Bern 1994, S. 128-129

[3] Wilhelm von Sternburg, «Als wäre alles das letzte Mal», Köln 1998, S.196

[4] Bericht, Bundesarchiv Bern (BAR), E 2001 (D) 1000/1551 Bd. 73, Judenverfolgungen

[5] Rothschild kam 1936 in Haft. Frank Bajohr, «Arisierung» in Hamburg. Die Verdrängung jüdischer Unternehmer 1933-1945, Hamburg 1998, S.234-235

[6] Hans Meyer-Veden/Hermann Hipp, Hamburger Kontorhäuser, Berlin 1988

[7] «Organisation des Handlungshauses offene Handelsgesellschaft M.J. Emden Söhne in Hamburg», Bericht von 1898. Das Personal bestand 1897 aus 129 Personen (7 Disponenten, 12 Damen, 72 Handlungsgehülfen, 10 Lehrlinge, 28 Hausdiener, Portier, Maschinisten Aufzugführer) für ein Gesamtgehalt von 204 000 Mark. Die Firma zahlte für ältere Angestellte ab 1858 Pensionsbeiträge beim Verein für Handlungscommis. Staatsarchiv Hamburg, 121-3 I Bürgerschaft I, C 312, Progressive Umsatzsteuer für Grossgeschäfte und Hilfsmassnahmen für kleinere und mittlere Detaillisten

[8] Der Deutschvölkische Schutz- und Trutzbund wurde 1919 gegründet. Daneben saß auch die Parteileitung der antisemitischen Deutschsozialen Reformpartei in Hamburg, ebenso wurde dort der Deutschnationale Handlungsgehilfen-Verband gegründet. 1922 kam es in der Stadt zu einer Serie von Sprengstoffanschlägen durch Rechtsextreme; es wurde auch entdeckt, dass der mit Emden befreundete Bankier Max Warburg hätte ermordet werden sollen. Werner Jochmann/Hans-Dieter Loose (Hrsg.), Hamburg: Geschichte der Stadt und ihrer Bewohner, Hamburg 1986, S.197-200

[9] Max Emden, Der natürliche Arbeitstag, Hamburg 1918

10 Industrie-Bibliothek, Die Rudolph Karstadt A.G. und die mit ihr verbundenen Unternehmungen, Berlin 1929

[11] Hartmut Berghoff, Moderne Unternehmensgeschichte: eine themen- und theorieorientierte Einführung, Paderborn 2004

[12] Antonia Meiners, 100 Jahre KaDeWE, Berlin 2007

Schlussnoten

[13] BAR, E 2001 (D) 1000/1551 Bd. 73, Judenverfolgungen, Schreiben Schweizerisches Konsulat Danzig vom 25. November 1938 an den Chef der Abteilung für Auswärtiges in Bern

[14] Die Tuchfirma erwirtschaftete mit dem Versandhandel von Stoffen hohe Gewinne. Sie gehörte Albert Levy und Leopold Garfunkel. Im März gründeten sie die «arische» Detuv, in die sie einen Grossteil der bisherigen Firma einbrachten. Frank Bajohr, «Arisierung» in Hamburg. Die Verdrängung jüdischer Unternehmer 1933-1945, Hamburg 1998, S. 43-44

[15] BAR, E 2001 (D) 1000/1551 Bd. 76, B.34.9.5.A.11., Emden Max, Dr., Verfügung Regierungspräsident Potsdam

[16] Brief Kunsthändlerin Annie Caspari an Karl Haberstock, 25. November 1937: Die jüdische Kunsthändlerin wurde später deportiert

[17] Unabhängige Expertenkommission Schweiz-Zweiter Weltkrieg: Die Schweiz, der Nationalsozialismus und der Zweite Weltkrieg. Schlussbericht. Zürich, 2002

[18] «Seit 1936/37, spätestens seit 1938 galten jedoch alle Juden pauschal als potentielle Kapitalschmuggler, so dass der ehemalige Hamburger NSDAP-Gauwirtschaftsberater Dr. Gustav Schlotterer in Vertretung des Reichswirtschaftsministers alle Devisenstellen anwies, sämtliche auswanderungswilligen Juden als kapitalfluchtverdächtig zu behandeln». Juden verloren ihre Verfügungsrechte am Vermögen, amtlich eingesetzte Treuhänder verwalteten es danach. Frank Bajohr, Dienstbeflissene Bürokraten?, in: Deutsches Zollmuseum (Hrsg.), Verfolgung und Verwaltung. Beiträge zur Hamburger Finanzverwaltung 1933-1945, Hamburg 2003, S.13

[19] Doris Hasenfratz, Das Schicksal der Brissago-Inseln, Ferien-Journal Ascona, Ascona 1994

[20] Eduard von der Heydt/Werner von Rheinbaben, Auf dem Monte Verità. Gedanken und Gespräche, Zürich 1958, S. 30

[21] Giuseppe Mondada, Le isole di Brissago nel passato e oggi, Brissago 1975

[22] Gegen Ende des 19. Jh. begann die bis dahin «bodenständige Bauweise» Hamburgs durch Bauten mit allerhand Zierteile abgelöst zu werden, Schiefler, in Hamburg damals als Richter tätig, spricht von einer «Aufplusterung mit «Nichtigkeiten» und zitiert aus Lichtwarks Schrift. Gustav Schiefler, Eine Hamburgische Kulturgeschichte 1890-1920, Hamburg 1985

[23] Das Anwesen mit dem Garten wurde «gemäss den damaligen Reformvorstellungen im Stadtteil» errichtet. In den Fussnoten zum Beitrag von Jörg Schilling ist überdies ein Grundstückskauf durch Philipp F. Reemtsma von Max Emden in der NS-Zeit (1936) in Klein Flottbek erwähnt. Hermann Hipp/Roland Jaeger/Johannes Weckerle (Hrsg.), Haus K. in O. 1930-32. Eine Villa von Martin Elsaesser für Philipp F. Reemtsma, Berlin 2005, S. 84

[24] Heinrich Köhler (Hrsg.), Hamburger Polo Club: 1898-1998, Hamburg 1998

[25] Giuseppe Mondada, Le isole di Brissago nel passato e oggi, Brissago 1975, S.98,

[26] Ursula von Wiese, Vogel Phönix: Stationen meines Lebens, Bern 1994

[27] Archivio di Stato, Bellinzona, Ufficio dello stato civile, Naturalizzazioni I Serie 117, Fasc. 4428-4468, Scheidungsurteil Landgericht Hamburg

Schlussnoten

[28] Gerhard Krug, 100 Jahre Hamburger Golf-Club Falkenstein, Hamburg 2006

[29] Wolfgang Oppenheimer, Das Refugium. Erinnerungen an Ascona, München 1998

[30] Arnold Wilhelm von Bode, Mein Leben, Berlin 1930

[31] Der «Blumengarten» war Gustav Schieflers Lieblingsbild von van Gogh. Er erwarb es 1905 von dessen Schwägerin. Emden besass seit 1913 das Bild «Stadtrand von Paris» und kaufte 1918 von Schiefler den «Blumengarten». Emden kam 1912 auf ein Vermögen von 4,6 Millionen Mark und ein Einkommen von 390 000 M. Neben Gemälden sammelte er vor allem Hamburger Barocksilber und Fayencen, Ulrich Luckhardt/Uwe M. Scheede (Hrsg.), Private Schätze: Über das Sammeln von Kunst in Hamburg bis 1933, Hamburg 2001, S. 221 + S. 74

[32] Curt Riess, Ascona. Geschichte des seltsamsten Dorfes der Welt, Zürich 1964, S. 96

[33] BAR, E 4264 -/1 Bd. 229, P 19884 Emden, Max, Schreiben Werner Balsiger vom 20. Oktober 1933

[34] Unabhängige Expertenkommission Schweiz-Zweiter Weltkrieg: Die Schweiz, der Nationalsozialismus und der Zweite Weltkrieg. Schlussbericht, Zürich 2002

[35] BAR, E 4264 -/1 Bd. 229, P 19884 Emden, Max, Schreiben Heinrich Rothmund an Bundesrat Häberlin

[36] Bundesarchiv Koblenz, R 2501 Deutsche Reichsbank, Abteilung der Reichsbank für Auslandsschulden, Schiedsfall A 78, M. J. Emden Söhne Export 1933-1934

[37] Erich Schmidt-Eenboom, Undercover. Der BND und die deutschen Journalisten, Köln 1998

[38] James J. Barnes, Patience P. Barnes, Nazi Refugee Turned Gestapo Spy: The Life of Hans Wesemann-1895-1971, Westport Connecticut 2001

[39] BAR, 4320 (B) 1000/851 Bd.2, C.2.4. Nationalsozialisten, Bericht

[40] Eduard von der Heydt kam zwar 1948 vor Gericht, wurde aber freigesprochen, weil er nicht gewusst habe, dass das Geld an deutsche Agenten ging. Die Schweiz hatte damals kein Interesse mehr daran, einen Bankier – und prominenten Mäzen – zu verurteilen. Francesco Welti, Der Baron, die Kunst und das Nazigold, Locarno/Frauenfeld 2008:

[41] Diplomatische Dokumente der Schweiz, Datenbank DoDiS, Bundesarchiv, E 2001 (0) 2/ 139 Minister Frölicher an Bundesrat Giuseppe Motta No F/ AZ Vertraulich, Berlin, 14. Juli 1939, S. 280-284

[42] Gregor Spuhler/ Ursina Jud / Peter Melichar / Daniel Wildmann, »Arisierungen« in Österreich und ihre Bezüge zur Schweiz, Zürich 2002

[43] BAR, E 2001 (D) 1000/1551 Bd. 76, B.34.9.5.A.11., Emden Max, Dr., Schreiben Reichswirtschaftsminister vom 17. Mai 1940

[44] Peter Kamber, Geschichte zweier Leben - Wladimir Rosenbaum und Aline Valangin, Zürich 2000

[45] BAR, E 2001-7, 1970/351, Bd. 5, Notiz über den Fall Maxonia vom 14. Dezember 1944

[46] Reisetagebuch von Oskar Reinhart, Reise XVII – 1.Oktober 1940 bis 15. Januar 1942, Sammlung Oskar Reinhart

Quellen

[47] Im Frühling 1940 erfuhr Walter Feilchenfeldt von der Möglichkeit, haitianische Pässe zu bekommen; genau zur gleichen Zeit erstand auch Hans Erich Emden einen solchen Pass. Als Italien in den Krieg eintrat, sassen die Feilchenfeldts in Nervi bei Genua fest. Als Feilchenfeldts Mutter in Vevey starb, sorgte Stadtammann Nägeli dafür, dass sie wieder in die Schweiz einreisen konnten. Marianne Breslauer, Bilder meines Lebens: Erinnerungen/Marianne Feilchenfeldt, Wädenswil 2001, S.183-184

[48] Der Picasso hatte dem Hamburger Grossindustriellen Oscar Troplowitz gehört. Erworben hat ihn im April 1941 der Kunsthändler Bernhard A. Böhmer. Esther Tisa Francini u.a., Fluchtgut-Raubgut: der Transfer von Kulturgütern in und über die Schweiz 1933-1945 und die Frage der Restitution, Zürich 2001, S. 145

[49] Brief von Hans Erich (Eric) Emden an seine Frau Ximena, 18. Januar 1949

[50] Wegen der lokalen Widerstände war das ursprünglich auf den Frühling angesetzte Geschäft verschoben worden, Archivio di Stato, Bellinzona, Atti del Gran Consiglio 1949, Sitzung vom 28. Oktober 1949.

[51] Schreiben Schön & Pflüger Rechtsanwälte an Hans Erich Emden vom 30. März 1984

[52] Notarielle Vereinbarung zwischen Treuhandanstalt Niederlassung Potsdam und Hans Erich Emden vom 22. September 1992, Berlin

[53] Schreiben Hans Erich Emden an Rechtsanwalt von Trott vom 14. September 1995

[54] Esther Tisa Francini u.a., Fluchtgut-Raubgut: der Transfer von Kulturgütern in und über die Schweiz 1933-1945 und die Frage der Restitution, Zürich 2001, S.231

[55] Nach München gelangten unter anderem die Bestände des «Führermuseum Linz» und des Einsatzstabes Reichsleiter Rosenberg. Etwas mehr als 30 000 der in den Collecting Point eingelieferten Kulturgüter wurden bis 1949 restituiert. Julius H. Schoeps/Anna-Dorothea Ludewig (Hrsg.) Eine Debatte ohne Ende? Raubkunst und Restitution im deutschsprachigen Raum, Berlin 2007, S.16-17

[56] Schreiben vom Bundesamt zur Regelung offener Vermögensfragen (BARoV) an Rechtsanwalt Stötzel, betreffend Rückgabe verfolgungsbedingt entzogener Kunstgegenstände in Bundesbesitz vom 27. Juli 2005

[57] Schreiben Annie Caspari an Karl Haberstock vom 16. Juni 1938

[58] Bundesministerium der Finanzen, Berlin, in Sachen Kunstsammlung Emden: Rückgabe von Bellotto-Gemälden aus Bundesbesitz, an Rechtsanwalt Stötzel, Schreiben vom 12. Januar 2009

[59] Hans Erich Emden an Schön & Pflüger, Schreiben vom 16. August 1983

Quellen

Ungedruckte Quellen/Archive:

Bundesarchiv Bern (BAR)
BAR, E 2001 (D) 1000/1551 Bd. 73, Judenverfolgungen
BAR, E 2001 (D) 1000/1551 Bd. 76, B.34.9.5.A.11., Emden Max, Dr.
BAR, E 2001 (E) 1981/156 Bd. 45
BAR, E 2001 (E) 1981/156 Bd. 46
BAR, E 2001 (E) 1946/80, B 51.33.21.A.11
BAR, E 2001-7, 1970/351, Bd. 5
BAR, E 4264 -/1 Bd. 229, P 19884 Emden, Max
BAR, E 4264 1985/57 Bd. 49
BAR, E 4264 (N) 1988/2, P.058118
BAR, E 4320-01 (C) 1990/134 Bd.40, Fiche Max James Emden
BAR, E 4320 (B) 1000/851 Bd.2, C.2.4. Nationalsozialisten
BAR, E 4320 (B) 199/266, Band 155, C.16.727 Manfrini Luigi
BAR, E 4320 (B) 199/266, Band 195, C.16.2146 Frau Reiss

Staatsarchiv Hamburg
121-3 I Bürgerschaft I,
C 312, Progressive Umsatzsteuer für Grossgeschäfte und Hilfsmassnahmen für kleinere und mittlere Detaillisten

314-15 Oberfinanzpräsident :
R 1937/1121, Devisenermittlungsverfahren gegen Firma «Indian African Trading Co.» (durchgestrichen), M.J. Emden Söhne Export
R 1938/1431
R 1938/0870
R 1939/2726, Feststellung der Arisierungschaft
R 1939/2004, Max James Emden, Porto Ronco, Devisensache
R 1939/2684 Systematische Erfassung (Judenkartei)
R 1940/0004
R 1940/449

376-2 Gewerbepolizei
Spz VIII Q 12, M.J. Emden & Söhne Export AG, Waffenhändler

A 902-802b Bd. 7 1905-1906, Historische biographische Blätter Hamburg, M. J. Emden Söhne 1823-1906

Quellen

Archivio di Stato, Bellinzona (Kantonsarchiv)
Ufficio dello stato civile, Naturalizzazioni I Serie 117, Fasc. 4428-4468
Atti del Gran Consiglio 1949, Sitzung vom 28. Oktober 1949

Archivio Notarile, distretto di Locarno
Sc. 488 Pietro Marcionni (1932-1933)
Sc. 489 Pietro Marcionni (1933-1935)
Sc. 490 Pietro Marcionni (1935-35)
Sc. 491 Pietro Marcionni (1935-37)
Sc. 492 Pietro Marcacci (1937-38)
Sc. 493 Pietro Marcionni (11.1938-5.1940)
Sc. 494 Pietro Marcionni (1940-42)
Sc. 495 Pietro Marcionni (4.3.1942-17.9.1942 und 19.9.1942-...)
Sc. 496 Pietro Marcacci (1944-1946)

Dipartimento Giustizia e Polizia,
Sc. 10bis, Registro/Corrispondenza (1933)
Sc. 3, Risoluzioni, 1924-1938

Sc. 96, Hitleriani 1932-33, Polizia Politica, A.7. Nazionalsocialismo

Archiv Familie Emden
Akten, Korrespondenz zu Rückerstattungsforderungen und Entschädigungsverfahren
Private Briefe

Bundesarchiv Koblenz
R 2501 Deutsche Reichsbank

Erich Maria Remarque-Friedenszentrum, Osnabrück
3G 12/024, Brief von Max Emden, 14. Dezember 1936

Nachlass Oskar Reinhart, Sammlung Oskar Reinhart «Am Römerholz», Winterthur
Reisetagebuch von Oskar Reinhart, Reise XVII – 1.Oktober 1940 bis 15. Januar 1942

Literatur:

Anselmetti Dario, I segreti delle Isole di Brissago, Brissago 2005 (Hörbuch)
Bajohr Frank, «Arisierung» in Hamburg. Die Verdrängung jüdischer Unternehmer 1933-1945, Hamburg 1998

Quellen

Balzli Beat, Treuhänder des Reichs - Die Schweiz und die Vermögen der Nazi-Opfer: Eine Spurensuche, Zürich 1997
Barnes James J., Barnes Patience P., Nazi Refugee Turned Gestapo Spy: The Life of Hans Wesemann-1895-1971, Westport Connecticut 2001
Buomberger Thomas, Raubkunst - Kunstraub: Die Schweiz und der Handel mit gestohlenen Kulturgütern zu Zeit des Zweiten Weltkriegs, Zürich 1998
Berghoff Hartmut, Moderne Unternehmensgeschichte: eine themen- und theorieorientierte Einführung, Paderborn 2004
Branca Angelo, Le Isole di Brissago, Bellinzona 1915
Breslauer Marianne, Bilder meines Lebens: Erinnerungen/Marianne Feilchenfeldt, Wädenswil 2001
Bode Arnold Wilhelm von, Mein Leben, Berlin 1930
Ceschi Raffaello, Geschichte des Kantons Tessin, Frauenfeld 2003
Däniker Albert Ulrich/Laur Ernst, Unsere Inseln von Brissago, Olten 1950
Emden Max, Der natürliche Arbeitstag, Hamburg 1918
Hasenfratz Doris, Das Schicksal der Brissago-Inseln, Ferien-Journal Ascona, Ascona 1994
Heydt Eduard von der / Rheinbaben Werner von, Auf dem Monte Verità. Gedanken und Gespräche, Zürich 1958
Hipp Hermann, Freie und Hansestadt Hamburg – Geschichte, Kultur und Stadtbaukunst an Elbe und Alster, Köln 1996
Hipp Hermann /Jaeger Roland /Weckerle Johannes (Hrsg.), Haus K. in O. 1930-32. Eine Villa von Martin Elsaesser für Philipp F. Reemtsma, Berlin 2005
Hoffmann Paul Theodor, Mit dem Zeiger der Weltenuhr – Bilder und Erinnerungen, Hamburg 1949
Hoffmann Paul Theodor, Neues Altona 1919-1929; zehn Jahre Aufbau einer deutschen Grossstadt, Jena 1929
Homeyer Fritz, Deutsche Juden als Bibliophilen und Antiquare, Tübingen 1966
Industrie-Bibliothek, Die Rudolph Karstadt A.G. und die mit ihr verbundenen Unternehmungen, Berlin 1929
Jochmann Werner /Loose Hans-Dieter (Hrsg.), Hamburg: Geschichte der Stadt und ihrer Bewohner, Hamburg 1986
Kamber Peter, Geschichte zweier Leben - Wladimir Rosenbaum und Aline Valangin, Zürich 2000
Köhler Heinrich (Hrsg.), Hamburger Polo Club: 1898-1998, Hamburg 1998
Krug Gerhard, 100 Jahre Hamburger Golf-Club Falkenstein, Hamburg 2006
Luckhardt Ulrich /Scheede Uwe M. (Hrsg.), Private Schätze: Über das Sammeln von Kunst in Hamburg bis 1933, Hamburg 2001
Meiners Antonia, 100 Jahre KaDeWE, Berlin 2007
Meyer-Veden Hans /Hipp Hermann, Hamburger Kontorhäuser, Berlin 1988
Mondada Giuseppe, Le isole di Brissago nel passato e oggi, Brissago 1975
Oppenheimer Wolfgang, Das Refugium. Erinnerungen an Ascona, München 1998
Riess Curt, Ascona. Geschichte des seltsamsten Dorfes der Welt, Zürich 1964

Quellen

Sauerlandt Max, Im Kampf um die moderne Kunst: Briefe 1902-1933, München 1957
Schiefler Gustav, Eine Hamburgische Kulturgeschichte 1890-1920, Hamburg 1985
Schilling Jörg (bear. von), Das Bismarckdenkmal in Hamburg 1906-2006
Schmidt-Eenboom Erich, Undercover. Der BND und die deutschen Journalisten, Köln, 1998
Schneider Thomas F./Westphalen Tilman (Hrsg.), Erich Maria Remarque: Das unbekannte Werk. Frühe Prosa, Werke aus dem Nachlaß, Briefe und Tagebücher, Bd. 5. Köln 1998
Schoeps Julius H./Ludewig Anna-Dorothea (Hrsg.) Eine Debatte ohne Ende? Raubkunst und Restitution im deutschsprachigen Raum, Berlin 2007
Schwab Andreas, Monte Verità – Sanatorium der Sehnsucht, Zürich 2003
Seewald Richard, Die Zeit befiehlts, wir sind ihr untertan – Lebenserinnerungen, Freiburg i. Br. 1977
Spuhler Gregor/Jud Ursina /Melichar Peter /Wildmann Daniel, »Arisierungen« in Österreich und ihre Bezüge zur Schweiz, Zürich 2002
Sternburg Wilhelm von, «Als wäre alles das letzte Mal», Köln 1998
Storelli Paolo, Brissago e la guerra al confine 1939-1945, Locarno 2004
Unabhängige Expertenkommission Schweiz-Zweiter Weltkrieg: Die Schweiz, der Nationalsozialismus und der Zweite Weltkrieg. Schlussbericht, Zürich 2002
Tisa Francini Esther/Heuss Anja/Kreis Georg, Fluchtgut-Raubgut: der Transfer von Kulturgütern in und über die Schweiz 1933-1945 und die Frage der Restitution, Zürich 2001
Voigt Wolfgang, Hans und Oskar Gerson: hanseatische Moderne, Hamburg 2000
Welti Francesco, Der Baron, die Kunst und das Nazigold, Locarno/Frauenfeld 2008
Westphalen Tilman (Hrsg.), Erich Maria Remarque: 1898-1970, Osnabrück 1988
Wiese Ursula von, Neun in Ascona, Zürich 1933
Wiese Ursula von, Vogel Phönix: Stationen meines Lebens, Bern 1994
Wittmaack Adolph, Konsul Möllers Erben, Hamburg 1950
Zeller Willy, Die Brissago-Inseln, Bern 1960

Andere gedruckte Quellen:

Die Sammlung Dr. Max Emden - Hamburg, Ball & Graupe, Auktionskatalog, 1931
Der Querschnitt, Ausgaben von 1928-1930
Golf Club Ascona, 1926-1987
Al Lido-Forum, Ein Gespräch mit unserer Frau Sigrid Renata Loup, Nr.9, August 1996

Quellen

Zeitungen/Zeitschriften

Tessin(Archive):
Corriere del Ticino, Eco di Locarno, il Dovere, Libera Stampa, La Regione, Südschweiz/Tessiner Zeitung

Hamburg:
Hamburger Abendblatt, Hamburger Correspondent, Hamburger Fremdenblatt, Hamburger Nachrichten, Neue Hamburger Zeitung,

Andere:
Art - Das Kunstmagazin, Blick, Basler Zeitung, FAZ, NZZ, Der Spiegel, Süddeutsche Zeitung, Swissinfo, Tages-Anzeiger, Tagesspiegel, Die Welt, Die Weltwoche, Vanity Fair

Artikel:
Der Spiegel, 16/1949, Paradies zu verkaufen
Good Weekend, 10. November 2007, Battle for a Lady

Andere
«I Misteri delle isole» (2007), Dokumentarfilm von Michelangelo Gandolfi, Nicoletta Locarnini
Historisches Lexikon der Schweiz
Diplomatische Dokumente der Schweiz, Datenbank DoDiS
Medienmitteilungen Staatsanwaltschaft Zürich-Limmat, Stadtpolizei Zürich
www.badv.bund.de (Bundesamt für zentrale Dienste und offene Vermögensfragen)
www.lootedart.com

Gespräche

Zeitzeugen:
Wolfgang Oppenheimer, Ulrich Zinnow, Walter Feilchenfeldt jun., Guido Pancaldi, Br, Roberto Sussigan jun., Cornelia Schwarz-Ammann, Alexis P. Lautenberg, Juan Carlos Emden, Mariuccia Zanini, Renata Brühlmeier

Weitere:
Professor Dr. Hermann Hipp (Universität Hamburg), Dr. Ulrich Luckhardt (Kunsthalle Hamburg), Dr. Jörg Schilling (Kunsthistoriker, Hamburg), Markus Stötzel (Rechtsanwalt)

Bildnachweise

I, VI, XXI unten, XXIII Fotos Francesco Welti

II, III, IV, XIV Fotos Archiv Brissago-Inseln

V, VII, VIII, XVI, XVII, XVIII, XIX, XX oben aus dem Privatbesitz der Schriftstellerin Liane Dirks

IX, X, XI, XII, XIII, XV, XX unten, XXI oben, XXII Fotos Archiv Familie Emden

XXIV Fotoarchiv Kaufhaus Oberpollinger, München

Dank

Liane Dirks, Schriftstellerin, Direktion Brissago-Inseln und Familie Emden besten Dank für die Fotos, Rechtsanwalt Stötzel, Juan Carlos Emden, Jürgen Sielemann, Wolfgang Oppenheimer, Hansrudolf Frey + Regula